国家出版基金项目
NATIONAL PUBLICATION FOUNDATION

陝西碑刻文獻萃編

吴敏霞等 編著

唐五代卷（上）

中華書局

本册目録

131.620　于君妻韋耶書墓誌

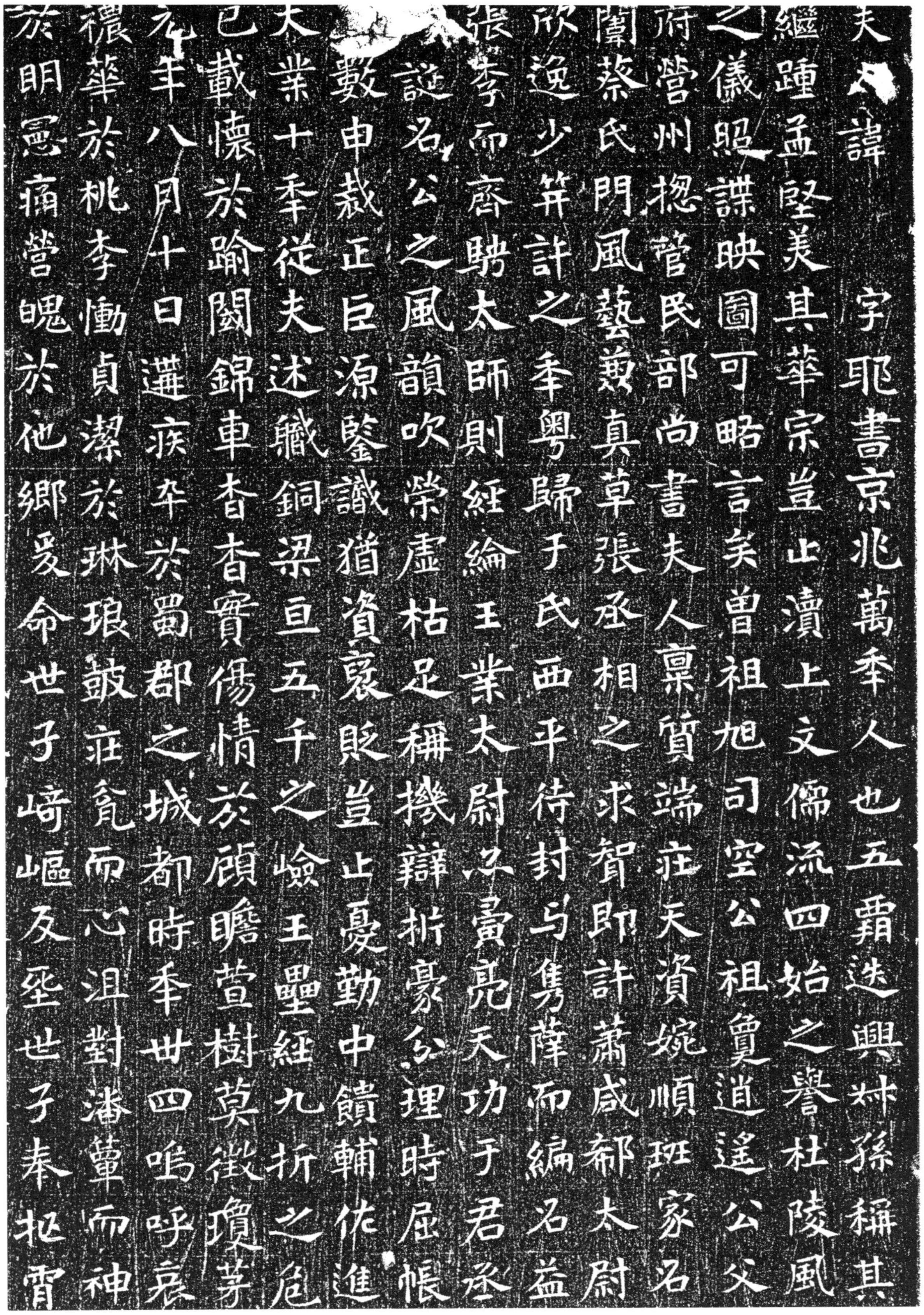
夫人諱　字耶書京兆萬年人也五霸迭興𧇊孫稱其
繼踵孟堅美其華宗豈止瀆上文儒流四始之譽杜陵風
之儀照諜映圖可略言矣曾祖旭司空公祖霣道遥公父
府營州揔管民部尚書夫人稟質端莊天資婉順班家名
闈蔡氏門風藝兼真草張丞相之求賀即許蕭咸郗太尉
欣逸少笄許之年粤歸于氏西平侍封馬隽薛而編名益
張李而齊騁太師則經綸王業太尉又賁亮天功于君丞
謚名公之風韻吹榮虛枯足稱機辯析豪公理時屈帳
數申裁正巨源鑒識猶資褒貶豈止憂勤中饋輔佐進
大業十年從夫述職銅梁亘五千之嶮王壘經九折之危
已載懷於蹄闕錦車杳杳實傷情於顧瞻萱樹莫徵瓊茅
元年八月十日遘疾卒於蜀郡之城都時年卌四嗚呼哀
穠華於桃李慟貞潔於琳琅皷莊盆而心沮對潘簟而神
於明忌痛營魄於他鄉爰命世子崎嶇及至世子奉抠胥
局部

説明

唐武德三年（620）二月刻。誌正方形。邊長43厘米。誌文楷書23行，滿行26字。出土具體時、地不詳。現存西安市長安博物館。《隋唐五代墓誌滙編》《全唐文補遺》《陝西碑石精華》等著録。

夫人諱　字耶書京兆萬年人也五霸迭興㭉孫稱其世祿二相
繼踵孟堅美其華宗豈止瀆上文儒流四始之譽杜陵風釆定七廟
之儀照諜映圖可略言矣曾祖旭司空公祖奐逍遥公父世沖上開
府營州揔管民部尚書夫人稟質端莊天資婉順班家名教德著宮
闈蔡氏門風藝兼真草張丞相之求賀郎許蕭咸郗太尉之選姻懸
欣逸少笄許之年粤歸于氏西平侍封弓隽薩而編名益壽樹功共
張李而齊驅太師則經綸王業太尉以黃亮天功于君承弈世之英
誕名公之風韻吹虛枯足稱機辯析豪公理時屈帳中伯宗諒
數申裁正巨源鑒識猶資衰貶豈止憂勤中饋輔佐進賢而已哉
大業十年從夫述職銅梁亘五千之嶮王壘經九折之危魚軒逢逢
已載懷於踰閾錦車杳杳實傷情於頤瞻萱樹莫徵瓊茅難再義寧
元年八月十日遘疾卒於蜀郡之城都時年卌四嗚呼哀哉于君悼
穠華於桃李慟貞潔於琳琅鼓莊盆而心沮對潘簟而神傷重棄官
於明慝痛營魄於他鄉爰命世子崎嶇及巠世子奉柩霄逝泣血星
行卜兆開塋筮日遷窆乃以武德三年太歲庚辰二月乙未朔八日
壬寅歸巠於萬年縣之福閏里樊川原礼也色既華而遂落德惟茂
而先爽昝朱轓而同往今丹旐而獨歸歷舊宇而不態就新墳而永
依嗚呼哀哉乃為銘曰
世勛世祿大德大儒國傳漢璧人連魏珠既司水土乃尚綸書慶垂
合慶祥鍾應畜孝友溫恭言容淑令芣苢宣芳葛覃流詠孟母仁深
樊姬德盛琴瑟諧和賓庭謹敬靈閣眇眇驪駕騑騑霧侵景繳霜犯
桂衣蓮花夏落細柳春衰三從何去万里魂飛存沒永分去留長訣
空慟遵途無由臨穴哀哀嗣子劣心泣血敢用雕鐫式彰貞節

釋文

夫人諱□□，字耶書，京兆萬年人也。五霸迭興，叔孫稱其世禄；二相」繼踵，孟堅美其華宗。豈止瀆上文儒，流四始之譽；杜陵風采，定七廟」之儀。照諜映圖，可略言矣。曾祖旭，司空公。祖敻，逍遥公。父世沖，上開」府營州總管、民部尚書。夫人稟質端莊，天資婉順。班家名教，德著宫」闈；蔡氏門風，藝兼真草。張丞相之求婿，即許蕭咸；郗太尉之選姻，懸」欣逸少。笄許之年，粵歸于氏。西平待封，与雋薛而編名；益壽樹功，共」張李而齊騁。太師則經綸王業，太尉亦賓亮天功。于君承弈世之英」□，誕名公之風韻。吹榮虚枯，足稱機辯。析豪分理，時屈帳中。伯宗諒」□，數申裁正；巨源鑒識，猶資褒貶。豈止憂勤中饋、輔佐進賢而已哉」。大業十年，從夫述職，銅梁亘五千之嶮，王壘經九折之危。魚軒遥遥」，已載懷於踰閾；錦車杳杳，實傷情於顧瞻。萱樹莫徵，瓊茅難再。義寧」元年八月十日，遘疾卒於蜀郡之城都，時年卅四。嗚呼哀哉！于君悼」穠華於桃李，慟貞潔於琳琅。鼓莊瓮而心沮，對潘簞而神傷。重棄官」於明憲，痛營魄於他鄉。爰命世子，崎嶇反葬。世子奉柩霄逝，泣血星」行。卜兆開塋，筮日遷窆。乃以武德三年太歲庚辰二月乙未朔八日」壬寅，歸葬於萬年縣之福閏里樊川原，禮也。色既華而遽落，德惟茂」而先衰。昔朱輴而同往，今丹旐而獨歸。歷舊宇而不憩，就新墳而永」依。嗚呼哀哉！乃爲銘曰」：

世功世禄，大德大儒。國傳漢璧，人連魏珠。既司水土，乃尚綸書。慶垂」合度，祥鍾應圖。孝友温恭，言容淑令。芣苢宣芳，葛覃流詠。孟母仁深」，樊姬德盛。琴瑟諧和，賓庭謹敬。靈關眇眇，驪駕騑騑。霧侵景縠，霜犯」袿衣。蓮花夏落，細柳春衰。三從何去，万里魂飛。存没永分，去留長訣」。空慟遵途，無由臨穴。哀哀嗣子，崩心泣血。敢用雕鐫，式彰貞節」。

按

誌主韋耶書，京兆萬年人。父韋沖，《北史》《隋書》均有記載，本墓誌所載，可與正史互相印證。

132.625　蘇永安墓誌

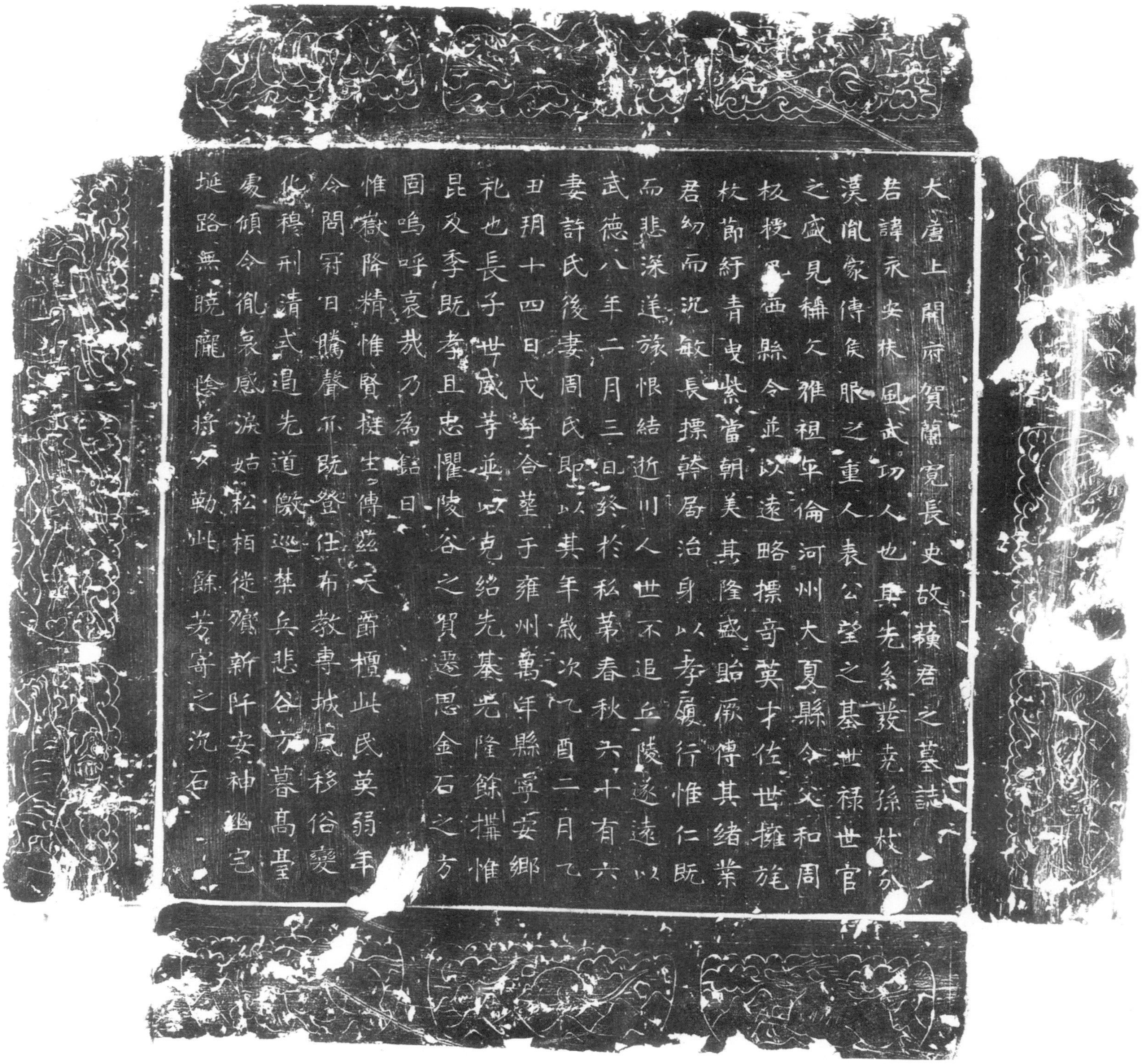
大唐上開府賀蘭寬長史故蘇君之墓誌
君諱永安扶風武功人也其先系發堯孫枝分
漢胤家傳侯服之重人表公望之基世禄世官
之盛見稱久雅祖年倫河州大夏縣令父和周
板授□西縣令並以遠略標奇英才佐世擁旄
杖節紆青曳紫當朝美其隆盛貽厥傳其緒業
君幼而沉敏長標幹局治身以孝履行惟仁既
而悲深逆旅恨結逝川人世不追丘陵遂遠以
武德八年二月三日終於私第春秋六十有六
妻許氏後妻周氏即以其年歲次乙酉二月乙
丑朔十四日戊寅合葬于雍州萬年縣寧安鄉
禮也長子世威等並以克紹先基光隆餘構惟
昆及季既孝且忠懼陵谷之貿遷思金石之方
固嗚呼哀哉乃為銘曰
惟嶽降精惟賢挺生傳茲天爵檀此民英弱年
令問冠日騰聲爾既登仕布教專城風移俗變
化穆刑清式遵先道徽巡禁兵悲谷方暮高臺
處傾令胤哀感淚姑松栢從殯新阡安神幽宅
埏路無曉隴陰□□勒此餘芳寄之沉石

説 明

唐武德八年（625）二月刻。蓋盝形，誌正方形。誌、蓋尺寸相同，邊長均42厘米。蓋文3行，滿行3字，篆書“大唐長」史故蘇」君之銘」”。誌文楷書19行，滿行18字。蓋四殺飾四神圖案及蓮花，四側飾纏枝花紋；誌四側飾壼門内十二生肖圖案。1956年西安市東郊韓森寨出土。現存西安碑林博物館。《隋唐五代墓誌滙編》《新中國出土墓誌（陜西貳）》《全唐文補遺》《西安碑林全集》等著録。

釋 文

大唐上開府賀蘭寬長史故蘇君之墓誌」

君諱永安，扶風武功人也。其先系發堯孫，枝分」漢胤。家傳侯服之重，人表公望之基。世禄世官」之盛，見稱文雅。祖平倫，河州大夏縣令。父和，周」板授巴西縣令。並以遠略摽奇，英才佐世。擁旄」杖節，紆青曳紫。當朝美其隆盛，貽厥傳其緒業」。君幼而沉敏，長摽幹局。治身以孝，履行惟仁。既」而悲深逆旅，恨結逝川。人世不追，丘陵遂遠。以」武德八年二月三日終於私第，春秋六十有六」。妻許氏，後妻周氏。即以其年歲次乙酉二月乙」丑朔十四日戊子合葬于雍州萬年縣寧安鄉」，禮也。長子世威等，並以克紹先基，光隆餘構。惟」昆及季，既孝且忠。懼陵谷之貿遷，思金石之方」固。嗚呼哀哉！乃爲銘曰」：

惟嶽降精，惟賢挺生。傳玆天爵，擅此民英。弱年」令問，冠日騰聲。亦既登仕，布教專城。風移俗變」，化穆刑清。式遏先道，儆巡禁兵。悲谷方暮，高臺」處（遽）傾。令胤哀感，淚姑（枯）松栢。徙殯新阡，安神幽宅」。埏路無曉，隴陰將夕。勒此餘芳，寄之沉石」。

133.626　大唐宗聖觀記

大唐宗聖觀記

説明

唐武德九年（626）二月刻。碑圓首龜座。高375厘米，寬95厘米。額文2行，滿行3字，楷書“大唐宗」聖觀記」”。正文隸書23行，滿行60字。歐陽詢撰序並書丹，陳叔達撰銘。現存周至縣古樓觀説經臺。《石墨鐫華》《全唐文》《金石萃編》《樓觀臺道教碑石》等著録。

釋文

大唐宗聖觀記」

給事中騎都尉歐陽詢撰序并書，侍中柱國江國公陳叔達撰銘」

夫至理虚寂，道非常道，妙門凝邈，無名可名。爰自太始開圖，混元立極，三才奠處，萬品流形。莫知象帝之家，未睹谷神之域。希夷瑣閟，溟涬封奇。及夫鳥迹勃」興，隱書詮奥，至化因兹而吹萬，玄教由是以開先。聖聖襲明，道德授受，于是玄元之教，風動天下，水行地中矣。宗聖觀者，本名樓觀，周康王大夫文始先生尹」君之故宅也。以結草爲樓，因即爲號。先生稟自然之德，應玄運而生。體性抱神，韜光隱曜，觀星候氣，物色真人。會遇仙軿，北面請道。二經既演，八表向化，大教」之興，蓋起於此矣。兹觀中分秦甸，面距終南。東眺驪峰，接晴嵐之浥浥；西顧太白，粲積雪之皚皚。授經之古殿密清，絡牛之靈木特立。市朝婁易，僊迹長存。物」老地靈，每彰休應。卿雲日覆，壽鶴時來。樹無窠宿之禽，野有護持之獸。文始藥井，韓甃未墮；老君肇車，確然不朽。至於穿窬盜竊，進退自拘，似有縶維，悉皆面」縛。昔周穆西巡，秦文東獵，並枉駕回轅，親承教道。始皇建廟於樓南，漢武立宮於觀北。崇臺虚朗，招徠雲水之僊；閈館錯落，賓友松喬之侶。秦漢廟户，相繼不」絶；晉宋謁版，于今尚存。實神明之奥區，列真之會府。後魏文帝變夷風於華俗，立仁義之紀綱，崇信教門，增置徒侶。有陳先生寶熾，潁川人，夙有幽逸之姿，幼」懷林壑之趣。松風入賞，名岳留連。玉皇之道既弘，銀榜之宮雲構。續有王先生延，言窮名象，思洞隱微。念在玄空，累非外物。含神自静，儀聖作師。並德音孔昭」，鬱爲宗範。周太祖定業關内，躬受五符；隋文皇沐芳禮謁，獲聞休證。迨隋德將季，政教陵遲。六飛失馭，四維圮絶。夷羊在牧，飛蚉滿野。家習兵兇，民墜塗炭」。皇帝命世應期，榮鏡區宇。戡難静亂，亭毒無垠。廣大配乎天地，光華方諸日月。數階庭之蓂莢，聆鳳和鳴；照景星於玄雲，觀麟郊藪。緝禮裁樂，化俗移風。農夫」勸於時雨，隴餘滯穗；工女勤於蠶績，杼軸不空。九服韜戈，三邊静柝。西戎革面，東夷獻舞。朔南洎聲教，漠北盡来王。德化遐漸，無幽不暢。三善克楙，非假二疏」。一有元良，萬邦貞固。照均天縱，道契生知。篤尚玄根，欽兹聖躅。以武德三年，詔錫嘉名，改樓觀爲宗聖觀。宸扆興念，纂胄所先。啟族承家，鼻於柱」史。得一以靈，蹈五稱聖。弱爲道用，柔爲至堅。損之又損，以至于益。瓜瓞綿長，慶源悠寖。爰初啟祚，致醮靈壇。自然香氣，若霧霏空；五色雲浮，如張羽蓋。七年，歲」惟作噩，月在黄鍾。六轡齊驤，百辟咸從。親幸觀所，謁拜尊儀。軒后之詣空峒，神農之上石室。順法行禮，異代同規。觀主岐乎定，精金格之書，究玉笈之」文。知来藏往，盡化窮神。豫鑒天休，贊弘景福。法師吕道濟、監齋趙道隆，玉器凝潤，鶴情超遼。辨拆連環，辭同炙輠。對敭天旨，妙沃帝心。乃謂片言小」善，尚題紺碣。矧夫皇輿迂駕，挹酌希微。大道資始，鑪錘萬物。不有刊勒，其可已乎。侍中江國公陳叔達，朝宗羽儀，詞才冠秀。奮兹洪筆，爲製嘉銘。其辭曰」：

眇矣靈化，玄哉妙門。飛形九府，練氣三元。黄庭秘籙，金格微言。玉京留記，金竈還魂。揚塵東海，問道西崑。物色函關，存容清廟。建標伊始，層壇雲峭。綺井」虹伸，風牕電笑。玄都正律，帝臺僊召。挹髓捫星，飧霞引照。豁虚罔象，無名至要。高厢久縣，清泉餘潦。宅心勝侶，遊息衆妙。絶壁翠微，潭流丹竅。鞠草如結」，周原甚突。聖道將弘，重光顯曜。明明我后，積德累功。陶埏寓縣，叱咤雷風。庸稽太室，禮盛酆宮。時乘正位，道配玄穹。四維載仰，百世斯隆。有截」于外，無思自東。祥符浹遠，瑞采澄空。百神咸秩，千齡是崇。宗玄壯觀，詔蹕康莊。雲行輦道，吹發山梁。飛文叶玉，接禮神皇。五旗回首，六轡齊驤」。宸儀展敬，享福無疆。巍然高碣，播此遺芳。

武德九年二月十五日建」

中統玄黓閹茂之歲以樓□重建，規模一新，惟宗聖古碑歷」年曠遠，字畫□□，因命工鏤剔，垂示無窮。

宫主成志遠謹識」

大唐宗聖觀記

局部

按

原碑武德九年（626）刻立，元中統三年（1262）在舊碑上重新洗刻。《大唐宗聖觀記》概述樓觀歷史，宣揚道教奥義，是研究中古時期道教發展的珍貴資料。因字有殘損，據《全唐文》《雍州金石記》補。

撰書者歐陽詢，字信本，一字少信，唐潭州臨湘（今湖南長沙）人。仕隋爲太常博士。唐貞觀初，官至太子率更令、弘文館學士。善書，其體世稱“率更體”，與虞世南、褚遂良、薛稷並稱初唐四大家。該碑隸書，爲歐陽詢傳世之名作，“乃唐隸之佳者”。

134.626　高惠通墓誌

大尉秦
王刀人
高墓誌

大尉秦王刀人高墓誌銘
刀人字惠通渤海人其先高辛氏之胤也祖
成並世著英聲門傳冠冕金玉文映青紫相
暉父世達隨密州高密縣令製錦有方不假
詢於子產絃哥遠播遂得之於子游刀人立
性溫恭稟質柔順三從旣備四德無虧武德
五年六月五日被選入內以爲刀人覩洛神
之詞嗟宓妃之嬌態觀鵲巢之詠慕后妃之
令淑秋風未發悲蘭蕙之早彫寒霜靡零嗟
桃李之先落武德九年四月十日寢疾卒於
公館春秋卅即以其月十四日葬於長安縣
龍首鄉乃爲銘曰
洪源眇〻華胄綿〻公侯世及冠冕相傳誕
生淑懿絕後光前蘭桂競馥桃李爭妍始陪
華館翻悲逝川草低曉露松沒朝煙如何匣
玉永閟幽泉

説 明

唐武德九年(626)四月刻。蓋、誌均正方形，邊長均53厘米。蓋文3行，滿行3字，篆書“太尉秦」王刀人」高墓誌」”。誌文楷書16行，滿行17字。有界格。蓋四周飾纏枝蔓草紋。西安市出土，具體時、地不詳。現存西安博物院。《隋唐五代墓誌滙編》《全唐文補遺》《陝西碑石精華》等著録。

釋 文

太尉秦王刀人高墓誌銘」

刀人字惠通，渤海人。其先高辛氏之胤也。祖」成，並世著英聲，門傳冠冕。金玉交映，青紫相」暉。父世達，随密州高密縣令。製錦有方，不假」詢於子産；絃哥遠播，遂得之於子游。刀人立」性温恭，稟質柔順。三從既備，四德無虧。武德」五年六月五日，被選入内，以爲刀人。覩洛神」之詞，嗤宓妃之嬌態；觀鵲巢之詠，慕后妃之」令淑。秋風未發，悲蘭蕙之早彫；寒霜靡零，嗟」桃李之先落。武德九年四月十日寢疾，卒於」公館。春秋卅，即以其月十四日葬於長安縣」龍首鄉。乃爲銘曰」：

洪源眇眇，華胄綿綿。公侯世及，冠冕相傳。誕」生淑懿，絶後光前。蘭桂競馥，桃李爭妍。始陪」華館，翻悲逝川。草低曉露，松没朝煙。如何匣」玉，永閟幽泉」!

按

誌主高惠通，出渤海高氏，乃當時望族。父高世達，《北史》《隋書》《舊唐書》《新唐書》皆有記載，作“士達”，蓋避秦王之諱。刀人，隋時已設此女官，《隋書·禮儀志》：“承衣、刀人、采女，皆服褖衣，無印綬。參準宋泰始四年及梁、陳故事，增損用之。”唐史未見有關“刀人”的記録，據此墓誌可知，至少在唐初是設有“刀人”一職的。

135.631　李壽墓誌

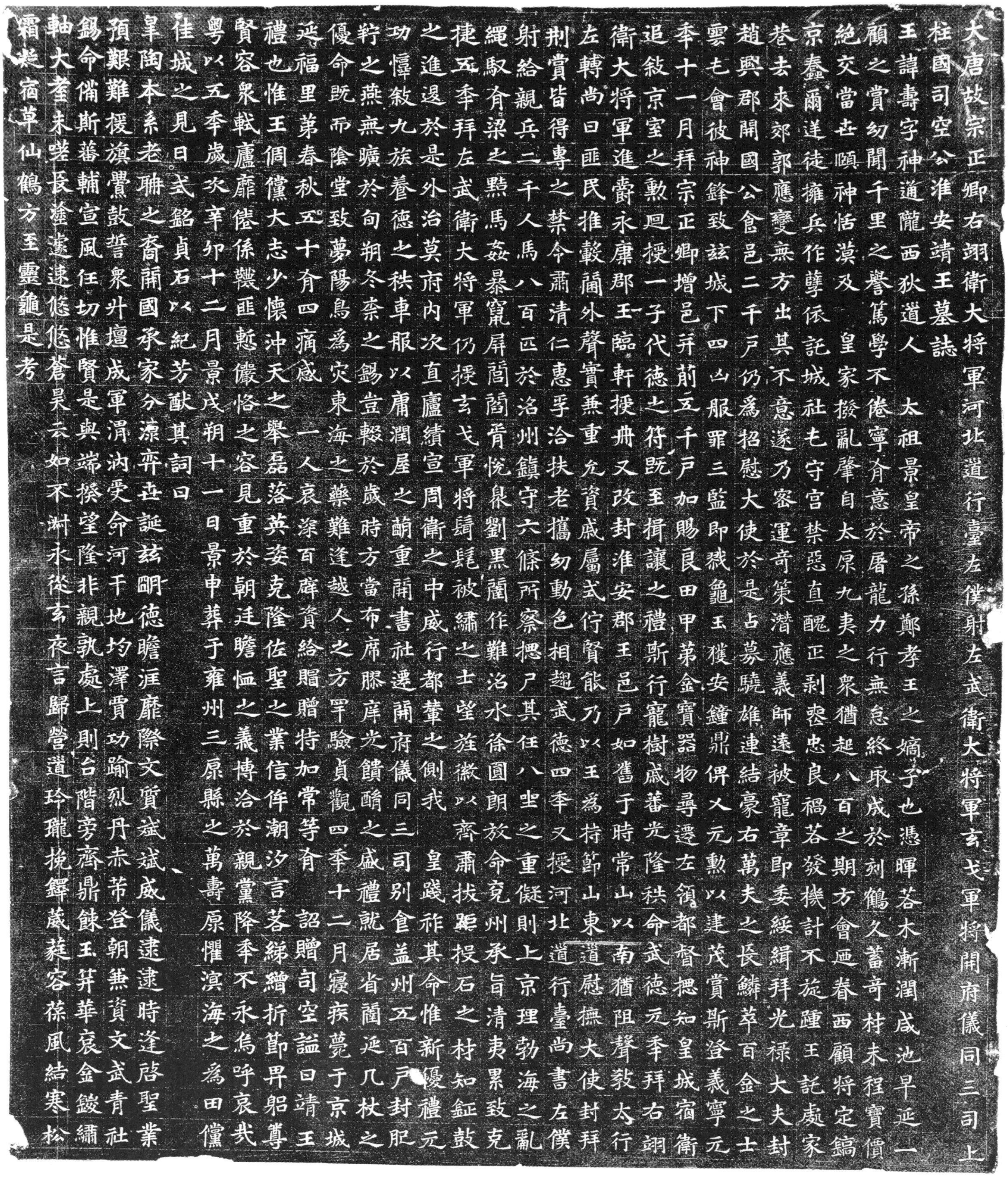
大唐故宗正卿右翊衛大將軍河北道行臺左僕射左武衛大將軍玄戈軍將開府儀同三司上
柱國司空公淮安靖王墓誌
王諱壽字神通隴西狄道人　太祖景皇帝之孫鄭孝王之嫡子也憑暉若木漸潤咸池早延一
顧之賞幼聞千里之譽篤學不倦寧育意於屠龍力行無怠終取成於刻鶴久蓄奇材未程實價
絶交當世頤神恬漠及　皇家撥亂肇自太原九夷之衆猶起八百之期方會迺眷西顧將定鎬
京蠢爾逆徒擁兵作孽依託城社屯守宮禁惡直醜正剝喪忠良禍若發機計不旋踵王託處家
巷去來郊郭應變無方出其不意遂乃密運奇策潛應義師遠被寵章即委綏緝拜光祿大夫封
趙興郡開國公食邑二千戶仍爲招慰大使於是占募驍雄連結豪右萬夫之長鱗萃百金之士
雲屯會彼神鋒致茲城下四凶服罪三監即戮龜玉獲安鐘鼎俾乂元勳以建茂賞斯登義寧元
年十一月拜宗正卿增邑并前五千戶加賜良田甲第金寶器物尋遷左領都督摠知皇城宿衛
追敘京室之勳迴授一子代德之符既至揖讓之禮斯行寵樹咸蕃光隆秩命武德元年拜右翊
衛大將軍進爵永康郡王臨軒授冊又改封淮安郡王邑戶如舊于時常山以南猶阻聲教太行
左轉尚曰匪民推轂閫外聲實兼重允資咸屬式佇賢能乃以王爲持節山東道慰撫大使封拜
刑賞皆得專之禁令肅清仁惠孚洽扶老攜幼動色相趨武德四年又授河北道行臺尚書左僕
射給親兵二千人馬八百匹於洛州鎮守六條所察攄尸其任八坐之重擬則上京理勃海之亂
繩馭脊梁之黠馬姦暴竄屛閭閻胥悅泉劉黑闥作難洛水徐圓朗放命兗州承旨清夷累致克
捷五年拜左武衛大將軍仍授玄戈軍將鬚髯被繡之士望旌徽以齊肅拔距投石之材知鉦鼓
之進退於是外治莫府內次直廬續宣周衛之中咸行都輦之側我　皇踐祚其命惟新優禮元
功憚敘九族眷德之秩車服以庸潤屋之萠重開書社遷開府儀同三司別食益州五百戶封肥
狩之燕無曠於旬朔冬烝之錫豈輟於歲時方當布席滕庠光饋酳之盛禮就居省闥延几杖之
優命既而陰堂致夢陽烏爲災東海之藥難逢越人之方罕驗貞觀四年十二月寢疾薨于京城
延福里第春秋五十有四痛感　一人哀深百辟資給賵贈特加常等有　詔贈司空謚曰靖王
禮也惟王倜儻大志少懷沖天之舉磊落英姿克隆佐聖之業信侔潮汐言若締纘折節畀船尊
賢容衆載廬靡倦係襮匪懃儀恪之容見重於朝廷贍恤之義博洽於親黨降年不永嗚呼哀哉
粵以五年歲次辛卯十二月景戌朔十一日景申葬于雍州三原縣之萬壽原懼滨海之爲田儻
佳城之見日式銘貞石以紀芳猷其詞曰
皐陶本系老聃之裔商國承家分源弈世誕茲明德瞻涯靡際文質斌斌威儀逮逮時逢啓聖業
預艱難援旗釁鼓誓衆升壇成軍渭汭受命河干地均澤貫功踰烈丹赤芾登朝兼資文武青社
錫命備斯蕃輔宣風任切惟賢是與端揆望隆非親孰處上則台階旁齊鼎餗玉笄華袞金鐵繡
軸大耋未嗟長途遽速悠悠蒼昊云如不淑永從玄夜言歸營道玲瓏挽鐸葳蕤容葆風結寒松
霜凝宿草仙鶴方至靈龜是考

説 明

唐貞觀五年（631）十二月刻。誌、蓋合成龜形。長166厘米，寬96厘米，高64厘米。蓋文4行，滿行4字，篆書“大唐故司」空公上柱」國淮安靖」王墓誌銘」”。誌文楷書31行，滿行37字。蓋文四周飾龜甲、連珠、蔓草紋。1973年三原縣陵前公社焦村出土。現存西安碑林博物館。《全唐文補遺》《西安碑林全集》著録。

釋 文

大唐故宗正卿右翊衛大將軍河北道行臺左僕射左武衛大將軍玄戈軍將開府儀同三司上」柱國司空公淮安靖王墓誌」

王諱壽，字神通，隴西狄道人。太祖景皇帝之孫，鄭孝王之嫡子也。憑暉若木，漸潤咸池。早延一」顧之賞，幼聞千里之譽。篤學不倦，寧有意於屠龍；力行無怠，終取成於刻鵠。久蓄奇材，未程寶價」。絶交當世，頤神恬漠。及皇家撥亂，肇自太原。九夷之衆猶起，八百之期方會。迺眷西顧，將定鎬」京。蠢爾逆徒，擁兵作孽。依託城社，屯守宫禁。惡直醜正，剥喪忠良。禍若發機，計不旋踵。王託處家」巷，去來郊郭。應變無方，出其不意。遂乃密運奇策，潛應義師。遠被寵章，即委綬緝。拜光禄大夫，封」趙興郡開國公，食邑二千户。仍爲招慰大使。於是占募驍雄，連結豪右。萬夫之長鱗萃，百金之士」雲屯。會彼神鋒致兹城下，四凶服罪，三監即戮。龜玉獲安，鐘鼎俾乂。元勳以建，茂賞斯登。義寧元」年十一月，拜宗正卿，增邑并前五千户，加賜良田甲第金寶器物。尋遷左領都督，總知皇城宿衛」。追敘京室之勳，迴授一子。代德之符既至，揖讓之禮斯行。寵樹戚蕃，光隆秩命。武德元年，拜右翊」衛大將軍，進爵永康郡王。臨軒授册，又改封淮安郡王，邑户如舊。于時常山以南，猶阻聲教；太行」左轉，尚曰匪民。推轂閫外，聲實兼重。允資戚屬，式佇賢能。乃以王爲持節山東道慰撫大使，封拜」刑賞皆得專之。禁令肅清，仁惠孚洽。扶老攜幼，動色相趨。武德四年，又授河北道行臺、尚書左僕」射，給親兵二千人，馬八百匹，於洺州鎮守。六條所察，總尸其任；八坐之重，儗則上京。理勃海之亂」繩，馭有梁之黠馬。姦暴竄屏，閭閻胥悦。梟劉黑闥作難洺水，徐圓朗放命兖州，承旨清夷，累致克」捷。五年，拜左武衛大將軍，仍授玄戈軍將。髯髦被繡之士，望旌徽以齊肅；拔距投石之材，知鉦鼓」之進退。於是外治莫府，内次直廬。績宣周衛之中，威行都輦之側。我皇踐祚，其命惟新。優禮元」功，惇敘九族。養德之秩車服以庸，潤屋之萌重開書社。遷開府儀同三司，別食益州五百户封。肥」豜之燕，無曠於旬朔；冬柰之錫，豈輟於歲時。方當布席膠庠，光饋酳之盛禮；就居省闥，延几杖之」優命。既而陰堂致夢，陽烏爲灾。東海之藥難逢，越人之方罕驗。貞觀四年十二月，寢疾薨于京城」延福里第，春秋五十有四。痛感一人，哀深百辟。資給賵贈，特加常等。有詔贈司空，謚曰靖王」，禮也。惟王倜儻大志，少懷沖天之舉；磊落英姿，克隆佐聖之業。信侔潮汐，言若綈繒。折節畀躬，尊」賢容衆。軾廬靡倦，係轙匪懟。儼恪之容，見重於朝廷；瞻恤之義，博洽於親黨。降年不永，烏呼哀哉」！粤以五年歲次辛卯十二月景戌朔十一日景申，葬于雍州三原縣之萬壽原。懼溟海之爲田，儻」佳城之見日，式銘貞石，以紀芳猷。其詞曰」：

皋陶本系，老聃之裔。開國承家，分源弈世。誕兹明德，瞻涯靡際。文質斌斌，威儀逮逮。時逢啟聖，業」預艱難。援旗釁鼓，誓衆升壇。成軍渭汭，受命河干。地均澤貫，功踰烈丹。赤芾登朝，兼資文武。青社」錫命，備斯蕃輔。宣風任切，惟賢是與。端揆望隆，非親孰處。上則台階，旁齊鼎餗。玉笄華兖，金鏤繡」軸。大耋未嗟，長塗遽速。悠悠蒼昊，云如不淑。永從玄夜，言歸營道。玲瓏挽鐸，葳蕤容葆。風結寒松」，霜凝宿草。仙鶴方至，靈龜是考」。

按

誌主李壽，兩《唐書》有傳，《資治通鑑》有載。史傳與墓誌所載不相符，二者可互補互證。李壽墓誌銘的形狀爲罕見的子母扣式橢圓龜形，極大地豐富了古代墓誌銘的形式。其書法筆畫雋永，齊整有骨力，體現了初唐楷書的極高水平，爲初唐佳品。

136.637　侯使君夫人竇娘子墓誌

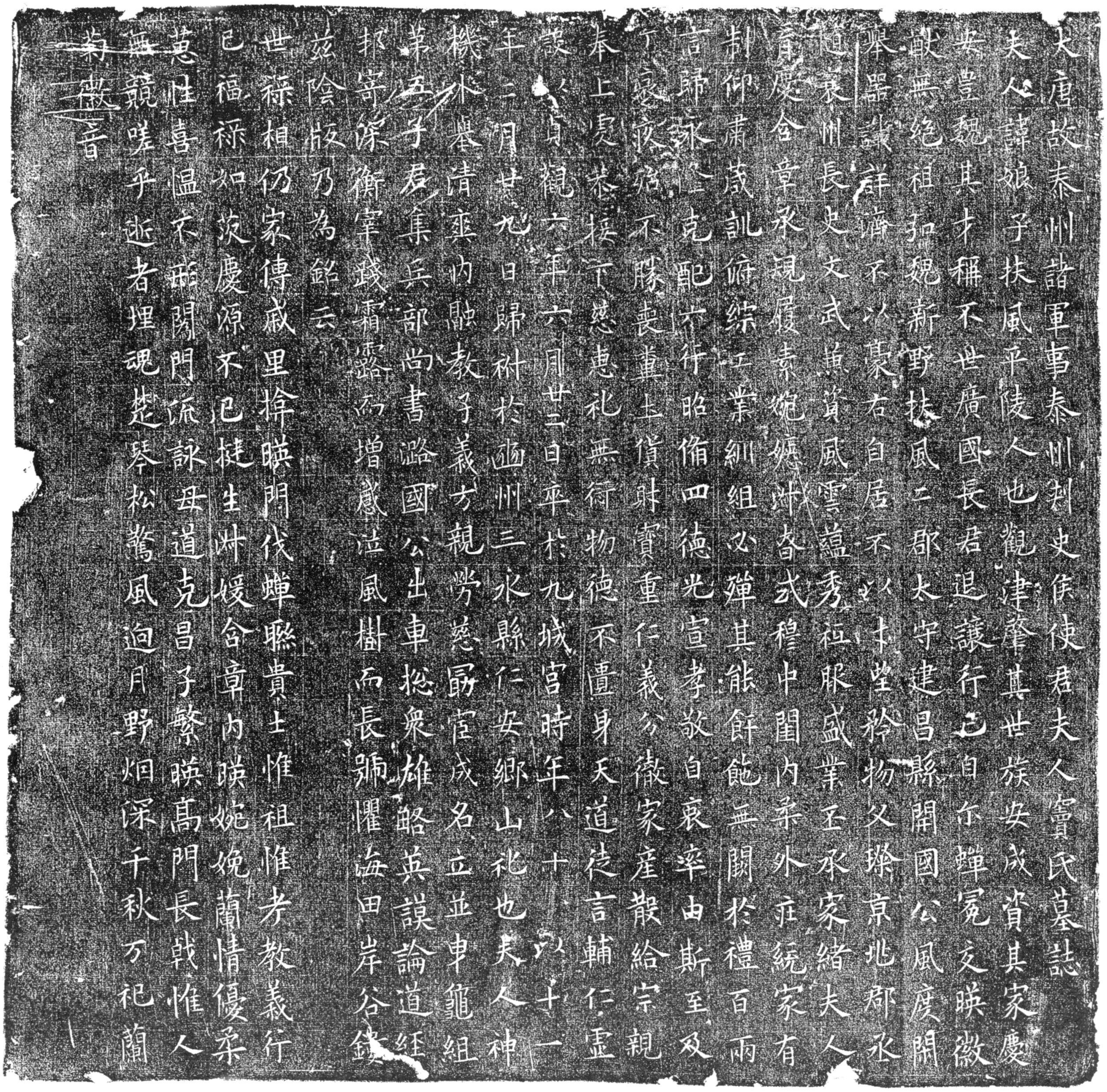
大唐故泰州諸軍事泰州刺史侯使君夫人竇氏墓誌
夫人諱娘子扶風平陵人也觀津肇其世族安成貲其家慶
安豐魏其才稱不世廣國長君退讓行己自尓蟬冕交暎徽
猷無絶祖和魏新野扶風二郡太守建昌縣開國公風度開
舉器識詳濟不以豪右自居不以才望矜物父琰京兆郡丞
通泉州長史文武兼資風雲藴秀社稷盛業丕承家緒夫人
育慶含章承規履素婉娩升沓式穆中閨內柔外庄統家有
制御肅歲訓俯綜工業紃組必殫其能飦飩無闕於禮百兩
言歸詠從克配六行昭備四德光宣孝敬自衷率由斯至及
于寢疾殆不勝喪董土貨財實重仁義分徹家産散給宗親
奉上虔恭接下慈惠禮無衍物德不遺身天道徒言輔仁虛
設以貞觀六年六月廿三日卒於九城宮時年八十以十一
年二月廿九日歸祔於幽州三水縣仁安鄉山祀也夫人神
機外舉清爽內融教子義方親勞慈勗宦成名立並車龜組
第五子君集兵部尚書潞國公出車摠衆雄略英謨論道經
邦寄深衛宰践霜露而增感泣風樹而長號懼海田岸谷鐫
茲陰版乃為銘云
世祿相仍家傳戚里搢暎門伐蟬聯貴士惟祖惟孝教義行
已福祿如茨慶源不已挺生淑媛含章內暎婉娩蘭情優柔
蕙性喜愠不形閨門流詠母道克昌子繁暎高門長戟惟人
無競嗟乎逝者埋魂楚琴松驚風迥月野烟深千秋万祀蘭
菊徽音

説明

唐貞觀十一年（637）二月刻。蓋盝形，誌正方形。誌、蓋尺寸相同，邊長均59厘米。蓋文5行，滿行5字，篆書“大唐泰州諸」軍事泰州刺」史侯使君夫」人潞國太夫」人竇氏墓誌」”。誌文楷書22行，滿行23字。1958年旬邑縣太村鎮文家村出土。現存旬邑縣博物館。《隋唐五代墓誌滙編》《新中國出土墓誌（陝西壹）》《全唐文補遺》《陝西碑石精華》《咸陽碑刻》等著録。

釋文

大唐故泰州諸軍事泰州刺史侯使君夫人竇氏墓誌」

夫人諱娘子，扶風平陵人也。觀津肇其世族，安成資其家慶」。安豐魏其，才稱不世；廣國長君，退讓行己。自尔蟬冕交映，徽」猷無絶。祖弘，魏新野、扶風二郡太守，建昌縣開國公。風度閑」舉，器識詳濟。不以豪右自居，不以才望矜物。父璨，京兆郡丞」，随襄州長史。文武兼資，風雲藴秀。祗服盛業，丕承家緒。夫人」育慶含章，承規履素。婉嫕淑慎，式穆中闈。内柔外莊，統家有」制。仰肅箴訓，俯綜工業。紃組必殫其能，飦飴無闕於禮。百兩」言歸，永隆克配。六行昭備，四德光宣。孝敬自衷，率由斯至。及」丁哀疚，殆不勝喪。糞土貨財，寳重仁義。分徹家産，散給宗親」。奉上虔恭，接下慈惠。禮無愆物，德不匱身。天道徒言，輔仁虚」設。以貞觀六年六月廿二日卒於九城宫，時年八十一。以十一」年二月廿九日，歸祔於豳州三水縣仁安鄉山，禮也。夫人神」機外舉，清爽内融。教子義方，親勞慈勖。宦成名立，並曳龜組。第五子君集，兵部尚書、潞國公。出車總衆，雄略英謨。論道經」邦，寄深衡宰。踐霜露而增感，泣風樹而長號。懼海田岸谷，鏤」兹陰版，乃爲銘云」：

世禄相仍，家傳戚里。拚映門伐，蟬聯貴士。惟祖惟考，教義行」己。福禄如茨，慶源不已。挺生淑媛，含章内映。婉娩蘭情，優柔」蕙性。喜愠不形，闔門流詠。母道克昌，子繁映。高門長戟，惟人」無競。嗟乎逝者，埋魂楚琴。松驚風迴，月野烟深。千秋万祀，蘭」菊徽音」。

按

誌主竇娘子，爲唐朝名將侯君集之母。侯君集，《舊唐書》《新唐書》有傳，其父名字未載。據此誌可知，其父侯使君曾任泰州刺史。

大唐故
趙府君
之墓誌

137.638　趙隆墓誌

大唐雍州萬年縣故趙君墓誌銘
君諱隆字世貴魏郡零昌人也家承台輔纂長幹於天經
代襲冠纓結譽根於地祖節魏車騎將軍漁陽鎮都尉
揚旌玄菟東夷絕西軾之車巻旆朔方北狄息南覬之馬
詔彝倫於衛霍豈等列於韓彭邁前世之晉卿越先宗之
趙將文景齋業縣令淮陽太守河無娶祀踰西門之志誠
庭有懸魚甚揚績之講慎屬齋朝淩替周室克昌詢名英
儒從居三輔伊洛年纔岐嶷夙遭閔凶卓爾不羣何然獨
秀文章郁郁將霓霞而煥輝盛德巍巍与嵩華而崇峻去
爭奪若探湯履禮讓如弗及嚴厲類秋霜溫潤同春日九
皐之響逾振三試之譽遠彰頻被上徵固辭不仕翱翔乎
仁信之圃馳騖乎禮義之塗遊藝依仁奉身怡志豈謂桒
榆未照暮槿遽彫二鼠不停懸藤已絕春秋五十有四終
於京師常樂里之第粵以貞觀十二年歲次戊戌正月辛
已朔廿六日丙午窆於義善鄉少陵原禮也遂使鯨鱗一
隆無遊渤澥之期鵬翮既摧罕有陵雲之日嗚呼哀哉乃
為銘曰　將軍暢武作鎮宣威黃山啓路白波解圍東夷
送款北狄彼歸建功前烈纂緒承徽業縣茂功淮陽樹德
伊此哲人閑之唯則乳虎逃蹤飛蝗戢翼美績攸彰甘棠
茂植英賢載誕冠纓世挺顯德銘鍾揚功鏤鼎脩幹千尋
洪波万頃弗矜弗伐嘉猷徽頻逝川東注落日西傾魂隨
暮景身逐流萍泉門晝闇松風夜清雕金勒石傳茲令名

説明

唐貞觀十二年(638)二月刻。蓋盝形,誌正方形。誌、蓋尺寸相同,邊長均58厘米。蓋文3行,滿行3字,篆書“大唐故」趙府君」之墓誌」”。誌文楷書22行,滿行22字。蓋四殺、誌四側均飾纏枝花紋。出土具體時、地不詳。現存西安市長安博物館。《隋唐五代墓誌滙編》《全唐文補遺》《陝西碑石精華》等著録。

釋文

大唐雍州萬年縣故趙君墓誌銘」

君諱隆,字世貴,魏郡零昌人也。家承台輔,聳長幹於天綱」;代襲冠纓,結磐根於地紀。祖節,魏車騎將軍、漁陽鎮都尉」。揚旌玄菟,東夷絶西軾之車;卷旆朔方,北狄息南羈之馬」。詎彝倫於衛霍,豈等列於韓彭。邁前世之晉卿,越先宗之」趙將。父景,齊業縣令、淮陽太守。河無妖祀,踰西門之志誠」;庭有懸魚,甚楊續之清慎。属齊朝淩替,周室克昌,詢召英」儒,徙居三輔。伊君年纔岐嶷,夙遭閔凶。卓尔不群,孑然獨」秀。文章郁郁,將霓霞而焕輝;盛德巍巍,与嵩華而崇峻。去」爭奪若探湯,履禮讓如弗及。嚴厲類秋霜,温潤同春日。九」皋之響逾振,三誠之譽遠彰。頻被上徵,固辭不仕。翱翔乎」仁信之圃,馳騖乎禮義之塗。遊藝依仁,奮身怡志。豈謂桑」榆未照,暮槿遽彫。二鼠不停,懸藤(藤)已絶。春秋五十有四,終」於京師常樂里之第。粤以貞觀十二年歲次戊戌正月辛」巳朔廿六日丙午,窆於義善鄉少陵原,禮也。遂使鯨鱗一」墜,無遊渤澥之期;鵬翮既摧,罕有陵雲之日。嗚呼哀哉!乃」爲銘曰:

將軍暢武,作鎮宣威。黄山啟路,白波解圍。東夷送款,北狄攸歸。建功前烈,纂緒承徽。業縣茂功,淮陽樹德」。伊此哲人,閑之唯則。乳虎逃蹤,飛蝗戢翼。美績攸彰,甘棠」茂植。英賢載誕,冠纓世挺。顯德銘鍾,揚功鏤鼎。脩幹千尋」,洪波万頃。弗矜弗伐,嘉猷徽頴。逝川東注,落日西傾。魂随」暮景,身逐流萍。泉門晝闇,松風夜清。雕金勒石,傳茲令名」。

按

此誌出土具體地點不詳,據墓誌“窆於義善鄉少陵原”,即今西安市東南杜陵,當爲墓誌出土之地。

138.639　段元哲墓誌

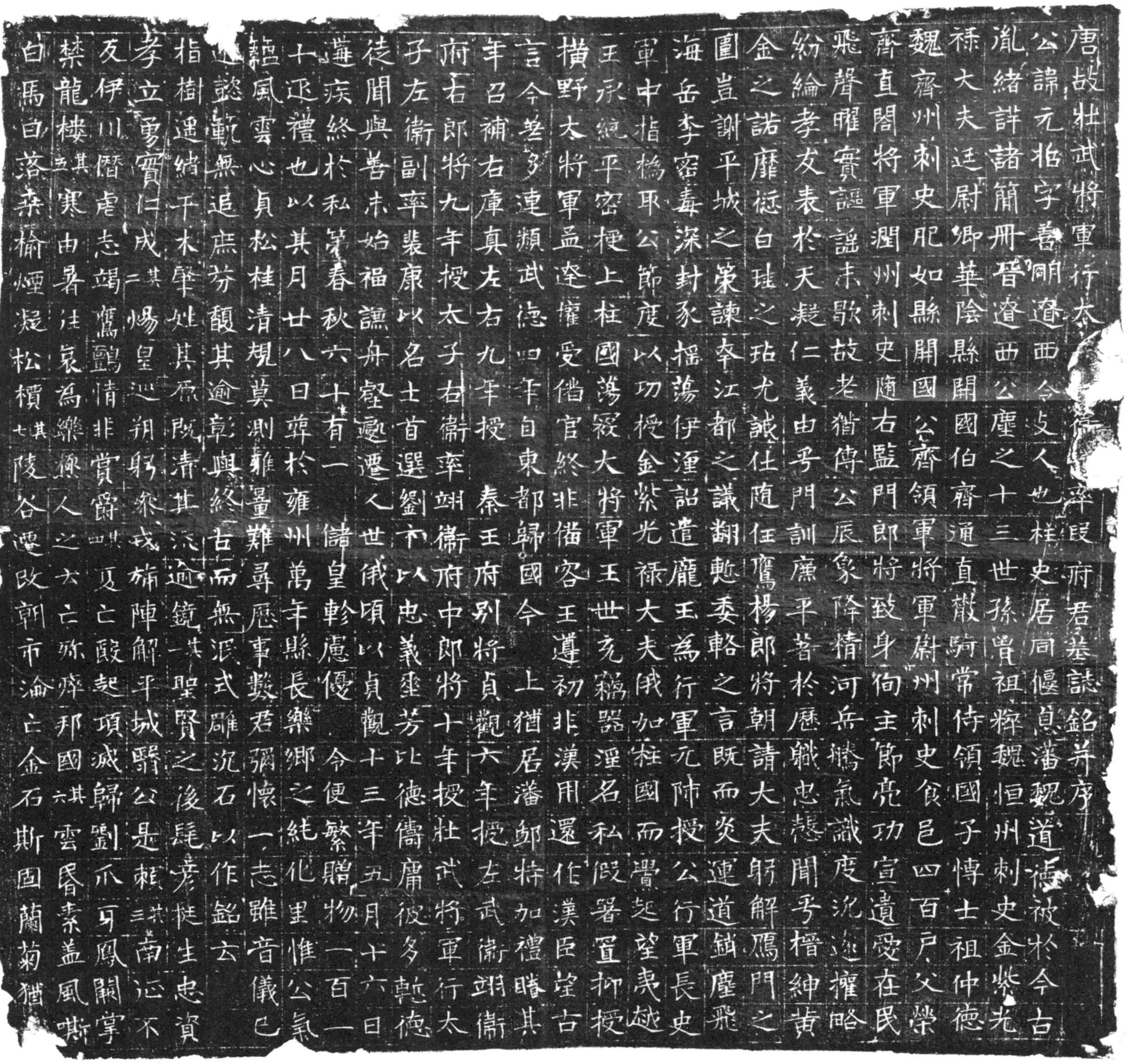

説明

唐貞觀十三年（639）五月刻。誌長42厘米，寬41厘米。誌文楷書28行，滿行27字。1957年西安市東郊韓森寨出土。現存中國社會科學院考古研究所西安研究室。《隋唐五代墓誌滙編》《全唐文補遺》著録。

釋文

唐故壯武將軍行太子左衛副率段府君墓誌銘并序」

公諱元哲，字善明，遼西令支人也。柱史居同，偃息藩魏。道德被於今古」，胤緒詳諸簡册。晉遼西公塵之十三世孫。曾祖粹，魏恒州刺史、金紫光」禄大夫、廷尉卿、華陰縣開國伯，齊通直散騎常侍，領國子博士。祖仲德」，魏齊州刺史、肥如縣開國公，齊領軍將軍、蔚州刺史，食邑四百户。父榮」，齊直閤將軍、潤州刺史，隨右監門郎將。致身徇主，節亮功宣。遺愛在民」，飛聲曜實。謳謡未歇，故老猶傳。公辰象降精，河岳騰氣。識度沉遠，權略」紛綸。孝友表於天凝，仁義由乎門訓。廉平著於歷職，忠慤聞乎搢紳。黄」金之諸靡愆，白珪之玷尤誡。仕隨，任鷹揚郎將、朝請大夫。躬解鴈門之」圍，豈謝平城之策。諫幸江都之議，翻慙委輅之言。既而炎運道銷，塵飛」海岳。李密毒深封豕，摇蕩伊瀍。詔遣龐玉爲行軍元帥，授公行軍長史」。軍中指撝，取公節度，以功授金紫光禄大夫，俄加柱國。而釁起望夷，越」王承統平密，授上柱國、蕩寇大將軍。王世充竊器淫名，私假署置。抑授」横野大將軍。孟達權受備官，終非備客；王遵初非漢用，還作漢臣。望古」言今，差多連類。武德四年，自東都歸國，今上猶居藩邸，特加禮眷，其」年召補右庫真左右。九年，授秦王府别將。貞觀六年，授左武衛翊衛」府右郎將。九年，授太子右衛率翊衛府中郎將。十年，授壯武將軍、行太」子左衛副率。裴康以名士首選，劉卞以忠義垂芳。比德儔庸，彼多慙德」。徒聞與善，未始福謙。舟壑遽遷，人世俄頃。以貞觀十三年五月十六日」遘疾，終於私第，春秋六十有一。儲皇軫慮，優令便繁，贈物一百一」十匹，禮也。以其月廿八日葬於雍州萬年縣長樂鄉之純化里。惟公氣」藴風雲，心貞松柱。清規莫測，雅量難尋。歷事數君，彌懷一志。雖音儀已」邈，懿範無追。庶芬馥其逾彰，與終古而無泯。式雕沉石，以作銘云」：

指樹遥緒，干木肇姓。其原既清，其流逾鏡。其一。聖賢之後，髦彦挺生。忠資」孝立，勇實仁成。其二。煬皇巡朔，躬参戎旆。陣解平城，繄公是頼。其三。南征不」反，伊川僭虐。志竭鷹鸇，情非賞爵。其四。夏亡殷起，項滅歸劉。爪牙鳳闕，掌」禁龍樓。其五。寒由暑往，哀爲樂極。人之云亡，殄瘁邦國。其六。雲昏素盖，風嘶」白馬。日落桑榆，煙凝松櫝。其七。陵谷遷改，朝市淪亡。金石斯固，蘭菊猶□」。

按

誌主段元哲，鮮卑族，遼西令支人。曾祖粹、祖仲德、父榮，正史無載。則此誌所載段元哲之家族世系及其生平事蹟，均可補史載之闕。

139.639　智該法師碑

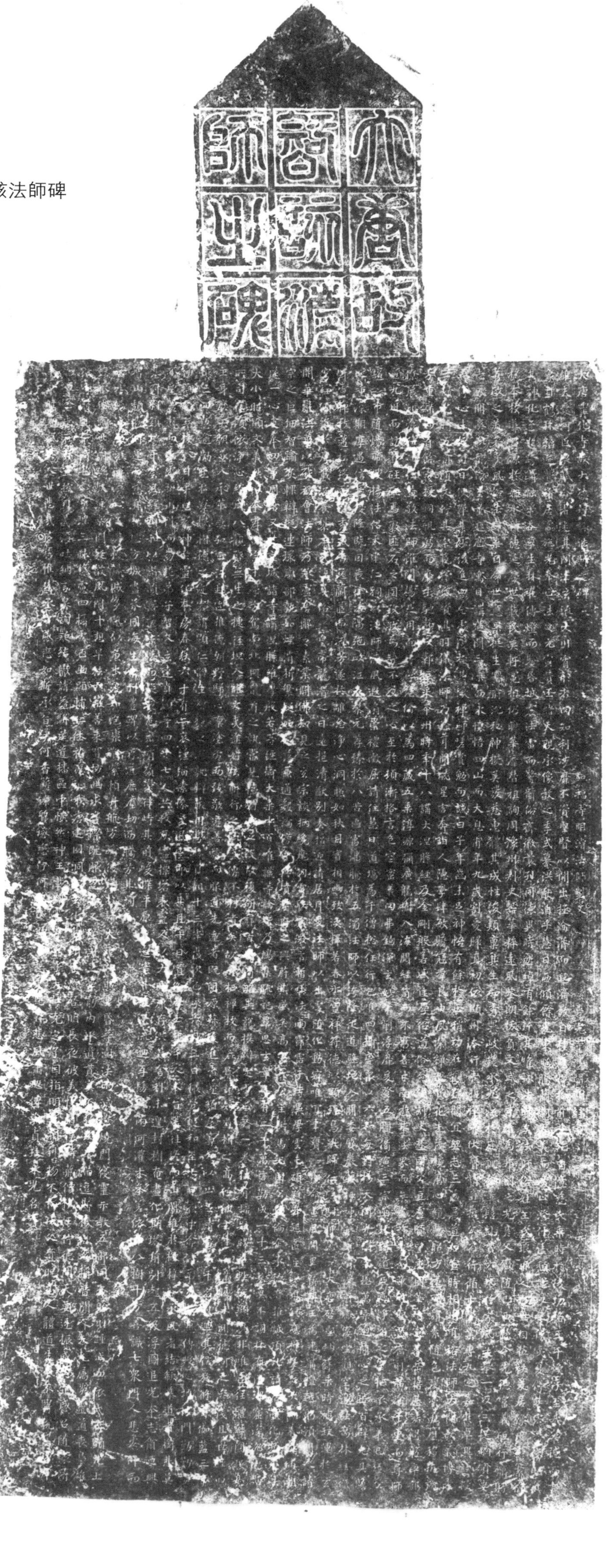

説明

唐貞觀十三年（639）六月刻。碑螭首方座。通高366厘米，寬103厘米。額文3行，滿行3字，篆書“大唐故」智該法」師之碑」”。正文楷書32行，滿行67字。釋明濬撰文，釋明解書丹。碑身四周飾卷草紋。原立于長安縣楩梓谷，1979年于終南山天子峪口發現，1981年入藏西安碑林。現存西安碑林博物館。《西安碑林全集》《全唐文補遺》著録。

釋文

大唐靈化寺故大德智該法師之碑

弘福寺明濬法師製文

普光寺沙門明解書」

維夫愛河巨浪，賦命者迷其問津；玄流大川，宵形者罔知利涉。靡不資聖賢以間出，拯淪湑而遐濟。故日種應物於前，道光百億；慈氏乘時於後，功格三千。焕乎至哉，無德而言」。象□鶴林，韜跡鷲嶺。居常施光，奉正法之元寅；贊丕緒天，親承像教之季。式纂洪猷，洎乎慧日。西傾餘光，東照騰蘭。嗣大義而廢止澄什，匡頽運以來儀夷夏。何其宏謨幽□，翼」其神化。至於跨躡融肇，吞孕生林。耀傳燈而鑒昏城，震法雷而警聾俗。齊徽曩烈，同德異時。然綽有餘行，其唯該法師矣。法師俗姓王氏，琅耶人也。世因莅秩，爰居豫州。鬱繁衍」於本枝，導昌源於姬水。積德延慶，世載民英。軒冕相仍，聯華靡替。祖詢，周豫州刺史。器華粹遠，風鑒朗拔。負文武之才雄，爲邦國之光彦。父儼，随巴西縣令。先德富義，砥行礪躬」。善政之美，著乎風俗。法師乘因命世，應果挺生。靈府沉秘，神機英發。慈惠體其成性，俊穎稟其生知。秀異岐嶷，承九流於庭訓；含章髫齔，貫六藝於家風。並舉一反三，提綱領要」。志氣開爽，粃糠儒墨。童遊歷寺，寓目講筵。聞三乘而永懷，悟四山而大息。甫年九歲，割愛歸真。初依顯州本行寺哲禪師，伏膺請道。哲公乃行循七覺，業專九定。嘉其卓異，試授」五停心。未延旬日，便殫其妙。後進四念處，復極其微。禪師嗟賞，勉而誡曰：“子年齒未足，神悟有餘。於止稍功，在觀猶闕。宜契志三藏，履道弘宣。”時相州有裕法師，大開教義，博考」二諦，□□五部。随文佇其宗範，釋氏資其羽儀。法師乃滌耳聞風，星言奔詣。人隱學肆，敏贍冠群。良由夙潔禪地，賞花先茂。纔磨心鏡，慧照方遠。可謂素随色變，涂逐璽移。抗論」方重席而有餘，覆授同瓶瀉而靡失。馳聲□鄴，振采本州。時年十八，講大涅槃經及金剛、般若。盛匡學侶，道俗僉歸。刺史楚國公豆盧賢，望重國華，績宣藩岳。藉甚嘉問，躬率部」僚。展礼湌和，親任益敬。法師雖闡揚足用，而好學絶倫。以爲四藏五乘，淳源彌廣。龍樹入海，閲經笥而不窮；善才南遊，求法界而無盡。於是憲章列聖，思齊則哲。逾千里而尋師」，遍九州而訪道。硜硜焉，敦匪石之固；孜孜焉，勞不及之心。至於頓漸格言，色空密義。罔弗鈎深玄妙，筆削浮靡。爰登五臘，備演三宗。函杖講道，亞迹淨名之□；摳衣承義，已盛公」超之市。随煬帝搜揚法侣，大建仁祠。以法師德風遐扇，崇禮徵屈。請住慧日道場，爲千僧總任。行己唯四攝，率衆以六和。每對揚天問，光闡宗極。萬乘回簡心之睠，百辟光具瞻」之重。深期厚遇，信施優隆。既因喪津海隅，弛政江表。黎元荐臻於八苦，區寓沸騰於五濁。法師以洿隆從道，避地入關。委質巖藪，栖神寥廓。□溪丹巘，宴坐觀空。邃壑喬林，經行」寂慮。禪枝邁松筠□□秀，□香逸蘭茝而流芳。遂於離念淨心，洞照如秋月；實相幽致，涣釋若春冰。靈祥符德以顯臻，鳥獸歸仁以馴狎。屬大唐啟聖，納籙乘時。補缺運於玄」穹，紐傾維於厚載。涵養黎庶，光復美俗。皇帝龍潛之日，遠挹清猷。别奏招迎，請居月愛。法師以出處随化，動寂唯宜。聿膺聖命，宣風閈里。新□王爲建講檀越，躬顧門人。請」開華嚴、法華，以啟初會。法師乃承盧舍那之素業，開佛知見之玄宗。談柄纔麾，詞雷殷震。微言暫吐，法雨霈霑。于時異學雲屯，碩難峰起。匠主以鴻鍾應扣擊之大□，義□納潮」宗之巨細。智逾炙輠，辯縱連環。廓部執如煙消，析繁疑如扼落。兼通數論，傍會典墳。學府之興，蔚其盛矣。高密長公主駙馬紀國公段倫，企承德音，推誠頂礼。請居靈化，頻建法」筵。一心虔奉，四事周洽。又於京城諸寺，講涅槃、維摩、般若等經，攝大乘、中百、唯識等論。斯乃鳩集疏記，覃思玄章。□有二十萬言，勒成一十三卷。莫不詞林布護，理窟深沉。隱括」大小，昭顯文義。然以本寂圓宗，末學方駕。南北興鼠首之執，當見懷猶豫之疑。故復研詳旨□，商略異説。撰辯定□正論一卷，使有識知歸。雖挫鋭顯□，非唯□任；體寂圓照，是」所司□。復依淨心，緝成八觀。啟無生之捷徑，坦入證之夷途。好玄解行之□，盛傳不朽者矣。故□栖禪枝而庇影，詎知道樹之高低；飲玄津而滿腹，未測德河之深淺。且世經四」主，身歷二朝。亟入承華，屢弘正法。遐迩推德，朝野歸心。稟塗香而致敬，遵善誘而服道。先達者既同原菽，後進者還類屋籌。加以止足清□，不干名烈。迴其信施，修葺伽藍。三事」雖亡，四勤逾勵。至於察機

局部

樹德之迹，容謂顯仁；體生會滅之深，孰辯藏用。粤以貞觀十三年歲次己亥六月三日，微覺貶和。至七日夜中，命諸弟子，□懇傳授心地法門。勤勤委」□，詞色無擾。八日平旦，□神於靈化本房，春秋六十有二。哀纏緇素，慘變風雲。即以其月十日，道俗學士數千人，奉旨送往終南山，闍維於梗梓谷。承風者結欷，慕道者銜悲。莫」不望盖影而涕零，扣山門而崩絶。弟子智文、玄達、貞顧等四十七人，共收灰爐，標塔表靈。又以大師康存，供養舍利。未遑封樹，奄盡化期。塔前別起五級浮圖，追光本志爾。迺興」基利刹，鎮地干雲。風鐸相和以諧韻，露□比□而疑夜。危巒峭嶺，鬱律峙其前；峻堞平原，□迤案其後。□流迴互，彷佛兩河。灌木參差，依□八樹。十方善識，七衆門人。悲安師而智山頽，揚河運而慈舟覆。恐方域盡堯，圓海生桑。刊豐碑以存道，庶塵劫而騰芳。其詞曰」：

苦水湯湯，□涯漫漫。心□易擾，識賊多難。似魚出没，如泡聚散。緊賴舟航，方躋彼岸。於赫大聖，□照重昏。等澍法雨，滅燎燒門。寢靈示教，五部同尊。貽則踵武，四依代□。顯□上」德，承佳應世。簡畹敷英，桑門庭□。夙閑十想，早祛六蔽。善來寶坊，幽求實際。既服忍□，又堅式足。學窮内外，道貫真俗。弘兹□滿，逗斯機欲。名稱普聞，人天允屬。炎靈道喪，梟雄」□峙。□道嚴阿，宅心至理。三昧□慮，四攝虚己。幽顯輔仁，休禎應祉。我唐建國，洞□玄化。載朗□燈，啟明長夜。彼美懷道，俟時藏價。惟王佇德，問天要迓。振威屈冗，感召隨緣」。隋融□念，志在弘□。控引義海，吐納言泉。詢疑結轍，請益駢筵。道播區中，悏然神王。載闢靈寺，窮乎大壯。克定了因，指明□相。刊物不朽，成文遺晛。達人體道，生滅不羈。税駕□寂」，□□離知。颯爽人世，悲哉□移。惟兹承旨，感戀如斯。承旨伊何，香薪鑠質。感戀伊何，□室概□。愁雲黯對，悲風蕭颸。俾就貞珪，永光名實」。

按

智該法師身歷三朝，世經四主，頗受隋煬帝、唐太宗尊崇，佛教史傳無載。記中載“高密長公主駙馬紀國公段倫”，《新唐書·諸帝公主傳》：“高密公主，下嫁長孫孝政，又嫁段綸。綸，隋兵部尚書文振子，爲工部尚書、杞國公。”與碑記有異，可資參證。

140.640　于孝顯碑

説 明

唐貞觀十四年（640）十一月刻。碑螭首方座。通高259厘米，寬76厘米，厚22厘米。額文4行，滿行4字，篆書“大唐故騎」都尉濮州」濮陽縣令」于君之碑」”。正文楷書28行，滿行58字。清道光三年（1823）富平縣出土。現存西安碑林博物館。《金石續編》《八瓊室金石補正》等著録。

釋 文

大唐故騎都尉濮州濮陽縣令于君之碑」

君諱孝顯，字犀角，河陰河南人也。肇自赤雀棲户，白魚躍舟。時經百代，歲逾千祀。崇基緬邈，與嵩岱而齊高；華胄芬芳，共蘭蓀而並馥。廷尉以陰□□□」，名播漢朝；將軍以陷陳揚麾，聲流魏室。自此琳琅接耀，軒冕連陰。雖張湯之七葉珥貂，郗鑒之四世台鼎，方之蔑如也。曾祖提，魏孝文以敕勒地居□□」，氣接幽都，陸梁狼望之前，掘强龍庭之外，遂授公節鉞，奉使宣威。公喻以存亡，示其禍福。敕勒犁顙樹領，獻馬稱藩。主上嘉使平之功，授以征北將軍、隴」西太守。自魏曆將終，周圖已兆。先臣舊佐，咸加爵賞。蒙授使持節、太傅、柱國、大將軍，封建平郡開國公，從班例也。祖瑾，周太師、三老、尚書右僕射、柱國、燕」國公，謚曰文。巨川舟楫，鼐鼎鹽梅。燮理陰陽，寒燠無急舒之變；弼諧王道，政令有清淨之歌。父禮，周使持節、大候正、大將軍、趙州刺史、安平郡開國公。周」武帝親御六軍，問罪東夏。躬麾九伐，爰慗西師，乃以公爲大使，總知兵馬節度。申□居鼎臣之□，齊王處帝弟之親。咸皆稟其英謨，諮其進止。公厥施十」計，間出六奇。或飛書下城，或搴旗陷陣。猶衝飈之卷寒蘀，旭日之泮春冰。曾未浹辰，僞都平蕩。□武平齊之日，總集僞官，謂高阿那肱曰：“平卿國者，由此」人也。”昔吕子牙之佐周，号鷹揚而滅紂；王士治之翼晉，歌龍驤而殄吴。隔代相望，□無慙德。君稟川岳之靈，膺星辰之氣。角立傑出，高翥獨翔。括百行之」樞機，軼九德之軌躅。一室不掃，陳仲舉之生平；万里封侯，班仲升之意氣。發巖電於神彩，韞荊玉於匈懷。騫騫如積風之運鵬，昂昂如藹雲而迸驥。開皇」十三年，起家任右親衛，非其好也。阮嗣宗之傲誕，屈以步兵；馬犮子之文詞，登之武騎。俄而文皇晏駕，煬帝嗣興。剗刮舊章，草創新政。瓊室瑶臺之制，邁」辛癸之宫；車轍馬跡之行，越姬劉之幸。公乃告歸託疾，養素丘園。不事王侯，鑿坏而已。於是親賓斷問，慶弔不通，保周陂而訪三姜，依蔣徑而尋二仲。甘」樂山藪，木石爲鄰。樵歌唱而白雲凝，丘琴奏而玄鶴舞。讀張衡之賦，且悦歸田；諷宋玉之詞，寧憂失職？逮隋風已替，率土分崩。九服移心，三靈改卜。天星」驟落，海水□飛。万姓嗷嗷，瞻烏靡所。太上皇龍躍晉野，鳳舉秦川。揮寶劍而斬素靈，擁神兵而膺赤伏。群雄畢湊，衆善咸歸。遂仗劍轅門，投□獻款。蒙」補左武候録事參軍，于時義寧元年也。皇圖俶落，帝典權輿。王世充叛换洛川，竇建德憑陵河朔。蟻聚蜂扇，狼顧鴟張。驅掠我黎元，違拒我聲教。眷言」經略，理資英傑。乃授元帥府鎧曹參軍。於是破八關堡、清城宫，□太陽門。陷陣先登，獲勳第一，蒙授騎都尉。武德四年，授雍州録事參軍。處神州之要，居」輦轂之下。五方雜沓，四民設阜。糾擿姦伏，思若有神。不待赭汙之權，詎勞鈎距之詐。貞觀元年，又授朝議郎、行濮州濮陽縣令。君下車布政，除煩去瘼，而」移風易俗，不待三年；俗富刑清，纔踰期月。還牛恕米，是表於深仁；馴雉移蝗，弥彰於善政。豈止沉丕鄴縣，留神灌壇而已哉！水積歸塘，竟滔滔而東注；日」沉昧谷，遂黯黯而西徂。辰巳之夢忽鍾，膏肓之祟便及。以貞觀十年四月四日寢疾卒于濮陽官舍，春秋六十四。陶潛琴酒，對彭澤而誰歡；言偃絃哥，臨」武城而莫奏。嗚呼哀哉！君器宇淹凝，風神秀逸。襟懷肅穆，与寒松而並勁；志氣蕭條，共秋天而競爽。履仁爲度，蹈義成基。不以富貴嬌人，常以謙虚待物」。可謂淑人君子，邦家之彦者歟！爰以貞觀十四年歲次庚子十一月壬寅朔十日戊子，遷窆于雍州三原縣洪壽鄉之原。夫人李氏，平昌縣主」，皇帝堂姑。王姬下降，作嬪君子。四德□□中饋，六行懋于閨儀。婉嫕馳聲，幽閑表德。既而于君長逝，守志孀居。同穴之義莫從，異路之悲奄至。撫育遺稚」，皆遵禮度。雖享豕存教，斷織貽訓，曾何足云！嫡子正則等，並學稟箕裘，德齊顔閔。竭忠貞以事主，極愛敬以安親。列鼎切季路之懷，從車軫曾參之歎。乃」詢諸古老，考之前代。紀素譽於玄石，刻遺範於幽埏。庶感風樹之悲，以慰寒泉之思。文曰」：

逖矣洪源，遐哉峻趾。崇山億丈，長河千里。陸離英彦，森梢杞梓。纓冕遞承，琳琅間起。其一。迺祖英果，懔懔申霜。乃父誠績，諤諤勤王。雄圖獨運，逸氣孤翔。東」征獻凱，北使歸壃。其二。篤生君子，風神特達。□侍丹墀，警巡紫闥。腰韈負羽，横戈戴鶡。驥騄既馳，湛盧方割。其三。有隨道喪，滄海横流。知機體命，卜築林丘」。一人御物，六合承休。翻然筮仕，佐府參州。其四。參封伊何？繩違糾惡。佐府伊何？崇弓砥鍔。姦魁息訟，邊隅静柝。衢路風生，戈矛霜落。其五。一同出宰，百

局部

里□風」。霜威狡猾，露惠鳌窮。庶期永錫，如何不終。武城弦絶，彭澤樽空。其六。人事浮促，生□□脆。孫楚長埋，韓□永逝。朝思餘藻，野悲遺惠。先秋刈蘭，當春翦桂。其七。□」□□□，□□□□。俄悲谷徙，遽歎舟藏。松風厲□」，□□□□。□□□□，□□□□。其八」。

按

于孝顯，祖瑾，爲北周太師、三老、尚書右僕射；父禮，北周趙州刺史。孝顯于武德四年授雍州録事參軍，貞觀元年授朝議郎濮州濮陽縣令，貞觀十四年葬于三原縣。碑記云孝顯爲河陰河南人，按《關中金石文字存逸考》："考魏收《地形志》云：元象二年置河陰郡，領河陰一縣，屬洛州。而河南縣則屬新安郡。如碑云河陰河南人，是河南縣曾屬河陰郡。《地形志》及隋、唐二書《地理志》均未載，疑史有闕文也。"

141.641　王靈仙墓誌

大唐故右勳衛王君墓志
君諱靈仙字神衆太原晉陽人也自離翦軸秦吉駿匡漢
文武佐時之略庇民濟世之材斯固國史之所詳此可得
而略也祖羅周上儀同司武上士風神散朗英勇冠時父
貴隨舊武尉器量疑深清貞拔俗君稟靈山岳含和表性
孝友彰於稚年英明發乎初歲脫落榮利心浩然六經百
氏無不兼綜嗣清徽於谷口繼逸響於淹中或春宵媚景
或秋天明月時研高老莊留連琴酒州郡辟命皆辭焉
之以宿衛務殷期門任切王公子弟咸為高選君以文任
居之隨班例也而晉露難留百年易往逝川靡舍奄從風
燭以貞觀十五年歲次辛丑三月壬戌朔十日辛未終于
長安延壽第春秋五十有一粤以其月廿四日窆于長安
縣龍首原刊石玄扉傳芳不朽其辞曰
業業子晉降生是贊自茲厥後寔隆棟幹離翦匡秦音高
輔漢棠基峻極波瀾浩汗其一世資明哲篤生君子惠朗泉
濬英猷岳峙外表無際內懷通理義有輕生孝無終始其二
早慕嚴鄭棄利遺榮耕稼五德咀嚼六經琴前雪起月下
風清嘉賓滿席罇桂餘馨其三天道暝昧福善彼爽宜享遐
齡奄然長往身非金石名同天壤哲人其萎後昆焉仰其四
宅兆有日言指泉臺荒埏晝暗松風夜哀芳罇誰饗隴月
徒開勒茲玄石播美將來其五

説明

唐貞觀十五年（641）三月刻。誌正方形。邊長58厘米。正文楷書21行，滿行22字。誌四側飾壼門内十二生肖圖案。出土具體時、地不詳。現存西安博物院。《隋唐五代墓誌滙編》《全唐文補遺》等著録。

釋文

大唐故右勳衛王君墓志」

君諱靈仙，字神衆，太原晉陽人也。自離翦輔秦，吉駿匡漢」，文武佐時之略，庇民濟世之材，斯固國史之所詳，此可得」而略也。祖羅，周上儀同司武上士。風神散朗，英勇冠時。父」貴，隨奮武尉。器量凝深，清貞拔俗。君稟靈山岳，含和表性」。孝友彰於稚年，英明發乎初歲。脱落榮利，心浩然。六經百」氏，無不兼綜。嗣清徽於谷口，繼逸響於淹中。或春宵媚景」，或秋天明月。時研商老莊，留連琴酒。州郡辟命，皆辭焉。久」之，以宿衛務殷，期門任切。王公子弟，咸爲高選。君以父任」居之，随班例也。而騖露難留，百年易往。逝川靡舍，奄從風」燭。以貞觀十五年歲次辛丑三月壬戌朔十日辛未，終于」長安延壽第，春秋五十有一。粤以其月廿四日窆于長安」縣龍首原。刊石玄扉，傳芳不朽。其辭曰」：

峩峩子晉，降生是贊。自玆厥後，寔隆棟幹。離翦匡秦，音商」輔漢。崇基峻極，波瀾浩汗。其一。世資明哲，篤生君子。惠朗泉」渟，英猷岳峙。外表無際，内懷通理。義有輕生，孝無終始。其二」。早慕嚴鄭，棄利遺榮。耕耘五德，咀嚼六經。琴前雪起，月下」風清。嘉賓滿席，罇桂餘馨。其三。天道暝昧，福善攸爽。宜享遐」齡，奄然長往。身非金石，名同天壤。哲人其萎，後昆焉仰。其四」。宅兆有日，言指泉臺。荒埏晝暗，松風夜哀。芳罇誰饗，隴月」徒開。勒兹玄石，播美將来。其五」。

142.645　李君夫人楊十戒墓誌

説明

唐貞觀十九年（645）正月刻。誌、蓋均正方形。邊長均38厘米。蓋文3行，滿行3字，篆書“唐故楊」氏夫人」墓誌銘」”。誌文楷書24行，滿行23字。蓋四殺飾四神圖案，四側飾花草紋；誌四側飾壼門内十二生肖圖案。出土具體時、地不詳。現存西安博物院。《隋唐五代墓誌滙編》《全唐文補遺》《陜西碑石精華》著録。

釋文

唐故使持節衛州刺史李君楊夫人墓誌銘并序」

夫人諱十戒，弘農華陰人也。南越建旗，將軍則功銘鼎鉉；東」都爕理，太尉則道著縑緗。崇基峻極，清源泌遠。弈世簪裾，鬱」乎不墜。祖紹，周儻城信公、八州大都督。胙土擁旄，據連率之」重。考雄，随司徒公、觀德王。利建開國，膺藩翰之寄。夫人鍾慶」稟和，含章載誕。珠胎玉種，體明潤以爲姿；秋菊春松，總貞芳」以成麗。故得風神慧敏，志性沉詳。顧禮循詩，觀圖照史。四海」光備，六行聿脩。摽婉順於待年，增榮曜於中谷。洎乎百兩言」歸，作嬪華胄。秦晉匹也，琴瑟和焉。移敬愛於舅姑，敦友義於」娣姒。雖復夫貴於朝，妻尊於室，躬事組紃之務，親視醴醃之」品。既而天昧与善，良人早世。指青松以勵節，歌黄鵠以明心」。保乂幼沖，克隆家道。自非終温且惠，淑慎其身，豈能至於此」矣。方當弘啟母儀，光宣女範。作師氏之龜鏡，爲庶姬之楷模」。而過隙易流，閲川難駐。遘疾弥曠，臻于大漸。以貞觀十八年」十二月十日終於長安之太平里第，春秋五十八。有子元誠」、元謹，並資内訓，克構餘基。居喪過禮，幾於毀滅。粤以十九年」正月十三日厝於萬年縣同人原之空，遵遺制也。恐星迴日」薄，暑往寒来。陵谷有遷，德音無紀。所以式彫沉礎，永播芳猷」。嗚呼哀哉！乃爲銘曰」：

常蛾降靈，須女流精。挺兹淑媛，玉潤金貞。幽閑表德，婉娩騰」聲。亦既有歸，實佐君子。紘綖是務，邊豆斯理。體有端莊，容無」愠喜。天地久長，生靈夭促。未徵福壽，遽先風燭。照乘摧珠，連」城碎玉。窮泉既掩，華屋長捐。山庭落日，松逕凝煙。紀徽音於」萬古，與蘭菊而俱傳」。

孫延光、延嗣、延忠等以開元六年戊午正月十四日改厝」①。

校勘記

①此行字體與原文字體相差甚大，當爲改葬時增刻。

按

誌主楊十戒，父楊雄，本誌云“随司徒公、觀德王”，《新唐書·宰相世系表》記載爲“隋雍州牧、司空、觀德王”，二者有異。據《北史·楊雄傳》所載“乃賜謚曰德，贈司徒”，可知司徒爲死後追贈，生前實爲司空。

143.646　薛賾墓誌

大唐故中大夫紫府觀道士薛先生墓誌銘并序
夫體道觀妙言象之所未宣忘情懸解筌蹄之所不繫故能隱顯真俗出處朝
野而無[illegible]待之冥者斯可謂至人矣爰有上德曰中大夫紫府觀道士薛先生
諱賾字遠卿黃州黃岡人也事正司衆閒之叙鄰史職台衛之務爲帝冠蓋蟬
聯名德曾祖明孫齊中書侍郎祖仕敬栖神秘道山林靜默梁武帝[illegible]贈北定
州刺史父龍陳朝思縣令先生降靈仙府資氣上元情用玄漠志識清遠淡虛
心於物我盪妙思於煙霞以爲大象無形尚因形而言明德若味猶學之於
不學乃探綜流略考覽經緯步三光之朓側推二氣之盈虛不出戶庭洞精機
妙然而運拒屯剝時惟艱限俗情好徑道隱未彰遂超歷絕迹高尚其志披黃
褐而朝丹府賣玉簡而起金闕放心碧落靜慮清都尋屬靈景垂大榮光照水
我　皇帝備齋應試弘濟艱難玉泉山林乃陰藹軸於是解巾南郭託乘西園
虛楫申訪道之言惟常展疇咨之問　聖明敦曆萬物惟新授太史丞遷太史
令自昔兩正司知四官欽爲巫咸著星辰之志姬旦貽略景之書年代浸遠次
舍寒落緣占環說異端競起先生識悟玄通性理明瞻芝翦浮僞斷以經術物
色禎祥信同符契及乎盛德光被先天弗違馮相羅弥暈之占穰祈無擢辞之
請乃抗表陳誠求志林壑　天子凝神當宸元悰恬退儆其清尚之風賁以尊
賢之典有詔特授中大夫聽志嬰弁還襲巾褐別於　昭陵之左創築紫府
觀以居之先生展會宿心申抒情素靜靈臺而滄流瀍揚天鼓而嗽朝霞放浪
形骸若趣浮黎之境逍遙心識如遊太無之上將賾神於九府終練質於三仙
以貞觀廿年十月十三日尸化於紫府之觀春秋若干粵以其年十二月十四
日陪葬於　昭陵之所玉人監護事加周給將恐暎景難追流風靡繫安
期既往止傳寶舄呂[illegible]華唯餘玉鈴勒石玄扃無傳遺烈其銘曰
道氣窅冥玄宗機妙在陰莫測處陽弗曜矯矯先生清朗通照出無入有知微
體要研覈淳粹推挍虧盈乘流影響遜境晦明既冥其趣寳性其情託志玄圃
栖心上清天出鸞難風雲資始停丹九竈背淮千里望景來思占烏爰止排空
驂笙環精理鳳舉龍騰開元啓　聖百神奉職萬流澄鏡司序甄明授方榮
盛衛度齋壹經纏清心披瀝丹素解釋纓綏光揚朝序飄斎仙衣燒香雨散聲
鸞雲飛觀化斯恒瞻望靡追夜臺綿眇玄廬幽翳石髓振靈玉棺虛閑悠哉三
岳贖矣千歲仙迹蹤遠松風弥勵

説明

唐貞觀二十年（646）十二月刻。蓋盝形，誌正方形。蓋邊長55厘米，誌邊長54厘米。蓋文4行，滿行4字，篆書“唐故中大」夫紫府觀」道士薛先」生墓誌銘」”。誌文楷書29行，滿行30字。蓋四殺飾四神圖案，四側飾覆蓮及山形紋。1974年禮泉縣煙霞鎮西頁溝村出土。現存昭陵博物館。《隋唐五代墓誌滙編》《新中國出土墓誌（陝西壹）》《全唐文補遺》《昭陵碑石》等著録。

釋文

大唐故中大夫紫府觀道士薛先生墓誌銘并序」

夫體道觀妙，言象之所未宣；忘情懸解，筌蹄之所不繫。故能隱顯真俗，出處朝」野，而無□待之累者，斯可謂至人矣。爰有上德曰中大夫、紫府觀道士薛先生」，諱賾，字遠卿，黄州黄崗人也。車正司衆閑之敘，御史職台衡之務。舄弈冠盖，蟬」聯名德。曾祖明孫，齊中書侍郎；祖仕敬，栖神秘道，山林静默，梁武帝褒贈北定」州刺史；父寵，陳期思縣令。先生降靈仙府，資氣上元。情用玄漠，志識清遠。淡虚」心於物我，盪妙思於煙霞。以爲大象無形，尚因形而言象；明德若昧，猶學之於」不學。乃探綜流略，考覽經緯。步三光之朓側，推二氣之盈虚。不出户庭，洞精機」妙。然而運拒屯剥，時惟艱限。俗情好徑，道隱未彰。遂超塵絶迹，高尚其志。披黄」褐而朝丹府，賫玉簡而趍金闕。放心碧落，静慮清都。尋属靈景垂天，榮光照水」。我皇帝俯膺歷試，弘濟艱難。玉帛山林，弓旌薖軸。於是解巾南郭，託乘西園」。虚揖申訪道之言，帷帟展疇咨之問。聖明馭曆，萬物惟新。授太史丞，遷太史」令。自昔兩正司和，四官欽象。巫咸著星辰之志，姬旦貽略景之書。年代浸遠，次」舍寥落。繆占瑣説，異端競起。先生識悟玄通，性理明瞻。芟翦浮僞，斷以經術。物」色禎祥，信同符契。及乎盛德光被，先天弗違。馮相罷弥暈之占，穰祈無瓘斝之」請。乃抗表陳誠，求志林壑。天子凝神當扆，永懷恬退。激其清尚之風，賁以尊」賢之典。有詔特授中大夫，聽志瀴弁，還襲巾褐。别於昭陵之左，創築紫府」觀以居之。先生展會宿心，申抒情素。静靈臺而湌沆瀣，揚天鼓而嗽朝霞。放浪」形骸，若趣浮黎之境；逍遥心識，如遊太無之上。將賾神於九府，終練質於三仙」，以貞觀廿年十月十三日尸化於紫府之觀，春秋若干。粤以其年十二月十四」日，陪葬於昭陵之所。王人監護，事加周給。將恐昳景難追，流風靡繫。安」期既往，止傳寶舄；吕牙葬，唯餘玉鈐。勒石玄扃，無傳遺烈。其銘曰」：

道氣窅冥，玄宗機妙。在陰莫測，處陽弗曜。矯矯先生，清朗通照。出無入有，知微」體要。研覈淳粹，推校虧盈。乘流影響，逐境晦明。既冥其趣，實性其情。託志玄圃」，栖心上清。天步艱難，風雲資始。停丹九寵，背淮千里。望景来思，占烏爰止。析空」疇算，解環精理。鳳舉龍騰，開元啟聖。百神奉職，萬流澄鏡。司序甄明，授方榮」盛。衡度齊壹，經纏清正。披瀝丹素，解釋纓綏。光揚朝序，飄裔仙衣。燒香雨散，擊」磬雲飛。觀化斯怛，瞻星靡追。夜臺綿眇，玄廬幽翳。石髓振靈，玉棺虚閉。悠哉三」岳，曠矣千歲。仙跡踰遠，素風弥勵」。

按

誌主薛賾，唐初道士，善天文曆算。《舊唐書·方伎傳》：“薛頤，滑州人也。大業中，爲道士。解天文律曆，尤曉雜占……秦王乃奏授太史丞，累遷太史令……頤後上表請爲道士，太宗爲置紫府觀於九嵕山，拜頤中大夫，行紫府觀主事。”《新唐書》所載與此無差，故薛賾、薛頤實爲一人。誌云薛賾“字遠卿，黄州黄崗人也”，《舊唐書》云“滑州人”，未知孰是。

144.647　權萬春墓誌

説明

唐貞觀二十一年（647）二月刻。誌長55厘米，寬54厘米。誌文楷書37行，滿行37字。出土具體時、地不詳。現存西安市長安博物館。《長安新出墓誌》《長安碑刻》著録。

釋文

唐故左監門將軍華定遂三州刺史千金縣開國伯權府君墓誌銘并序」

公諱萬春，字含生，天水略陽人也。自瑶光感月，戴干戈以風行；淳耀司天，属民神而物序。作先師」以建國，尹堯邦而基姓。峨峨與巫衡俱峻，滔滔共江漢同紀。其後鴻騫隴坻，蟬蜕緹群。故以暢轂」文茵，連輝比映。公即前秦尚書左僕射、司徒翼之八世孫也。司徒膺期佐命，正位論道。焕美青簡」，可略言焉。祖景宣，周驃騎大將軍、并州刺史、荊州總管、大司憲、侍中、千金郡恭公。風節標峻，徽塵」凝遠。頒條扇廉平之德，負璽馳補察之譽。父仕玢，随青州總管府長史、儀同三司、洭州刺史、廣川」昭公。寓量高奇，珪璋美秀。道光雅俗，望燭士林。公稟河華之靈潤，體淳粹之清英。風表有特達之」姿，儀形允魁岸之桀。襟情條暢，馳日下之聲；黼藻人倫，流月旦之稱。出忠入孝，蹈義躬仁。遊庠肆」而遵儒雅，臨山澤而規營陳。發春華之藻麗，漸微言之津涉。朋遊仰其模楷，搢紳揖其風流。起家」爲随文皇帝挽郎。大業元年，拜朝散郎，行丹陽郡主簿。正色在公，懷子師之高亮；竭誠補闕，踵叔」平之節禮。由是嘉聲允著，執法俟賢。八年，徵拜侍御史。惠文既冠，便施主觸之憲；驄馬纔駕，仍致」止行之謡。属炎鼎將遷，聖人革命。京都靡藩籬之固，海内競逐鹿之捷。公乃奉柱下之方書，追」北斗而歸順。蒙授通議大夫。閶闔洞開，廣收俊異。引公爲敦煌公府西閤祭酒。府遷，改授秦府西」閤祭酒。尋轉諮議參軍。材筆縱横，寔允軍謀之選；神宇閑澹，俄升諷議之席。薛舉反德亂常，假名」竊號。驅率寇虐，敓攘邊鄙。爰從神武，翦彼鯨鯢。帷幄既參，勳庸斯茂。蒙授上開府。武德六年，除」秦府左二副護軍。九年，拜使持節渠州諸軍事、渠州刺史。地維巴宕，城接渝賨。白竹之機罔施，黄」龍之輪寧犯。舞存伐紂之陳，歌成慕德之章。貞觀元年，以莫府舊勳，封千金縣男，食邑三百户。夷」徼風移，政成朞月。蘭錡禁衛，寔佇忠貞。六年，拜左親衛中郎將。其年，改授左武候翊衛府中郎將」。俄遷壯武將軍，守左監門將軍。陛戟交鎩，式掌司階之列；折衝禦侮，用襲重門之固。郎官仰化，戎」校肅清。任委既隆，謙沖弥劭。仍進爵爲伯，加邑二百户。警衛斯勞，遽彰帷扆。增榮進等，爰命爲」真。鄭都密迩神皋，關河限其襟帶。臨翦華之重阻，懷集靈之遺蹤。雜俗攸居，雄豪踵武。共治之寄」，允属惟良。十有三年，拜使持節華州諸軍事、華州刺史。公踐境敷化，先德後刑。憓與春雨俱流，威」共秋霜比烈。倗宗之盜既翦，公超之市斯萃。洋洋富乎聲教，膴膴豐其原畛。十七年，加授上護軍」，除使持節定州諸軍事、定州刺史。尋改持節遂州諸軍事、遂州刺史。暫撫鮮虞，已結遊童之騎；纔」臨折坂，仍致來暮之謡。豪族未交，私書不發。冰清玉潤，映照後先。豈謂聽訟甘棠，高春落景；延賢」廣夏，中楹舉奠。以廿年六月廿九日終於官舍，春秋六十有八。冕旒興悼，僚庶傷懷。莫不罷市」輟機，塗哀巷哭。有詔賻絹布一百匹，并給靈轝手力，遞送還京。惟公植性深沉，雅度夷簡。耽翫」文史，好尚詩書。風月託情，山泉叶契。門多揖客，席有儒珍。落綵騁飛鴻之巧，命中盡吟猨之妙。爲」政則景化有倫，登朝則謇諒其節。方欲變荒陬於庸蜀，嗣卿雲之藻絢。陪翠華於梁父，奉升中以」告成。而福善徒欺，遽殲明懿。嗚呼哀哉！以廿一年二月十五日，遷窆于少陵之原，謚良公，禮也。旋」櫬少城，反遊魂於玄灞；歸形太素，掩脩夜於幽扃。有子文奬等，孝感神明，悲纏霜露。奉宵載而自」標，攀靈輴以增慕。勒鴻芬於玄石，揚徽烈於緗素。乃作銘云」：

若水遥胄，隴川遐緒。世載英靈，人資雄武。翊秦仕魏，鴻翔鵬舉。鏘玉陸離，紆青容與。昭哉重世，令」問令望。篤生嗣美，休有烈光。德惟純孝，思逸彫章。貞情照日，峻節淩霜。發暉来仕，執憲攸司。憑風」撫翼，運属昌時。三總禁旅，四闢襜帷。出光畿甸，入映軒墀。騑轡沃若，建旟從政。撫鄭興歌，臨岷作」詠。方攄遠績，永膺天慶。逸翰遽收，風捐忠敬。啟殯華屋，税駕幽岑。青春受謝，白日行陰。荒郊草緑」，古樹松吟。丘壑有泯，景行無沉」。

按

誌主權萬春，載獨孤及《唐故朝議大夫高平郡别駕權公神道碑銘並序》："景宣生士玢……士玢生萬春，歷華州刺史，封千金縣公。"與本誌相合，惟萬春之父作"士玢"，本誌作"仕玢"。

145.647　李思摩墓誌

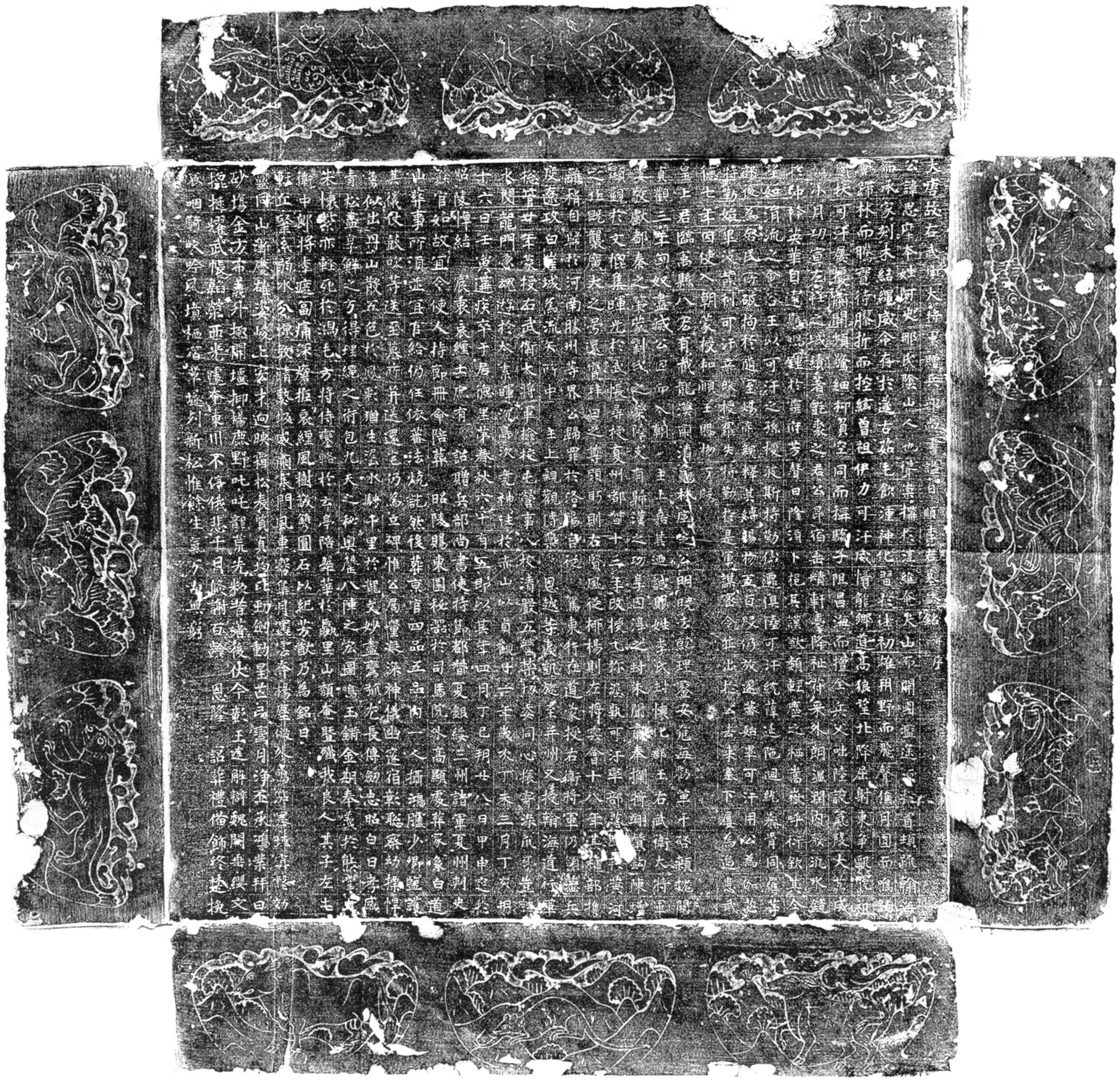

説 明

唐貞觀二十一年（647）四月刻。蓋盝形，誌正方形。誌、蓋尺寸相同，邊長均65厘米。蓋文4行，滿行4字，篆書“唐故右武」衛將軍贈」兵部尚書」李君銘誌」”。誌文楷書34行，滿行35字。蓋四殺飾四神圖案，四側飾蓮花忍冬紋；誌四側飾壼門内十二生肖圖案。1992年禮泉縣昭陵鄉莊河村出土。現存昭陵博物館。《全唐文補遺》《昭陵碑石》著録。

釋 文

大唐故右武衛大將軍贈兵部尚書謚曰順李君墓誌銘并序」

公諱思摩，本姓阿史那氏，陰山人也。聳崇構於淳維，奄天山而開國。濫遥源於冒頓，疏翰海」而承家。刻木結繩，威令存於遂古；茹毛飲湩，神化習於往初。雄朔野而飛聲，候月圓而鳴鏑」。會蹛林而騰實，待膠折而控絃。曾祖伊力可汗，威懾龍鄉，道高狼望。北降屈射，東爭甌脱。祖」闔拔可汗，屢擾蕭關，頻驚細柳。負空同而稱驕子，阻昌海而擅全兵。父咄陸設，氣陵大荔，威」加小月。功宣左衽之域，績著氈裘之君。公昴宿垂精，軒臺降祉。符采外朗，温潤内發。汎水鏡」於沖衿，英華自遠；懸鳴鍾於靈府，芳聲日隆。須卜挹其謨猷，類輕塵之栖嵩嶽；呼衍欽其令」望，如涓流之會谷王。以可汗之孫，授波斯特勤。俄遷俱陸可汗，統薛延陁、迴紇、暴骨、同羅等」部。後爲敵民所破，拘於随室。煬帝親釋其縛，賜物五百段，仍放還蕃。始畢可汗用公爲伽苾」特勤。始畢没，頡利可汗立，改授羅失特勤。於是軍謀密令，並出於公。去来塞下，屢爲邊患。武」德七年，因使入朝，蒙授和順王，賜物万段」。皇上君臨寓縣，八宏有截。龍漠肅清，龜林底定。公明曉去就，理鑒安危。每勸單于，啟顙魏闕」。貞觀三年，匈奴盡滅，公因而入朝。主上嘉其迺誠，賜姓李氏，封懷化郡王、右武衛大將軍」。婁敬獻都秦之策，蒙劉氏之榮；陸支有歸漢之功，享因淳之封。未聞肅奉攔（欄）揄，翊贊鈎陳。增」顯觀於文棍，集暉光於武帳。尋授夏州都督。十三年，改授乙弥泥孰可汗，率部落歸於黄河」之北。既襲廣大之号，還膺拜日之尊。顧眄則右賢風從，抑揚則左將雲會。十八年，其種部携」離，稍自歸於河南勝州等界，公歸罪於洛陽宫。從駕東行，在道蒙授右衛將軍，仍領蕃兵」度遼。攻白崖城，爲流矢所中，主上親觀傅藥，恩越等夷。凱旋至并州，又授翰海道行軍」總管。廿年，蒙授右武衛大將軍，檢校屯營事。八校清嚴，五營禁切。委同心旅，寄深爪牙。豈謂」水閲龍門，忽魂遊於太素；暉沉鳥次，竟神往於赤山。以貞觀廿一年歲次丁未三月丁亥朔」十六日壬寅遘疾卒于居德里第，春秋六十有五。即以其年四月丁巳朔廿八日甲申窆於」昭陵。悼結宸衷，哀纏士庶。有詔贈兵部尚書、使持節都督夏銀綏三州諸軍、夏州刺史」，餘官如故。宜令使人持節册命，陪葬昭陵。賜東園秘器，於司馬院外高顯處葬，冢象白道」山。葬事所須，並宜官給。仍任依蕃法燒訖，然後葬。京官四品、五品内一人攝鴻臚少卿監護」，其儀仗、鼓吹等送至墓所，并送還宅。仍爲立碑。惟公局量凝深，神儀幽邃。宿彰聰察，幼摽悍」勇。似出丹山，散五色於鳳彩；猶生渥水，騁千里於龍文。妙盡彎弧，尤長傳劍。忠昭白日，孝感」青松。盡享鮮之方，得理繩之術。包九天之秘奥，罄八陣之宏圖。鳴玉鏘金，期奉義於熊掌；曳」朱懷紫，亦輕死於鴻毛。方將侍鑾輅於云亭，陪翠華於嬴里。山頽奄暨，殲我良人。其子左屯」衛中郎將李遮匐，痛深瘡拒，哀纏風樹。敬鐫圓石，以紀芳猷。乃爲銘曰」：

軒丘肇系，弱水分源。教清熱坂，威肅寒門。風車霧集，月竄雲奔。揚塵徼外，鳴笳塞垣。冥壑效」靈，同山漸慶。雄姿峻上，宏才迥映。霜松表質，貞筠比勁。劒動星芒，弓彎月浄。丕承鴻業，拜日」砂場。金方布義，升極開壃。抑揚鹿野，叱吒龍荒。先敉昔著，後伏今彰。王庭解辯，魏闕垂纓。文」棍挺耀，武帳韜榮。西光遽奄，東川不停。俄悲千月，倏謝百齡。恩隆詔葬，禮備飾終。楚挽」哀咽，騎吹吟風。墳栖宿草，隧列新松，惟餘生氣，万古無窮」。

按

誌主李思摩，原名阿史那思摩，突厥人。歸唐後，賜姓李。《舊唐書》《新唐書》有傳。誌文涉及隋及唐初與突厥的關係，可補充或更正兩《唐書》之《突厥傳》，是研究彼時民族關係的重要文獻。

146.647　李思摩夫人統毗伽可賀敦延陁墓誌

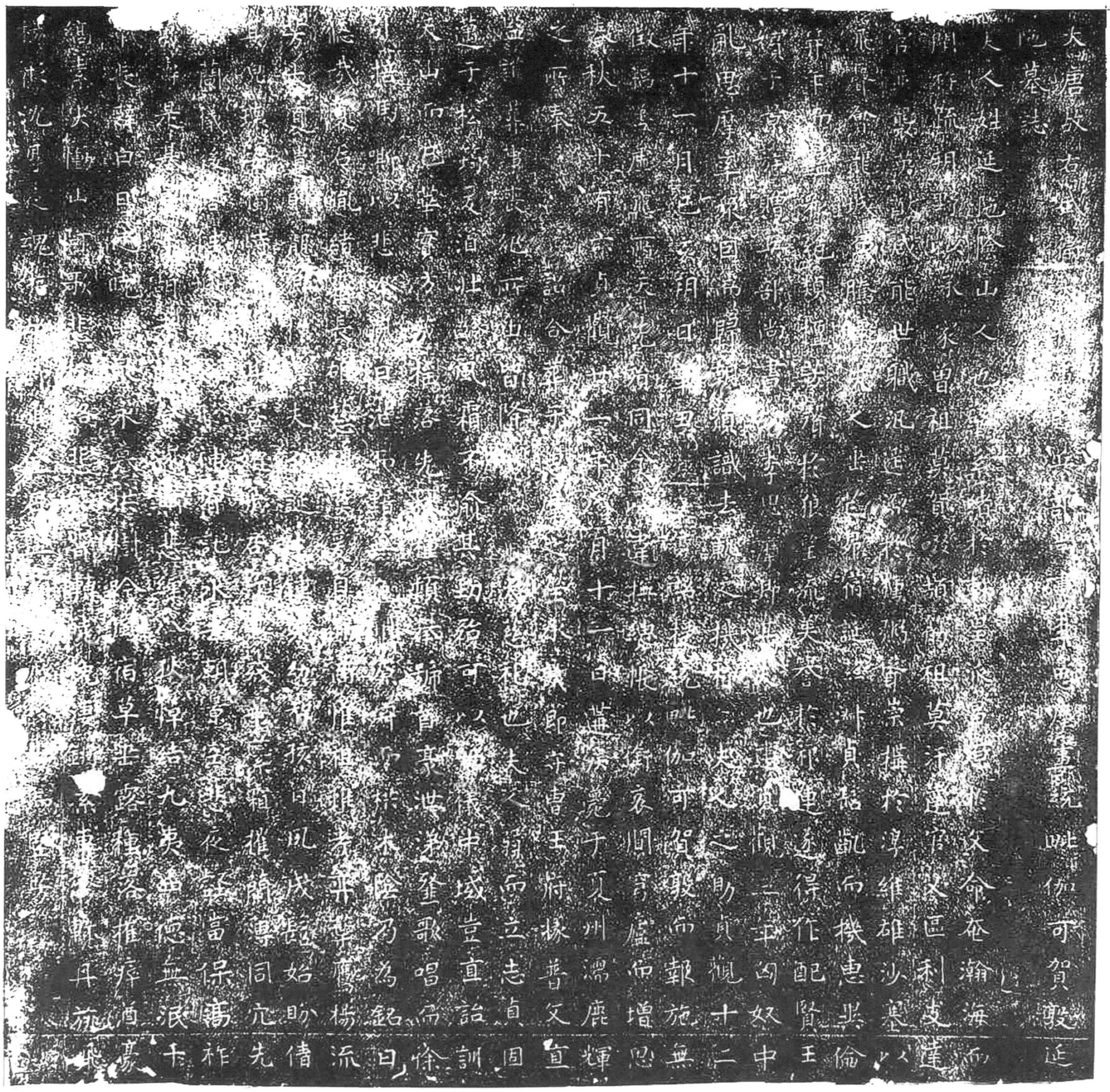

説 明

唐貞觀二十一年（647）八月刻。蓋盝形，誌正方形。蓋邊長59厘米，誌邊長60厘米。蓋文4行，滿行4字，篆書“唐故李思」摩妻統毗」伽可賀敦」延陁墓誌」”。誌文楷書25行，滿行25字。蓋四殺飾四神圖案，四側飾蓮花忍冬紋；誌四側飾壺門内十二生肖圖案。1992年禮泉縣昭陵鄉莊河村出土。現存昭陵博物館。《全唐文補遺》《昭陵碑石》等著録。

釋 文

大唐故右武衛大將軍贈兵部尚書李思摩妻統毗伽可賀敦延」陁墓誌并序」

夫人姓延陁，陰山人也。肇系緒於軒皇，派昌源於父命。奄瀚海而」開祚，疏朔野以承家。曾祖莫賀啜頡筋、祖莫汗達官、父區利支達」官，並襲英猷，咸能世職。汎遥源於獯粥，聳崇構於淳維。雄沙塞以」飛聲，會龍城而騰實。夫人垂芒昴宿，誕茲淑貞。髫齔而機惠異倫」，笄年而豔彩絶類。擅芳聲於狼望，流美譽於祁連。遂得作配賢王」，嬪于景族。贈兵部尚書故李思摩即其夫也。逮貞觀三年，匈奴中」亂，思摩率衆，因而歸朝。預識去就之機，抑亦夫人之助。貞觀十二」年十一月己亥朔日辛丑，詔授統毗伽可賀敦。而報施無」徵，福善虚應，所天先殞，同衾以違。撫繐帳以銜哀，闃穹廬而增思」。春秋五十有六，貞觀廿一年八月十一日，遘疾薨于夏州濡鹿輝」之所，奉詔合葬于思摩之塋。承議郎、守曹王府掾普文直」監護葬事。喪紀所由，皆降天慈，礼也。夫人弱而立志，貞固」邁于松筠；爰洎壯齡，風霜不渝其勁。殆可以母儀中域，豈直詒訓」天山而已。華實方茂，摇落先秋。種類攀號，酋豪泄涕。薤歌唱而徐」引，揺馬嘶以悲吟。風日茫而黯無色，川原寂而拱木陰。乃爲銘曰」：

悠哉夏后，胤緒靈長。雄慈朔漠，爰自有商。惟祖惟考，弈葉鷹揚。流」芳大夏，遺則龍鄉。於穆夫人，誕生鍾美。幼智孩日，夙成髫始。盼倩」其貌，瓌姿獨峙。淑慎其容，媲乎君子。露殘華蕊，霜摧蘭薄。同穴先」彫，蘭儀後落。佳城鬱鬱，形神有託。永去朝景，空悲夜窆。當保高祚」，萬壽是基。曾未胡耇，儵登遠期。悲纏八狄，悼結九夷。四德無泯，千」載長辭。白日徒曉，幽泉永暮。拱樹吟風，宿草垂露。種落摧瘁，酋豪」縞素。哭慟山阿，歌悲松路。悲笳霄囀，曉挽淒鏘。素車徐軫，丹旐飛」揚。形沉厚夜，魂遊故鄉。唯金石與蘭菊，歷終古而堅芳」。

按

誌主統毗伽可賀敦延陁，屬薛延陀部，嫁與突厥李思摩爲妻。“曾祖莫賀啜頡筋、祖莫汗達官、父區利支達官”未見于史籍，可補闕。本誌與145.647《李思摩墓誌》可相表裏，俱爲研究彼時民族關係之重要文獻。

147.649　司馬叡墓誌

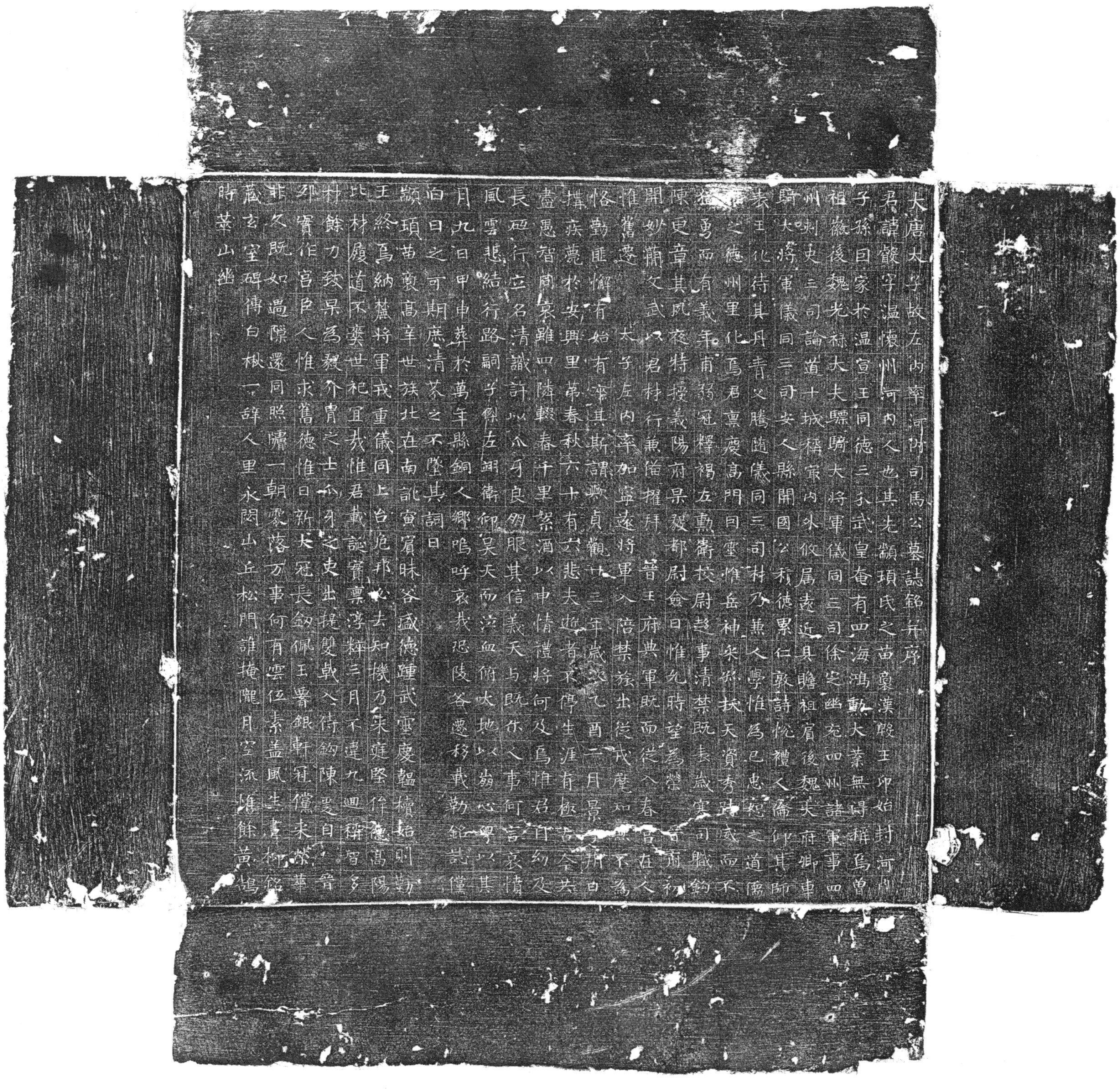

説 明

唐貞觀二十三年(649)二月刻。誌正方形。邊長43厘米。誌文楷書27行，滿行27字。出土具體時、地不詳。現存西安博物院。《隋唐五代墓誌滙編》《全唐文補遺》著録。

釋 文

大唐太子故左内率河内司馬公墓誌銘并序」

君諱叡，字温，懷州河内人也。其先顓頊氏之苗裔，漢殷王卬始封河内」，子孫因家於温。宣王同德三分，武皇奄有四海。鴻勳大業，無得稱焉。曾」祖徽，後魏光禄大夫、驃騎大將軍、儀同三司、徐定幽兖四州諸軍事、四」州剌史。三司論道，十城稱最。内外攸属，遠近具瞻。祖賓，後魏大府卿、車」騎大將軍、儀同三司、安人縣開國公。積德累仁，敦詩悦禮。人倫仰其師」表，王化待其丹青。父騰，随儀同三司，材乃兼人，學惟爲己。忠恕之道，儒」□之德，州里化焉。君稟慶高門，因靈惟岳。神采孤拔，天資秀跱。威而不」猛，勇而有義。年甫弱冠，釋褐左勳衛校尉。趍事清禁，既表歲寒。司職鈎」陳，更章其夙夜。特授義陽府果毅都尉，僉曰惟允，時望爲榮。晉府初」開，妙簡文武。以君材行兼備，擢拜晉王府典軍。既而從入春宫，在人」惟舊。遷太子左内率，加寧遠將軍。入陪禁旅，出從戎麾。知無不爲」，恪勤匪懈。有始有卒，其斯謂歟。貞觀廿三年歲次乙酉二月景子朔日」①，搆疾薨於安興里第，春秋六十有六。悲夫！逝者不停，生涯有極。古今共」盡，愚智同哀。雖四鄰輟舂，千里絜酒。以申情禮，將何及焉。惟君自幼及」長，砥行立名。清識許以爪牙，良朋服其信義。天与既尔，人事何言。哀憤」風雲，悲結行路。嗣子傑，左翊衛，仰昊天而泣血，俯大地以崩心。粤以其」月九日甲申葬於萬年縣銅人鄉。嗚呼哀哉！恐陵谷遷移，載勒銘誌。儻」白日之可期，庶清芬之不墜。其詞曰」：

顓頊苗裔，高辛世族。北在南訛，寅賓昧谷。盛德踵武，靈慶韞櫝。始則勤」王，終焉納麓。將軍戎重，儀同上台。危邦必去，知機乃来。庭堅侔德，高陽」比材。履道不爽，世祀宜哉。惟君載誕，實稟淳粹。三月不違，九迴稱智。多」材餘力，致果爲毅。介胄之士，爪牙之吏。出提雙戟，入侍鈎陳。爰自晉」邸，實作宫臣。人惟求舊，德惟日新。大冠長劒，佩玉腰銀。軒冠儻来，榮華」非久。既如過隙，還同照牖。一朝零落，万事何有。雲低素盖，風生畫柳。銘」藏玄室，碑傳白楸。一辞人里，永閟山丘。松門誰掩，隴月空流。惟餘黄鵠」，時萃山幽」。

校勘記

①景，即“丙”，避唐高祖之父李昞諱改。

按

誌主司馬叡，史誌無載。據誌文可知，自貞觀五年(631)始，即在晉王李治府中。貞觀十七年(643)，李治立爲太子，司馬叡任太子左内率之職，掌侍奉之事。此誌出土地域不詳，據墓誌“葬於萬年縣銅人鄉”，當出土于今西安市灞河東岸田王村一帶。

148.649　阿史那摸末墓誌

説 明

唐貞觀二十三年（649）三月刻。蓋盝形，誌正方形。蓋邊長61厘米，誌邊長60厘米。蓋文4行，滿行3字，篆書“故右屯」衛將軍」阿史那」公墓誌」”。誌文楷書21行，滿行21字。蓋四殺飾四神圖案，四側飾卷雲紋；誌四側飾壼門内十二生肖圖案。出土具體時、地不詳。現存西安博物院。《全唐文補遺》《陝西碑石精華》著録。

釋 文

故右屯衛將軍阿史那公墓誌之銘」

公諱摸末，漠北人也。盖大禹之後焉。夏政陵夷，世居荒」服。奄宅金微之地，傍覊珠闕之民。距月支以開疆，指天」山以分域。曾祖阿波設、祖啟民可汗、父啜羅可汗。可汗」者，則古之單于也。公稟盧山之逸氣，韞昂宿之雄芒。抗」節與寒松比貞，致果共晨風競爽。英略遠震，才武絶倫」。夷落仰其指麾，名王聳其威烈。既而皇唐馭寓，至德」遐通。公乃覘風雨以來儀，逾沙漠而款塞。爰降綸璽，用」奬忠誠。即授上大將軍，尋遷右屯衛將軍。肅奉宸居，典」司禁旅。績随事顯，忠以行彰。雖復由余入秦，日磾在漢」。永言前載，亦何以加茲。方將東岳告成，庶陪禮於日觀」；不圖西光遽謝，奄遊神於夜臺。春秋卌三，以貞觀廿三」年二月十六日薨於宣陽之里第，嗚呼哀哉！夫人李氏」，平夷縣主。先以貞觀九年正月八日薨于宣陽里。粤以」大唐貞觀廿三年歲次己酉三月乙巳朔十七日辛酉」同葬于萬年龍首鄉，禮也。恐日月逾邁，海田貿易。庶徽」風之永傳，勒妙詞於茲石。銘曰」：

弈弈重基，英英雄俊。革心仰澤，迴首思順。位總爪牙，名」超廉藺。鴻私庶答，隙光何迅。其一。灼灼夫人，顯顯令德。左」右君子，繄仰中國。寵命載加，榮聲允塞。刊茲懿範，暢于」無極」。

按

誌主阿史那摸末，正史無傳，但《舊唐書》《新唐書》他傳中涉及此人，如《舊唐書·薛萬徹傳》：“（貞觀）十一年，幸洛陽，以蜀王愔爲夏州都督，愔不之藩，以蘭爲長史，總其府事。時突厥攜離，有郁射設阿史那摸末率其部落入居河南。”本誌相關記載可補正史之闕。

149.649　李愍碑

説 明

唐貞觀二十三年（649）四月刻。碑螭首方座。通高244厘米，寬87厘米。額文3行，滿行4字，篆書“大唐内給」事上柱國」李君之碑」”。正文楷書33行，滿行58字。釋善感撰文，裴守真書丹。1954年西安市東郊郭家灘出土。現存西安碑林博物館。《全唐文補遺》《西安碑林全集》等著録。

釋 文

大唐故上柱國内給事李君之碑

會昌寺僧釋善感製文

河東聞喜裴守真書

雍州人萬□裕刻字」

竊聞應龍上昇，則祥雲必起；聖人下降，則賢哲挺生。豈待握髮吐飡，蒲輪禮士。蓋亦氤氳相感，冥符運會。昔景鑒之逢秦主，未足爲榮；穆賢之遇趙王，彼」多慙色。是以聲金而趍丹陛，鳴珮而侍玉階者，則我李君之謂矣。君諱慜，字强，隴西成紀人也，漢飛將軍之裔焉。惟君稟英靈於川岳，受異氣於乾坤。千」仞不足比其高，万頃豈得儔其量！幼懷仁孝之節，長抱忠謹之誠。浩浩洪源，波瀾靡測。君景行内融，嘉聲外逸。大業年中，起家事元德太子，遂居雍州新」豐縣焉。曾祖良，周上開府南寧州同起縣令。德器純邃，崐玉未可喻其貞；神鑒朗宣，南金詎能方其厲。韋弦折衷，寬猛合宜。来有三異之談，去有攀轅之」戀。祖朗，同樂縣公，南寧州刺史。器度宏遠，智略有聞。明鑒發於自然，仁風出於天性。褰帷布教，則千里肅清；威惠並施，則人歌来暮。父欽，随儀同三司、郎」州刺史。資陰陽之正氣，含太一之淳精。志烈冰霜，明同水鏡。誠信施於万里，恩義播於殊俗。故得百蠻仰化，邛僰入朝。反舌革音，夷陬請吏。公則刺史之」嫡嗣也。可謂鳳雛龍子，世不乏賢。幼擅嘉名，長譽邦邑。容儀迴拔，奇貌魁梧。倜儻不群，飛聲儲后。遂得倍遊望菀，翼從龍樓。竭忠敬而事君，磬丹誠而奉」主。属有隨喪德，噬犬横行。白骨遍於川原，僵尸亘乎山野。四海波蕩，五岳塵飛。逐鹿之士如林，問鼎之夫蜂起。我」太宗文皇帝哀倉生之塗炭，愍黎庶之何辜。載覩殷辛之災，重遘亡秦之禍。遂發雷電之威，躬擐甲冑；爰奮拔山之勇，親當矢石。五載之中，廓清八表。公」夙稟知人之鑒，洞曆數之有歸。先達七曜之微，晚五星之東聚。是以投誠委質，稽顙轅門。挟轂扶輪，驅馳左右。蒙預中涓之寵，遂登參乘之榮。豈直陳平」之遇漢王，盖亦李君之逢唐帝。國祚肇興，群方鼎沸。王充則固守於東都，君璋則跋踞於朔野。李密則擁衆於黎陽，建德則蟻聚於淮左。其餘則」英雄競起，結黨連群。或號倉頭，時稱青犢。各執井蛙之見，詎知滄海之洪濤；並守蚊蚋之情，豈信搏風之横勵。公乃運奇謀於幕府，敵若循環；逞劒伎於」軍中，卒皆袒裼。遂使如雲之陣，若霧卷於平原；百雉之城，自糜潰於單使。武德元年，從駕東行。破賊策功，勳登第一。詔曰：三川未平，六軍問罪」。强等輕生重節，蹈刃推鋒。克剪兇徒，遂清畿甸。蒙授上儀同。公則念君曝露，發憤勇而忘飡；思主憂勞，啟戎行而迴拔。無煩三令，已冒前鋒；詎假五申，先」當白刃。遂使堅城瓦解，墨子無施九拒之功；壁壘星分，亞夫靡知運其所守。五年，平東都。詔曰：公等摧剪凶寇，功效克宣。宜從褒錫，式彰優敘。蒙」授上大將軍，尋除内侍省寺伯。禄重憂深之論，罕見其人；官高志下之言，徒聞往諜。覩公思危之事，始驗非虚；察公忘私之迹，方知非謬。貞觀元年」，太宗文皇帝以公是幕府舊臣，驅馳日久。勤勞之績，功效實多。蒙授朝散郎，守内謁者監。公志懷翛謹，在職恪勤。公政廉平，朝嘉誠績。十五年，除内給事」。居官翼翼，若履涉於春冰；處任虔虔，如御朽於秋駕。清同石慶，慎類孔光。潔己立身，遇斯運會。十七年，詔曰：公等或器懷强濟，任重文武；或幹識」閑詳，職兼内外。既逢國慶，宜加戎秩。蒙授上柱國，餘官如故。公則家傳祚土，累代南寧。弈葉衣冠，門居越嶲。公則遒豪餘冑，早播英聲。故得邛僰欽風，冉」庬慕義。貞觀年中」，太宗文皇帝以公勳舊功臣，爪牙心膂。遂令詢訪蠻蜀之風，撫慰南夷之使。公每念莊舄執珪，由思越俗。余雖衣錦，豈忘故里。所以奉旨之日，竟」無辞讓。於是策馹而登丹折，總轡而陟岷峨。父老蒙冬日之恩，吏豪懼秋霜之令。廉平者則接手交勸，濫曲者則繩之以法。遂得公私兩濟，威福兼行。一」出西南，譽先身返。帝美其能，特加優錫。自時厥後，褒賞日隆。出典憲章，入倍帷幄。冀望盡忠報德，畢力酬恩；豈謂事與心乖，遽從殂殞。以貞觀廿」三年三月廿三日遘疾薨于崇仁坊之第，春秋六十有二。皇情悼惜，僚友嗟傷。愍近臣之先零，痛良朋之早逝。粵以其年四月十二日，葬於滻川」東之平原。嗣子左親衛道義，仁義居懷，喪過於禮，哀慕攀號，殆將滅性。恐四序循環，二儀更謝。墳隨海變，陟岵無依。爰命功人，勒茲磐石。庶傳芳於永古」，播盛美於無窮。其詞曰」：

局部

巖巖万仞，浩浩千尋。仰之敻遠，窺之極深。上騰雲漢，下入泉心。匪龍匪鳳，詎此昇沉。蛟虬驤首，景雲斯起。聖王降跡，賢人必仕。氤氳相感，君臣運矣。慶」我李公，逢明天子。家傳鐘鼎，代襲簪纓。□居隴右，顯在漢庭。禪于震慴，敬号飛名。因官越嶲，遂處南寧。迺祖迺父，衣朱拖紫。鳴玉本邦，鏘金故里。買臣」還吴，一身而已。望我先君，彼多慙擬。惟公稟性，卓犖不群。志懷忠孝，勇冠青雲。英聲播越，響徹儲君。釋褐入仕，館轄宫門。有随德喪，噬犬横行。群方鼎沸」，各逞雄英。蜂飛蟻聚，望鹿先爭。龍威一振，八表銷聲。惟公覩聖，拔劒歸誠。轅門稽顙，幕府申情。運籌帷幄，四海廓清。凱歌旋旆，遂定功名。居官勤□」，在職清廉。公平處任，弗避親嫌。忠言内諫，每事沖謙。匡君之失，靡棄毫纖。奉使詢風，衣錦還越。相如歸蜀，榮同代別。父老歡歌，童兒擊節。遒豪祖道，鄉□」卧轍。積善徒言，哲人殂落。陟岵罔瞻，神顔如昨。桂月蕭蕭，松風索索。泉扉一閉，孤魂何託。癋結髮之先逝，紓文人之盛作」。

按

李愍，隴西成紀人，原爲豪酋之子。本誌所記有關隋末農民起義之内容，可補史書之闕；誌文中有關李愍的詔書，亦可據補。本碑爲唐初楷書之重要作品，在書法史上有重要地位。

書者裴守真，兩《唐書》有傳。惟正史載其爲“絳州稷山人”，此碑載其爲“河東聞喜”人。

150.649　楊琮夫人何德尼墓誌

説明

唐貞觀二十三年（649）十月刻。蓋盝形，誌正方形。誌、蓋尺寸相同，邊長均53厘米。蓋文4行，滿行4字，篆書“大唐朝散」大夫護軍」楊琮故妻」何夫人銘」”。誌文楷書23行，滿行22字。蓋四殺飾四神圖案。出土具體時、地不詳。現存咸陽市渭城區。

釋文

大唐朝散大夫行右武候長史楊君妻何夫人墓誌銘并序」

若夫户映三星，君子飛於百兩；巢居維鵲，淑媛資乎好逑」。夫人諱德尼，廬江灊人也。祖妥，随國子祭酒，襄城肅公。父」蔚，随秘書郎。夫人幼挺言容，夙明箴訓。年十有九，歸于楊」氏。婉如琴瑟，同夫饁畝之敬；德邁歸安，無慙采蕨之禮。洎」殷憂啟聖，夫預攀鱗。武德之初，策名秦府。功高殄寇」，跡造潛期。貞觀元年，從任并州太谷縣令。奉肅恭於中饋」，躬涉澗濱；率童孺於昭儀，親停札杼。庶可享兹偕老，長膺」景福。與善無徵，奄罹暴疾。以貞觀六年三月一日薨於縣」館，春秋卅有八。嗚呼哀哉！撫孤藐以傷心，悼方春而花摽」。掩空帷而泫泣，軫虚坐以埃浮。以廿三年己酉十月壬申」朔二日癸酉，遷窆於雍州咸陽縣咸陽原，禮也！悲風亂笛」，咽哀挽於秦川；慘日昏郊，翳凝陰於隴樹。乃爲銘曰」：

祚隆神册，氏胤封唐。人承儒雅，世挺龍光。載誕貞淑，蕙茂」蘭芳。作配君子，褕衣翟裳。夫和妻柔，婉如琴瑟。停機舉案」，宜其家室。服澣采蘩，肅雍齋栗。授巾進盥，金箱玉質。身無」擇行，德邁螽斯。庶膺景福，方隆母儀。彼蒼奚忍，厚載先顧」。撫孤流慟，悼往興疵。昔歡嬿婉，졸會良宵。今悲冥漠，輀驚」横橋。日昏哀挽，風殰寒條。佳城可作，遊魂詎招。既傷陟屺」，空纏如慕。愴在浚以成川，嗟凱風而掃樹。非所憑於聖善」，敢寓言於臧芓。郊野淒涼，騑驂弔顧。人歸玄宅，鳥思荒原」。雲愁墜迴，草斃霜繁。旍摇蒿里，獸躅松門。桑田或變，無啟」貞魂」。

151.627—649　皇甫誕碑

説 明

唐貞觀年間（627—649）刻。碑螭首方座。通高314厘米，寬98厘米。額文3行，滿行4字，篆書“隋柱國弘」義明公皇」甫府君碑」”。正文楷書28行，滿行59字。于志寧撰文，歐陽詢書丹。原在長安鳴犢鎮皇甫川，明時移至西安府學文廟。現存西安碑林博物館。《全唐文》《石墨鐫華》《陜西碑石精華》《西安碑林全集》等著録。

釋 文

隨柱國左光禄大夫弘義明公皇甫府君之碑

銀青光禄大夫行太子左庶子上柱國黎陽縣開國公于志寧製」

夫素秋肅殺，勁草標於疾風；叔世艱虞，忠臣彰於赴難。銜須授命，結纓殉國。英聲焕乎記牒，徽烈著於旂常。豈若釁起蕭牆，禍生蕃翰。强踰七國，勢重三監」。其有蹈水火而不辭，臨鋒刃而莫顧。激清風於後葉，抗名節於當時者，見之弘義明公矣。君諱誕，字玄憲，安定朝那人也。昔立效長丘，樹績東郡。太尉裂壤」於槐里，司徒胙土於彨門。是以車服旌其器能，茅社表其勳德。銘功衛鼎，騰美晉鍾。盛族冠於國高，華宗邁於欒郤。備在史牒，可略言焉。曾祖重華，使持節」龍驤將軍、梁州刺史。潤木暉山，方重價於趙璧；媚川照闕，曜奇采於隨珠。祖和，雍州贊治，贈使持節散騎常侍、車騎大將軍、儀同三司、膠涇二州刺史。高衢」將騁，遽夭追風之足；扶摇始搏，早墜垂天之羽。父璠，使持節驃騎大將軍、開府儀同三司、隨州刺史、長樂恭侯。横劒梐枑，威重冠軍；析瑞蕃條，聲高勃海。公」量包申伯，稟嵩山之秀氣；材兼蕭相，降昴緯之淑精。據德依仁，居貞體道。含章表質，詎待變於朱藍；恭孝爲基，寧取訓於橋梓。鋒剸犀象，百練挺於昆吾；翼」掩鵉鴻，九萬奮於溟海。博韜胥産，文贍卿雲。孝窮温凊之方，忠盡匡救之道。同何充之器局，被重晉君；類荀攸之宏圖，見知魏主。斯故包羅衆藝、囊括群英」者也。起家除周畢王府長史，策名蕃牧，則位重首寮；袨服睢陽，則譽光上客。既而蒼精委馭，炎運啟圖。作貳邊服，寔資令望。授廣州長史，悦近来遠，變輕訬」於雕題；伐叛懷柔，漸淳化於緩耳。蜀王地處維城，寄深磐石。建旟玉壘，作鎮銅梁。妙擇奇材，以爲僚佐。授公益州總管府司法。昔梁孝開國，首辟鄒陽；燕昭」建邦，肇徵郭隗。故得馳令問於碣館，播芳猷於平臺。以古方今，彼此一也。尋除尚書比部侍郎，轉刑部侍郎。趍步紫庭，光映朝列；折旋丹地，譽重周行。俄遷」治書侍御史，彈違糾慝，時絶權豪。霜簡直繩，俗寢貪競。随文帝求衣待旦，志在恤刑。咒網泣辜，情存緩獄。授大理少卿。公巨細必察，同張季之聽理；寬猛相」濟，比于公之無冤。但禮闈務殷，樞轄寄重。允膺此職，寔難其人。授尚書右丞，洞明政術，深曉治方。臧否自分，條目咸理。丁母憂去職，哀慟里閭，鄰人爲之罷」社；悲感衢路，行客以之輟歌。孝德則師範彝倫，精誠則貫徹幽顯，雖高曾之至性，何以加焉！尋詔奪情，復其舊任。于時山東之地，俗阜民澆，雖預編民，未」行聲教。詔公持節，爲河北河南道安撫大使，仍賜米五百石、絹五百匹。公輶軒布政，美冠皇華之篇；擁節觀風，榮甚繡衣之使。事訖反命，授尚書左丞。然并」州地處參墟，城臨晉水。作固同於西蜀，設險類於東秦。寔山河之要衝，信蕃服之襟帶。授公并州總管府司馬，加儀同三司。公贊務大邦，聲名藉甚。精民感」化，黠吏畏威。屬文帝劒璽空留，鑾蹕莫反。楊諒率太原之甲，擁河朔之兵。方叔段之作亂京城，同州吁之挺禍濮上。雖無當璧之兆，乃懷奪宗之心。公備説」安危，具陳逆順。翻納魏勃之策，反被王悍之災。仁壽四年九月，溘從運往，春秋五十有一。萬機起殲良之歎，百辟興喪予之悲。切孔氏之山頽，痛楊君之棟」折。贈柱國、左光禄大夫，封弘義郡公，食邑五千户，謚曰明公，禮也。喪事所須，随由資給。賜帛五千段、粟三千石。惟公温潤成性，夙表白虹之珍；黼黻爲文，幼」挺雕龍之采。行己窮於六本，藴德包於四科。延閣曲臺之奇書，鴻都石渠之秘説，莫不尋其枝葉，踐其隩隅。譬越箭達犀，飾之以括羽；楚金切玉，加之以磨」礲。救乏同於指困，親識待其舉火；進賢方於推轂，知己俟以彈冠。存信捨原，黄金賤於然諾；忘身殉難，性命輕於鴻毛。齊大小於沖襟，混寵辱於靈府。可謂」楷模雅俗，冠冕時雄者也。方當亮采泰階，參綜機務。豈謂世逢多故，運属道消，未展經邦之謀，奄鍾非命之酷。世子民部尚書、上柱國、滑國公無逸以爲邢」山之下，莫識祭仲之墳；平陵之東，誰知子孟之墓？乃雕戈勒石，騰實飛聲。樹之康衢，永表芳烈。庶葛亮之隴，鍾生禁之以樵蘇；賈逵之碑，魏君歎之以不朽」。乃爲銘曰」：

殷后華宗，名卿胄系。人物代德，衣冠重世。逢時翼主，膺期佐帝。運策經綸，執鈞匡濟。門承積慶，世挺偉人。夜光愧寶，朝采慙珍。雲中比陸，日下方荀。抑揚元」輔，參贊機鈞。王葉東封，貳圖北啟。伏奏青蒲，曳裾朱邸。名馳碣石，聲高建禮。珥筆憲臺，握蘭文陛。分星裂土，建侯開國。輔籍正人，相資懿德。中臺輟務，晉陽」就職。望重府朝，譽聞宸極。亂階蔓

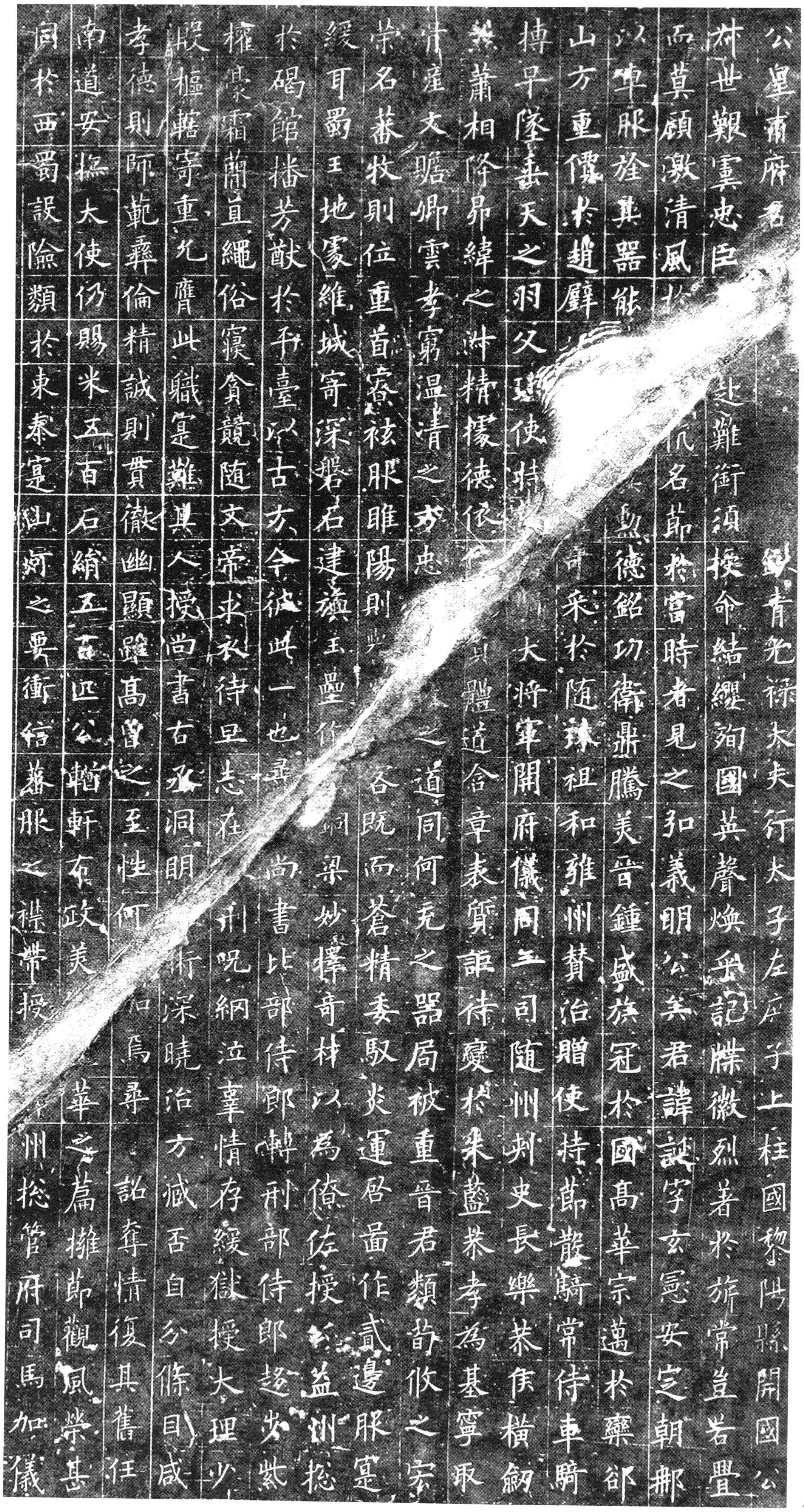

公皇甫府君[illegible]銀青光祿大夫行太子左庶子上柱國黎陽縣開國公
材世艱虞忠臣[illegible]赴難銜須授命結纓殉國英聲煥乎記牒徽烈著於旂常豈若疊
而莫顧激清風於[illegible]沉名節於當時者見之弘義明公矣君諱誕字玄憲安定朝那
以卑服旌異器能[illegible]勳德銘功衛鼎騰美晉鍾盛族冠於國高華宗邁於欒郤
山方重價於趙璧[illegible]奇采於隨珠祖和雍州贊治贈使持節散騎常侍車騎
摶早隆垂天之羽父璠使持[illegible]大將軍開府儀同三司隨州刺史長樂恭侯橫劍
[illegible]蕭相降昴緯之精稟德依[illegible]體道合章表質誠待變於米鹽恭孝為基寧取
[illegible]產文瞻卿雲孝窮溫清之方忠[illegible]之道同何充之器局被重晉君類荀攸之宏
崇名蕃牧則位重首寮袪服雖陽則[illegible]各既而蒼精委馭炎運啟晶作貳邊服寔
綏耳蜀王地處維城寄深磐石建旟玉壘作[illegible]梁妙擇奇材以為僚佐授[illegible]益州總
於碣館播芳猷於平臺以古方今彼此一也尋[illegible]尚書比部侍郎轉刑部侍郎趨[illegible]紫
權豪霜簡直繩俗寢貪競隨文帝求衣待旦志在[illegible]呪網泣辜情存緩獄授大理少
殿樞轄寄重允釐此職寔難其人授尚書右丞洞明[illegible]術深曉治方臧否自分條目咸
孝德則師範彝倫精誠則貫徹幽顯譬高曾之至性何[illegible]為尋[illegible]詔奪情復其舊任
南道安撫大使仍賜米五百石絹五百匹公輶軒有歎美[illegible]華之篇擁節觀風榮甚
同於西蜀設險類於東秦寔仙府之要衝信蕃服之襟帶授[illegible]州總管府司馬加儀

局部

草，災生剪桐。成師搆難，太叔興戎。建德效節，夷吾盡忠。命屯道著，身歿名隆。牛亭始卜，馬獵初封。翠碑刻鳳，丹旐圖龍。煙」橫古樹，雲鎖喬松。敬銘盛德，永播笙鏞。

銀青光禄大夫歐陽詢書」

按

碑主皇甫誕，《隋書》有傳，云“皇甫誕字玄慮，安定烏氏人也”。本誌則言“君諱誕，字玄憲，安定朝那人也”。兩者有異。皇甫誕死于隋代權闘，本誌爲其子無逸追立，請光禄大夫于志寧撰文，光禄大夫歐陽詢書丹。此誌爲歐陽詢書法代表作之一，被《石墨鐫華》譽爲“楷法神品”。

撰者于志寧，字仲謐，雍州高陵人。爲唐太宗秦王府十八學士之一，位至宰相。

書者歐陽詢，字信本，唐潭州臨湘（今湖南長沙）人。唐初書法家，楷書四大家之一。

原碑多處殘泐，據《全唐文》補。

152.651　支茂墓誌

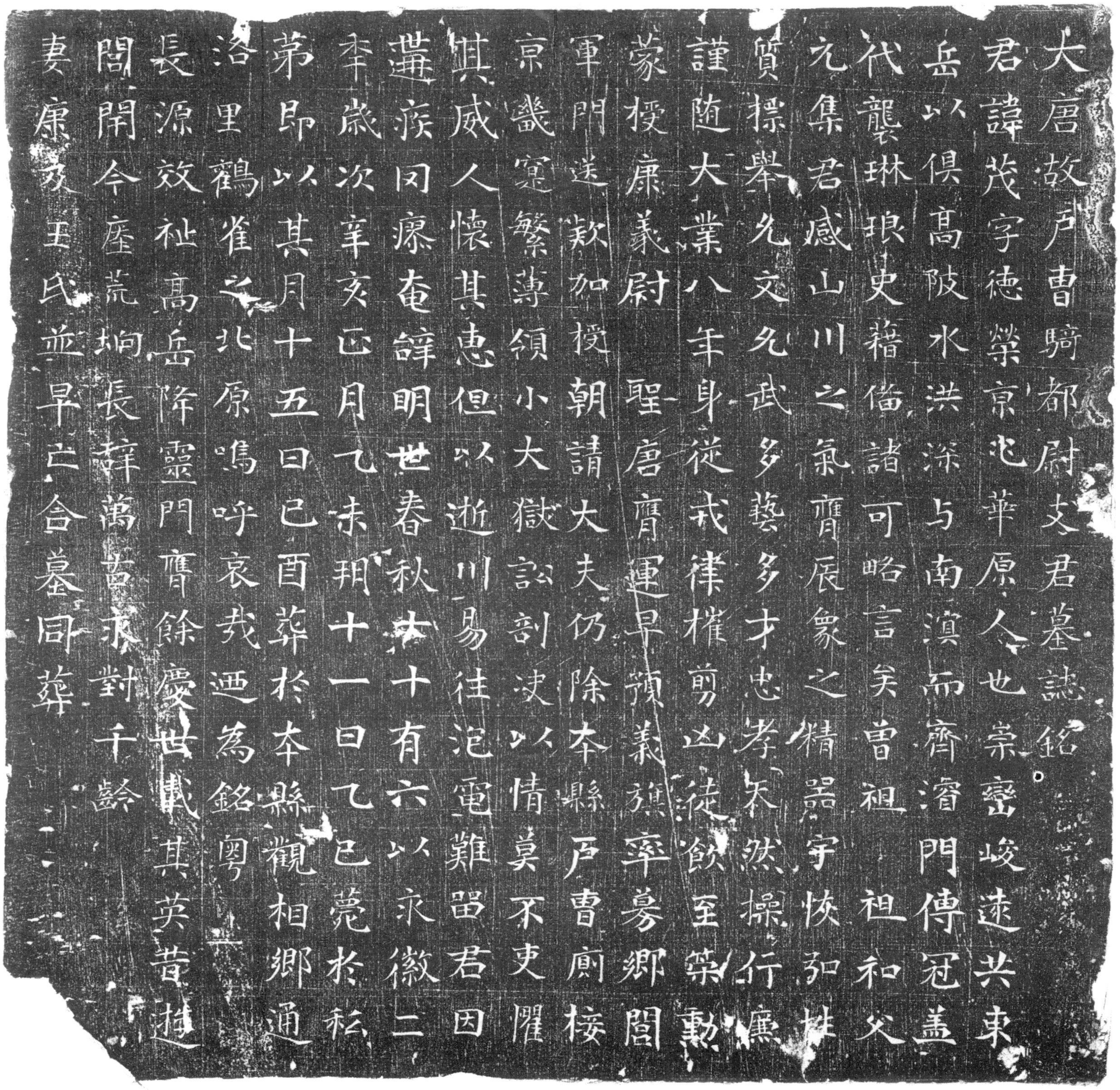

大唐故戶曹騎都尉支君墓誌銘
君諱茂字德榮京兆華原人也崇巒峻遠共東
岳以俱高陂水洪深与南溟而齊濬門傳冠蓋
代襲琳琅史籍備諸可略言矣曾祖　祖和父
允集君感山川之氣膺辰象之精器宇恢弘桂
質操舉允文允武多藝多才忠孝天然操行廉
謹隨大業八年身從戎律權剪凶徒飲至策勳
蒙授康義尉　聖唐膺運早預義旗率募鄉閭
軍門送款加授朝請大夫仍除本縣戶曹廨椽
京畿寔繁簿領小大獄訟剖決以情莫不吏懼
其威人懷其惠但以逝川易往泡電難留君因
遘疾同療奄辞明世春秋五十有六以永徽二
年歲次辛亥正月乙未朔十一日乙巳薨於私
第即以其月十五日己酉葬於本縣觀相鄉通
洛里鶴雀之北原嗚呼哀哉迺為銘曰
長源效祉高岳降靈門膺餘慶世載其英昔遊
閭閈今歷荒坰長辞萬古永對千齡
妻康及王氏並早亡合墓同葬

説明

唐永徽二年（651）正月刻。誌正方形。邊長47厘米。誌文楷書18行，滿行18字。1981年耀縣北原出土。現存藥王山博物館。《全唐文補遺》《陝西碑石精華》《藥王山碑刻》《新中國出土墓誌（陝西叁）》等著録。

釋文

大唐故户曹騎都尉支君墓誌銘」

君諱茂，字德榮，京兆華原人也。崇巒峻遠，共東」岳以俱高；陂水洪深，与南溟而齊濬。門傳冠盖」，代襲琳琅，史籍備諸，可略言矣。曾祖□、祖和、父」元集。君感山川之氣，膺辰象之精。器宇恢弘，性」質標舉。允文允武，多藝多才。忠孝天然，操行廉」謹。随大業八年，身從戎律，摧剪凶徒，歆至策勳」，蒙授康義尉。聖唐膺運，早預義旗。率募鄉閭」，軍門送款。加授朝請大夫，仍除本縣户曹。廁接」京畿，寔繁簿領。小大獄訟，剖決以情。莫不吏懼」其威，人懷其惠。但以逝川易往，泡電難留。君因」遘疾罔瘳，奄辭明世。春秋七十有六，以永徽二」年歲次辛亥正月乙未朔十一日乙巳薨於私」第。即以其月十五日己酉，葬於本縣觀相鄉通」洛里鸛雀之北原。嗚呼哀哉！迺爲銘粤」：

長源效祉，高岳降靈。門膺餘慶，世載其英。昔遊」閭閈，今瘞荒坰。長辭萬古，永對千齡」。

妻康及王氏並早亡，合墓同葬」。

153.651　阿史那婆羅門墓誌

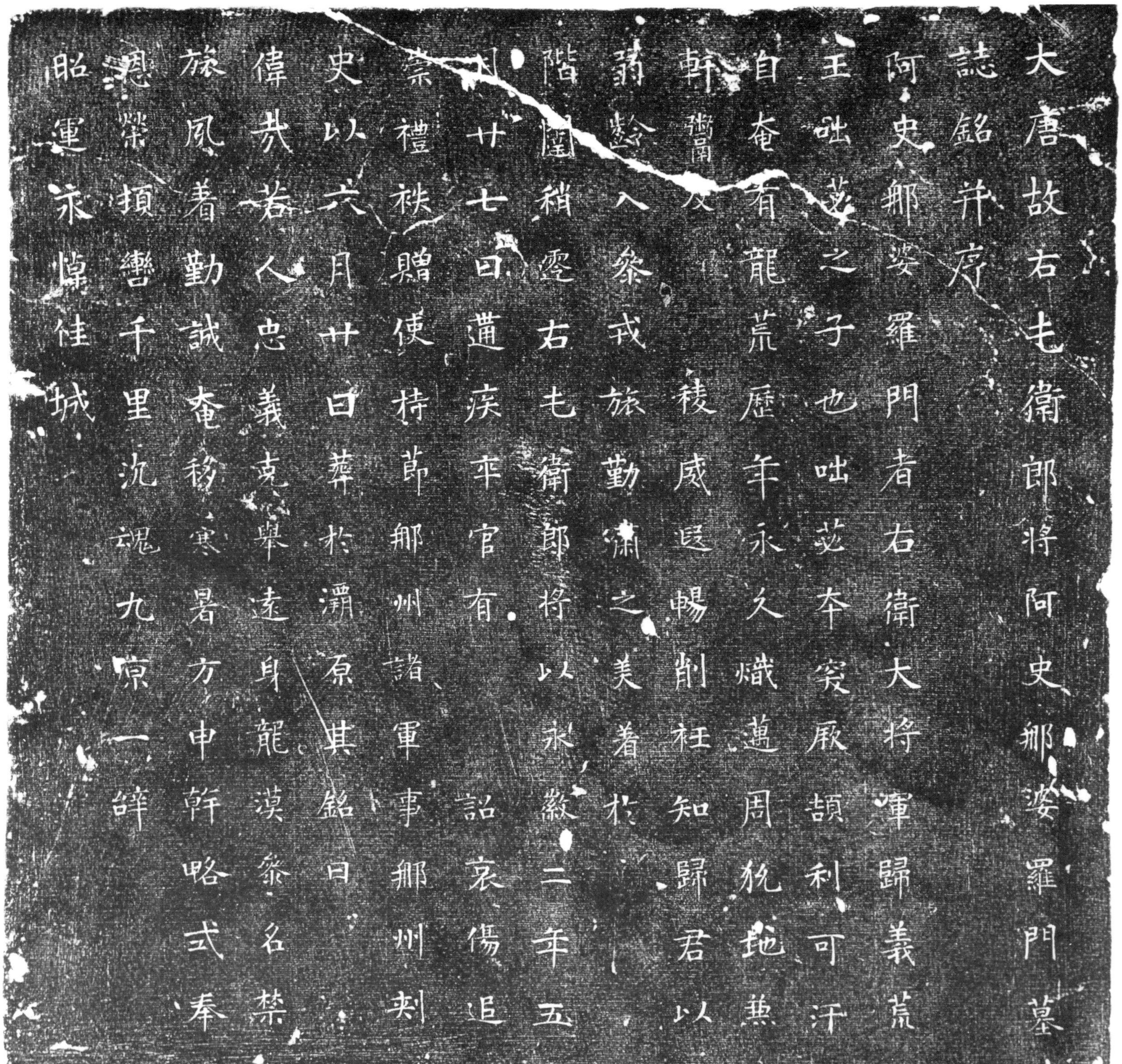

大唐故右乇衛郎將阿史那婆羅門墓
誌銘并序
阿史那婆羅門者右衛大將軍歸義荒
王咄苾之子也咄苾本突厥頡利可汗
自奄有龍荒歷年永久熾蔓周犹施兼
軒轅及稜威遐暢削衽知歸君以
弱齡入參戎旅勤濕之美著於
階闥稍遷右乇衛郎將以永徽二年五
月廿七日遘疾卒官有詔哀傷追
崇禮秩贈使持節鄯州諸軍事鄯州刺
史以六月廿日葬於渭原其銘曰
偉哉若人忠義克舉遠身龍漠參名禁
旅夙着勤誠奄移寒暑方申斡略式奉
恩榮損巒千里沉魂九京一辭
昭運永悼佳城

説 明

唐永徽二年（651）六月刻。蓋盝形，誌正方形。誌、蓋尺寸相同，邊長均47厘米。蓋文5行，滿行4字，篆書“大唐故屯」衛郎將贈」那州刺史」阿史那婆」羅門誌銘」”。誌文楷書15行，滿行15字。出土具體時、地不詳。現存西安碑林博物館。《西安碑林新藏墓誌彙編》著録。

釋 文

大唐故右屯衛郎將阿史那婆羅門墓」誌銘并序」

阿史那婆羅門者，右衛大將軍、歸義荒」王咄苾之子也。咄苾本突厥頡利可汗」，自奄有龍荒，歷年永久。熾邁周狁，地兼」軒轚。及稜威遐暢，削衽知歸。君以」弱齡入參戎旅，勤肅之美，著於」階闥。稍遷右屯衛郎將。以永徽二年五」月廿七日遘疾卒官。有詔哀傷，追」崇禮秩，贈使持節那州諸軍事、那州刺」史。以六月廿日葬於灞原，其銘曰」：

偉哉若人，忠義克舉。遠身龍漠，參名禁」旅。夙著勤誠，奄移寒暑。方申幹略，式奉」恩榮。頓轡千里，沉魂九京。一辭」昭運，永悼佳城」。

按

誌主阿史那婆羅門，史書無載。其父頡利可汗咄苾，見于《舊唐書·突厥傳》。本誌爲研究突厥史、頡利可汗家族世系之重要材料，可補史籍之闕。

154.651　段蘭璧墓誌

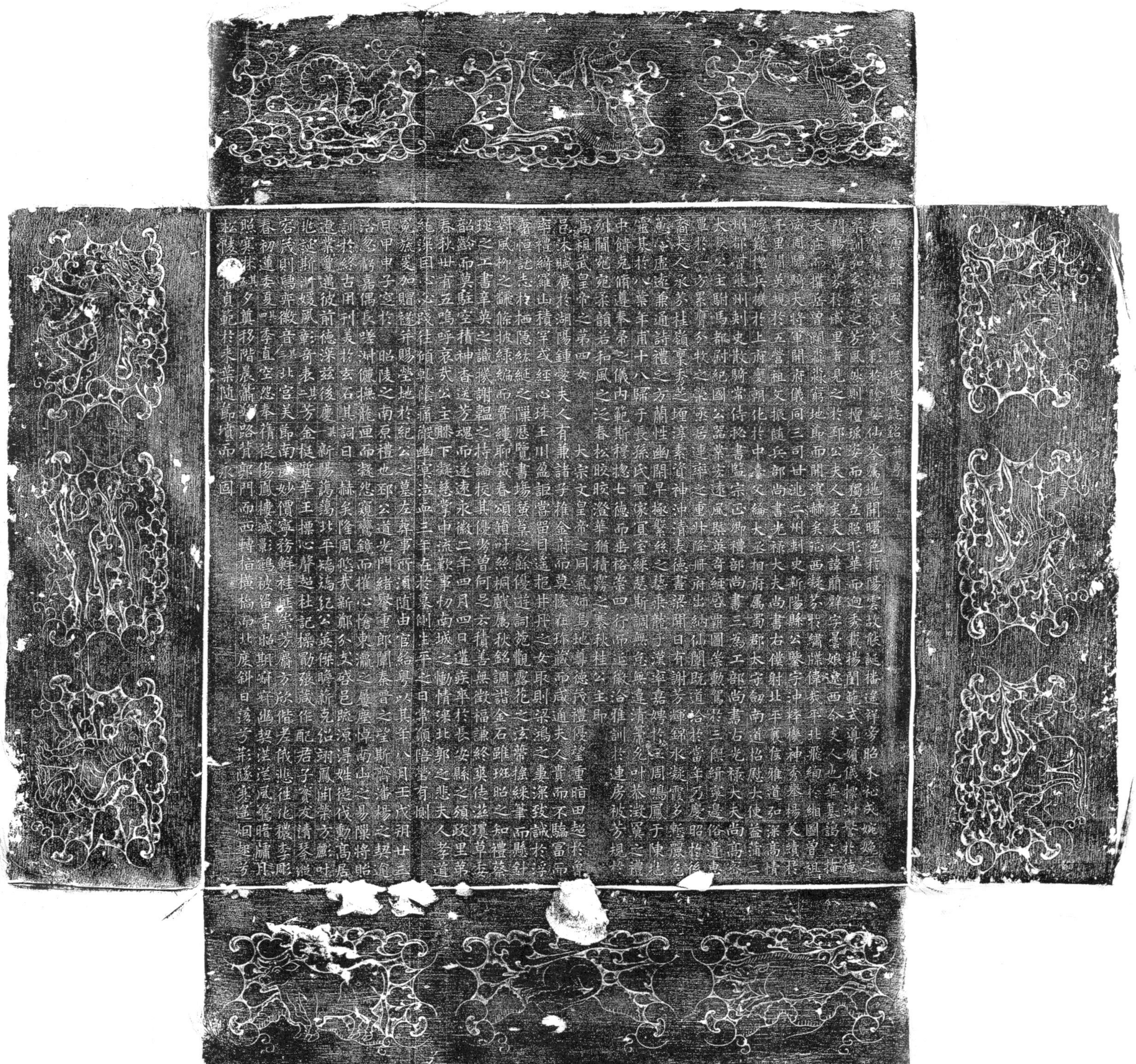

説明

唐永徽二年(651)八月刻。蓋盝形,誌正方形。蓋邊長65厘米,誌邊長66厘米。蓋文4行,滿行3字,篆書"大唐故」邳國夫」人段氏」墓誌銘」"。誌文楷書35行,滿行35字。蓋四殺飾四神圖案,四周及四側飾忍冬紋;誌四側飾十二生肖圖案。1978年禮泉縣煙霞鎮張家山村出土。現存昭陵博物館。《新中國出土墓誌(陝西壹)》《全唐文補遺》《昭陵碑石》等著録。

釋文

大唐故邳國夫人段氏墓誌銘并序」

夫寶緯澄天,摛夕彩於陰婺;仙岑属地,開曙色於陽雲。故能誕播遥祥,旁昭介祉。成婉娩之」柔訓,弘窈窕之芳風。然則擅瑶姿而獨立,照彤華而迥秀。載揚閨範,式導嬪儀。標淑譽於德」門,暢高芬於戚里者,見之於邳公夫人矣。夫人諱蔄璧,字曇娘,遼西令支人也。華基藹藹,掩」天莊而構岳;曾瀾森森,窮地節而開溟。赫矣征西,凝芬於緗牒;偉哉平北,飛絢於緗圖。曾祖」威,周驃騎大將軍、開府儀同三司、甘洮二州刺史、新陽縣公。鑒宇沖粹,機神秀舉。揚美績於」千里,闡英規於五營。祖文振,随兵部尚書、光禄大夫、尚書右僕射、北平襄侯。雅道弘深,高情」峻嶷。總兵機於上府,變朝化於中臺。父綸,大丞相府属、蜀郡太守、劒南道招慰大使、益蒲二」州都督、熊州刺史、散騎常侍、秘書監、宗正卿、禮部尚書,三爲工部尚書、右光禄大夫,尚高密」大長公主、駙馬都尉、紀國公。器業宏遠,風概英奇。經啟霸圖,崇勳駕於三傑;緝寧邊俗,遺惠」覃於一方。累膺分牧之榮,亟居連率之重。升降册府,出納仙闈。既道洽於當年,乃慶昭於後」裔。夫人承芬桂嶺,稟秀芝壥。淳素資神,沖清表德。晝梁開日,有謝芳輝;錦水凝霞,多慙麗色」。蕙心虚遠,兼通詩禮之方;蘭性幽閑,早極縈絲之藝。乘龍于漢,率嘉娉於三周;鳴鳳于陳,兆」靈基於八葉。年甫十八,歸于長孫氏。宜家宜室,綵瑟斯調;無怠無違,清篪允叶。恭澂羃之禮」,中饋克脩;遵奉帚之儀,内範斯穆。總七德而垂裕,崇四行而延徽。洽雅訓於連房,被芳規於」列閫。宛宛柔韻,若和風之泛春松;皎皎澄華,猶積霧之褰秋桂。公主即」高祖武皇帝之第四女、太宗文皇帝之同氣姊焉。地尊德茂,禮優望重。脂田超於魯」邑,沐賦廣於湖陽。鍾愛夫人,有兼諸子。推金府而莫悋,在珍藏而咸通。夫人貴而不驕,富而」率禮。綺羅山積,罕或經心;珠玉川盈,詎嘗留目。遥挹井丹之女,取則梁鴻之妻。深致誡於浮」奢,恒託志於栖隱。紘綖之隙,歷覽書埸;蠶菓之餘,優遊詞苑。觀露花之泫蔕,摇綵筆而懸針」。對風柳之翻條,披緑編而貫縷。聊裁春頌,韻叶絲桐;戲属秋銘,調諧金石。雖班昭之知禮,蔡」琰之工書,辛英之識機,謝韞之持論,校其優劣,曾何足云。積善無徵,福謙終爽。徒滋瓊草,委」韶齡而莫駐;空積神香,送芳魂而遂遠。永徽二年四月四日,遘疾卒於長安縣之頒政里第」,春秋卅有五。嗚呼哀哉!公主膝下凝慈,掌中流歎。事切南城之慟,情深北郭之悲。夫人孝道」純深,因心必踐。往傾乾蔭,痛徹幽冥。泣血三年,在於墓側;生平之日,常願陪塋。有恻」冕旒,爰加賵襚。并賜塋地於紀公之墓左,葬事所須,随由官給。粤以其年八月壬戌朔廿三」日甲申子窆於昭陵之南原,禮也。邳公道光門緒,譽重郎闈。秦晉之望斯齊,潘楊之契逾」洽。忽虧嘉偶,長嗟淑儷。撫龍匣而凝怨,窺鸞鏡而摧心。愴東瀛之屢塵,悼南山之易隙。將貽」訓於終古,用刊美於玄石。其詞曰:

赫矣隆周,悠哉新鄭。分支啟邑,疏源得姓。徙伐勳高,居」遼業敻。邁彼前德,深兹後慶。其一。新陽藹藹,北平矯矯。紀公英傑,瞻薪克紹。翊鳳開榮,方鼇叶」兆。誕斯淑媛,夙彰奇表。其二。芳金挺質,華玉標心。聲超杜記,操勖張箴。作配君子,實友清琴。縱」容茂則,舄弈徽音。其三。北宫美節,南威妙價。寧務鮮袿,匪崇芳麝。方欣偕老,俄悲往化。穠李彫」春,初蓮委夏。其四。季直空怨,奉蒨徒傷。鳳樓滅影,鴛被留香。昭期寂寂,幽契茫茫。風驚暗牖,月」照寒牀。其五。夕奠移階,晨簫警路。背郭門而西轉,指横橋而北度。斜日落兮荊隧寒,遥烟起兮」松陵□。播貞範於來葉,随節墳而永固」。

按

誌主邳國夫人段蔄璧,段綸之女,正史無傳。誌云"父綸……尚高密大長公主、駙馬都尉、紀國公",段綸封紀國公,與139.639《智該法師碑》所載同。《新唐書·諸帝公主傳》:"高密公主,下嫁長孫孝政,又嫁段綸。綸,隋兵部尚書文振子,爲工部尚書、杞國公。"可資考證。又《舊唐書·長孫順德傳》:"長孫順德,文德順聖皇后之族叔也……貞觀十三年追改封爲邳國公。"但不記其宅于何處。此誌記其夫人"卒於長安縣之頒政里第",則可補史載之闕。

155.653　蘇興墓誌

唐故
蘇君
墓銘

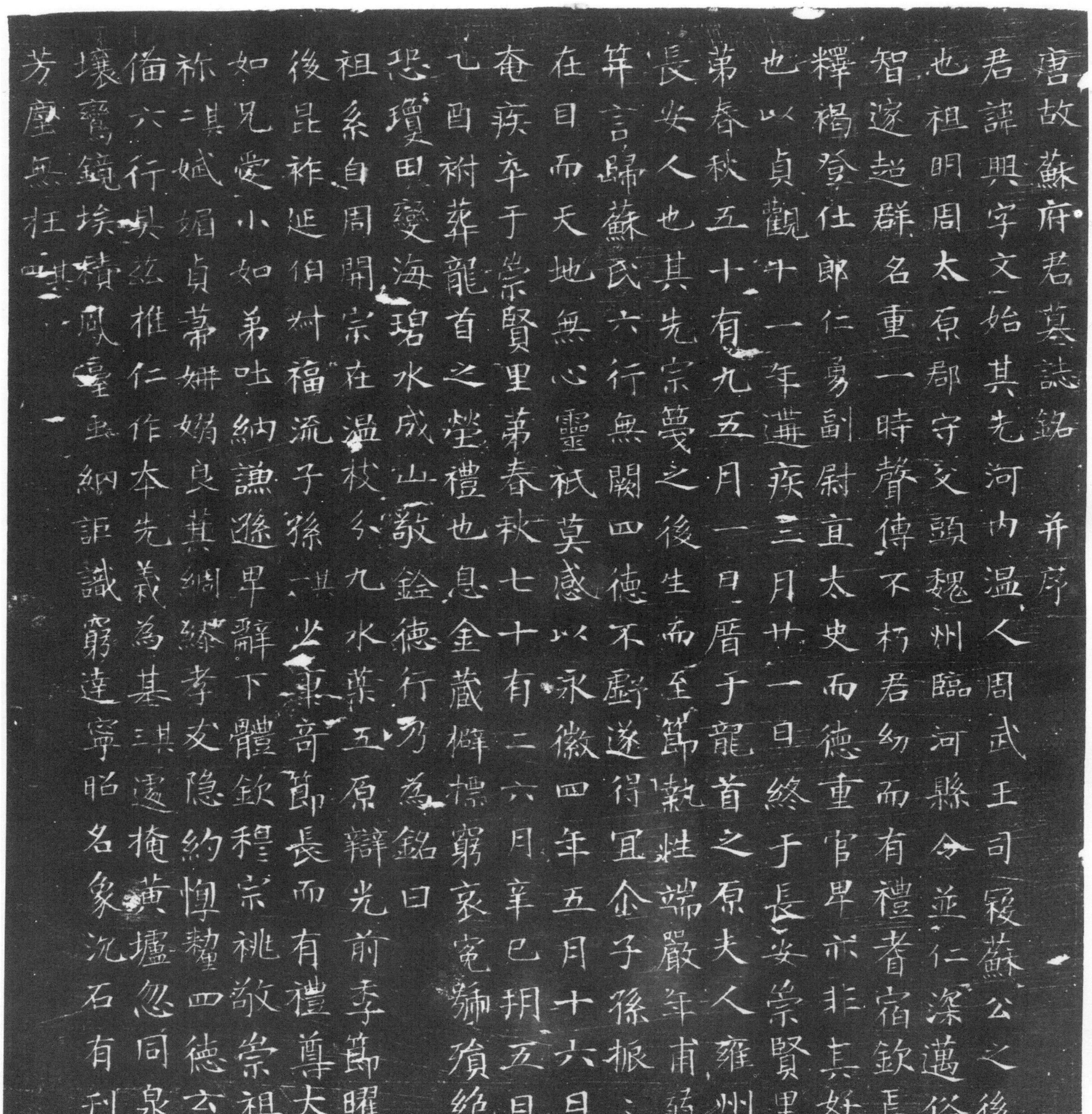

唐故蘇府君墓誌銘并序
君諱興字文始其先河內溫人周武王司寇蘇公之後
也祖明周太原郡守父頭魏州臨河縣令並仁深邁俗
智邃超群名重一時聲傳不朽君幼而有禮耆宿欽焉
釋褐登仕郎仁勇副尉直太史而德重官卑亦非其好
也以貞觀十一年遘疾三月廿一日終于長安崇賢里
第春秋五十有九五月一日厝于龍首之原夫人雍州
長安人也其先宗蔓之後生而至篤執姓端嚴年甫弱
笄言歸蘇氏六行無闕四德不虧遂得宜企子孫振振
在目而天地無心靈祇莫感以永徽四年五月十六日
奄疾卒于崇賢里第春秋七十有二六月辛巳朔五日
乙酉祔葬龍首之塋禮也息金藏擗摽窮哀寃號殞絕
恐瓊田變海瑤水成山敬銓德行乃為銘曰
祖系自周開宗在溫枝分九水葉五原辮光前季節曜
後昆祚延伯封福流子孫其一光秉奇節長而有禮尊大
如兄愛小如弟吐納謙遜卑辭下體欽穆宗祧敬崇祖
祢其二娍媚貞幕姍娟良其絅縧孝友隱約悼摯四德玄
備六行具茲推仁作本先義為基其三遠掩黃壚忽同泉
壤鸞鏡埃積鳳臺垂納詎識窮達寧昭名象沉石有刊
芳塵無狂其四

説明

唐永徽四年（653）六月刻。蓋盝形，誌正方形。誌、蓋尺寸相同，邊長均39厘米。蓋文3行，滿行2字，篆書“唐故｣蘇君｣之銘｣”。誌文楷書20行，滿行21字。蓋四殺飾四神圖案，誌四側飾蔓草紋。1955年西安市土門出土。現存西安碑林博物館。《新中國出土墓誌（陜西貳）》《全唐文補遺》《西安碑林全集》等著録。

釋文

唐故蘇府君墓誌銘并序｣

君諱興，字文始，其先河内温人，周武王司寇蘇公之後｣也。祖明，周太原郡守。父顗，魏州臨河縣令。並仁深邁俗｣，智邃超群。名重一時，聲傳不朽。君幼而有禮，耆宿欽焉｣。釋褐登仕郎、仁勇副尉、直太史。而德重官卑，亦非其好｣也。以貞觀十一年遘疾，三月廿一日終于長安崇賢里｣第，春秋五十有九。五月一日，厝于龍首之原。夫人雍州｣長安人也，其先宗蔑之後。生而至節，執性端嚴。年甫弱｣笄，言歸蘇氏。六行無闕，四德不虧。遂得宜爾子孫，振振｣在目。而天地無心，靈祇莫感。以永徽四年五月十六日｣奄疾卒于崇賢里第，春秋七十有二。六月辛巳朔五日｣乙酉，祔葬龍首之塋，禮也。息金藏，擗摽窮哀，冤號殞絶｣。恐瓊田變海，碧水成山。敬銓德行，乃爲銘曰｣：

祖系自周，開宗在温。枝分九水，葉五原。辯光前季，節曜｣後昆。祚延伯叔，福流子孫。其一。少秉奇節，長而有禮。尊大｣如兄，愛小如弟。吐納謙遜，卑辭下體。欽穆宗祧，敬崇祖｣祢。其二。嫵媚貞幕，姗嫋良箕。綢繆孝友，隱約惸鰲。四德云｣備，六行具兹。推仁作本，先義爲基。其三。遽掩黄壚，忽同泉｣壤。鸞鏡埃積，鳳臺蟲網。詎識窮達，寧昭名象。沉石有刊｣，芳塵無枉。其四｣。

大唐故索處士墓誌銘

156.655　索謙墓誌

大唐故索處士墓誌銘

説明

唐永徽六年（655）七月刻。蓋盝形，誌正方形。蓋邊長51厘米，誌邊長56厘米。蓋文3行，滿行3字，篆書“大唐故」索處士」墓誌銘」”。誌文楷書24行，滿行24字。蓋四殺飾四神圖案，四側飾纏枝花紋；誌四側飾壼門内十二生肖圖案。出土具體時、地不詳。現存西安博物院。《隋唐五代墓誌滙編》《全唐文補遺》著録。

釋文

大唐故索處士墓誌銘」

君諱謙，字文綱，燉煌人也。自玉筐呈瑞，金鈎表祥。播宅海之靈」源，昭配天之盛業。大夫司衆閑之序，御史職台衡之務。被諸緗」册，可略言焉。祖超，道德之干楯，人倫之羽儀。懷瑾握瑜，含章藴」耀。父韓，随掌設府車騎將軍。折衝秦日，威稜漢青。勇冠三軍，聲」飛六事。君乃傳芬蘭畹，資芳桂林。皎皎焉若旭日之開雲霧，森」森焉似寒松之拔灌木。以爲道在則尊，顧台槐而俯視；德成者」上，越才藝而先鳴。契動息於榮枯，齊出處於朝野。事符大隱，其」惟至人。遂乃出入五陵，優遊三輔。富埒陶白，資巨程羅。乍開通」德之門，交接簡通之彦。時置候賓之驛，家富秦趙之聲。雖卓鄭」之雄華，朱甯之汲引，此之數子，其何足云。重以梯山航海之賫」，崐峰麗水之珍。莫不謦達因心，顧盼增重。入朝鷹玉，嗤少和之」未工；詣闕獻珠，鄙握佺之重價。對越天旨，屢動宸衷」。頻蒙寵錫，每縻榮賞。方期永錫難老，万壽無疆；豈謂積善無徵」，輔仁徒語。楚老之悲俄集，大夜之恨斯臻。以永徽六年歲次乙」卯六月己亥朔三日辛丑，春秋卌六，卒于隆政里。其年七月己」巳朔五日癸酉，窆于龍首之原。嗚呼哀哉！隴路闃兮玄坰遠，悲」風起兮白日寒。垂芳裕於末葉，譬秋菊與□蘭。其銘曰」：

白狼錫瑞，玄乙降祥。三人去受，九有来王。璁珩朱紱，熊軾龍章」。宅漢生金，遷荊育梓。懷珠韞玉，紐蘭珮芷。弈葉重輝，世載其美」。惟君嗣德，式挺英靈。蹈和率禮，履順居貞。才包衆藝，識洞幽明」。寄跡顯晦，遊心出處。譽重三秦，聲高六輔。爰動宸睠，光錫」是與。倏悲楊冢，俄歎藤城。徒思百贖，空悲九京。勒兹沉礎，終古」飛英」。

按

誌主索謙，無職，正史未載。誌文提及“父韓，随掌設府車騎將軍”，“掌設府”爲隋代設置之軍府，《隋書·地理志》失載。

157.655　夏侯絢墓誌

説 明

唐永徽六年（655）十月刻。誌正方形。邊長56厘米。誌文楷書36行，滿行36字。1941年蒲城縣興鎮出土。現存蒲城縣博物館。《隋唐五代墓誌滙編》《新中國出土墓誌（陝西壹）》《全唐文補遺》等著録。

釋 文

大唐故使持節睦州諸軍事睦州刺史夏侯府君之墓誌銘并序」

公諱絢，字，沛國譙人也。石紐疏宗，司空弘天地之化；金刀撫運，太僕懋山河之賞。逮乎始昌拾」紫，業盛丘墳；元讓乘朱，榮陳鍾磬。亦有海内欽重，恥並毛曾；洛陽佳遊，欣連潘岳。固以聲流樂」府，譽滿詞林。積慶表其靈長，濟美昭於不朽者矣。祖裕，周使持節車騎大將軍、開府儀同三司」、中書侍郎、都邵梁貝四州諸軍事四州刺史、廣阿縣開國公，食邑二千户。寵極金章，班同玉鉉」。□鄧鷺以高視，轥黄權以先驅。節效披荊，入紫宸而揮翰；寄隆剖竹，候朱明而露冕。父誠，隋太」子舍人、户部侍郎、汶山縣開國公。碩量淹雅，奇材秀逸。光重明於桂殿，正列宿於文昌。公稟氣」風雲，誕靈江漢。魁梧邁俗，警儁絶倫。朗矣孤標，聳瓊林而散彩；嶷然傑出，峙璧山而含照。夙懷」遠概，時号異人。同華歆之分龍，類祢衡於一鶚。若乃孝循德本，敬奉禮輿。服義栖仁，依忠杖信」。斯並率由冥至，非因近習。道期濟物，學匪爲人。雖惠載五車，張誦三篋。莫不秘靈臺而無墜，寫」言泉而勿窮。隋大業中，以門調解巾河池郡法曹參軍事。豫章七年，甫擢梢雲之幹；威鳳五彩」，尚蘊絶霓之心。沉跡下僚，非其好也」。太宗文皇帝養德名藩，大開莫府。網羅俊彦，物色英髦。以公美譽日新，允膺時望，召補秦府左」一軍司馬。于時王師屢動，天步猶艱。祇奉霸圖，殄殲醜類。弼諧戎政，與有力焉。授公上騎都尉」。貞觀元年，除宜州土門縣令。属蝗飛晚夏，霜隕早秋。鄰縣荐傷，合境無入。雖韓稜毓德，魯恭」闡化。古之良宰，蔑以過之。宋國公挺命世之偉才，有知人之達鑒。既以幾深見許，又以遠大相期」。首應明敭，射策高第。六年，徙河東縣令。地鄰襟帶，是曰股肱。居之實難，非賢勿寄。公遇盤根而」遊刃，調鳴琴以偃風。吴質華文，嗟檻猨之未捷；言游敏學，患割鷄之爲小。論德較義，異代同歸」。九年，敘藩邸忠勤，詔授華州司馬。公精力匪懈，强於衆職。所臨考績，無不尤異。十三年，遷」使持節朗州諸軍事朗州刺史。懷撫以道，決遣如神。獷俗輯寧，惟公是賴。廿二年，除使持節利」州諸軍事利州刺史。而公夙厲清白，素尚威嚴。雖萌庶同欣，而奸邪共憚，由是爲蠆之謗，暫暴」蘭臺；聚蚊之聲，俄雪天府。永徽元年，改使持節涪州諸軍事涪州刺史。跨孕玉之荊岑，居然鎮」静；臨濯錦之江浦，遂以澄清。輔訓天人，妙簡良士。攀小山之偃桂，藉長坂之崇蘭。繼踵賈生，比」肩董相。元僚之任，豈易其才。三年，授蜀王府長史兼行黄州長史。未幾，王改巴州，又兼巴州長」史，王府如故。四年，王以荊吴構逆，緣坐廢府。授公使持節江州諸軍事江州刺史。未行，會陳碩」真僞徒蝟起，妖類鴟張。江東之地，多從寇壤。式遏凶黨，必俟忠良。改授使持節睦州諸軍事睦」州刺史。公運其智略，撫以温柔。遂使先反之謡，恨賈父之来晚；無叛之美，悦杜翁之勇功。嗟乎」！未踐儀台，先頹列岳。遽乖東海之請，徒聞西漢之詩。以永徽五年閏五月廿六日遘疾薨於州」鎮，春秋六十。粤以六年龍集乙卯十月丁酉朔廿五日歸葬於同州蒲城縣西之北原」。皇上痛一體之或虧，嗟百身之靡贖。弔贈之數有加焉，禮也。二子茹荼增欷，慟樹纏哀。鳥旟方」引，龍幰詎開。以爲遺愛在人，雖馳聲於日域；盛烈不泯，必紀功於夜臺。其詞曰」：

遥分鼎族，濬委璇源。星羅蒨旆，水映朱軒。將軍振馥，氣逸蘭蓀。侍郎藴美，彩掩璵璠。其一。慶流後」葉，載誕君子。警儁風神，魁梧容止。鼓篋通學，彈冠出仕。懋績披荊，奇材聳杞。其二。功宣下邑，務總」元僚。蝗避百里，驥展三條。列岳崇鎮，盤石光昭。傳車来雨，輕輦随飇。其三。響浹荊衡，澤流江漢。巴」人仰德，越俗方亂。不有英姿，孰先懷叛。遽驚石折，俄纏蕙歎。〔其四〕。雙鷹戾止，駟馬哀鳴。素幰朝邁，丹」旐晨征。雲凝夜色，澗咽秋聲。式刊泉路，永紀風清。其五」。

按

誌主夏侯絢，曾任蜀王愔王府長史。《舊唐書·太宗諸子傳》："四年，坐與恪謀逆，黜爲庶人，徙居巴州。"本誌云："三年，授蜀王府長史兼行黄州長史。未幾，王改巴州，又兼巴州長史，王府如故。"二者所記略有不同。

158.656　唐儉墓誌

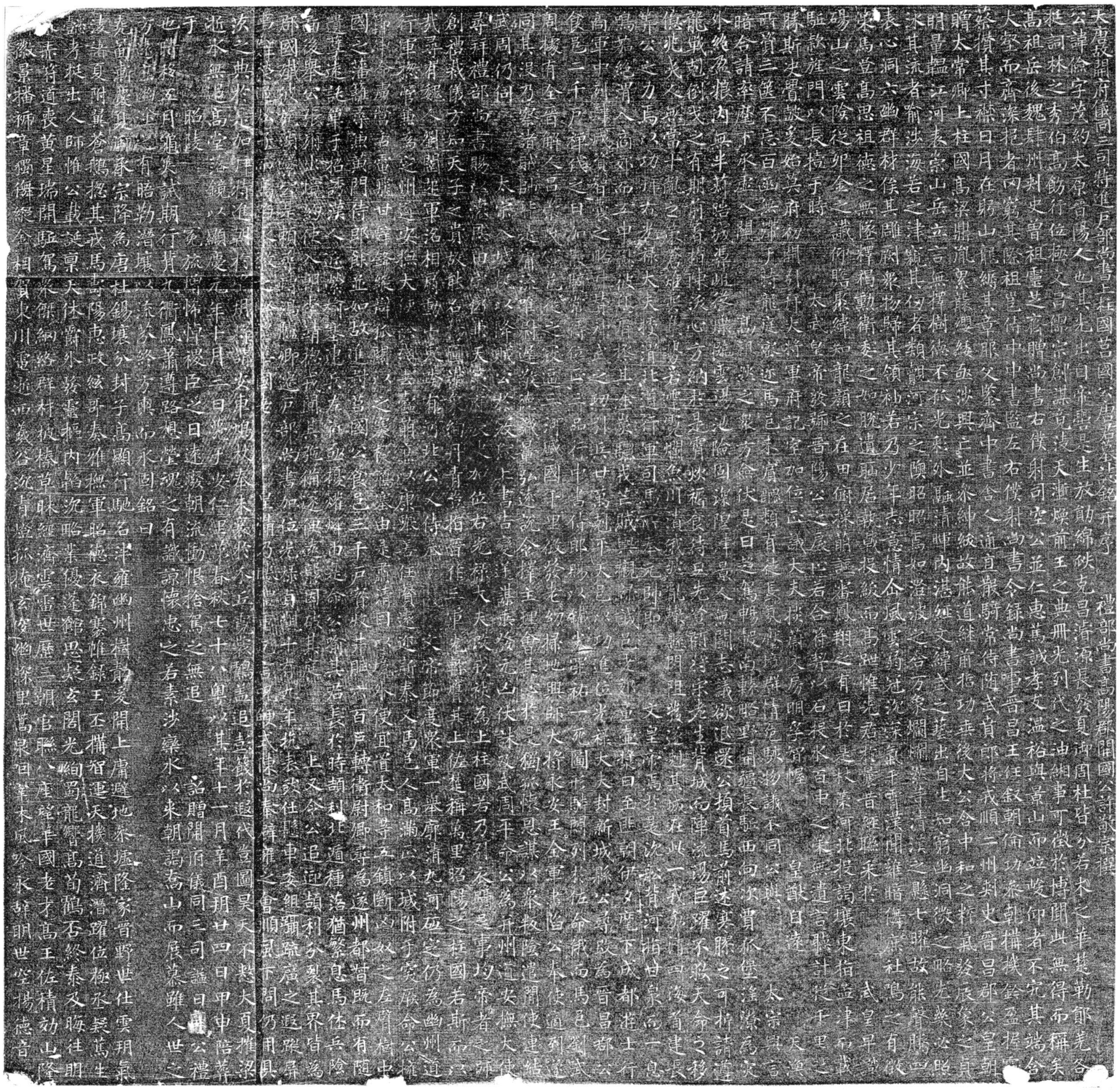

説明

唐顯慶元年（656）十一月刻。蓋盝形，誌正方形。蓋邊長74厘米，誌邊長73厘米。蓋文5行，滿行5字，篆書“大唐故開府」儀同三司特」進户部尚書」上柱國莒國」公唐君墓誌」”。誌文楷書46行，滿行45字。許敬宗撰文。蓋四殺飾四神圖案，四側飾忍冬紋；誌四側飾壼門内十二生肖圖案。1978年禮泉縣煙霞鎮頁溝村出土。現存昭陵博物館。《隋唐五代墓誌滙編》《新中國出土墓誌（陝西壹）》《全唐文補遺》《昭陵碑石》等著録。

釋文

大唐故開府儀同三司特進户部尚書上柱國莒國公唐君墓誌銘并序

禮部尚書高陽郡開國公許敬宗撰」

公諱儉，字茂約，太原晉陽人也。其先出自帝嚳，是生放勛。綿瓞克昌，濬源長發。夏御周杜，皆分若木之華；楚勒郥羌，各」挺詞林之秀。伯高飭行，位極文昌。儒宗創謀，竟淩天壍。焕前王之典册，光列代之油緗。事可徵於博聞，此無得而稱矣」。高祖岳，後魏肆州刺史。曾祖靈芝，齊贈尚書右僕射、司空公。並仁惠篤誠，孝友温裕。與景山而並峻，仰者不究其端；含」大壑而齊深，挹者罔窮其際。祖邕，侍中、中書監、左右僕射、尚書令、録尚書事、晉昌王，任敘朝倫，功參乾構。機鈐盈握，□」蔡攢其寸襟；日月在躬，山龍縟其章服。父鑒，齊中書舍人、通直散騎常侍，随武賁郎將、戎順二州刺史、晉昌郡公，皇朝」贈太常卿、上柱國。高梁鼎胤，累襲纓緌。亟涉興亡，並參紳紱。故能道繼前哲，功垂後大。公含中和之粹氣，發辰象之貞」明。量韞江河，表崇山岳。立言無擇，樹德不孤。光彩外融，清暉内湛。經文緯武之藝，出自生知；窮幽洞微之略，先幾必照」。泳其流者，喻涉海若之津；窺其仞者，類覿河宗之隩。昭昭焉如澄波之含万象，爛爛然等清漢之懸七曜。故能聲騰四」表，心洞六幽。群材俟其雕劚，衆物歸其領袖。若乃少年志意，情仚風雲。弱冠沉深，氣干霄漢。聞雞暗儛，庶社鳴之有徵」；策馬登高，思祖德之無墜。釋褐勳衛，委之如脱遺；恥居執戟，投紱而高蹤。惟先君於曩昔，經聯采於武皇。早識」碭山之雲，陰從卯金之讖。仰瞻聚緯，知龍顔之在田；俯採萌謳，審鳳翔之有日。於是杖策河北，投謁壤東，指孟津而載」驅，款旌門以長揎。于時太武皇帝發號晉陽，公之戾止，若合符契。以石投水，百中之策無遺；言聽計從，千里之」勝斯决。亹鼓爰始，莫府初開。引拜大將軍府記室，加位正議大夫。掞蔚文房，明孚智幄。皇猷自遠，天涣」所資。三篋不忘，百函無滯。于時龍庭密迩，馬邑未賓。醜類有徒，長氛壓境。群情危駭，物議不同。公與太宗興言」暗合，請率麾下承虚入關。高祖然之，衆方僉伏。是日趍駕，暢轂南轅；略野開疆，長驅西向。次賈狐堡，淫潦爲灾」。外絶盈粮，内無半菽。晧城憑岨，聳堞臨雲。湯池險固，深隍肆景。人無鬬志，議欲退還。公頓首馬前，述寒膠之可折；請遵」龍戰，剋倒戈之有期。前箸指陳，沃心方納。於是霄炊褥食，待旦先登。随將宋老生背城而陣。流湯巨躍，不救天命之移」；億兆夷人，無當十亂之策。蒼雉雲集，勢若霆霓；爛魚川潰，俄然亂轍。懸門阻發，遂剋其城。在此一戎，永清四海。首建長」筭，公之力焉。以功拜右光禄大夫，授渭北道行軍司馬。所奉元帥，即文皇帝焉。於是沉船背河，指甘泉而一息」；鳴笳絶渭，入商郊而五申。慰彼息肩，拯其塗炭。驪戎芒賊，輿櫬歸誠。邑老郊童，壺漿日至。匪朝伊夕，麾下成都。遊士行」商，軍中列肆。咸資智囊之略，叶贊神武之功。引兵廿萬，剋平天邑。以功進位光禄大夫，封新城縣公，尋改爲晉昌郡公」，食邑二千户。禪代之日，加散騎常侍，位正三品，行中書侍郎。賜以鐵券，罪祐一死。圖形驎閣，列於佐命。俄而馬邑劉武」周據有全晉，解人吕崇茂竊邑從之。寇逼三河，蹙國千里。徵發老幼，掃地興師。大將永安王全軍盡陷，公奉使適到，遂」同其没。乃察諸賊帥，皆是庸流。唯尉遲敬德識量弘遠，説令擇主，理會其心。於是獨孤懷恩謀以衆叛，陰遣間使，連結」武周。仍伺太宗入城，執以降賊。公於寇獄上書告變，逆謀垂發，元凶伏誅。及武周平，命公爲并州道安撫大使」。尋拜禮部尚書，賜以懷恩田宅。仍兼天策府長史，加位右光禄大夫，改戎秩爲上柱國。若乃引衣躡足，事均帝者之師」；創禮裁儀，方知天子之貴。故能名揚圖讖，象絢丹青。豈指晉作三軍，先軫膺其上佐；楚稱萬里，昭陽之柱國若斯而以」哉。尋有魏人劉闥，起軍洺相，扇動山東，跨有河北。公又侍奉文帝，節度衆軍。一舉廓清，九河砥定。仍爲幽州道」行軍總管，兼爲定州道安撫大使。除殘去蠹，萌庶以康；舉善任賢，遠迩斯泰。又馬邑人高滿正以城附于突厥，命公擁」節，申命虜營。舌電飛甘，辭鋒縱辯。孤關以之褰祲，鴈塞由是肅清。因以境外便宜，置太和等五鎮。斷凶奴之左臂，樹中」國之藩籬。尋兼黄門侍郎，餘並如故。進封莒國公、食邑三千户，實收井賦六百户。轉衛尉卿，尋爲遂州都督。既而有随」遺孽遠託單于，招誘漢人，近縈榆塞，連兵左衽，亟擾爟烽。由是命公喻其君長。於時頡利北遁，種落猶繁，息馬休兵，

大唐故開府
儀同三司
部尚書
上柱國晉國
公唐君墓誌

陰」圖後舉。公張旃出境，約使入朝。李靖總戎，聞其弛備，遂便遠襲，因破其庭。上又令公追迎頡利，分裂其界，皆爲」郡國。殲彼旄頭，繄公是賴。尋轉鴻臚卿，遷户部尚書，加位光禄。貞觀十有九年，抗表致仕。懸車委組，躡疏廣之遐蹤；屏」事辭榮，追松子而高蹈。永徽之際，望華國老。皇情乃睠，禮重乞言。咒鯁式陳，尚奉辟雍之會；順風下問，仍用具」茨之典。於是加拜特進，朝於望朔。將謂安車鳩杖，奉朱襄於介丘；霓裳鶴盖，追彭籛於遐代。豈圖旻天不憖，大夏摧梁」；逝水無追，高堂落鏡。以顯慶元年十月三日薨于安仁里第，春秋七十八。粤以其年十一月辛酉朔廿四日甲申陪葬」于昭陵。冕旒增悕，悼稷臣之日遠；廢朝流慟，恨捨駕之無追。詔贈開府儀同三司，謚曰襄公，禮」也。時移五月，龜策誠期；行背九衢，鳳蕭遵路。想塋魂之有識，諒懷忠之若素。涉欒水以来朝，謁喬山而展慕。雖人世之」方遠，庶幽塗之有晤。勒潛壤以流芬，終方輿而永固。銘曰」：

堯圖漸慶，夏御承宗。降爲唐杜，錫壤分封。子高顯行，馳名泮雍。幽州樹勣，爰開上庸。避地参墟，隆家晉野。世仕雲朔，氣」凌諸夏。附翼蒼鵝，總其戎馬。壽陽惠政，絃哥奏雅。撫軍昭德，衣錦褰帷。録王丕構，智運天機。道濟潛躍，位極丞疑。篤生」懿考，挺出人師。惟公載誕，稟天休爵。外發靈樞，内韜沉略。業優蓬館，思凝玄閣。光絢蜀龍，響高荀鶴。否終泰及，晦往明」來。赤符道喪，黄星瑞開。驅駕衆傑，網絡群材。披榛草昧，經濟雲雷。世歷三朝，官聯八座。望華國老，才高王佐。積効山隆」，□徽景播。褫章獨儛，縱金相賀。東川電逝，西羲谷沉。青燈孤掩，玄穸幽深。里蒿泉咽，宰木風吟。永辞明世，空揚德音」。

按

誌主唐儉，唐初名將，兩《唐書》有傳。本誌記載其生平頗詳，可補史傳之闕。

撰者許敬宗，字延族。隋末舉秀才，入唐任著作郎，兼修國史，官至中書侍郎。

159.657　張士貴墓誌

説 明

唐顯慶二年（657）十一月刻。蓋盝形，誌正方形。蓋邊長99厘米，誌邊長98厘米。蓋文5行，滿行4字，篆書“大唐故輔」國大將軍」荊州都督」虢國公張」公墓誌銘」”。誌文楷書55行，滿行57字。上官儀撰文，張玄靚書丹。蓋四殺飾四神圖案，四側飾忍冬紋。1972年禮泉縣煙霞鎮馬寨村出土。現存昭陵博物館。《隋唐五代墓誌滙編》《新中國出土墓誌（陝西壹）》《全唐文補遺》《昭陵碑石》等著録。

釋 文

大唐故輔國大將軍荊州都督虢國公張公墓誌銘并序」

公諱士貴，字武安，弘農盧氏人也。原夫玄珠洞鑒，希夷之道弥光；赤松輕舉，神仙之風逾邈。華陽時秀，副車開渭渚之辭；京兆人英，亡篋劭汾陰之敏」。落印以旌其德，傳鉤以啟其祥。十腰銀艾之榮，七珥貂蟬之貴。芬芳終古，草露霑而方茷；寂寥長邁，舟壑移而未泄。曾祖儁，後魏銀青光禄大夫、横野」將軍。大父和，齊開府、車騎將軍。並雄武環傑，義略沉果。由蚼表藝，横草擅功。守重縈帶之奇，師仰投醪之惠。顯考國，起家陝縣主簿，後歷硤州録事參」軍、歷陽令，尋以軍功授大都督。幹蠱有聲，鄉塾推敬。龍翰之姿，在尺木而將矯；驥足之徑，居百里而未申。公納陰陸之金精，應文昌之寶緯。含百練而」凝質，絶千里而馳光。揭日月而傍照，懷風雲而上聳。立言無玷，樹德務滋。逸氣掩於關中，神契通於圯上。揚名基孝，載深五起之規；約身由禮，克懋十」倫之躅。熊掌之義，早殉於髫年；馬革之誠，夙彰於丱歲。加以屈壯夫之節，尤緝睢涣之文；略非聖之書，方礪昆吾之寶。属炎精淪昧，習坎横流。火炎玉」石之墟，龍戰玄黄之野。公遊道日廣，締交無沫。率閭左而完聚，候霸上之禎祥。乃於枌閈之間，崤陵之地，因稱大總管、懷義公。於是繈負波属，接淅雲」歸。于時王充竊号晉京，李密稱師鞏洛。聞公威武，將恃爲援。俱展情素，形乎折簡。公誚其窮井之微，鄙其挈瓶之懦。枕威蓄鋭，深拒固閉」。皇家發迹參墟，肇基霸業。謳歌允集，征怨在期。將指黄圖，行臨絳水。公乃遣使輸款，高祖深相嘉歎。拜右光禄大夫，錫賚優洽。并降璽書，俾定」河南之境。公英謀雅筭，喻伏波之轉規；決勝推鋒，體常山之結陣。肅清崤澠，緊賴攸歸。因統所部，鎮于陝服，受相府司馬劉文静節度。每陳東略之計」，益見嗟賞。遂進下同軌，以置函州。又進擊僞熊州刺史鄭仲達，大敗之。所在城聚，相繼投款。高祖稱善，賚繒綵千有餘段，名馬五匹，并金裝鞍」勒自副。義寧二年，隱太子之東討也，以公材光晉用，譽重漢飛。戰有必勝之資，威有憺鄰之鋭。授第一軍總管，先鋒徇地。靈昆平樂，開月壘而投壺；春」路秋方，耀星旗而舉扇。王充選其毅卒，折衂於前；李密簡其勁騎，逋亡於後。軍容之盛，咸所宗挹。頻賚金帛，不可勝言。尋被召入京奉見。恩貸」綢繆。而備申誠款，載隆賞册。乃拜通州刺史。鳴謙自牧，坐樹辭功。福潤佇才，班條授職。薛舉狼據北地」，太宗親總元戎。公先登之勳，有超恒准，賜奴婢八十口、絹綵千餘段、金一百卅挺。方欲克定三川，敕還陝郛轉漕。飛蒭所寄，允兹簡在。授上柱」國。啟八難以佐漢，開十册以平袁。升蔡賜之隆班，踐昭陽之顯級。武德元年，轉運糧犄，至於澠池。王充將郭士衡等潛兵而至，公掩擊大破之。二年，有」賊蘇經寇掠陜州之界，州將頻戰不利。高祖聞之曰：“此賊非猛士無以殄滅。”命公討焉。公智盖三宫之端，威下九天之上。顧眄之頃，噍類靡遺」。高祖又降書褒美。尋進擊陸渾，授馬軍總管。經略熊州之地，至黄澤，遇王充統領馬步五万，將逼熊州。雖衆寡不侔，主客異勢。牙璋狎至，羽檄交馳。三」令五申，風驅雨邁。飲淇之衆，反接轅門；倒戈之旅，泥首請命。而茅賦疇庸，抑惟恒序。賜爵新野縣開國公，雜綵上駟并金鞍寶勒，敕曰：“卿宜自」乘之。”丹石之心，上通宸照；青驪之貺，遠逮軍功。何小董據有虞州，兵鋒甚勁。太宗董大軍於百壁，將自圖之。命公前擊，筭無遺策，戰取」先鳴。賊乃合其餘燼，嬰城自保。劉武周遣其驍將宋金剛等同聲相援。金剛先有將卒，屯據翼城，與大軍相拒，及是而遁，公從」太宗並平之。廣武之師，屢摧元惡；昆陽之陣，亟殄凶渠。既而朝于京師，命賞有逾常典。會朝廷將圖嵩洛，敕公先督軍儲」。太宗親總戎麾，龔行弔伐。公投盖先登，揮戈横厲。屠城擲邑，涉血流腸。對武安而瓦落，俯秦坑而霆沸。竇建德鳴鏃汜水之東，王行本警柝武牢之上」。於是料敵制變，箕張翼舒。魯旗靡而俱奔，紀郕登而咸縋。太宗特遣殷開山、杜如晦賚金銀四百餘挺以賜之。迺以所賜分之麾下。子罕之寶」，終秘於靈臺；王孫之珍，豈留於廣廡。及東都底定，舍爵勞勤。録其前後戰功，以爲衆軍之定最，除虢州刺史。露華黻於吏萌，遊縟錦於仁里。一紙賢於從」事，二天絶於故人。少選，敕令入朝，宴賜華腆。劉黑闥稱兵洺水，挺禍亂常。太宗折箠長驅，指期刷蕩。後黑闥將數万衆，密迩軍幕。公率」其勁勇，截其要津。飛鏑星流，委甲麟下。大憝既夷，懋賞斯及。復令公領兵，與英公等安輯山東。徐圓朗以兗州舉兵，公從淮安王便道擊敗」。太宗徵公於曹州奉見，深用嘉止。太宗居帝子之尊，極天人之望。府僚之選，允歸時傑。以公素啗威名，授秦王府右庫真、驃騎將軍」。太宗儀

天作貳，麗正升儲。鳳邸舊僚，咸栖鶴禁，除爲太子内率。憬彼獯戎，侵軼關輔。騎屯鎬派，塵擁渭濱。太宗遣公與將軍劉師立占募壯士」，曾未浹旬，歸公者萬有餘計。有頃，拜右驍衛將軍。九重清切，千廬嚴秘。典司周衛，寔寄勳賢。貞觀元年，詔公於玄武門長上，統率屯兵。俄轉右」屯衛將軍，還委北軍之任。六年，除右武候將軍。緹騎啟行，鸞旌戒道。威而有裕，儼以能温。桂府東西王洞，歷政不賓，及在茲年，載侵邊圉」。敕公爲鸞州道行軍總管。金鄰之壤，封豨咸誅；石林之地，長蛇盡戮。無何，獠又翻動，圍龔、鸞二州，敕公使持節龔州道行軍總管。途次衡陽，夷」獠逋竄。乃授右屯衛大將軍，改封虢國公，檢校桂州都督，龔州道行軍總管如故。懸旌五嶺，立功百越。絲言荐及，豐澤仍加。其年，被召還京，依舊」右屯衛大將軍，北門上下。十二年冬，駕幸望雲校獵，次于武功。皇帝龍潛之所，令作武功之詠。淩雲散札，與佳氣而氤氳；涌泉飛藻，共白水」而澄映。上覽之，稱重焉。十五年，從幸洛陽，會薛延陁犯塞，奉敕於慶州鎮守，後檢校夏州都督。十六年四月追還，領屯兵如故。十一月，授蘭州」都督。又遷幽州都督。十八年，以譴去官。洎朱蒙之緒，玄夷之孽，背誕丸都，梟鏡遼海。王師底伐，属想人雄。敕爲遼東道行軍總管，授金紫光禄」大夫、洺州刺史。十九年，率師渡遼，破玄菟等數城大陣，勳賞居多，拜冠軍大將軍、行左屯衛將軍。鑾駕凱旋之日，令公後殿。至并州，轉右屯衛」大將軍，仍領屯騎。超海之力，氣盖三軍；横野之功，膽雄百戰。綏遏之任，僉諧攸属，授茂州都督。雅、邛等州山獠爲亂，以爲雅州道行軍總管。軍鋒所届」，膏原如莽。門駭晨溺，野燐宵飛。石紐塵披，五丁之道斯順；玉輪霧廓，二星之路載清。事平，拜金紫光禄大夫、揚州都督府長史。千圻奥壤，一方都會。引」朝夕之洪派，疏桐栢之長瀾。思涌觀濤，歌興伐枳。市獄晏而無擾，水火賤而盈儲。史金斯慎，丞魚靡入。棼絲載理，夙著萌謡。交戟惟材，方勞」帝念。永徽二年，召拜左領軍大將軍。四年，累表陳誠，辭以目疾。因許優閑，尤加縟禮。授鎮軍大將軍，封如故，禄賜防閤等，一同京官職事。六年，加以風」疾。顯慶二年，從駕東巡于洛，中使名醫，旬月累至。而田豫鳴鍾，庶優遊於杖國；史慈嗟劍，遽冥漠於蒿泉。以六月三日終于河南縣之顯義里」第，春秋七十有二。帝造深於壽器，鼓鞞之恨無追；朋情結於生芻，李桃之悲何已。贈輔國大將軍、使持節都督荊硤岳朗等四州諸軍事、荊州」刺史。賻絹布七百段，米粟七百石。陪葬昭陵，賜東園秘器，并給鼓吹往還。仍令京官四品、五品内一人攝鴻臚卿監護。易名考行，謚曰襄公，禮」也。粤以其年歲次丁巳十一月乙酉朔十八日壬寅葬于昭陵。榖林之下，寒霰集於原阡；橋嶺之前，淒吹憤於滕室。惟公氣掩万夫，夙表鷹揚」之勢；譽馳三輔，先標鴻漸之姿。舉燭齊明，拂鍾比鋭。門光揖客，家盛文朋。被忠信之介胄，涵仁義之粉澤。擅兵機之三術，殫武略之五材。射隼開弦，飛」聲於相圃；雕龍撫翰，激韻於漢臺。外緫班條，入司懸蕞。全德具美，罕倫當世。幅巾在飾，臨玉樹於長筵；珥戈靡駐，墜璧輝於悲谷。嗣子右屯衛郎將仁」政等，禮絶趍庭，哀深望岵。銜索易朽，負米何追。懼孤竹穨隴，自滅成樓之氣；拱栢摧薪，誰分夏屋之兆。故勒茲玄礎，永劭徽塵。其銘曰」：

軒丘構緒，開地分枝。通侯比躅，英衮連規。龍光照耀，驒珥參差。長發垂祉，世濟標奇。其一。曰祖惟考，毓德果行。武庫森沉，文河鏡淨。蒙劍留説，單琴宣政」。鳳穴開靈，芝庭衍慶。其二。於鑠志士，矯然秀出。基忠履孝，含文抱質。度埒黄陂，愛均趙日。昔逢世故，退潛名實。其三。黄星發睍，玄石表圖。龍飛天極，鳳翥雲」衢。爰茲燭水，投謁汾隅。荐臻玄澤，亟奉明謨。其四。十守惟平，四征以肅。緑林遽翦，黑山旋覆。聲馳智勇，効光神速。行絶雲霓，方騫陵陸。其五。剖符命駕，細柳」開營。紫騮激響，朱鷺凝清。嬉遊東第，騁望西城。舉盃陶賞，寫翰緣情。其六。投紱素里，揮金卒歲。握槧懷鉛，紉蘭扈薜。奄謝東嶽，長歸北帝。石陣空留，銅銘」永瘞。其七。陽陵甫窆，盧山墓田。行楸孕月，雙表籠烟。驚笳流噭，迴旆聯翩。圖徽雲閣，千祀方傳。其八」。

太子中舍人弘文館學士上官儀製文

梓州鹽亭縣尉張玄靚書」

按

誌主張士貴，兩《唐書》均有傳。本誌記述張士貴生平、世系、職官、事蹟、封賜等尤詳，可補史傳之闕。如誌云："（貞觀）六年……敕公爲鸞州道行軍總管。"正史失載，可補其闕。

撰者上官儀，唐初著名詞賦家。唐陝州陝縣（今河南靈寶）人，字遊韶。歷官弘文館直學士、秘書郎。其詞婉媚，人稱上官體。

書者張玄靚，史書闕載。其書體介于虞世南、褚遂良之間。本誌書體波勢自如，遒麗圓潤，疏瘦勁練，清新悦目，是不可多得的唐初楷書之精品。

160.658　長孫弄珪墓誌

説 明

唐顯慶三年（658）十一月刻。蓋盝形，誌正方形。誌、蓋尺寸相同，邊長均57厘米。蓋文4行，滿行4字，篆書“大唐故蓨」縣公夫人」魏郡君長」孫氏墓誌」”。誌文楷書26行，滿行25字。蓋四殺飾纏枝花紋，四側飾連珠紋。出土具體時、地不詳。現存西安市長安博物館。《隋唐五代墓誌滙編》《全唐文補遺》《長安碑刻》等著録。

釋 文

大唐故太子中舍人蓨縣公夫人魏郡君長孫氏墓誌銘并序」

夫人諱弄珪，字和兒，河南洛陽人也。當塗之龍飛玄朔，累葉重光」，奄有諸華。本枝百代，分宗命氏，發自天津，錫珪利建，是稱王族，傳」諸史册，今可得而略之。高祖儉，魏開府儀同三司、侍中、尚書右僕」射，周柱國、少冢宰、太保、鄶文公。器量淳深，風格凝遠。曾祖隆，周駙」馬都尉、驃騎大將軍、荊州總管、安平伯。名冠時英，望高雅俗。祖懿」，大將軍、駕部侍郎、蔡州刺史，襲鄶國公。大川舟楫，廣夏棟梁。父穎」，碩德高才，奇姿素望，道優運短，時命不俱。夫人派聯紫極，飛芳蕙」圃。地分黄道，擢秀瓊田。言行端庄，工容婉淑。風彩宏瞻，神情鑒朗」。志識明以遠，操履堅而正。太子中舍人、尚書主客郎中、蓨縣公，地」惟鼎族，人稱標舉。齊姜宋子，是曰嘉姻。辭室備結褵之盛，冕迎膺」合好之禮。以兹邦媛，儷此國華。諧琴瑟之情，叶松蘿之茂。調遠守」之以卑，才高御之以静。重之以門緒克昌，□表爰盛。言容成禮度」，進止致儀則。方期偕老，以潔蘋蘩，與善愆應，奄纏晝哭。徙居以成」訓，斷織以弘道。未盡板輿之歡，遽捐膝下之□。以貞觀十年五月」八日，春秋年卌四，終于雍州萬年縣永興里之私第。有子曰□□」，纘承堂構，克嗣家聲。近侍紫宸，遠綏邊服。臨寒泉而永歎，感風樹」而長悲。遠日既臻，龜筮云襲。以顯慶三年歲次戊午十一月十一」日遷祔於先君之舊塋。陵谷有遷，金石無朽。式傳芳烈，乃作銘云」：

水德膺運，是曰當塗。玄野創業，卜洛遷都。偉歟茂緒，猗哉令圖。肇」祚惟一，錫氏既殊。族派天津，枝分宵極。尚曰宗子，仍參衮職。利涉」作舟，舉鼎爲鉉。積德無昧，長源不息。貽慶以集，陰祇降祉。懿叶女」圖，名高姆史。合好云匹，秦晉有美。移天曰歸，冠盖之里。言遵禮度」，才標令淑。其行可履，其言可覆。偕老莫徵，閨門是穆。斷織成訓，箕」裘以復。哀哀嗣子，卜遠届期。履霜永歎，寒泉載悲。黯旌旆於松徑」，飄葆吹於涼飈。禄萬鍾其何及，忉再見之無期」。

按

誌主長孫弄珪，其高祖長孫儉，《周書》有傳。其曾祖長孫隆、祖長孫懿、父長孫穎皆有記載。本誌所記，可補《周書》之闕，亦可據以梳理出長孫氏世系。

161.658　魏倫墓誌

大唐故使持節泗州諸軍事泗州刺史魏府君墓誌銘并序
君諱倫字 鉅鹿鼓城人也居隆周以錫茅因大名而命氏並
光華於史冊此可略而言焉曾祖榮梁散騎常侍黃門侍郎宕
渠太守祖數周驃騎大將軍光祿大夫儀同三司荊州總管鉅
鹿郡公或入居近侍接鵷鷺於鳳池出鎮大藩著謳謠於童齔
父元凱隨儀同襲鉅鹿郡公志肅松筠遺心□□之際慮清水
月澄聽節義出聞君胄辰象以降靈積中和而納祐警談叢於
簫籟鑒心水於禁情武德元年起家左親衛秦府庫真兵
曹參軍事貞觀元年詔除楊州大都督府兵曹參軍□年
詔授員外散騎侍郎行雒州司馬十五年詔又除黔州都
督府長史始韜光於下位揔禁衛於戎機及展驥於長衛劾試
勳於藩部既而吳江楚塞水陸要衝去彼回耶寔資明略廿二
年有詔授公使持節泗州諸軍事泗州刺史婁雖千里威
肅百城風俗可移曾未朞月謂彼蒼之与善宣政術於遐年嗟
閱水之不留徒藏舟於夜壑遘疾終於官第春秋六十有九哀
切冕旒廢朝三日所有家口並傳還京并給靈轝送至宅
所惟公含仁恕以御物懷信義以立身故能官歷清階□□□
其揆揩踐遊勝地朝野欽其德音所謂令問遐宣嘉猷潛□者
矣以顯慶三年十一月廿三日葬於長安縣西南細柳之原禮
也有子思行等並踐霜增慕攀號靡及恐竹素之磨滅思金石
生不朽旌懋德於幽扃与天地而長久其詞曰
在周錫社居晉傳名芳流有嗣弈葉飛英昂昂器宇肅肅襟情
如蘭之馥如松之貞褰帷楚地播美秦京俄辭白日奄閟玄扃
川迴廣柳路委飛旌駿空景落冒龍煙生託柔翰於沈礎表遺
烈於佳城

説明

唐顯慶三年（658）十一月刻。蓋盝形，誌正方形。蓋邊長52厘米，誌邊長53厘米。誌文楷書25行，滿行24字。蓋四殺飾四神圖案，四側飾纏枝花紋；誌四側飾壼門内十二生肖圖案。出土具體時、地不詳。現存西安博物院。《隋唐五代墓誌滙編》《全唐文補遺》《陜西碑石精華》等著録。

釋文

大唐故使持節泗州諸軍事泗州刺史魏府君墓誌銘并序」

君諱倫，字□，鉅鹿鼓城人也。居隆周以錫茅，因大名而命氏。並」光華於史册，此可略而言焉。曾祖榮，梁散騎常侍、黄門侍郎、宕」渠太守。祖敷，周驃騎大將軍、光禄大夫、儀同三司、荊州總管、鉅」鹿郡公。或入居近侍，接鵷鷺於鳳池；出鎮大藩，著謳謡於童騎」。父元凱，隨儀同，襲鉅鹿郡公。志肅松筠，遺心毀譽之際；慮清水」月，澄聽節義之間。君霄辰象以降靈，積中和而納祐。警談叢於」簫籟，鑒止水於襟情。武德元年，起家左親衛、秦府庫真兵」曹參軍事。貞觀元年，詔除揚州大都督府兵曹參軍。八年」，詔授員外散騎侍郎、行譙州司馬。十五年，詔又除黔州都」督府長史。始韜光於下位，總禁衛於戎機；及展驥於長衢，効誠」勣於藩部。既而吴江楚塞，水陸要衝。去彼回耶，寔資明略。廿二」年，有詔授公使持節泗州諸軍事、泗州刺史。褰帷千里，威」肅百城。風俗可移，曾未朞月。謂彼蒼之与善，宣政術於遐年；嗟」閲水之不留，徙藏舟於夜壑。遘疾終於官第，春秋六十有九。哀」切冕旒，癈朝三日。所有家口，乘傳還京。并給靈轝，送至宅」所。惟公含仁恕以御物，懷信義以立身。故能宦歷清階，庶僚稟」其模楷；踐遊勝地，朝野欽其德音。所謂令問遐宣、嘉猷潛遠者」矣。以顯慶三年十一月廿三日葬於長安縣西南細柳之原，禮」也。有子思行等，並踐霜增慕，攀穹靡及。恐竹素之磨滅，思金石」之不朽。旌懋德於幽扃，与天地而長久。其詞曰」：

在周錫社，居晉傳名。芳流有嗣，弈葉飛英。昂昂器宇，肅肅襟情」。如蘭之馥，如松之貞。褰帷楚地，播美秦京。俄辭白日，奄閟玄扃」。川迴廣柳，路委飛旌。駿空景落，冒壟煙生。託柔翰於沉礎，表遺」烈於佳城」。

按

誌主魏倫，史載不詳。墓誌所載其家族世系、任職爲官等，均可補史載之闕。此誌出土地域不詳，據墓誌“葬於長安縣西南細柳之原”，當出土于今西安市西南細柳一帶。

162.658　道德寺碑

説明

唐顯慶三年（658）刻。碑螭首。通高292厘米，寬93厘米。額文4行，滿行4字，篆書“大唐京師」道德寺故」大禪師大」法師之碑」”。正文楷書37行，滿行65字。到範書丹。碑陰額篆書題“道德阿彌陀像”。碑身分上下兩截，上截開龕雕一佛二弟子二菩薩二天王造像，下截綫刻22位比丘尼形象。1950年西安西郊梁家莊出土。現存西安碑林博物館。《全唐文補遺》《陝西碑石精華》《西安碑林全集》等著録。

釋文

大唐京師道德寺故大禪師大法師之碑」

觀夫性海難航，六舟於焉整棹；迷衢易惑，三駕所以齊驤。故得孅截情風，澄心源之五浪；開蒙指要，統幽關於八道。自法王啟運，照臨下土。乘攝度之明略，成濟四生；布歸」敬之宏圖，陶鈞七衆。遂使住法千載，紹先聖之羽儀；宗匠萬齡，繼後賢之清軌。顧斯道也，曷不尚哉。若夫沐道依仁，開濟之途逾遠；酬恩顧德，終憂之及弥新。逮于化靜金」河，道流玉檢。時移顯晦，師資之道不忘；法被澆淳，弘護之□無絶。殷鑒西宇，則解網於姨宗；施及東川，則紹隆於師襲。隨時間發，斯人在斯。大阿闍梨善惠禪師，俗姓張氏」，齊郡歷城人也。其先遠祖出自南陽，隨官流寓，故又爲縣人焉。若乃載德英靈，冠諸油素。既捐恒習，略而不敘。顯考昔任北齊兗州刺史，褰帷布政，明鑒若神。釋滯来蘇，時」惟革俗。禪師體悟虚宗，振清規於繦褓；玄識拔俗，標雅量於髫年。信重玄風，高尚正法。以東魏武定之初，便蒙落采，即住本州清戒寺。驛智問津，解形骸於塵大；馳情佝道」，分色心於生滅。故能踈略觀道，條暢禪林。載歷炎涼，奄成鴻業。暨齊録失御，周統海濱。陳王宇文純作牧本州，廣詢名理。禪師德招高譽，道俗欽崇。頻請在第，遐討幽岐。建」德三年，歲惟甲午，周國寺觀，咸屏除之。預有僧尼，並歸桑梓。禪師當斯百六，纔過十夏。慨兹塗炭，何日可忘。銜恤俗流，戒行逾肅。屬随文創曆，佛日載揚。所在伽藍，一期還」復，追召前法，重處緇流。然以名稱普聞，率先賞會。因循舊業，綜括尤深。漆木未之疇，筒直何能擬。固得道聲攸被，遐迩宅心。弘贊規猷，光臨上國。開皇十年，下敕徵召。於是」卸駟載馳，蒲輪累轍。既達京闕，啟沃帝心。陳上天之五相，明下聖之十善。乾坤迺久，終淪陷於非常；神理雖玄，畢剋繕而無朽。天子欣然，無爽弘喻。召入紫宸，扇貞明於四」□；重居黄屋，布雲雨於六宫。乃知權道三謀，無緣於隱顯；随機九變，不滯於容光。據事以倫，固其宜矣。開皇十二年，混一四海，總溺百王。車駕東巡，登封泰岳。禪師同諸宫」例，俱来齊境，創達鄉縣，載動俗心，歡慶相高，名望弥穆。又下敕爲立新寺，賜號天華。仍以居之，用隆榮顯之禮也。至十五年，随駕入京，逾崇欽重。及後乖悆，請出宫闈。中使」流問，相望馳道。既而形逼四山，命催三相。自識化期，累属明允。以大業六年十一月一日終於本房，春秋七十有五。嗚呼哀哉！初現疾弥留，晤言無昧。及其終夕，洞發神光」。道俗雲蒸，驚歎烟合。又感音樂，不委何来。繁會滿空，遠近通委。有玄懿法師，即第二阿闍梨也。俗姓展氏，同住齊州。生緣所天，任東魏徐州長史。闍梨幼挺綫神，生知辯慧」。年甫八歲，景則四依。尋預解髪，欽崇嚴檢。履操清白，厲潔於冰霜；凝度沖深，重仞於牆宇。周聽玄理，備酌幽求。言問重隱，探索玄極。至於開權顯實之略，鳴謙攝度之功。前」脩昧於斷常，後鋭昏於得離。莫不條緒本幹，啟紊筌蹄。是以地論法華，鏡其林菀。登坐引決，契洽衆心。四俗知歸，有類華陰之市；七貴請謁，如臨稷下之門。是知蓮花闡法」，不獨舍衛之宫；寔乃行高安隱，道振離車之邑。然以德爲物宗，神王清遠。珪璋内映，琴瑟外和。與惠禪師，生平久要。義光法光，符采而交映；上流逆流，沿泝而俱洽。齊聲同」召，遠赴綸言。門徒十餘，俱来戾止。留連椒掖，高賞德音。供錫駢羅，珍味填積。前後奏度，僧尼百餘，禮異恒條，將及万計。皆營福利，廣事莊嚴。于時歲聿云暮，蒲柳可悲，頻請」陳謝，終不蒙許。迄於仁壽，鎮處禁中。昭明正範，啟喻緣業。會文祖晏駕，煬帝臨朝，恭承厚德，弥隆前務。元德太子作貳春坊，搜選賢能，恢張儀則。大業元年，有詔令二闍梨」爲太子戒師，遂即延入承明，稟資歸護。居諸屢積，祈告莫因。掩以天網，不遑寧處。沉憂變景，視聽兩宫。乃下敕於京邑弘德里，爲立道德道場。所有門人，並聽出住」。四事供給，一從天府。於是複殿重敞，暢象設之光華；簷廡高袤，顯衆侣之榮采。加以制度嚴潔，儀範肅彰，預有儕流，仰之成則。且夫生也有涯，但化懷新新之變；心乎不滅」，傳火啟念念之徵。天不憖遺，相從物故。以大業十一年八月一日終於本寺，春秋七十有四。

惟此二師，言爲行範，克莊十念，無惑九思。達上古之衣薪，通季代之堋瘞。迺行」林葬於終南山焉。喪事所資，並歸官給。賵贈之重，榮哀通備。大唐顯慶三年，道德寺主十善律師，即前法師之外甥也。俗姓王氏，族本太原。大父往任北齊青州

局部

長史，因官」東夏，遂家于齊。随祖開法，廣度僧尼。時年七歲，預霑法伍。還依姨氏，資爲師傳。三業憑准，六事規猷。後移京輦，又處親侍。附仰兢勵，敬愛逾隆。具戒已後，專業律科，條節憲」章，規誡清衆。致使法海絶青田之穢，士林虧白首之瀓。屢登寺任，綱維正網。仰惟歡喜重請，減法半千；善見懲揚，□途莫二。慨茲成教，佩結深衷。是以攝檢四儀，宗猷八敬」。繩持念慧，步仰英蹤。固知金氎開教，寧在羅衛宮中；蒙塵祈度，何止祇洹門外。即斯後嗣，不屑前良。原夫至人之布化也，妙以出有。爲言先舉其大綱，畢用學依爲行本。豈」非□定慧品，惟聖之良基；如説脩行，道賢之明約。道不孤運，故使三号冠於三師；人能弘道，是則三業備於三學。可謂一時準的，万葉舟航，不可削也。律師永惟鞠育之重」，功格於穹旻；慈□之□，恩隆於屺岵。誠知德高不賞，非賞可以酬勞；惠深不謝，非謝而能通理。日月逾遠，風支之恨莫追；容景銷亡，梁摧之慟何及。重□年將八十，四選交」臨。崦嵫之想既□，松檟之悲弥切。將恐芳猷寂漠，超終古而不聞；高行漸離，咨後葉而誰紀。所以投誠有寄，樹此豐碑。將使田海互遷，紹芳規而靡絶；神理交運，統敬愛而」無遺。乃於碑之正面圖佛靈儀，庶得福履綏之，津梁往識。又於碑之後面，刊像二師，列位資輔，用陳昭穆。初以太宗升遐，天經京立。乃於弘德坊寺置崇聖宮，尼衆北」移在休祥里，即今之道德寺是也。事涉前後，恐有遅疑。敢具昭揚，相無昏没。序而不已，頌以亂之。其詞曰」：

粵若終古，浩然太素。神理茫昧，誰其津度。於惟至覺，肇開明悟。授律三章，披圖八務。十部周衛，五衆来儀。古今化範，賢聖成規。激通在慮，鎔裁致危。陶誘重請，深文遂馳。倬」矣大師，教開名色。道踈神解，慧清念力。彫琢性靈，昭彰幽極。心期所漸，惟幾孔棘。顯允宗貳，贊叶務成。經緯剖裂，辯據遐明。乘權□實，控綱持衡。蒸仍學校，貽厥後生。有周」道喪，玄綱絶紐。惟随建國，大通休咎。重敞釋門，載揚仁壽。金表天臨，玉堂殷阜。德延物議，聲采攸敷。徵歸玄圃，言謁黄圖。宫闈徙化，見日幽都。高謝宸兩，識變旋途。綸言既」被，道場斯立。置臬王城，崇衡天邑。棟宇風翔，清徒鱗集。弘德昔構，休祥今葺。五福未窮，三靈或爽。嗟乎保傅，相從化往。白日雲昏，青山霧上。聲色寂遼，□因鑚仰。昔緣膜拜」，儃徊空首。霈尔宅心，恂兮善誘。厚德未晞，埋名身後。霜露追感，於焉永久。銘之圖之，去矣無期。營魄安往，神道何思。仰景山而取則，寄貞石而陳詞。騰茂實於来際，顧風聲」之在茲。

吏部文林郎到範書」

按

碑文記述唐道德寺善惠、玄懿生平，涉及該寺創建及變遷，是研究彼時佛教歷史之重要文獻，亦爲研究比丘尼史之重要參考。碑文所載元德太子受戒之事，史書未載。

163.659　尉遲敬德墓誌

説 明

唐顯慶四年（659）四月刻。蓋盝形，誌正方形。誌、蓋尺寸相同，邊長均120厘米。蓋文5行，滿行5字，楷書“大唐故司徒」并州都督上」柱國鄂國忠」武公尉遲府」君墓誌之銘」”。誌文楷書47行，滿行50字。蓋四殺及四側飾纏枝花紋，誌四側飾十二生肖及雲紋。1971年禮泉縣煙霞鎮新村出土。現存昭陵博物館。《隋唐五代墓誌滙編》《全唐文補遺》《新中國出土墓誌（陝西壹）》《昭陵碑石》等著録。

釋 文

大唐故開府儀同三司鄂國公尉遲君墓誌并序」

若夫良臣誕秀，應星躔之象；烈士殉功，託風雲之會。故能弼成帝道，肇開王業。是以淮陰豹變，終翼漢圖；渭渚鷹揚，遂遷殷鼎。然後」疇庸疏爵，誓彼河山；懿德嘉猷，潤兹金石。揚名不朽，其在斯乎！公諱融，字敬德，河南洛陽人也。重山昭慶，玉理導其昌源；流星降祉」，石紐開其遠胄。自幽都北徙，弱水西浮，派別枝分，承家啟祚。曾祖本真，後魏西中郎將、冠軍將軍、漁陽懋公，贈六州諸軍事、幽州刺」史。祖孟都，齊左兵郎中、金紫光禄大夫，周濟州刺史。並風神秀朗，器宇環傑。總七萃於兵鈐，控六條於剌舉。父伽，随儀同，皇朝」贈汾州刺史、幽州都督、幽檀嬀易平燕等六州諸軍事、幽州刺史、常寧安公。襟清懸鏡，量澈澂陂。道悠運倏，中年早謝」。聖朝永懷遺範，縟禮追榮。恩洽九原，寵光千載。公稟剛柔之德，秀岐嶷之姿。下列將於文昌，凝閒氣於神岳。忠孝之道，發自齠初；温」恭之操，彰乎丱始。年甫十二，雄略載馳，嘗遊野澤之間。乃潛籌兵衆，陰爲部勒。結構茅草，擬儀行陣。其因風而動者，便令斬伐。昔鄧」艾之遊山澤，規置軍容；孫武之試宮闈，准繩兵法。比事前烈，芳猷孤映。隨煬帝申威海外，薄伐遼陽，征駕南轅，乘輿西反。公時領千」騎迎于幽州。有山賊翟松栢、劉寶强等擁兵數萬，據山斷道。公乃率麾下百騎以擊之，矢石纔交，賊徒殲殄。獲馬三千匹，俘虜五万」人。以功授朝散大夫。又擊王須拔、歷山飛等，以功授正議大夫。時劉武周鴟張塞表，狼顧邊垂。公委質行間，任輕都尉。屬」皇運聿興，霸圖伊始。舉赤旗於晉野，杖黄鉞於參墟。爰委茂親，董兹戎律。太宗躬整兵甲，以擊武周。獲其偏裨，凶徒迸」潰。公乃率其餘衆，投誠拜款。辞袁之節，抗迹於前荀；去隗之誠，比肩於往竇。即授秦府統軍。于時王充竊據伊瀍，偷安神器；建德擁」兵趙魏，潛規問鼎。託輔車之勢，運連鷄之謀。太宗受脤東征，公參謀盛府。雖神謀妙略，允叶聖衷。斬將搴」旗，寔資雄傑。此二役也，策勳居最。累降恩錫，用旌軍賞。武德九年，拜左衛大將軍，尋除右武候大將軍。六校嚴肅，八屯巡警。聲馳削」樹，寄重銜珠。雖馮異之望重東京，衛青之名飛西漢，無以尚也。加太子左衛率，秩高千石，兵總萬人。夙奉龍樓，劬勞鶴禁。淩道胤而」高視，駕處默以長驅。其年突厥大掠于涇州，詔公爲涇州道行軍大總管。縱兵奮擊，所獲萬計。賚金鞍勒駿馬十匹。又以」公昔陪戎幕，早預軍謀，賜絹一万匹，金銀各千兩，拜上柱國、吴國公，食實封益州一千三百户。故勒丹書而誓信，燾黄土以疏封。邑」啟東吴，踵太伯之遐軌；境連南越，嗣黄歇之清塵。除襄州都督、襄都鄧淅唐五州諸軍事、襄州刺史。建旗奥壤，分竹名藩。道著褰帷」，威懾浮江之獸；仁深露冕，恩流出境之蝗。既而紫塞紆餘，城鄰十角；黄圖弥望，地分三輔。連帥之重，允属勳賢。除靈州都督、鹽環靜」等四州諸軍事、靈州刺史，尋加光禄大夫、行同州刺史。貞觀十一年，封建功臣，册拜使持節宣州諸軍事、宣州刺史，徙封鄂國公，食」宣州實封一千三百户，仍命子孫承襲。又拜光禄大夫，行鄜州都督、鄜坊丹延四州諸軍事、鄜州刺史。十六年，以本官檢校夏州都」督、夏綏銀三州諸軍事、夏州刺史。公居滿誡盈，成功不宰。深鑒止足，固辞榮位。於是敷衽陳辞，叩帝閽而披款；如綸成」旨，發皇鑒而重違。十七年，抗表致仕。乃拜開府儀同三司，禄俸防閤，並同職事，六日一參。又降詔，圖畫公」等於淩烟之閣。越思范蠡之功，方申鎔鑄；漢述霍光之美，乃絢丹青。儔今望古，彼多慙德。属辰韓負險，獨阻聲教。憑丸都而舉斧，恃」浿水而含沙。太宗爰命六軍，親紆萬乘，觀兵玄菟，問罪白狼。乃授公左一馬軍大總管。被堅執鋭，陷敵先登。鴈翼晨開」，翦風雲而摧八陣；魚鱗曉布，蹈湯火而入重圍。載奉神麾，躬參駐蹕。援桴纔振，雜種分崩。獻凱疇勳，榮高列將。而歲在」懸車，恩隆兕觵。散金娱老，疏太傅之遺榮；留劒待終，陸大夫之宴喜。方當聿膺多福，遠錫遐齡。而閱水不追，尺波東逝；馳暉永謝，寸」景西沉。顯慶三年十一月廿六日，終於隆政里之私第，春秋七十有四。皇情軫悼，爲之流涕。於雲龍門舉哀，輟朝三日。乃」敕京官五品以上及朝集使等就宅弔慰，贈司徒。乃下詔曰：飾終之典，寔属於勳賢；追遠之恩，允歸於器望。故開府儀」同三司、上柱國、鄂國公敬德：志局標舉，基宇沉奥。忠義之事，歷夷險而不渝；仁勇之風，雖造次而必踐。迺誠申於霸府，茂績展於行」陣。西漢元功，韓彭非重；東京名將，吴鄧爲輕。著恭肅於軒陛，

馳聲猷於藩嶽。方隆朝寄之榮，便追止足之分。闡雄圖而兼濟，植高操」而孤往。道映千古，譽光百辟。與善俄褰，殲良奄泊。永言遺烈，震慟于心。宜崇禮命，式旌幽壤。可贈司徒、使持節都督、并汾箕嵐等四」州諸軍事、并州刺史，餘官封如故。所司備禮册命，給班劒卌人，羽葆鼓吹。贈絹一千五百段，米粟一千五百石。陪葬」昭陵。葬事所須，並宜官給。并賜東園秘器、儀仗鼓吹，送至墓所，仍送還宅，并爲立碑。仍令鴻臚卿、琅耶郡開國公蕭嗣業監護，光禄」少卿殷令名爲副。務從優厚，稱朕意焉。惟公器宇嚴峻，牆岸夷邈。珠角奇徵，山庭異表。夙挺公侯之望，早馳將帥之能。逸氣淩雲，觸」雷霆而靡撓；貞心貫日，契金石而不渝。運偶經綸，時逢草昧。坐揮三略，策蘊龍豹之韜；遥制六奇，力騁貔貅之勢。左甄右落，殲窫窳」而冰銷；箕張翼舒，掃欃槍而霧廓。及道符魚水，契叶鹽梅。依日月之賒光，排閶闔而遐舉。爵兼千乘，位重六軍。飛纓曳綬，腰金鳴玉」。登朝體國，義貫王臣。忠圖讜議，屢陳天扆。守訥緘言，韜其湧泉之思；而慎剛持操，晦其扛鼎之材。事君盡禮，致欽明於」堯舜；奉國忘身，保忠貞於鄧李。貽訓隆侈，履操沖撝。林泉與廊廟同歸，紱冕與薜蘿齊指。方陪翠盖，奉介丘之儀；遽掩玄扃，深蒿里」之痛。顯慶四年歲在協洽月次中吕十四日庚申陪葬昭陵，詔謚忠武公，禮也。龜謀叶兆，皀旌啟轍。落日沉兮楚挽哀，郊風急」兮邊簫咽。山門晦兮夕霧黯，松逕昏兮愁雲結。嗟寶劒之孤懸，歎瑶琴之永絶。有子銀青光禄大夫、上柱國、衛尉少卿寶琳，思履霜」而切慮，仰風樹而銜哀。感寒林之落筍，痛夏枕之凝埃。恐陵遷而海變，圖茂範於窀臺。乃爲銘曰」：

烈山鎮地，弱水浮天。蘊靈遂古，衍慶遐年。台衡舄弈，軒冕蟬聯。誰其繼美，芳流在旃。猗歟矯翰，鬱標奇節。夙挺天姿，早飛人傑。氣薄」霄漢，操淩冰雪。比玉齊温，方珠共潔。時逢鵲起，道属龍飛。瞻雲吐秀，捧日揚暉。翼宣宏略，光贊沉機。乾坤載造，寓縣攸歸。刑馬著功」，紐龜分職。譽高領袖，道參槐棘。肅肅鈎陳，英英鼎食。國之禦侮，邦之司直。嘉庸克遂，居寵若驚。懸車告老，挂冕辞榮。烟霞逸志，山水」幽情。俄歸槥墓，遽掩滕城。畢陌陪塋，盧山即兆。雲低隴路，日沉松杪。宰翔仙鶴，埏悲瑞鳥。大樹空存，夜臺難曉」。

按

誌主尉遲敬德，唐名臣，兩《唐書》均有傳。本誌載其生平頗詳，與正史所載略有差異，如《新唐書》云尉遲敬德名“恭”，本誌則云爲“融”；《新唐書》載尉遲敬德乃“朔州善陽人”，而本誌云“河南洛陽人”。如此互異者不少，可與164.659《鄂國夫人蘇娬墓誌》參看，據以考察相關史實。是誌爲昭陵最大規格誌石，文飾華美，雕刻精細，展現了盛唐石刻藝術水準。此誌書法端嚴俊秀，遒峻緊結，模勒之工，鍛鐫之精，是衆多墓誌中的精品。書者不知何人，摹臨歐體，形神兼備，意態精密，實爲墨林之佳作。

164.659　鄂國夫人蘇娬墓誌

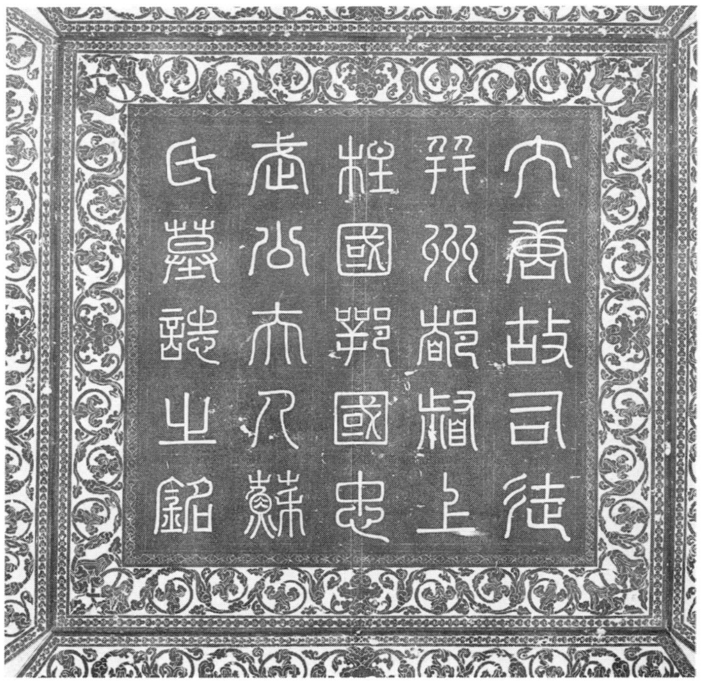
大唐故司徒
并州都督上
柱國鄂國忠
公夫人蘇
氏墓誌之銘

説 明

唐顯慶四年（659）四月刻。蓋盝形，誌正方形。誌、蓋尺寸相同，邊長均99厘米。蓋文5行，滿行5字，篆書“大唐故司徒」并州都督上」柱國鄂國忠」武公夫人蘇」氏墓誌之銘」”。誌文楷書34行，滿行34字。蓋四殺及四側飾纏枝花紋，誌四側飾十二生肖及雲紋。1971年禮泉縣煙霞鎮新村出土。現存昭陵博物館。《隋唐五代墓誌滙編》《全唐文補遺》《新中國出土墓誌（陝西壹）》《昭陵碑石》等著録。

釋 文

大唐故司徒公并州都督上柱國鄂國公夫人蘇氏墓誌銘并序」

夫人諱娀，京兆始平人。疏天表慶，北正啟其昌源；括地開基，南山竦其層構。時經百代，事」歷三古。舄弈旗常之緒，蟬聯鍾鼎之盛。豈止陳留耆舊，多爲海内英賢，在楚則蘇縱以忠」烈聞，居周則蘇秦以遊説顯。漢閣圖庸，子卿預名臣之列；魏簡書事，文師非佞人之枕。曾」祖毅，後魏金紫光禄大夫、太府卿，贈冀州諸軍事、冀州刺史、安定縣開國公。面棘論道，佩」紫垂芳。當年吐帷幄之謀，既歿表哀榮之錫。祖元吉，齊秘書丞、代州諸軍事、代州刺史、洛」川子。竹使膺符，蓬山啟隩。譽光石室，威讋蹛林。父謙，齊南安王府西曹祭酒，随儀同三司」、檀州諸軍事、檀州刺史、柱國、樂陵縣開國侯。詞清風月，氣軼煙霞。随之得人，於斯爲盛。夫」人稟靈華族，秘彩公宫。少挺閑婉之姿，夙表柔明之質。茂言容於丱始，馥蘭蕙於髫初。未」笄之歲，遊心典則。固留連於曹戒，每反覆於張箴。展義觀詩，既含情於體雪；動容依禮，必」局志於履冰。警松筠以垂節，飾珪璋以潤己。爰自華宗，来儀盛族。義高秦晉，譽睦潘楊。祇」肅蘋藻，敬恭朝夕。移孝養於舅姑，資婉順於娣姒。德茂閨闈，化行邦國。既而過隙不留，閲」川難駐。怨彼蘭閨，方春落彩；驚斯松盖，先秋斂色。以随大業九年歲次癸酉五月丁丑朔」廿八日甲辰終於馬邑郡平城鄉京畿里之第，春秋廿有五。鄂公傷伉儷之長往，惜音儀」之永謝。思葛覃而動詠，賦長簟而傷神。以貞觀八年十二月廿二日旌誌於舊殯之所。公」以位顯望隆，勳高德重。同伊吕之先覺，揥吴鄧於後塵。而懸車告老，用安靖退。赤松之遊」無驗，頺山之痛遄及。爰發明詔，陪葬昭陵」。聖上感草昧之鸿勳，聽鼓鞞而流思。用依同穴之典，式備文物之儀。乃遣公孙潞王府倉」曹参军循毓馳驛迎夫人神柩於先塋，仍令所司造靈轝發遣，葬事所須，並令官給。將至」京師，又敕所司整吉凶儀衛迎至于宅，又遣鴻臚卿琅耶郡開國公蕭嗣業」監護。復下詔曰：贈司徒并州都督鄂國公敬德故妻蘇氏，貞婉馳芳，柔明擅」美，爰資令範，作儷高門。薤露遄悲，蘭儀早謝。同穴之義，雖申於縟禮；從爵之典，未被於徽」章。宜展恩榮，式旌幽路。可贈鄂國夫人。粤以顯慶四年歲次己未四月丁未十四日庚申」合葬於昭陵東南十三里安樂鄉普濟里之所。夫人内潤珪璋，外資貞淑，淨」方折於神府，皎圓鏡於心靈，稟叔皮之文彩，得春秋之儒行。遠近婚姻，重敬姜之礼法；中」外親表，揖謝氏之高明。宜其輔佐君子，克諧琴瑟，成孟昶之元功，體山濤之識量。倏軫沉」溪之恨，俄辭異室之歡。其子銀青光禄大夫、行衛尉少卿、上柱國寶琳，早遇偏艱，晚丁極」罰，痛因瘡巨，恨結風枝。緬惟顧復之恩，長違懷袖之託，思題墓版，用飾泉扃。其詞曰」：

悠哉帝緒，赫矣神功。冑因顓頊，門承祝融。保姓受氏，祖德家風。旗常不墜，鍾鼎斯隆。爰誕」邦媛，承家載德。率性昭儉，因心去惑。令問蘭薰，芳猷蕙塞。日惟閨範，是稱女則。四德云盛」，六行兼脩。馳聲中谷，播美河洲。道叶嘉耦，仁成好仇。恪勤組織，虔恭廉羞。鳴鳳宜家，河魴」引釣。眷言前美，德音愈卲。凝華外發，含章内照。式備禮儀，率由名教。日月安窮，春秋遞襲」。素魄方皎，白駒俄戢。寒泉夜深，飄風朝急。感蓼莪而逾遠，訴穹蒼而靡及。容衛如在，報施」何依？盧山玉匣，滕室泉扉。千年暫啟，万古同歸，唯餘貞石，克播清徽」。

按

誌主蘇娀，尉遲敬德之妻。此銘作于與尉遲敬德合葬之時，文中涉及尉遲敬德後人信息，爲研究尉遲家族世系提供了新的材料。

165.660　劉細利造像記

顯慶五年十月
八日仏弟子劉
細利爲亡夫呼
延隣陁敬造阿
弥陁像一區願
離苦難俱登妙
法一時成仏姪
男解知步洛菩
并妻及男女合
家大小一心供
養仏時

説明

唐顯慶五年（660）十月刻。碑高83厘米，寬52厘米。分上中下三欄：上欄爲佛造像三尊，一佛居中垂手端坐臺上，二佛侍立兩旁；中欄爲獅像兩尊；下欄爲造像題記，楷書11行，滿行6字，界以方格。安塞縣建華寺鎮窰坪村出土，具體時間不詳。現存延安市安塞區文化文物館。《陝西碑石精華》著録。

釋文

顯慶五年十月」八日，佛弟子劉」細利爲亡夫呼」延牒陁敬造阿」弥陁像一區。願」離苦難，俱登妙」法，一時成佛。姪」男槊知、步洛等」并妻及男女合」家大小一心供」養佛時」。

按

該造像極其精美。一佛居中，結跏趺坐，雙手垂膝，神態自然祥和。二侍恭立左右，下有二獅蹲守，造型亦惟妙惟肖。銘文雖僅63字，但所反映的唐初少數民族在北方的活動及其宗教信仰情況，爲研究唐代少數民族風俗、唐代宗教信仰提供了非常重要的資料。

大唐故
聞喜縣
主墓誌

166.661　劉應道夫人李婉順墓誌

大唐劉應道妻故聞喜縣主墓誌

説 明

唐龍朔元年（661）十一月刻。蓋盝形，誌正方形。誌、蓋尺寸相同，邊長均59厘米。蓋文3行，滿行3字，篆書“大唐故」聞喜縣」主墓誌」”。誌文楷書30行，滿行30字。蓋四殺及四側飾纏枝花紋。1988年長安縣大兆鄉東曹村出土。現存西安市長安博物館。《隋唐五代墓誌滙編》《全唐文補遺》《陝西碑石精華》《長安碑刻》等著録。

釋 文

大唐劉應道妻故聞喜縣主墓誌」

主諱婉順，字尫娘。高祖武皇帝之孫，隱太子第二女也。夙」標清惠，長擅柔明。友愛自衷，仁恕在物。器宇閑淑，風容秀美。固以荷靈」宸施，傳質天儀。年十七而封，仍降嬪于我。謙裕之道，因心而非飾；從順」之宜，即事而呈美。奉尊接下，外諧内睦。寔彼美之恒譽，將何得而稱焉。少而志」學，及長逾勵。壼務之餘，披省無輟。雖名家之説，未足解頤；而歷代之事，其如抵」掌。至於藝術方技，咸畢留思；諸子群言，鮮或遺略。雅好文集，特加欽味。每属新」聲逸韻，無虧鑒賞。至若目見心存，耳聞口誦，始窺文而辯意，未終篇而究理。與」僕並驅於疇昔，余每有愧焉。及陳廢興，敘通塞，商榷人物，綜覈名理，抗論發辭」，莫不窮其指要。實有大丈夫之致，豈兒婦人之流歟！而固存撝挹，恥於眩曜。與」朋類常談，未嘗及乎經史。不有切問，終日如愚。雖親親之倫，竟無睹其奥者。且」其姿神警晤，操履貞確。行無矯迹，言不詭辭。動必應機，事非失禮。深遠財利，不」爲苟得。性重周急，期之闕己。戒於積聚，有必能散。生資所務，取給而已。吾覩其」孜孜之德，罕見營營之心。加以識尚清遠，不味流俗。卜祝巫覡，屏之物外；祈禱」占筮，絶乎慮表。而特簡之從，節於賓對。非歲時旅見，密親無踰閾之謁；自姻娍」之餘，婦人亦不妄敘。持家馭下，嚴而有别。中外懸隔，言問罕通。雖於墻宇之内」，亦必慎其遊踐。平居未嘗臨閤，少長竟不窺園。近自家僮，卒無識者。斯亦匹婦」之爲諒也，終無奪鄙夫之志。余材命兼薄，班袟久微。而左遷除名，屯否相属。彼」固混於榮辱，齊其得喪；同安菲賤，共甘黜免。始無慼容，終懷坦慮。自三周啟路」，二紀于茲。雖余率禮多愆，而彼伏義無爽。片言必順，一行靡乖。歌螽斯而諭美」，仰關雎以同好。友逾琴瑟，韻若塤篪。携手之遊，無睽寸影；如賓之膳，罕違終食」。言念百齡，初非始望。死生契闊，庶期偕老。孰謂斯人，遽有斯酷。昔伯鸞啟齒，託」意形骸之外；奉倩傷神，寄情言行之表。況美兼雙婦，恩總二夫。一遇之款既深」，再得之悲逾切。龍朔元年夏，遘疾數旬，六月六日，薨于長安居德坊第，春秋卌」。嗚呼！人之云亡，天其喪予。懷璧非罪，毁玉何冤。奄墜彫梁，永辭蘭室。鍾期已逝」，唯餘絶賞之絃；風氏雖存，無復同心之質。其年十一月六日，窆于雍州萬年縣」洪原鄉之少陵原。去掩窮埏，照室之珍俄遠；歸臨虚寢，比德之寶長空。方弔影」於孤鸞，獨吞聲於離劍。足以哀傾楚詠，恨動潘文。余素闕詞情，罕嘗編緝。徒以」心目所記，随第疏之。將假容於匠者，慮菁華以喪實。聊陳匪石，式備遷陵。

余欲」誰欺，敢虚其美。尔其逝矣，何嗟及矣！情深反袂，吾道窮矣！投筆拊襟，於斯絶矣」！

按

誌主李婉順，高祖李淵之孫女，李建成之女，嫁與劉應道。本誌爲劉應道所撰，多有避諱，然亦可資考證。

167.662　趙順墓誌

大唐故
趙君墓
誌之銘

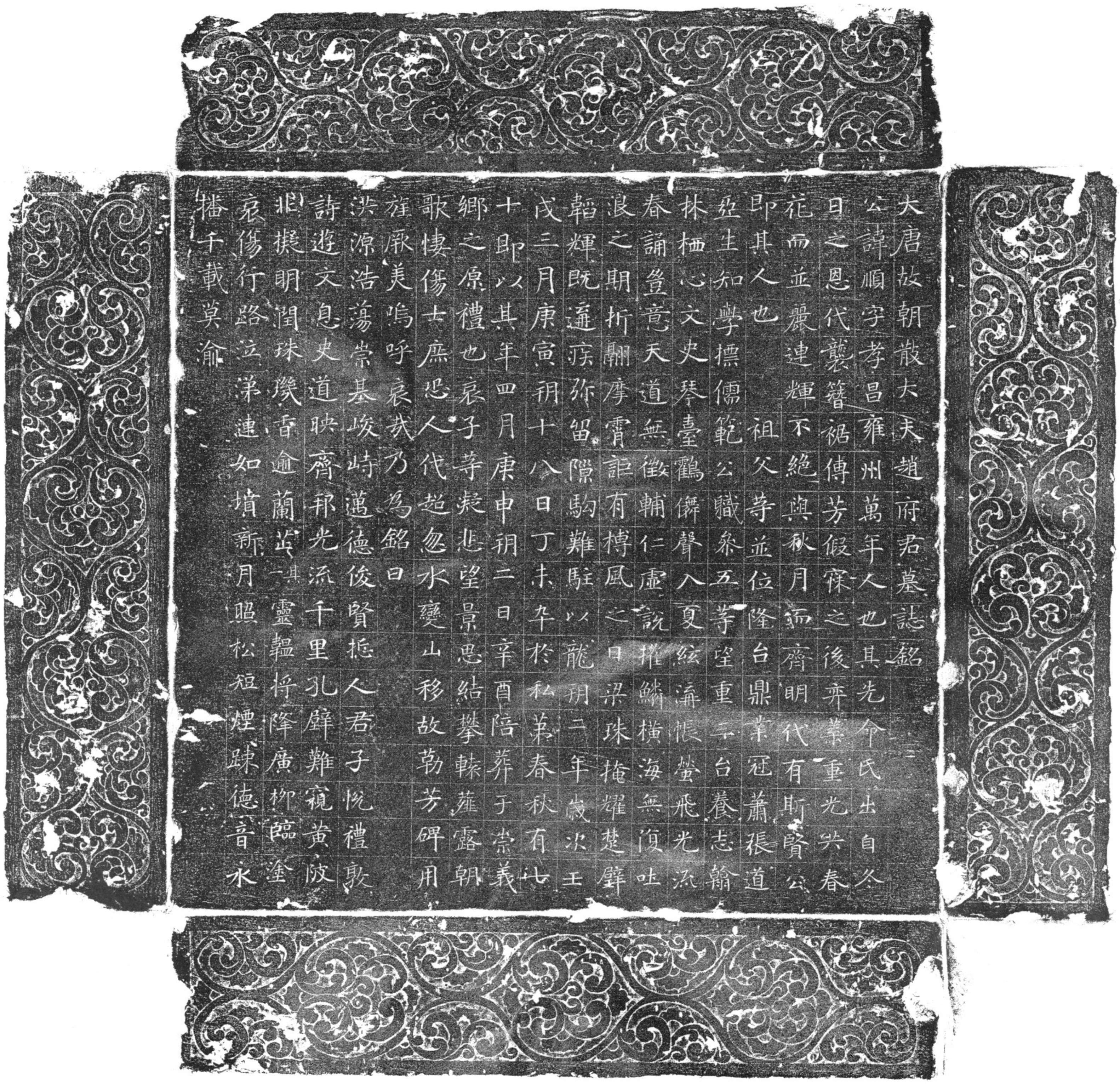
大唐故朝散大夫趙府君墓誌銘
公諱順字孝昌雍州萬年人也其先令氏出自冬
日之恩代襲簪裾傳芳假寐之後弈葉重光共春
花而並盛連輝不絶與秋月而齊明代有斯賢公
即其人也　祖父等並位隆台鼎業冠蕭張道
亞生知學標儒範公職忝五等望重三台養志翰
林栖心文史琴臺鶴儛聲入夏絃簾帳螢飛光流
春誦豈意天道無徵輔仁虛說摧鱗橫海無復吐
浪之期折翮摩霄詎有搏風之日梁珠掩耀楚璧
韜輝既遘疾彌留隙駒難駐以龍朔二年歲次壬
戌三月庚寅朔十八日丁未卒於私第春秋有七
十即以其年四月庚申朔二日辛酉陪葬于崇義
鄉之原禮也哀子等凝悲望景思結攀轅薤露朝
歌悽傷士庶悲人代超忽水變山移故勒芳碑用
旌厥美嗚呼哀哉乃爲銘曰
洪源浩蕩崇基峻峙邁德俊賢挹人君子恍禮敦
詩遊文息史道映齊邦光流千里孔壁難窺黄陂
叵擬明潤珠璣香逾蘭苣其一靈輼將降廣柳臨塗
哀傷行路泣涕漣如墳新月照松短煙疎德音永
播千載莫渝

説明

唐龍朔二年(662)四月刻。蓋盝形，誌正方形。蓋邊長44厘米，誌邊長45厘米。蓋文3行，滿行3字，篆書“大唐故」趙君墓」誌之銘」”。誌文楷書20行，滿行19字。蓋四殺、四側及誌四側均飾纏枝花紋。出土具體時、地不詳。現存西安博物院。《隋唐五代墓誌滙編》《全唐文補遺》著録。

釋文

大唐故朝散大夫趙府君墓誌銘」

公諱順，字孝昌，雍州萬年人也。其先命氏，出自冬」日之恩；代襲簪裾，傳芳假寐之後。弈葉重光，共春」花而並麗；連輝不絶，與秋月而齊明。代有斯賢，公」即其人也。祖父等並位隆台鼎，業冠蕭張；道」亞生知，學標儒範。公職參五等，望重三台。養志翰」林，栖心文史。琴臺鶴儛，聲入夏絃；溝帳螢飛，光流」春誦。豈意天道無徵，輔仁虛説。摧鱗横海，無復吐」浪之期；折翮摩霄，詎有搏風之日。梁珠掩耀，楚璧」韜輝。既遘疾弥留，隙駒難駐。以龍朔二年歲次壬」戌三月庚寅朔十八日丁未卒於私第，春秋有七」十。即以其年四月庚申朔二日辛酉，陪葬于崇義」鄉之原，禮也。哀子等凝悲望景，思結攀轅。薤露朝」歌，悽傷士庶。恐人代超忽，水變山移。故勒芳碑，用」旌厥美。嗚呼哀哉！乃爲銘曰」：

洪源浩蕩，崇基峻峙。邁德俊賢，哲人君子。悦禮敦」詩，遊文息史。道映齊邦，光流千里。孔壁難窺，黄陂」非擬。明潤珠璣，香逾蘭芷。其一。靈轀將降，廣柳臨塗」。哀傷行路，泣涕漣如。墳新月照，松短煙踈。德音永」播，千載莫渝」。

168.662　王植墓誌

大唐故
王君墓
誌之銘

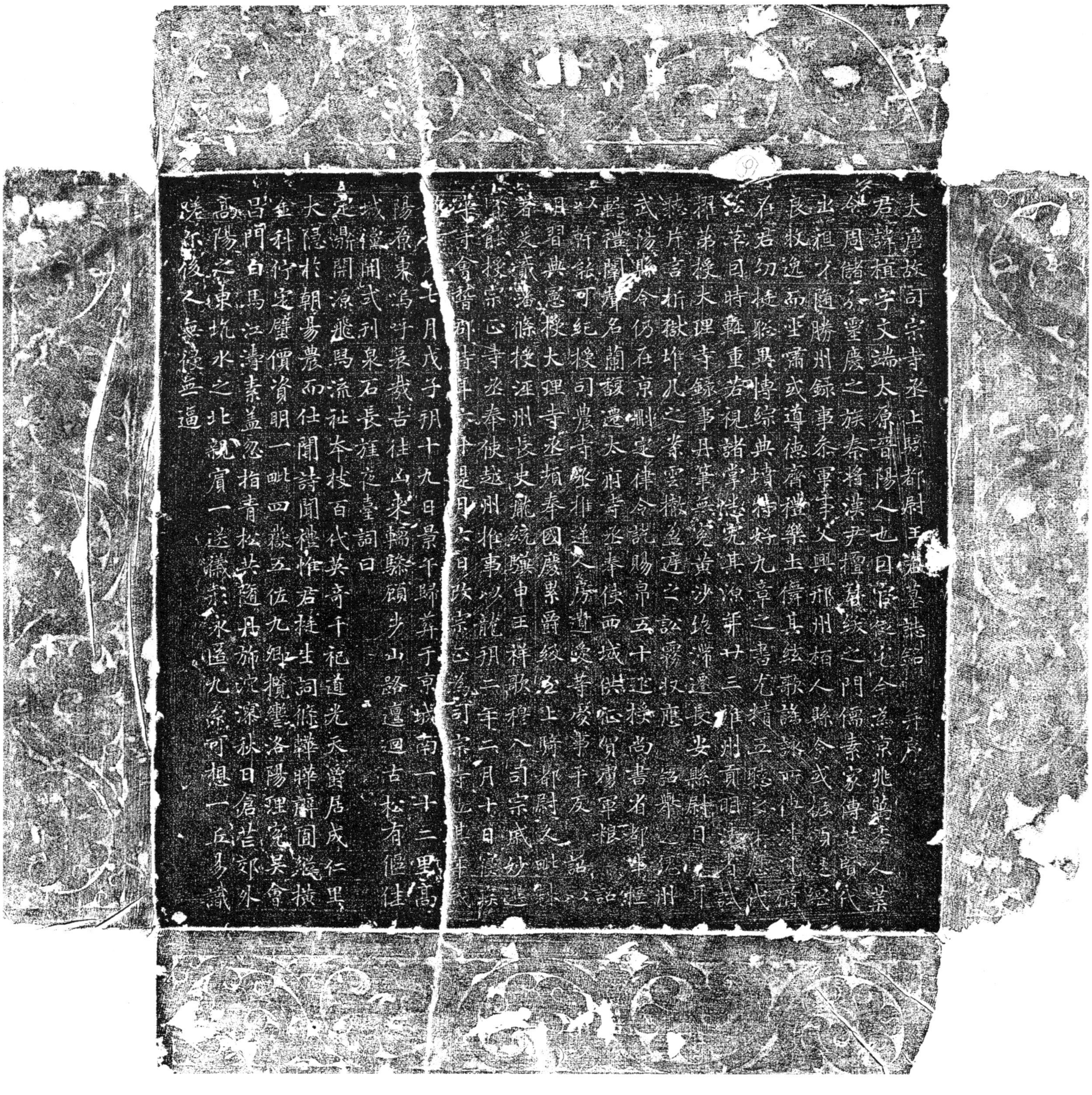

説 明

唐龍朔二年（662）七月刻。蓋盝形，誌正方形。誌、蓋尺寸相同，邊長均45厘米。蓋文3行，滿行3字，篆書“大唐故」王君墓」誌之銘」”。誌文楷書25行，滿行24字。蓋四殺飾纏枝花紋。出土具體時、地不詳。現存西安市長安博物館。《隋唐五代墓誌滙編》《全唐文補遺》《陝西碑石精華》《長安碑刻》等著録。

釋 文

大唐故司宗寺丞上騎都尉王君墓誌銘并序」

君諱植，字文端，太原晉陽人也。因官徙宅，今爲京兆萬年人。葉」令周儲，分靈慶之族；秦將漢尹，擅簪紱之門。儒素家傳，英賢代」出。祖才，隨勝州録事參軍事；父興，邢州栢人縣令。或振領提綱」，良牧逸而坐嘯；或導德齊禮，樂土僻其絃歌。謡詠所傳，清風猶」在。君幼挺聰異，博綜典墳。特好九章之書，尤精五聽之術。歷代」沿革，因時輕重，若視諸掌，悉究其源。年廿三，雍州貢明法省試」擢第，授大理寺録事。丹筆無冤，黄沙絶滯。遷長安縣尉。目覽耳」聽，片言折獄。堆几之案雲撤，盈庭之訟霧收。應詔舉，遷魏州」武陽縣令，仍在京刪定律令。訖，賜帛五十匹，授尚書省都事。樞」轄禮闈，聲名藹馥。遷太府寺丞，奉使西域，供征賀虜軍粮。詔」以幹能可紀，授司農寺丞。推逆人房遺愛等處事平反，詔以」明習典憲，授大理寺丞。頻奉國慶，累爵級至上騎都尉。久毗棘」署，爰贰藩條，授涇州長史。龐統驥申，王祥歌穆。入司宗戚，妙選」賢能。授宗正寺丞，奉使越州推事。以龍朔二年二月十日寢疾」卒于會稽郡，時年六十。是月六日改宗正爲司宗寺也。其年歲」次壬戌七月戊子朔十九日景午，歸葬于京城南一十二里高」陽原東。嗚呼哀哉！吉往凶来。輀驂顧步，山路邅迴；古松有偃，佳」城儻開。式刊泉石，長旌夜臺。詞曰」：

定鼎開源，飛舄流祉。本枝百代，英奇千祀。道光天爵，居成仁里」。大隱於朝，易農而仕。聞詩聞禮，惟君挺生。詞條韡曄，辯囿縱横」。金科佇定，璧價資明。一毗四嶽，五佐九卿。攬轡洛陽，理冤吴會」。昌門白馬，江濤素盖。忽指青松，共随丹旐。沉寥秋日，倉芒郊外」。高陽之東，坑水之北。親賓一送，儀形永匿。九原可想，一丘易識」。嗟尔後人，無侵無逼」。

按

誌主王植，正史無載。祖王才，見于《新唐書》。本誌云“以龍朔二年二月十日寢疾，卒于會稽郡，時年六十。是月六日改宗正爲司宗寺也”，涉及職官沿革，與《新唐書》合，而《唐會要》則云“龍朔元年，改爲司宗寺”，本誌可爲重要證據。

169.663　賀蘭淹墓誌

説明

唐龍朔三年（663）正月刻。蓋盝形，誌正方形。蓋邊長54厘米，誌邊長55厘米。蓋文3行，滿行4字，篆書"大唐故車」騎將軍賀」蘭君墓誌」"。誌文楷書30行，滿行31字。蓋四殺及四側飾纏枝花紋，誌四側飾壼門内十二生肖圖案。銅川市耀州區小丘鎮坳底村出土，具體時間不詳。現存銅川市耀州區博物館。《全唐文補遺》《陝西碑石精華》《新中國出土墓誌（陝西叁）》著録。

釋文

大唐左肆府故車騎將軍賀蘭君墓誌」

君諱淹，字天德，洛陽河南人也。遠祖伏居賀蘭山，因以命氏。稟潤天街，凝華稽落」。蹛林甲族，瀚海名臣。遝木運道消，火行祚舉。陪積風而振翼，宅伊洛以承家。是知」崑峰挺秀，必映夜光；漢水涵津，果生明月。祖澄，周上開府儀同三司、左右武伯武」還大夫、馮翊郡太守、凌州刺史、臨戎縣開國公。燮理台階，譽標貞素。搴帷楚夢，德」著廉平。父蕃，隨上開府左武候將軍、長州刺史、檢校户部尚書、城安郡開國公。坐」而論道，六曹重其徽塵；飛而食肉，八將欽其懿烈。公體山岳之秀氣，照渥水之殊」光。幼挺純深，早標聰令。君孝親之道，成於識李之年；知機合義之權，顯自酬梅之」歲。智之所及，日用而無窮；明之所照，在幽而必察。藝文初涉，辯秘字於仙巖；劍術」始調，驚神□於竹路。風節弘遠，霄價弥隆。遂得齒胄成鈞，摳衣上序。目所暫見，月」故日新；耳所暫聞，請一知十。顔子之機庶，弘羊之心計，殆無以加。既而隨鹿電駭」，唐鳳雲飛。人並瞻烏，士咸擇木。公神情爽徹，識紫氣於碭山；風雲叶期，辯龍光於」灞水。遂星馳相府，響接轅門。仰司隸之威儀，驩我后而穌息。輸城進款，竭力歸忠」。類入漢之陳平，同出楚之韓信。義規霜節，簡在宸極之心；臣効元勳，冠於行陣之」最。登壇受册，拜涇陽軍頭。擖邑搗城，除左肆府車騎將軍、上儀同。夫脱巾筮仕，期」漸翼於鴻途；徇義册名，冀濯鰭於龍水。豈謂危風夜動，斷天際之金柯；墳雲晝興」，蹇中霄之玉羽。以武德七年七月廿二日卒於終南館，春秋卌二。公器宇沖密，機」照弘朗。致情度外，不雜埃塵。矯志方中，未澄清濁。紫蘭自遠，丹桂騰芳。殘霜露而」葳蕤，殞風飆而芬馥。夫人傅氏，離景騰暉，列宿次其華望；殷朝表慶，賢相降其門」風。上隆台鼎之榮，下茂松雲之氣。調琴蘭宇，和瑟閨門。未畢兩髦之懷，遽片雙凫」之影。翔鴛茂梓，眄孀翼而銜悽；儀鳳殘梧，睠寒條而落翠。以龍朔三年正月廿七」日卒於三原第，年七十六。合葬於雍州三原縣永安原，禮也。竊冀銜星寶劍，同驩」玉匣之中；舞鏡儀鸞，共悦金樊之内。少子知禮，孝幾天縱，志懷追遠。悲鍾山玉露」，驟曦駕而先凋；璧水珠波，急風驅而墜影。武（式？）彫貞礎，敬勒踈銘。冀硯山沉碣，呈字」晉將軍；濟水浮碑，流芳魏武帝。乃爲頌曰」：

地華畢昴，望重呼韓。蘭山領袖，洛水衣冠。三千義舉，九萬風摶。壯哉鱗翼，蔚矣鵬」軒。龍津激羽，鴻途漸翼，太白當官，台星受職。服紐華龜，門横列棘。貴圖雲閣，榮参」廟食。既効忠果，遂棲尺木。義深杖劍，功参逐鹿。榮茂通侯，賞隆餘粟。始奉天光，遽」□寒谷。芊眠林野，悽愴墳塋。孝泉涸溜，淚栢摧貞。啼烏咽響，弔鶴流聲。千年荒隧」，一代英靈」。

170.663　三藏聖教序

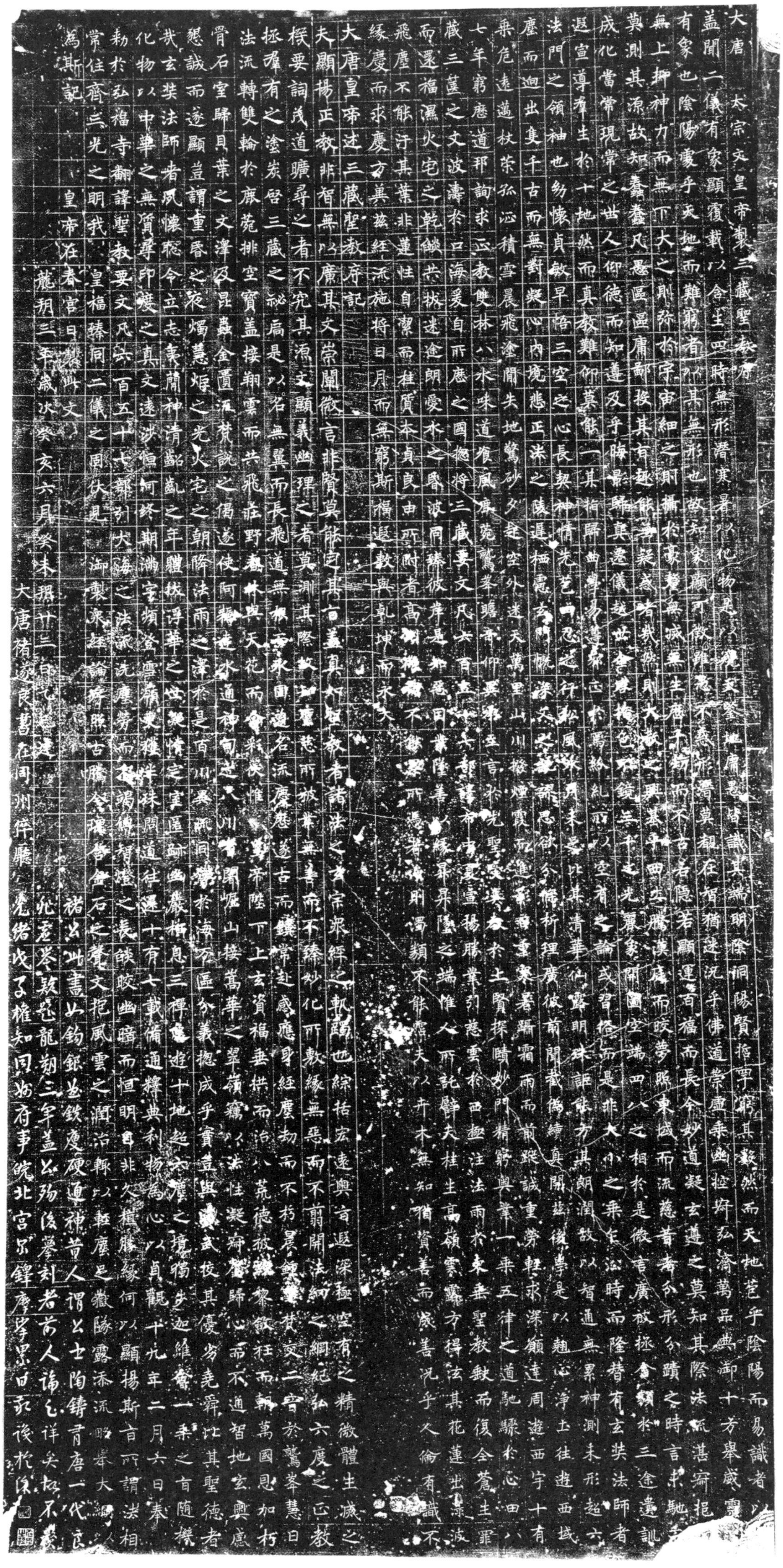

説 明

唐龍朔三年（663）六月刻。碑螭首方座。通高350厘米，寬113厘米。正文前部分爲唐太宗李世民所撰《大唐太宗文皇帝製三藏聖教序》，後部分爲唐高宗李治所撰《大唐皇帝述三藏聖教序記》，楷書29行，滿行58字。李世民撰文，李治撰記，褚遂良書丹。石原在同州（今陝西大荔）龍興寺。現存西安碑林博物館。《石墨鐫華》《全唐文》《西安碑林全集》《陝西碑石精華》等著録。

釋 文

大唐太宗文皇帝製三藏聖教序」

盖聞二儀有象，顯覆載以含生；四時無形，潛寒暑以化物。是以窺天鑒地，庸愚皆識其端；明陰洞陽，賢哲罕窮其數。然而天地苞乎陰陽而易識者，以□」有象也；陰陽處乎天地而難窮者，以其無形也。故知象顯可徵，雖愚不惑；形潛莫覩，在智猶迷。况乎佛道崇虚，乘幽控寂。弘濟萬品，典御十方。舉威靈□」無上，抑神力而無下。大之則弥於宇宙，細之則攝於豪釐。無滅無生，歷千劫而不古；若隱若顯，運百福而長今。妙道凝玄，遵之莫知其際；法流湛寂，挹□」莫測其源。故知蠢蠢凡愚，區區庸鄙，投其旨趣，能無疑惑者哉！然則大教之興，基乎西土。騰漢庭而皎夢，照東域而流慈。昔者分形分蹟之時，言未馳而」成化；當常現常之世，人仰德而知遵。及乎晦影歸真，遷儀越世，金容掩色，不鏡三千之光；麗象開圖，空端四八之相。於是微言廣被，拯含類於三途；遺訓」遐宣，導群生於十地。然而真教難仰，莫能一其指歸；曲學易遵，邪正於焉紛糾。所以空有之論，或習俗而是非；大小之乘，乍沿時而隆替。有玄奘法師者」，法門之領袖也。幼懷貞敏，早悟三空之心；長契神情，先苞四忍之行。松風水月，未足比其清華；仙露明珠，詎能方其朗潤。故以智通無累，神測未形。超六」塵而迥出，隻千古而無對。凝心内境，悲正法之陵遲；栖慮玄門，慨深文之訛謬。思欲分條析理，廣彼前聞；截僞續真，開茲後學。是以翹心淨土，往遊西域」。乘危遠邁，杖策孤征。積雪晨飛，塗間失地；驚砂夕起，空外迷天。萬里山川，撥煙霞而進影；百重寒暑，躡霜雨而前蹤。誠重勞輕，求深願達。周遊西宇，十有」七年。窮歷道邦，詢求正教。雙林八水，味道飡風。鹿菀鷲峰，瞻奇仰異。承至言於先聖，受真教於上賢。探賾妙門，精窮奥業。一乘五律之道，馳驟於心田；八」藏三篋之文，波濤於口海。爰自所歷之國，總將三藏要文。凡六百五十七部，譯布中夏，宣揚勝業。引慈雲於西極，注法雨於東垂。聖教缺而復全，蒼生罪」而還福。濕火宅之乾燄，共拔迷途；朗愛水之昏波，同臻彼岸。是知惡因業墜，善以緣昇。昇墜之端，惟人所託。譬夫桂生高嶺，雲露方得泫其花；蓮出渌波」，飛塵不能汙其葉。非蓮性自潔而桂質本貞，良由所附者高，則□□不能累；所憑者淨，則濁類不能霑。夫以卉木無知，猶資善而成善；況乎人倫有識，不」緣慶而求慶。方冀茲經流施，將日月而無窮；斯福遐敷，與乾坤而永大」。

大唐皇帝述三藏聖教序記」

夫顯揚正教，非智無以廣其文；崇闡微言，非賢莫能定其旨。蓋真如聖教者，諸法之玄宗，衆經之軌躅也。綜括宏遠，奥旨遐深。極空有之精微，體生滅之」機要。詞茂道曠，尋之者不究其源；文顯義幽，理之者莫測其際。故知聖慈所被，業無善而不臻；妙化所敷，緣無惡而不翦。開法網之綱紀，弘六度之正教」；拯群有之塗炭，啟三藏之秘扃。是以名無翼而長飛，道無根而永固。道名流慶，歷遂古而鎮常；赴感應身，經塵劫而不朽。晨鍾夕梵，交二音於鷲峰；慧日」法流，轉雙輪於鹿菀。排空寶盖，接翔雲而共飛；莊野春林，與天花而合彩。伏惟皇帝陛下：上玄資福，垂拱而治八荒；德被黔黎，斂衽而朝萬國。恩加朽」骨，石室歸貝葉之文；澤及昆蟲，金匱流梵説之偈。遂使阿耨達水，通神甸之八川；耆闍崛山，接嵩華之翠嶺。竊以法性凝寂，靡歸心而不通；智地玄奥，感」懇誠而遂顯。豈謂重昏之夜，燭慧炬之光；火宅之朝，降法雨之澤。於是百川異流，同會於海；万區分義，總成乎實。豈與湯武校其優劣，堯舜比其聖德者」哉！玄奘法師者，夙懷聰令，立志夷簡。神清齠齔之年，體拔浮華之世。凝情定室，匿跡幽巖。栖息三禪，巡遊十地。超六塵之境，獨步迦維；會一乘之旨，随機」化物。以中華之無質，尋印度之真文。遠涉恒河，終期滿字；頻登雪嶺，更獲半珠。問道往還，十有七載。備通釋典，利物爲心。以貞觀十九年二月六日，奉」敕於弘福寺翻譯聖教要文，凡六百五十七部。引大海之法流，洗塵勞而不竭；傳智燈之長燄，皎幽暗而恒明。自非久植勝緣，何以顯揚斯旨。所謂法相」常住，齊三光之明；我皇福臻，同二儀之固。伏見御製衆經論序，照古騰今，理含金石之聲，文抱風雲之潤。治輒以輕塵足嶽，墜露添流。略舉大綱，以」爲斯記。

皇帝在春宫日製此文」

龍朔三年歲次癸亥六月癸未朔廿三日乙巳建」

大唐褚遂良書在同州倅廳」

按

此碑所刻，一爲唐太宗爲玄奘譯經所作之序，一爲唐高宗爲太子時就太宗序所作之記。内容與《鴈塔聖教序》相同，因其立于同州，故又稱《同州聖教序》，二者皆爲褚遂良所書，但在風格上略有差異，皆爲重要的唐楷精品。碑左下角有清宫爾鐸題記。

171.663　道因法師碑

大唐故翻經大德益州多寶寺道因法師碑文并序

説 明

唐龍朔三年（663）十月刻。碑螭首方座。通高312厘米，寬103厘米。正文楷書34行，滿行73字。李儼撰文，歐陽通書丹。石原在長安懷德坊慧日寺。現存西安碑林博物館。《全唐文》《陜西碑石精華》《西安碑林全集》等著録。

釋 文

大唐故翻經大德益州多寶寺道因法師碑文并序

中臺司藩大夫隴西李儼字仲思製文

奉義郎行蘭臺郎渤海縣開國男騎都尉歐陽通書」

大哉乾元，播物垂象。肇有書契，文籍生焉。雖十翼精微，陰陽之化不測；九流沉奥，仁義之塗斯闡。而勞生蠢蠢，豈厭塵門；闇海茫茫，恒漂苦浪。亦有寶經浮説，錦籍寓詞。駕鳳升雲，驂龍棲月。跡」均轉縷，空溺志於耶山；事比繫繩，詎知方於覺路。孰若訓昭金口，道秘瓊箱。静痛毒於三漏，拯横流於五濁。是生是滅，發蓮花之音；非色非空，被栴檀之簡。暨乎鶴林税軫，涅盤之岸先登；鳥筆」記言，總持之菀斯闢。結集之侣，揚其實諦；傳授之賓，弘其妙理。然則紹宣神典，幽贊玄宗。跨生肇以遐騫，追安什而曾翥。可以聲融繡石，采絢雕圖，則於我法師而見之矣。法師諱道因，俗姓侯」氏，濮陽人也。自繞樞凝祉，紀雲而錫胤；貫昴摛祥，奠川而分緒。司徒以威容之盛，垂範漢朝；侍中以才晤之奇，飛芳晉牒。衣冠繼及，代有人焉。祖闞，齊冀州長史。父瑒，隨栢仁縣令。並琢磨道德」，砥錫文藝。或題輿展驥，贊務於千里；或亨鱻製錦，馳聲乎一同。法師稟祐居醇，含章縱哲。覃訏之歲，粹采多奇。髫齔之辰，殊姿獨茂。孝愛之節，慈順之風。率志斯在，因心以極。年甫七歲，丁于内」艱。嗌粒絶漿，殆乎滅性。成人之德，見稱州里。免喪之後，乃發弘誓。而以風樹不停，浮生何恃。思去髮膚之愛，將酬罔極之恩。便詣靈巖道場，從師習誦。而識韻恬爽，聰晤絶群。曾不浹旬，誦涅槃」二袠。舉衆嗟駭，以爲神童。逮乎初丱，方蒙落髮。於是砥行飭躬，架德緝道。篋虵能翦，心猨久制。遡流增智，望井加勤。在疑必請，見義思益。尋講涅盤十地，洞盡幽微。宿齒名流，咸所歎異。及受具」戒，弥復精苦。若浮囊之貞全，譬圓珠之朗潔。始聽律義，遍訖便講。辯析文理，綜核指歸。十誦之端，五篇之賾。寫瓶均美，傳燈在照。又於彭城嵩論師所，聽攝大乘。嵩公懿德玄猷，蘭薰月映。門徒」學侣，魚貫鳧集。講室談筵，爲之闐隘。遂依科戒，而爲節文。年少沙門，且令習律。曉四分者，方許入聽。法師夏臘雖幼，業行攸高。獨於衆中，迥見推挹。每敷攝論，即令覆講。而披演詳悉，詞韻清暢」。諸方翹俊，靡弗歸仰。於是遍窺釋典，咸通密藏。五乘之説，四印之宗。照盡幾初，言窮慮始。每摳衣講席，隱几雕堂。舉以玉柄，敷其金牒。涣乎冰釋，頤然理順。延惠風而不倦，同彼清流；鷹来響而」無疲，類夫虚谷。搢紳之客，慕義波騰；緇黄之侣，承規景赴。法師志求冥寂，深厭囂滓。乃負袠褰裳，銷聲太嶽。寢谿扃岫，飲露餐霞。樹偃禪枝，泉開定水。凡經四載，將詣洛中。属昏季陵夷，法網嚴」峻。僧無徒侣，弗許遊涉。於是杖錫出山，孑焉孤邁。恐罹刑憲，静念觀音。少選之間，有僧欻至。晧然白首，請與俱行。迨至銅街，暨於金地。俯仰之際，莫知所在。咸謂善逝之力，有感斯見。非夫確至」，曷以臻乎？既而黄霧興祆，丹風起孽。中原蕩覆，具禍以蓋。法師乘杯西邁，避地三蜀，居于成都多寶之寺。而靈關之右，是曰隩區。遠接荊舒，近通邛僰。邑居隱軫，人物闐湊。宏才巨彦，碩德高僧」，咸挹芳猷，歸心接足。及金符啟聖，寶曆乘時，運属和平，人多好事。導玄流於已絶，闢妙門之重鍵。法師以精博之敏，爲道俗所遵。每設講筵，畢先招迓。常講維摩攝論，聽者千人。時有寶暹」法師，東海人也。植藝該洽，尤善大乘。昔在隨朝，英塵久播。學徒来請，接武磨肩。暹公慠尓其間，仰之弥峻。每至法師論義，肅然改容。沉吟久之，方用酬遣。法師抗音馳辯，雷驚波注。盡妙窮微，藏」牙折角。益州總管鄧國公竇璡、行臺左僕射贊國公竇軌、長史申國公高士廉、范陽公盧承慶，及前後首僚，并西南嶽牧，並國華朝秀，重望崇班，共藉聲芳，俱申虔仰。由是梁峪之地，庸濮之甿」，飲德餐仁，雲奔雨集。法師隨緣誨誘，虚往實歸。昔曇翼高奇，教闡沉犀之壤；法和通敏，道著蹲鴟之域。協時揆事，抑亦是同；考業疇聲，彼則非衮。而以久居都會，情異俶真。養中晦跡，可求天解」。復於彭門山寺，習道安居。此寺往經廢毁，院宇凋獘。法師慨然構懷，專事營輯。若乃危巒迢遰，俯瞰龍隄；絶磴逶迤，斜臨鴈水。近對青城之巘，遥瞻赤里之街。雲榭參差，星橋縈映。於是分巖列」棟，架壑疏基。窈窕陵空，徘徊罩景。松吟竹嘯，共寶鐸以諧聲；月上霞舒，與琁題而並色。仙花秘草，冬夏開榮。擾獸馴禽，晨昏度響。諒息心之勝境，毓道之淨埸乎。而以九部微言，三界式仰。緬惟」法盡，將翳龍宫。揮兔豪而匪固，籀魚網而終滅。未若鐫勒名山，永昭弗朽。遂於寺北巖上刻石書經，窮多羅之秘袠，盡毗尼之妙義。縱洪瀾下注，巨火上焚。俾此靈文，永傳遐

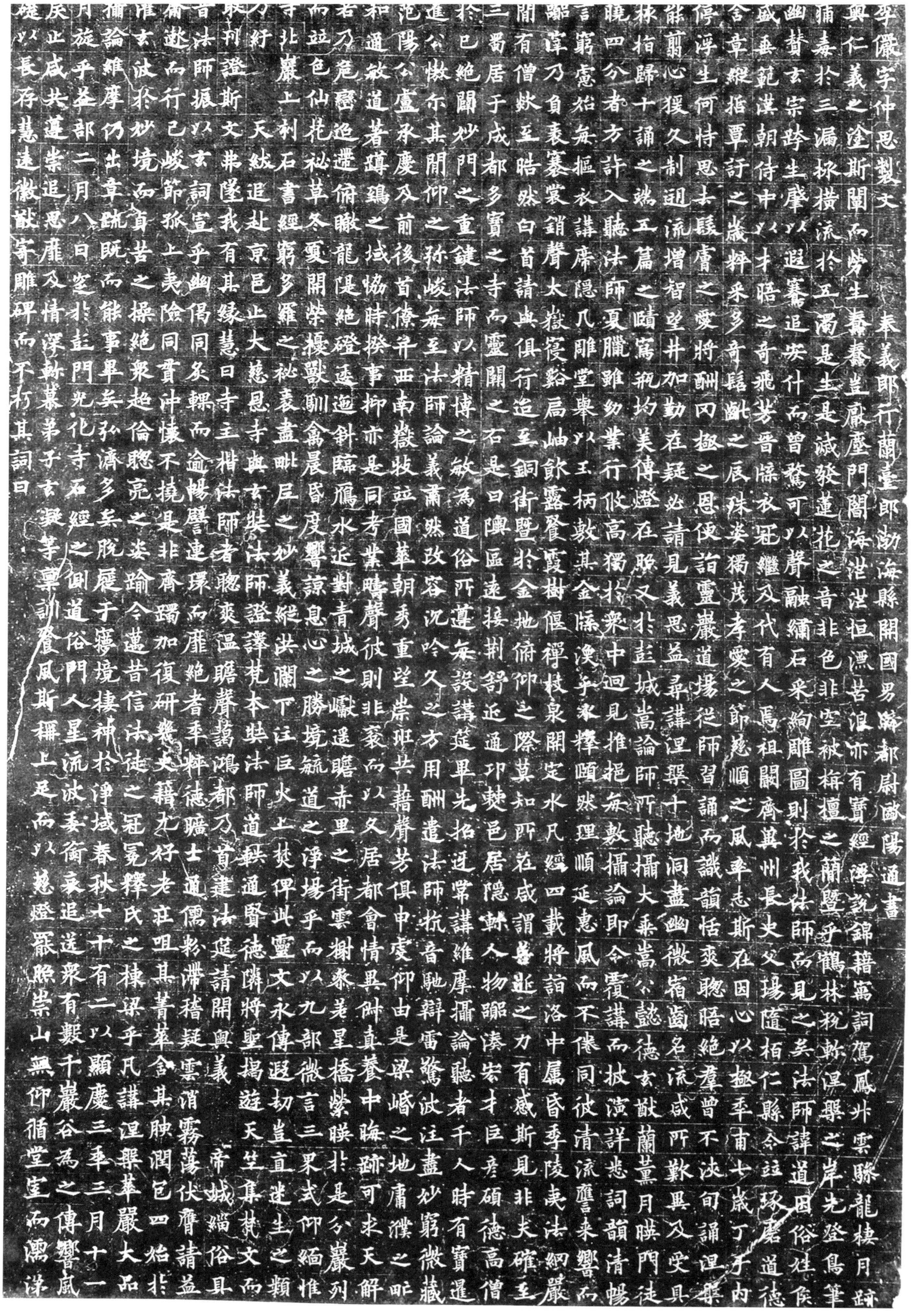
李儼字仲思製文　　奉義郎行蘭臺郎渤海縣開國男騎都尉歐陽通書
輿仁義之塗斯闡而勞生蠢蠢豈厭塵門闍海泄泄恒漂苦浪亦有寶經浮說錦籍篤詞駕鳳升雲驂龍棲月跡
誦壽於三漏杯橫流於五濁是生是滅發蓮花之音非色非空被栴檀之蘭暨乎鶴林輟軫涅槃之岸先登鳥筆
幽贊玄宗跡生摩以遐騫追安什而曾騖可以聲融纘石采絢雕圖則於我法師而見之矣法師諱道因俗姓侯
盛垂範漢朝侍中以才晤之奇飛芳晉滕衣冠繼及代有人焉祖闞齊冀州長史父瑒隨栢仁縣令並琢磨道德
含章縱指覃訏之歲粹采多奇髫齔之辰珠姿獨茂孝愛之節慈順之風卒志斯在因心以極季甫七歲丁于內
停浮生何恃思去縣膚之愛將酬罔極之恩便詣靈巖道場從師習誦而識韻恬爽聰晤絕群曾不浹旬誦涅槃
能翦心猿久制迴流增智望井加勤在疑必請見義思益尋講涅槃十地洞盡幽微宿齒名流咸所歎異及受具
探指歸十誦之黹五篇之賾窮稅均美傳燈在將又於彭城嵩論師所聽攝大乘嵩公懿德玄猷蘭薰月映門徒
曉四分者方許入聽法師夏臘雖幼業行攸高獨於衆中迴見推挹每數攝論即令覆講而披演詳悉詞韻清暢
言窮慮始每掘衣講席隱几雕堂舉以玉柄敷其金膝澳乎象擇頤然理順延惠風而不倦同彼清流譽來響而
豁峯乃負衰褰裳銷聲太嶽寢谿扃岫飲露餐霞樹偃禪枝泉開定水凡經四載將詣洛中屬昏季陵夷法網嚴
關有僧欵至晧然白首請與俱行造至銅街暨於金地俯仰之際莫知所在咸謂善逝之力有感斯見非夫確至
三蜀居于成都多寶之寺而靈關之石是曰隩區遠接荆舒近通邛僰邑居隱軫人物蹦湊宏才巨彥碩德高僧
於已絕闡妙門之重鍵法師以精博之敏為道俗所遵每設講筵畢先招迓常講維摩攝論聽者千人時有寶暹
進公懋尔其間仰之彌峻每至法師論義肅然改容沉吟久之方用酬遣法師抗音馳辯雷驚波注盡妙窮微藏
范陽公盧承慶及前後首僚并西南嶽牧並國華朝秀重望崇班共藉聲芳俱申虔仰由是梁峨之地庸濮之甿
和通敏道著鷄鷄之域協時撥事抑亦是同考業嚐聲彼則非衮而以久居都會情異附真養中晦跡可求天解
者乃危巒迢遞俯瞰龍隄絕磴逶迤斜臨鴈水近對青城之巘遥瞻赤里之街雲樹參差星橋縈映非是分巖列
而並色仙花祕草冬夏開榮樓獸馴禽晨昏度響諒息心之勝境流道之淨場乎而以九部微言三果式仰緬惟
寺北巖上剎石書經窮多羅之祕袠盡毗尼之妙義縱洪瀾下注巨火上焚俾此靈文永傳遐劫豈直迷生之類
乃紆天紱追赴京邑止大慈恩寺與玄奘法師證譯梵本奘法師道軼通賢德鄰將聖揭遊天竺集梵文而
聚刊證斯文弗墜我有其緣慧日寺主楷法師者聰爽溫贍聲藹鴻都乃首建法筵請開與義　帝城緇俗具
晉法師振以玄詞宣乎幽偈同炙輠而逾暢譬連環而靡絕者乎粹德贍士通儒彬滯稽疑雲消霧蕩伏膺請益
痛邀而行已峻節孤上夷險同貫沖懷不撓是非齊躅加復研幾史籍尤好老莊咀其菁華含其腴潤包四始於
准玄波於妙境而負苦之操絕衆超倫聰亮之姿踰今邁昔信法徒之冠冕釋氏之棟梁乎凡講涅槃華嚴大品
攝論維摩仍出章疏既而能事畢矣弘濟多矣脫屣于寥境棲神於淨域春秋七十有二以顯慶三年三月十一
月旋乎益部二月八日窆於彭門光化寺石經之側道俗門人星流波委銜哀追送衆有數千巖谷為之傳響風
灰止咸共蓮崇追思靡及情深軫慕弟子玄凝等稟訓登風斯稱上足而以慈燈罷照崇山無仰循堂宇而潸
旋以長存慧遠徽猷寄雕碑而不朽其詞曰

局部

劫。豈直迷生之類」，覩之而發心；後學之徒，詳之而悟道。既而清猷遠暢，峻業遐昭，遂簡宸衷，乃紆天綍。追赴京邑，止大慈恩寺，與玄奘法師證譯梵本。奘法師道軼通賢，德鄰將聖。竭遊天竺，集梵文而」爰止；旋謁皇京，奉綸言而載譯。以法師宿望，特所欽重。瑣義片詞，咸取刊證。斯文弗墜，我有其緣。慧日寺主楷法師者，聰爽温贍，聲藹鴻都。乃首建法筵，請開奧義。帝城緇俗，具」來諮稟。欣焉相顧，得所未聞。諸寺英翹，懣然祇服。咸敷師子之坐，用佇頻伽之音。法師振以玄詞，宣乎幽偈。同炙輠而逾暢，譬連環而靡絶。耆年粹德，曠士通儒。粉滯稽疑，雲消霧蕩。伏膺請益」，于嗟来暮。惟法師姿韻端凝，履識清敏。粹圖内藴，温采外融。運柔嘉以成性，體齋遬而行己。峻節孤上，夷險同貫；沖懷不撓，是非齊躅。加復研幾史籍，尤好老莊。咀其菁華，含其腴潤。包四始於」風律，綜五聲於文緒。宿植勝因，恬榮褫欲。善来佛子，落采菴園。開意花於福庭，濯玄波於妙境。而貞苦之操，絶衆超倫；聰亮之姿，踰今邁昔。信法徒之冠冕，釋氏之棟梁乎！凡講《涅槃》《華嚴》《大品》」《維摩》《法華》《楞伽》等經，《十地》《地持》《毗曇》《智度》《攝論》《對法》《佛地》等論，及《四分》等律，其《攝論》《維摩》，仍出章疏。既而能事畢矣，弘濟多矣。脱屣于夢境，棲神於淨域。春秋七十有二，以顯慶三年三月十一」日終於長安慧日之寺。梵宇殲良，真門喪善。悲纏素侶，慟結緇徒。即以四年正月，旋乎益部。二月八日，窆於彭門光化寺石經之側。道俗門人，星流波委。銜哀追送，衆有數千。巖谷爲之傳響，風」雲於是變色。慧日寺徒衆，並蠲邪迪妙，綜理探微，保素真源，歸玄正道。自法師戾止，咸共遵崇，追思靡及，情深軫慕。弟子玄凝等，稟訓餐風，斯稱上足。而以慈燈罷照，崇山無仰。循堂室而濡涕」，對几怫而流慟。敬於此寺，刊金撰德。氣序雖遷，音塵方煽。亦猶道林英範，託繡礎以長存；慧遠徽猷，寄雕碑而不朽。其詞曰」：

緬哉佛性，廓矣玄門。功昭曠劫，化拯重昏。沖儀已謝，妙道斯存。匪伊開士，孰暢其言。於顯法師，誕靈傑起。如松之秀，如巖之峙。穆穆風規，堂堂容止。行窮隱括，識洞名理。爰初組錦，早厭樊籠。言」從落飾，乃沐玄風。將超八難，即晤三空。貞圖可仰，峻範弥融。鹿野微詞，猴江粹典。源流畢究，奥隅咸踐。法鏡攸懸，信花弥闡。振嶽衿論，奔濤喻辯。昔在昏虐，時逢禍亂。東去戢道，西遊違難。天啟」聖期，光華在旦。翼教峪益，騰聲巴漢。爰雕淨境，于彼曾岑。分橺架壑，聳塔依林。搜經緝義，篆石琱金。芥城斯盡，勝跡無侵。載奉王言，来遊帝宅。慧義資演，真宗佇譯。紫庭之彦，丹臺之」客。並企清儀，俱餐妙賾。淪羲□□，□□□光。遽嗟分岸，永泣摧梁。龕留舊影，室泛殘香。書芬紀藹，地久天長。

龍朔三年歲次癸亥十月辛巳朔十日庚寅建

華原縣常長壽、范素鐫」

按

道因，唐初高僧，《宋高僧傳》有傳，曾主持雕刻光化石經，又協助玄奘翻譯佛經。道因不惟熟諳佛典，亦“研幾史籍，尤好老莊”，是重要的佛教歷史人物。此碑書法用筆剛勁，結體嚴謹，有古隸意味，深得六朝遺風。

書者歐陽通，歐陽詢第四子，書秉其父，父子齊名，世稱“大小歐陽”。

172.663　杜博乂墓誌

説 明

唐龍朔三年（663）十月刻。誌長48厘米，寬47厘米。誌文楷書28行，滿行29字。四側飾十二生肖雲氣紋。出土具體時、地不詳。現存西安博物院。《隋唐五代墓誌滙編》《全唐文補遺》著録。

釋 文

唐故處士杜君之墓誌銘并序」

君諱博乂，字侯仁，京兆杜陵人也。其先有周之苗裔，因采命氏。仕漢繡衣，詩」振馳驄之綱；歸吴弛胄，預緝止麟之經。夾河署班，榮二昆於周室；虚庭降禮」，紆千乘於夷門。累德漢圖，重光晉史。疏芳嗣彦，貽慶後昆。曾祖天明，魏奉朝」請、京兆郡主簿、雍州從事、北地郡太守。具美在躬，深仁被物。大父方興，魏京」兆郡功曹、潁川郡太守、寧州刺史。風高絶代，道悠終古。顯考普，周京兆功曹」。望重縉紳，聲芳黨塾。安蒲偶俊，應貢群賢。拜黄臺、下蔡二郡守，封始平公。尚」德之舉也。随任驃騎將軍、豫州刺史。閑素經衷，仁明宰岳。宿草云委，遺芳尚」新。君毓德華宗，誕靈英胄。器苞瑚琏，業紹箕裘。落落疎標，勁吴筠於貞節；汪」汪巨量，呑楚夢於沖襟。至孝冥心，宏規警慮。随末，以父任爲兵曹品子。属靈」夷在牧，橥弧興詠。乾坤蕩覆，海岳傾波。拘鶴艦猨，非其雅好。及閔凶在疚，殆」不勝喪。深全禮制，勉哀終服。於是韜輝白社，秘彩青郊。紉蘭珮以潛芳，葺松」巖而胥宇。庭旅能鳴之鴈，池藏不繫之舟。嘯黄鸎於春林，羨紫鱗於秋水。方」搏鵬翼，極逍遥之遊；奄頓蜉齡，畢生平之趣。崦頹暮晷，水逝驚波。以貞觀八」年七月十七日寢疾終於長安縣安樂里之第，春秋七十有三。福愆天鑒，道」輟人倫。夫人安定皇甫氏，祖宗華族，冠冕士林。秀芳枝於千葉，扇薰風於萬」古。作嬪効祉，儷張氏之聯賢；作則宣儀，擅班家而獨妙。終温且惠，淑慎其身」。積善慶餘，庶提多福。如何景命，遽落栖塵。顯慶三年十二月十日，卒於子任」徐州之官舍。以龍朔三年歲次癸亥十月辛巳朔廿九日己酉，合葬於萬年」縣洪固鄉頓丘里高畢之原，禮也。南通楚望，木落商山之岑；北走燕莊，雲愁」灞岸之曲。嗣子林宗，茹荼蓼之巨痛，陟屺岵之深哀。罷相鄰春，輟歌衢客。而」懼星迴日薄，壑徙丘移。式題玄礎，剋播清規。其銘曰」：

八川浮紀，三秦表固。爰宅令族，英髦孕祚。闓道蓬門，飛聲棘路。清音遐暢，英」風横布。其一。篤生純懿，徽猷允塞。慶漸聯賢，芳貽累德。非皎非昧，有典有則。譽」藉雄州，規貞上國。其二。克岐擅敏，含貞體道。御寂遊莊，乘玄味老。鶴騰美譽，龍」雕掞藻。奄辭白日，悠悠蒼昊。其三。婉彼令淑，靚止言歸。虔誠罔墜，肅禮無違。輕」雲斂藹，迴雪消霏。娥淪桂浦，婺殞珠輝。其四。九畹銷芳，千秋閟景。雲愁灞岸，霧」昏商嶺。風悽薤曲，霜浮旐影。天壤不窮，清徽斯永」。

按

誌主杜博乂曾祖杜天明，北魏時任北地郡太守；父杜普，北周時任黄臺、下蔡二郡太守，入隋，任豫州刺史。《魏書》《周書》《北史》無相關記載，可補正史之闕。

173.664 鄭廣墓誌

説 明

唐麟德元年（664）十月刻。蓋盝形，誌正方形。蓋邊長72厘米，誌邊長73厘米。蓋文左半部殘缺，可見篆書“大唐右武」衛大將軍」使持節□」”等字。誌文楷書37行，滿行37字。蓋四殺及四側飾纏枝花紋，誌四側飾壼門内十二生肖圖案。1971年禮泉縣煙霞鎮馬寨村出土。現存昭陵博物館。《隋唐五代墓誌滙編》《全唐文補遺》《新中國出土墓誌（陝西壹）》《昭陵碑石》等著録。

釋 文

大唐故右武衛大將軍使持節都督涼甘肅伊瓜沙等六州諸軍事涼州刺史上柱國同安郡開」國公鄭府君墓誌銘并序」

公諱廣，字仁泰，滎陽開封人也。丹羽疏祥，宅豳郊而啟祚；緇衣流詠，基圃田而創趾。邦族所以傳」華，人英由其疊秀。漢宮擅響，先紆聽履之榮；晉野翹謀，爰峻同輿之禮。譽光遐祀，道被綿書。曾祖」景，齊金紫光禄大夫、陽平太守、滎陽郡公，贈司州刺史。清規緯俗，逸響雄邦。剖竹光於百城，分符」重於千賦。祖繼叔，齊□陽王記室參軍。推轂儒門，躡奇蹤於武庫；擅場詞菀，掌逸翰於文房。父德」通，隨眉州録事參□，皇朝贈使持節平州諸軍事、平州刺史。雅志不申，屈涵牛之巨星；其後」必大，侈納駟之□閎。種德攸基，是鍾英胤。公驪泉孕祉，鷗穴疏禎。鬱秀氣以横旻，照清襟而毓景」。幼殫劒術，蓄□勇於仁衢；早究鈐微，辯靈心於智域。由是俠徒竦轡，赵季諾以輕金；義士摩肩，企」陳風而委漆。芳馳帝宇，志期王佐。譬諸鯤化，仰曾穹以希矯；均彼龍媒，俟長飈而佇駕。未光筮仕」，遽属屯蒙。餌石騰氛，拔山縱毒。吠堯助桀，爭踐畏途；託隗依袁，俱迷覆軌。公情機獨照，智緒無端」。察東井之祥星，辯南春之佳氣。義旗初奮，首參幕府。情切踰梁，事符歸亳」。太宗龍田未矯，屈天飛於五官；豹略窮微，縱神兵於九伐。引公爲腹心左右，荐扈龔行。武德二年」，從往長春宫留守。是歲，從平劉武周、宋金剛於汾晉之野。三年，從討王充、竇德於瀍洛之郊。莫不」賈勇摧鋒，先鳴屻鋭。馬陵削樹，初陷緑林之醜；鶴列疏營，爰體絳宫之略。雖稟聖筭，蓋亦公」之助焉。五年，授帳内旅帥。于時，儲闈階亂，禍極戾園。季邸挺妖，蠹殷儆象。兵纏丹掖，沴集紫宸。公」奉睿略於小堂，肅嚴誅於大義。二凶式殄，諒有力焉。其年，授游擊將軍，賜爵歸政縣侯，邑」七百户，别食綿州，實封二百户。貞觀四年，除豐浩府左别將，進爵爲公，邑一千户。七年，遷歸政府」統軍。十三年，改封宿松縣公，别食舒州，實封邑户如故。十七年，拜左衛翊一府中郎將，加授護軍」。尋授勝州道行軍副總管，進授忠武將軍。任切司階，寄齊分閫。肅鸞闈而載警，竦鶡弁以申威。辰」服稽誅，偷安鯷壑。帝赫斯怒，親總龍韜。敕公檢校右領軍將軍，仍押左飛騎」仗，又領右五馬軍總管。開營偃月，掩玄兔以屠城；揮刃浮星，踰白狼而静祲。凱旋之日，詔」檢校右武候將軍，加上柱國。尋授左屯衛將軍，改封同安郡公，邑二千户。洎乎大横啟繇」，下武承天。載佇惟良，式求人瘼。永徽四年，授銀青光禄大夫、使持節靈鹽二州都督。寄深杖鉞，叶」潛禎於八翅；境接控弦，静邊塵於十角。綏藩之要，寔重漢飛；登壇之禮，終思趙服。顯慶二年，入爲」右武衛大將軍，仍檢校右衛、右領二大將軍事。尋以龔奴怙亂，命公爲盧山、降水、鐵勒三大總管」，甘山、葛水隸焉。飛旌榆塞，誓軍麦壤。承廟略於玉堂，翦獯酋於銀嶠。絶漠之地，式清絳節」；流沙之野，佇闢丹帷。除公爲涼甘肅伊瓜沙六州諸軍事、涼州刺史，時龍朔三年。扇轉揚仁，初降」随輪之雨；劒鳴告沴，俄悲折旆之風。以龍朔三年歲次癸亥十一月十九日遘疾薨於官舍，春秋」六十有三。冕旒軫悼，下詔褒崇。贈使持節代忻朔蔚四州諸軍事、代州刺史，仍令陪葬」昭陵。喪事所資，随由官給。鼓吹儀仗，送至墓所。五品一人監護。粤以麟德元年十月廿三

日窆於」九峻山之南麓，旌勳舊也。有子山雄，瞻楹嗣範，望岵纏哀。以爲姬籀書芳，空傳蠹簡；燕峰勒美，俄」還夜澤。鏤貞礎於泉扉，庶清猷之不昧。其銘曰」：

杖鉞飛英，銜珠降禎。猗歟上哲，獨擅雄名。綺齡振彩，冠歲騰聲。彫蟲弛慮，跨馬紆情。早逢運閉，先」徵社鳴。功申横草，績亮披荊。縱鱗水擊，矯翰霄征。化甄榆塞，威騰薤城。金微祲靜，玉帳塵清。犀軒」□軔，鶡珥影纓。佇希升壁，俄嗟夢瓊。小棠寢訟，細柳虚營。宸襟悼往，縟禮昭榮。穀林陪□」，□□啟塋。霜凝素幰，風斷丹旌。悲玄扃之不曙，勒翠琬以題貞」。

按

誌主鄭廣，兩《唐書》有傳，惟嫌簡略。本誌所載鄭廣生平甚詳，可補史書之闕。其中所涉職官更迭之事，亦可糾正相關史料之失。

唐故張
君夫人
王氏誌

174.664　張楚賢夫人王字墓誌

大唐故滎陽公張府君琅耶夫人王氏墓誌并序
夫人諱字琅耶臨沂人也自道貞炎曆奏鳳管於伊川寄重金
行運龍轄於楚甸故得雕鐘從照聲高沂海之前清淮浚邈理
粹雲蕃之表高祖騫字思靖齊侍中中書監衛將軍開府儀同
三司太子少傅國子祭酒南昌安侯曾祖規梁侍中散騎常侍
領太子中庶子侍東宮南昌章侯祖褒梁尚書左僕射周大內
史少司徒石泉康侯父鼒隨衛尉寺丞安都郡守石泉侯或鵷
池翽羽或驥足揚鑣聳瓊翮以蹈風騰寶姿而絕電夫人則太
守之第四女也分枝桂嶼湛漢魄以含暉擢秀芝田映蘭皐而
演馥曉霞流綺影入蘋波霄發浮光彩凝莊掬年十有七來嬪
君子鶴琴馳響既偶曲於仙妃松雲動色且齊芳於神媛承組
紃之雅訓躬踐桑津執澣醞之棠規親勞中饋況復回深鷲嶺
業重龍宮廊二諦於靈臺會三空於意匠豈留駸駸義馭先摧
日觀之峯溜溜閱川即逝波之質以麟德元年五月二日遘
疾薨於京師通軌里第春秋八十有二粵以其年歲次甲子十
一月乙巳朔廿八日壬申遷厝於京城南萬年縣洪固鄉鳳棲
原即在公之北塋也嗚呼哀哉霧積松幽雲濃岫遠式圖貞烈
用旌玄琬其銘曰
軒臺孕祉洛濱疏派秘策匡秦元勳翊晉猗歟茂緒英靈代振
帶地均遙千天比峻仙娥叶彩縟發齊暉早霞初映暮雨全飛
鴻鶩麗質綃霧輕衣成都濯錦河漢鳴機百兩告期三星啓節
琴瑟娣姒樹蘭姑姪芝馥蕙芬玉貞氷潔亂翔渥渚鳳儀丹穴
銅壺箭盡逝水波傾長女虛位夫人去城塵昏鏡掩風急松清
唯當二八隴月孤明

説明

唐麟德元年（664）十一月刻。蓋盝形，誌正方形。蓋邊長53厘米，誌邊長52厘米。蓋文3行，滿行3字，篆書“唐故張」君夫人」王氏誌」”。誌文楷書24行，滿行24字。蓋四殺、四側及誌四側均飾纏枝花紋。1980年西安市南郊三爻村出土。現存陝西省考古研究院。《隋唐五代墓誌滙編》《全唐文補遺》《陝西碑石精華》著録。

釋文

大唐故滎陽公張府君琅耶夫人王氏墓誌并序」

夫人諱字，琅耶臨沂人也。自道貞炎曆，奏鳳管於伊川；寄重金」行，運龍韜於楚甸。故得雕鐔徙照，聲高沂海之前；清淮浚激，理」粹雲著之表。高祖騫，字思靖，齊侍中、中書監、衛將軍、開府儀同」三司、太子少傅、國子祭酒、南昌安侯。曾祖規，梁侍中、散騎常侍」、領太子中庶子、侍東宫、南昌璋侯。祖褒，梁尚書左僕射，周大内」史、少司徒、石泉康侯。父鼒，随衛尉寺丞、安都郡守、石泉侯。或鵷」池翽羽，或驥足揚鑣，聳瓊翮以疏風，騰寶姿而絶電。夫人則太」守之第四女也。分枝桂嶼，湛漢魄以含暉；擢秀芝田，映蘭皋而」演馥。曉霞流綺，影入蕖波；霄婺浮光，彩凝莊樹。年十有七，来嬪」君子。鶴琴馳響，既偶曲於仙妃；松雲動色，且齊芳於神媛。承組」紃之雅訓，躬踐桑津；執澂醞之崇規，親勞中饋。況復因深鷲嶺」，業重龍宫。廓二諦於靈臺，會三空於意匠。豈圖騣騣羲馭，先摧」日觀之峰；瀰瀰閲川，即逝淩波之質。以麟德元年五月二日遘」疾薨於京師通軌里第，春秋八十有二。粤以其年歲次甲子十」一月乙巳朔廿八日壬申，遷厝於京城南萬年縣洪固鄉鳳棲」原，即在公之北塋也。嗚呼哀哉！霧積松幽，雲濃岫遠，式圖貞烈」，用旌玄琬。其銘曰」：

軒臺孕祉，洛濱疏胤。秘策匡秦，元勳翊晉。猗歟茂緒，英靈代振」。帶地均遥，干天比峻。仙娥叶彩，縟婺齊暉。早霞初映，暮雨全飛」。鴻鶩麗質，綃霧輕衣。成都濯錦，河漢鳴機。百兩告期，三星啟節」。琴瑟娣姒，椒蘭姑侄。芝馥蕙芬，玉貞冰潔。虬翔渥渚，鳳儀丹穴」。銅壺箭盡，逝水波傾。長女虚位，夫人去城。塵昏鏡掩，風急松清」。唯當二八，隴月孤明」。

按

誌主王字，高祖、曾祖、祖，皆見于正史。《北史·王褒傳》云：“王褒字子深，琅邪臨沂人也。曾祖儉、祖騫、父規，並《南史》有傳。”本誌則云“高祖騫，字思靖”，可進一步考證。

175.665　程知節墓誌

説 明

唐麟德二年（665）十月刻。蓋盝形，誌正方形。誌、蓋尺寸相同，邊長均78厘米。蓋文4行，滿行4字，篆書“大唐故驃」騎大將軍」盧國公程」使君墓誌」”。誌文楷書45行，滿行46字。蓋四殺飾纏枝花紋，四側飾四神圖案；誌四側飾壼門内十二生肖圖案。1986年禮泉縣煙霞鎮上營村出土。現存昭陵博物館。《隋唐五代墓誌滙編》《全唐文補遺》《新中國出土墓誌（陝西壹）》《昭陵碑石》等著録。

釋 文

大唐驃騎大將軍益州大都督上柱國盧國公程使君墓誌銘并序」

公諱知節，字義貞，東平人也。叶水德以深謀，肇崇其構；居火正而凝績，爰錫其緒。掌伐于周，騰令範於縣載；効忠于趙，振」徽圖於粹册。謀甫之廉潔，絶以苞苴；叔翰之清高，辭乎辟召。華基峻烈，可得言焉。曾祖興，齊兖州司馬。祖哲，齊晉州司馬」。並逸氣煙翔，孤韻風竦。臨機弗謬，藴志無辱。始屈道於涵牛，遽飛聲於展驥。父婁，濟州大中正，皇朝贈使持節瀛」州諸軍事、瀛州刺史。資以純固，體乎温凝。冰操含潔，霞情蕩照。正九流而發譽，望重生前；總八命以加班，榮鏡身後。公氤」氲薦祉，肸蠁凝和。挺殊姿於犀闕，彰異表於猿臂。英襟獨茂，壯氣孤騫。含百練以縹奇，鶱千里而揚質。忠能率義，無俟化」成；孝必依仁，因心以至。偘情鳳篆，挹絳灌之雄規；驛思龍韜，獵孫吴之秘道。属夫炎綱弛紊，昏政回遹。天不我將，其禍以」蓋。緑林肆孽，山岳由其簸跳；白波流灾，川瀆爲之騰涌。公慨然長憤，有切瞻烏。鳩集雄豪，思樹名績。我高祖昭受」駿命，底義乘圖。始掬旅於容關，遽戡功於遂圃。公揆時驤首，應機投袂。覩碭雲而式抃，仰譙星以載馳。粤自艱危」，間行歸順，則武德元年也，蒙拜上大將軍。時惟多難，戎衣未襞。太宗之在秦邸，專征是任，以公驍傑，引居莫府，授」左三統軍。鶚躍鶤飛，累陪攻戰。倚戈駐日，長劒倚天。或減竈以申謀，乍拘原而勝敵。掃清群醜，緊公是賴。爰以懋功，載加」隆賞。封宿國公，食邑三千户。尋拜使持節康州諸軍事、康州刺史。剖符千里，書社万家。恩重建侯，榮深作牧。尋奉」教留住，除右二府護軍。九年夏末，二凶作亂。太宗受詔，宣罸禁中。公任切爪牙，效勤心膂。事寧之後，頒乎」大賚。賞絹六千匹、駿馬二匹，并金裝鞍轡及金胡瓶、金刀、金椀等物。加上柱國，授東宫左衛率。尋拜右武衛大將軍。俄以」錦山之曲，緜水之濱。川分望帝之鄉，地接稟君之穴。眷言連率，允属朝賢。貞觀初，授使持節都督瀘戎榮三州諸軍事、瀘」州刺史。尋爲鐵山獠叛，詔公爲行軍總管而討平之。降敕慰勞，賚絹二百匹、御服玉帶一腰。又以」締構艱難，英材是寄。延賞之惠，追範前烈。封第二子處亮東阿縣公，食邑一千户。尋授駙馬都尉，降以清河公主」。徵拜公左領軍大將軍。頃之，權檢校原州都督。十一年，封建功臣，以公爲普州刺史，改封盧國公，邑依舊，真食七百户，仍」令子孫代代承襲。出藩之日，帶以京官。周開茅土，漢誓山河。峻業嘉庸，方錫其美。以今望古，公無悪焉。薊門重鎮，幽都悍」俗。近通黄洛，遥控紫溪。檢刺求材，非公孰寄？拜使持節都督幽易檀平燕嬀六州諸軍事、幽州刺史。揚軒謙澤，弭節仁墟」。風移黌岫之隅，威静蹛林之外。明年，追授左屯衛大將軍，於北門檢校屯兵。惟彼北營羽林之騎，選兼七萃，任重八屯。載」居其職，弥見忠謹。廿三年，自翠微宫奉敕統飛騎，從今上先還，即於左延明門外宿衛，經乎百日。俄加鎮軍大將」軍。永徽中，轉拜左衛大將軍兼檢校屯營兵馬。公興斯中壘，緜涉九載。寵眄攸深，榮寄逾重。属獯醜餘類，遠隔沙場，反德」背恩，虧我王度。薄伐其罪，復膺推轂。顯慶初，拜使持節葱山道行軍大總管。擊賀魯於塞表，開玉帳以臨戎，指金」丘而轉鬪。吴鉤曜景，冀馬追風。闡威靈於月竁，静氛霧於雷室。爰降手敕，遠以迎勞。尋拜使持節岐州諸軍事、岐」州刺史。睠兹右輔，接近神畿。匪曰勳賢，曷膺其任。於是外遵八命，内亞九卿。擁熊軾而馭朱轓，建鳥旟而飄皂盖。恤刑綜」禮，賦事宣慈。始緝分帷之政，俄紆錫冕之澤。重惟公局宇端肅，風概清遒。皎皎焉開朗魄於沖府，凜凜焉藴皚」霜於逸操。貞姿竦勁，若曾松之逗嚴辰；敏性懷芳，譬崇蘭之茂暄序。白珪猶玷，其行也無瑕；黄金可輕，其言也不二。至於」沉沙之術，桀石之勇，穿楊之妙，擊蔗之奇。求諸曩賢，無謝厥美。以倜儻之器，逢感會之辰。託龍鳳以遐翔，攀雲霄而獨上」。銜珠而典禁旅，分玉而光列爵。踐天牧於名藩，降王姬於令胤。榮盛之極，罕或儔矣。既而瞻宥危而戒滿，顧懸車以流謙」。桂冕抽簪，棲閑匿景。致饇之禮既洽於膠庠，錫壽之期方徵於龜鶴。而箭川易往，芝駕難逢。奄結螘牀之祆，俄嗟鶴版之」召。以麟德二年二月七日遘疾薨於懷德里第，春秋七十有七。宸情震悼，飾終加禮，册贈驃騎大將軍、益州大都」督，贈絹布一千匹、米粟一千石，陪葬于昭陵。喪葬所須，隨由官備，仍務從優厚。賜東園秘器，儀仗鼓吹，送至墓所」往還。仍令司刑太常伯源直心攝同文正卿監護，奉常丞張文收爲副。前夫人孫氏，縣令陸兒第三之女，封宿國

大唐故驃騎大將軍盧國公程使君墓誌

夫人。四」德允脩，六行無忒。降年不永，先歸厚夜。年三十有一，貞觀二年六月廿一日，薨於懷德里第。後夫人清河崔氏，齊郡公遜」之孫，父隨任齊州別駕信之長女。貞淑之姿，婉順之德。作嬪君子，琴瑟斯和。假脩之道無睽，簟褵之勤弥勵。既而翬褕在」飾，狄笰加榮。雖福詧偕老，而義遵同穴。以顯慶三年十二月廿一日終於懷德里，時年六十有七。粤以麟德二年歲次乙」丑十月己亥朔廿二日庚申，合葬于陵南十三里。奉常考謚曰襄公，禮也。驃騎之營，烟沉舊壘；將軍之樹，風斷新枝。傃蒿」亭而脅寂，驅柳駕以遲迴。空郊暮兮寒日慘，文衛虛兮容管哀。紀遺芬於潛闥，永垂衮於將来。其銘曰」：

繞星飛睨，捧日摛祥。鴻源浚遠，慶緒靈長。曾父德邁，大父名揚。懿哉顯考，粹範昭彰。其一。惟公挺生，載標時傑。敏識韶亮，逸」韻高絶。猛概桓桓，英規烈烈。影媚虬浦，聲馳鵷穴。其二。性符端確，志叶貞醇。詳善服義，砥行棲仁。踐直無隱，基忠有津。智兼」三略，藝總六鈞。其三。昔在隨季，卷懷昏德。日鬪星亡，風迴霧塞。聿逢運始，投誠徇國。撫劒要功，褰旗静慝。其四。洪勛允著，大賚」斯酬。分竹爲牧，疏茅俾侯。要韃睢籞，司戟榣丘。恩滋棐泰，寵洽名休。其五。出總外臺，入居中壘。抑揚風政，肅清奸宄」。擁旆祁山，建旟汧水。云誰樹績，我昭其美。其六。辭榮養素，宅静凝玄。方期介祉，奄愴歸全。山扃聚月，野隧銜烟。雄圖遽已，盛」德空傳。其七」。

按

誌主程知節，即程咬金，兩《唐書》有傳。本誌所載程知節生平及任職經歷頗詳，且個別處與正史略有差異，可資考證。該誌書體以楷書爲主，間雜以行書，字形不拘謹，筆畫不收斂，與昭陵其他墓誌書法風格迥然不同。

176.665　李震墓誌

説 明

唐麟德二年（665）十一月刻。蓋盝形，誌正方形。誌、蓋尺寸相同，邊長均84厘米。蓋文4行，滿行4字，篆書“大唐故梓」州刺史使」持節定國」公之墓誌」”。誌文楷書37行，滿行37字。蓋四殺飾四神圖案，四側飾山形及蔓草紋；誌四側飾壼門内十二生肖圖案。1973年禮泉縣煙霞鎮新村出土。現存昭陵博物館。《隋唐五代墓誌滙編》《全唐文補遺》《新中國出土墓誌（陝西壹）》《昭陵碑石》等著録。

釋 文

大唐故梓州刺史贈使持節都督幽州諸軍事幽州刺史李公墓銘并序」

公諱震，字景陽，曹州濟陰人也。本姓徐氏。祖盖，上柱國、舒國公。父，今司空、上柱國、英國公。並川瀆」效靈，風雲玄感，有大勳於王室，故賜姓焉。若夫保姓受氏之初，計功稱伐之始。軒丘肇其」崇構，若水濬其清瀾。偃王以仁義承家，克昌厥後；司空以儒雅擊及，大啟高門。公含陰陽之粹精」，稟淳和之秀氣。爰自綺紈，見稱聰敏。不以富貴驕人，必以謙虚待物。恂恂雅度，道照周行。翩翩公」子，望高簪紱。始因漸陸之資，俄迅淩雲之羽。貞觀九年，以貴遊應選，授千牛備身。竦志輸誠，伏勤」趍事。雖殊珥貂之任，即號掌壺之職。十七年，選補城門郎。未幾，加朝散大夫，仍行先任。太紫崇深」，應路嚴密。非唯管籥之寄，寔兼禁衛之重。廿三年，以朝散大夫守尚乘奉御。瞻彼帝閑，寓」精天駟。步坤儀以下躋，翁天衢以上馳。噴玉千群，遺風萬隊。展軨効駕，威容式敘。右服左驂，和鸞」應節。永徽三年，除中大夫，守宗正少卿。皇家子孫隆熾，枝葉繁多。廣擇仁賢，用期敦睦。恭此」帝俞，實諧僉議。四年，出爲使持節澤州諸軍事、澤州刺史。晉野分區，唐郊啟邑。境包山藪，人雜華」戎。公清靜爲政，廉平御物。来晚之哥用切，去思之咏愈深。四知兼慎，一變至道。顯慶二年，轉趙州」諸軍事、趙州刺史。全趙都會，邑居隱軫。上躔昇畢，却臨燕薊。龍山鎮其左，鵁浸盪其胸。是稱形勝」，寔惟繁總。公褰帷望境而貪殘解印，下車布政而市獄無冤。雖黄霸之守潁川，細侯之牧并部。比」績論功，非可爲諭。尋丁内艱解職。公性履淳深，哀毁過禮。每俵彼凱風，嬰號靡及。履兹多露，孺慕」興哀。永言一德之基，實兼百行之本。龍朔二年，授使持節梓州諸軍事、梓州刺史。三蜀豐腴，六合」交會。指荊門以作固，疏玉宇以開基。將解槃根，攸資利器。公擇先王之令典，採前修之故實。舉□」書而約夷獠，杖絳節而正澆訛。怪水無祓，靈關息警。賨賩洽至，渝舞相趍。粵以麟德二年三月薨」於梓州，春秋四十九。冕旒興悼，追崇有典。迺下詔曰：追遠之義，允属賢明；飾終之典，諒歸」勳族。故梓州刺史李震，摛華鼎室，稟訓台庭。體局沉邃，識用昭爽。情無内矯，志弗外矜。亟裁藩政」，累著聲績。奄從化往，軫悼良深。宜錫哀榮，以慰泉壤。可贈使持節都督幽易嬀檀平燕六州諸軍」事、幽州刺史，餘如故。賜絹布二百段、米粟二百石，聽隨其母，陪葬昭陵。葬事所須，並宜官」給。仍令京官五品一人檢校葬事。太常考行，謚曰定公，禮也。粵以麟德二年歲次十一月」朔葬于陵舊塋。惟公遠膺餘慶，近發英靈。風尚清遠，志懷温裕。問道聚」學，師逸功倍。藝殫經史，博□精□。明心鏡於情田，包意匠於文菀。偃虚雲於樂境，引淡水於黄波」。積梁棟之奇材，懷山川之巨量。以孝悌爲冠冕，以名教爲舟輿。履信思順，依仁蹈禮。坐不窺堂，言」必可復。交好之方，投漆共斷金齊契；分義之重，春蘭與秋菊同芬。士友揖其高風，搢紳推其遠量」。家立締構之勳，身膺冢嫡之重。有三君之令譽，得萬石之門風。歷刺大藩，皆流惠政。謂宜錫之多」祉，介以景福。長承温清之禮，永奉晨昏之歡。而天道無親，庭銷謝玉；神欺福善，掌碎韋珠。遂結摧」蘭之悲，殆軫喪朋之痛。舟壑倏遷，春秋非我。悲九泉之永夕，歎萬古之無追。式琱玄楚，迺爲銘曰」：

高陽啟命，徐方得姓。利達錫珪，登台貽慶。舄弈多祉，蟬聯無競。龜組聿興，旂裳交映。赫矣華胄，載」誕通人。名非妄假，德必有鄰。居貞慎獨，處順懷真。淹中擅禮，席上稱珍。孔鯉聞詩，荀龍育德。曰蠱」之幹，惟人之則。令問逾遠，芳猷允塞。既縱圖南，言申智北。松筠表質，桃李成蹊。遊心簡策，振彩緗」緹。含聲應扣，懷道寧迷。孝友同貫，義烈俱栖。彈冠出仕，時膺利見。剖竹名藩，聿歸良彦。愛景云燭」，仁風以煽。華裔遷心，微盧革面。生浮化遠，道悠運促。孰謂伊人，奄同風燭。閲水急瀾，徂光迅躅。哀」纏交臂，痛深埋玉。存殁齊止，勞息徒觀。小年俄逝，大夜終安。山深樹古，隴暗泉寒。脩名永劭，貞石」斯刊」。

按

誌主李震，唐李勣之子，其事蹟見于正史《李勣傳》後，較爲簡略，且與本誌略有齟齬，如《新唐書》云李震“終桂州刺史”，本誌則記爲“梓州刺史”，且與《舊唐書》所載相合。誌與兩《唐書》記載可互證互補。

177.666　田仁汪墓誌

大唐故兼
司衛正卿
田君墓誌
銘

説明

唐乾封元年（666）十一月刻。蓋盝形，誌正方形。誌、蓋尺寸相同，邊長均69厘米。蓋文4行，滿行4字，篆書"大唐故兼」司衛正卿」田君墓誌」銘」"，字體大小不一。誌文楷書33行，滿行34字。蓋四殺飾纏枝花紋，四側飾寶相花紋；誌四側亦飾纏枝花紋。出土具體時、地不詳。現存西安市長安博物館。《隋唐五代墓誌滙編》《全唐文補遺》《長安碑刻》《長安新出墓誌》等著録。

釋文

故兼司衛正卿田君墓誌」

君諱仁汪，字履貞，北平人也。合符釜山，壽丘之基乃峻；肆覲群后，河濱之化亦隆。及詩傳」鷺羽，西周之榮可襲；繇啟鳳飛，東秦之業弥遠。嬰文嗣德，横廣分雄。眷言良史，無遺絶代」。曾祖敬，後魏奉朝請、車騎將軍、和州刺史、唐陽公。隱括士林，淄澠教義。列社開賦，露冕興」仁。祖軌，周驃騎大將軍、右光禄大夫、冢宰府司、武功槃龍范陽宜君信都五郡守、靈州刺」史、唐陽郡公，隨儀同三司、信都郡公。緝鼎槐庭，分符玉塞。書戈可述，銘鼎遥然。父植，隨原」陵郡贊治，皇朝正議大夫、荊襄道總管府長史。理尚玄默，風裁夷簡。政高北部，譽重南荊」。雖九原不追，而一德何遠。君延秀華緒，韞神上哲。岐發簪纓，照通綺袖。初從撰屨，夙瞻横」經。覽儒墨之英華，辯求由之政事，遂用戢鱗俟霧，刷羽晞風。義寧之初，任右親衛。貞觀之」始，授右衛兵曹參軍。侍戟丹陛，飛纓紫闥。尋因詔舉，移任右領軍衛長史」。銀牓高懸，渠盃廣宴。承華託乘，望苑參裾。属豳籥晚寒，甘泉祠祭。崇漢官之鹵簿，掩軒駕」於明庭。時藉幹能，遂膺天眄。蒙授九成宫副監，任遇爲重。交門夜祠，獻享無闕；林」光曉闢，宿設不虧。及王赫辰韓，師由渤尾。奮身占募，爲平壤道行軍兵曹。尋而凱」捷，躬奉旋駕。西涉泥河，堙塞稱旨。時蒙賞勞，皆自神衷。西臨夏墟」，沛斯在。特紆綸綍，授太原縣令。雖地則一同，而壤惟都會。操刀之美，此焉可觀。秩滿」推遷，又爲藍田令。懷縣鄰都，安陽近鄴。翔鸞起政，乳雉興嗟。詔除朝散大夫，仍爲」茂府司馬。蜀國西部，黨羌北垂。王壘聽其不空，靈關傳其展驥。尋授洛陽宫總監，又除司」農少卿。三川朝市，九鼎遷移。堯禹豫遊，姬劉卜食。聖朝鑾駕，肅事禋宗，林籞所□，允」膺斯任。至如顯陽正殿，壽安離宫。窮匠石之宏規，得翬飛於前詠。皇心有悦，隆□方」加，授兼司衛正卿。列亞槐庭，榮超棘寺。劉楨逸氣，且沉痼於漳濱；魯陽撝戈，奄淪暉於昧」谷。以麟德二年八月廿一日，薨於東都河南里之私第。嗚呼哀哉！旒扆凝酸，搢紳疛欷，賵」贈之禮，彝典畢加。惟君遠崇堂緒，内睦閨庭。幼而强力，長兼不器。歷居繁總，美政克宣。遂」復天顧油然，龍光顯及。績著終始，名擅高華。在其延譽士流，推重然諾。延吴心許，無」替九泉；季路所言，遠輕千乘。長安郊驛，鄭洗馬之賓從；洛下園林，潘黄門之宴席。平陽吹」笛，更起秦聲；巴姬□絃，或成渝舞。怊悵秋緒，留連春旭。意盡當年，話興隅坐。子臣忠等，夙」傾慈蔭，慕纏欒棘。卜遠遄及，攀風不追。粤以乾封元年十一月十日，遷厝於高陽原所之」塋。嗚呼哀哉！晨喧縞駟，風卷丹旐。亀屯騎於霜野，咧邊簫於御溝。迷津水咽，古樹雲愁。圖」遺芳於永夜，結沉痛於千秋。其詞曰」：

二姚參化，三恪因基。簫韶韻樂，擊鼓陳詩。驃騎明哲，原陵宣慈。傳戈鑄鼎，襲組藏龜。篤生」君子，夙負奇譽。絶景載馳，望雲迴翥。仁則由己，幾將研慮。習擬嘉肴，升追連茹。翊參雲陛」，旋奉星陳。竹宫初夜，河陽始春。甘泉頌美，景福詞新。謻門夕奏，棘寺清塵。槐路虚景，栢塗」起祲。兆發玄廬，悲興丹禁。曾城崩雉，喬陆頹𪊨。邃墓直臨，原阡斜枕。曲臺晨挽，上路哀笳」。飄霜起鐸，盡柳移車。永夜難曙，馳光易斜。流微波於桂水，託芳篆於瑶華」。

按

誌主田仁汪，正史無傳。本誌載有貞觀間唐太宗親征朝鮮之事，亦爲重要之文獻材料。

178.666　李孟常碑

説 明

唐乾封元年（666）十一月刻。碑螭首方座。通高392厘米，寬117厘米。額文4行，滿行6字，篆書“大唐故右威衛」大將軍上柱國」漢東郡開國公」李府君之碑銘」”。正文楷書35行，滿行80字。李安期撰文，李玄植書丹。碑中文字有被鑿挖之痕，個別字模糊不清。1964年禮泉縣煙霞鎮嚴峪村出土。現存昭陵博物館。《全唐文補遺》《陝西碑石精華》《昭陵碑石》等著録。

釋 文

大唐故右威衛大將軍上柱國漢東郡開國公李公碑銘并序

司列少常伯知軍國李安期製文

太子文學弘文館直學士專知館事侍皇太子書李玄植書」

蓋聞辰極居尊，列宿齊其晷；聖人啟祚，上智宣其業。皇家寧濟區寓，經綸草昧。隨道交喪之辰，王猷俶落之始。必佇韓彭之績，□資耿賈之功。信能□蘭（下闕）」孟常，字待賓，趙郡平棘人也。高陽才子庭堅肇其嘉慶，太上真人伯陽流其茂祉。冠冕接衽，名德聯暉。九代卿族莫之擬，七葉豐貂無與讓。曾祖靜，齊潁川太守。志度沉敏，幹局貞固。廉慎可以勵風俗，□□□□」成軌模。軼黃霸之循良，爲賈逵之師範。祖專，本州主簿。行周邦國，道著丘園。提獎幽滯，鑒裁清遠。甄明真假，曲有條貫。父拔，削迹人間，考盤幽□。遊山澤以取釋，食沆瀣以療飢。□□□□□□；齊物□□□□」。識藝弘遠，材用恢傑。炎精不競，滄海横流。禮樂同奔，文章咸蕩。浸稽懸象，火燎綿區。陳吴肇其亂階，樊謝成其戎首。九州爲荊棘之藪，六合盡□狼之墟。公雅符梁棟之材，猶憤縱横之志。□□□□，觀變於時。□」嘯崇丘，有懷魚水之契；刷羽方澤，思齊陵陸之舉。乃招結英勇，思效款誠。義在擇君，情安投水。大業季年，與彭國公王君廓率山東之□，拔迹歸朝，時年一十有四，即武德元年也。詔授開府儀同」。皇家鳳舉唐晉，龍騰霸滻。九服尚擾，百川猶沸。文皇帝親總六軍，將清四海。言收杞梓，且延英俊。召入莫府，委之爪牙。破□□□、薛仁杲，討劉武周，並預陪旌棨，身先士卒。策功命賞，勳効居多。前」後加上柱國。每平一賊，便蒙賞賚，累功賜物一千五百段。王充叨竊名號，僭僞伊瀍。分二崤之險，擁三川之衆。率彼離心，用拒同德。連兵接戰，匪夕伊朝。公參玉帳之奇謀，縱□□之秘略。奮斯忠義，屢摧兇醜。竇」建德據河朔之地，騁圖南之舉。提勁卒，陳利兵。遠爲聲援，共成脣齒。城皋之行，身擒國滅。剋平禍亂，功冠等夷。考績疇庸，獨高諸將。仍從擊徐圓朗，破范願賊。周旋羈勒之間，籌謀帷幄之裏。折衝之重，公」實居之。二凶挺禍，窺覦神器。釁生非慮，義在泣誅。公貞勁之節，霜霰無改。大憝銷亡，茂賞遄及。于時武德九年六月四日也。重離啟聖，即授右監門副率，賜物五千段、黃金五百兩。以其年七月除右監門」中郎將，封武水縣開國公，仍別食實封四百户。憬彼獯戎，屢擾疆埸。强陵地脉，祲起天街。命票衛而分閫，指沙瀚以揚旆。貞觀四年，副右僕射李靖破突厥于磧北，賜奴婢一百口。上將言飛，英謨遠振。繫單于之」頸，髓名王之骨。豈止渭橋下拜、燕山紀功而已。五年，進封濮陽郡開國公，食邑二千户。文皇以天下乂安（下闕）」親賢，代爲藩屏。錫以土宇，食其征賦。既報功臣之勞，寔隆長久之業。於是改封公爲漢東郡開國公，邑户如前。移食随州，實封四百户。十四年，除右驍衛將軍。十八年，遷右屯衛將軍。六軍□□，八屯任切。警夜巡」書，載佇鴻勳。扞城禦侮，寔彰勤舊。然惟良之寄，在帝爲難。分竹之材，望古稱貴。黔巫險要，控攝遐遠。調風訓俗，允属時賢。廿年，出除使持節都督黔忠施費巫莊應充辰□矩夷琰蠻柯十五州，牂州都督」等府諸軍事、黔州刺史。属昆、牂二州蠻夷扇動，邊亭夕警，荒徼晨嚴。公授律徂征，随機致討。三令既申，一舉大定。然後示之以敬讓，導之以廉恥。人悦中和之頌，吏無私謁之譏。遂使夜郎革面，朝飛重譯。以尅敵」善政之績，賜奴婢二百口。又以公早識變通，久勞于外。軒禁之下，載佇懋功。永徽六年，徵授右監門大將軍。龍朔二年，詔曰：鈎陳務切，門衛俟於忠誠；欄錡任要，巡警資於勳烈。創斯戎号，嘉授攸歸。授右」監門衛大將軍。五月，策拜右威衛大將軍。其詞曰：“於戲！闡揚武節，藉韜略之材；總統戎旃，賴勳賢之重。自非貞猷茂績，罕或崇恩推□。右監門衛大將軍、上柱國、漢東郡開國公李孟常，志略昭果，氣幹沉烈。忠績」表於屯初，懋功彰於運始。司戎暮止，歲寒之節弥勵；警衛勤斯，周慎之風惟緝。念功之舉，理獨遥圖。加職之榮，義乎彝典。是用命尔爲右威衛大將軍，餘封如故。□□□□，□封□龍。□忠□□，□□朝命，可不慎」歟。”若夫鈎陳閟肅，欄錡崇深。自非吴漢之忠勤，景丹之誠直。何以光膺帝念，式允具瞻。仍奉敕兼檢校右典戎衛率。□上命歷承基，開圖撫運。西雲干吕，南風在絃。因萬姓之心，應二儀之」睠。徙縣嵩岳，登封介丘。關中之任，責成斯存。乘輿發軔，令公與

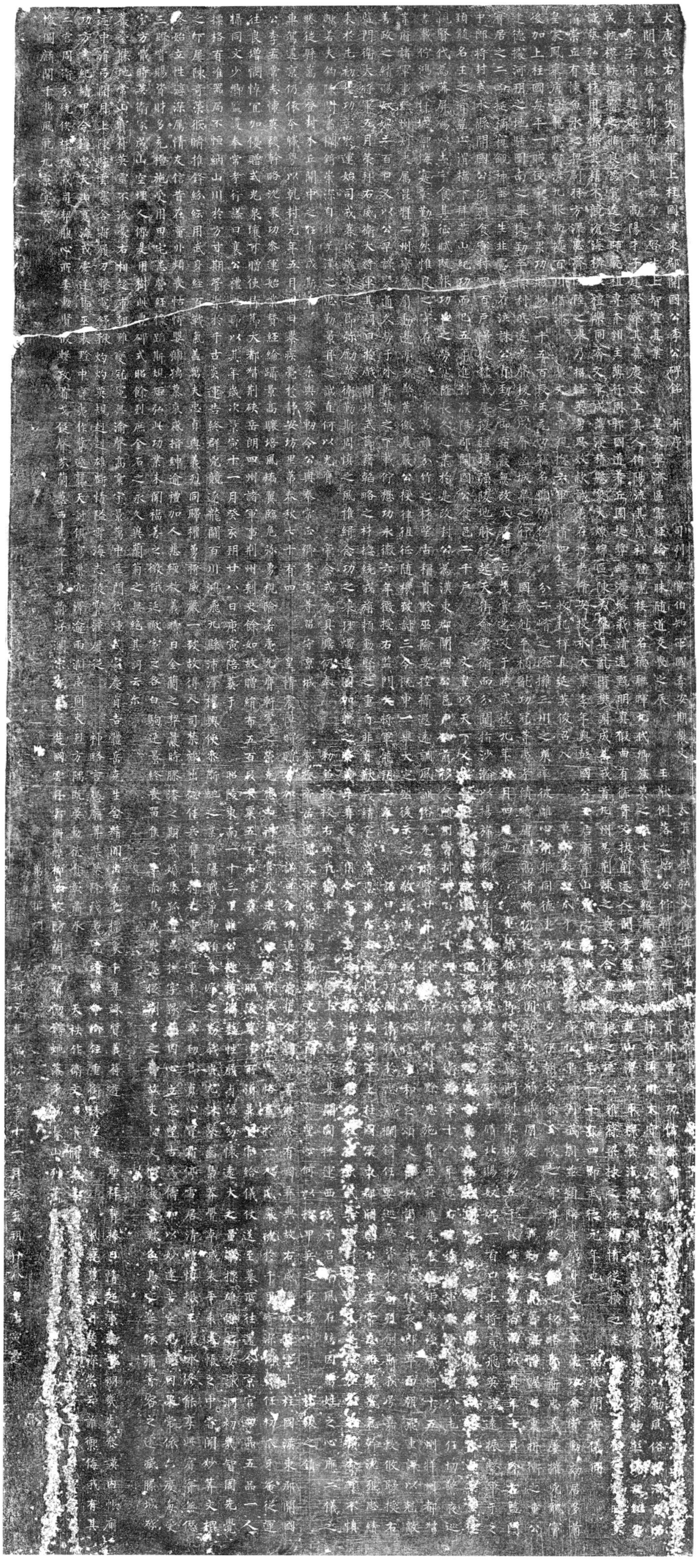

局部

奉常正卿李寬等留守京城。紫極帝居，黄圖天府。自非勳高□史，忠□聖心。何以總甲兵之重，爲社稷之鎮」。車駕還京，仍依本職。粤以乾封元年五月卅日暴疾薨於静安坊里第，春秋七十有四。皇情震悼，賵贈有加。詔曰：念功追遠，前哲令□。旌善飾終，有國彝典。故右威衛大將軍、上柱國、漢東郡開國」公李孟常，志懷英毅，幹略沉果。功參運始，業贊經綸。躡景高驤，培風矯翼。臨危弥勇，視險若夷。允膺軒冕之榮，克懋山河之賞。及建旟驛傳，執戟□□。忠恪盡於一人，威嚴被於千里。寄深□□，任切爪牙。奄從運」往，良增憫悼。宜加優贈，式光泉壤。可贈使持節大都督荊硤岳朗四州諸軍事、荊州刺史，餘如故。贈絹布五百段，米粟五百石，陪葬昭陵。葬事所須，並宜官給，儀仗送至墓所往還，令京官四品、五品一人」攝同文少卿監護。奉常考行，謚曰襄公，禮也。即以其年歲次景寅十一月癸亥朔廿八日庚寅陪葬于昭陵東南一十三里。惟公操□□整，性履貞慤。幼懷遠大之量，□標雄傑之姿。識洞初幾，智周先覺」。標格有准，器局不恒。納山川於方寸，期管樂於千古。炎運告終，群兇競逐。龍門百川，鴻飛九縣。沛澤權輿，便參斷虵之業；昆陽戰爭，即預奔犀之勤。戮蚩尤，誅鑿齒。梟莽釁卓，滅表平袁。武帳之中，嘗聞妙筭。文梍」之下，屢陳奇策。倏瞬推鋒，紛紜用武。身經百戰，氣盖萬夫。忠貞與義烈同歸，權勇將威嚴一致。故得入司禁旅，出總佳兵，膺上將之重，處連率之要。初節貞心，冒霜停雪；居清體慎，振玉懷冰。終能享此賓實，無愆」終始。立性淳深，属情友信。昔在童丱，頻喪怙恃。嬰號孺慕，哀感搢紳。逾禮加人，悲纏教義。疇日金蘭之契，曩時膠漆之期。或婚娶孤遺，或撫字孩□。因心立志，望古爲儔。加以妙達苦空，□□因果。常依六度，每受」三歸。賞賜資財，多充檀施。受用田宅，悉營經像。蹈斯規矩，弘此功業。未聞福善之徵，俄延瞰室之咎。白駒迅景，終喪留侯之年；赤鳥成災，遂促荊王之壽。故吏長史□徵□，歎魚鳥之無依，痛音容之遽滅。滕城啟」室，方耽時英。衛冢成山，空埋人傑。是用樹此豐碑，式昭餘烈。庶金石之永久，冀蘭菊之無絶。其詞云尔」：

叢臺勝地，常山寶符。英靈不泯，豪右相趍。市朝雖變，冠冕無渝。聲高寰宇，景藹中區。門伐踵武，家慶貞吉。體岳克生，含精間出。五色標象，千尋竦質。義符遊聖，祥膺捧日。情超事□，□洞幾先。參謨内帳，廁」迹中涓。弓開月上，陳駭雲褰。含霜履刃，擊電舒鞭。灼灼英規，赳赳雄斷。情隘雲海，志陵霄漢。屢從神略，言憑廟算。禁暴除殘，夷兇靖難。命卿位重，銜珠望隆。紫庭豐麗，丹禁深崇。云誰禦侮，我有其」功。方書紀績，甲令稱忠。天山夏海，戎虜逆節。巫表黔中，蠻夷作孽。遞襲天討，俱窮巢穴。澤逾雨潤，威同火烈。方隅既晏，勳德愈彰。肅承天秩，作衛文昌。聿脩□善，□□□□。□□荒漠，□著□□。□□□□」，二宫周衛。分統俟材，總戎司契。腹心所委，勳賢攸繫。政肅戈鋋，聲芬蘭蕙。西羲沉景，東箭浮瀾。宋都□變，楚國雲丹。霜凋營柳，風敗防蘭。虹銷劍鍔，虵落矛端。長山列肅，□□□□。□□□□，□□□□。□□□□」，像圖麟閣。千載風範，九京冥寞。

萬寶哲刻字」

乾封元年歲次景寅十一月癸亥朔廿八日庚寅建」

按

李孟常，兩《唐書》無傳但有載，皆云“孟嘗”。其他事蹟，碑文記述尤詳，可補正史之闕。

撰者李安期，唐安州安平（今河北安平）人，唐代史學家李百藥之子。太宗貞觀初累除主客員外郎。高宗永徽中遷中書舍人，于武德殿内修書。官終荊州大都督府長史。

書者李玄植，唐趙州人。官至太子文學弘文館直學士。

179.667　曹欽墓誌

説 明

唐乾封二年（667）十一月刻。蓋盝形，誌正方形。誌、蓋尺寸相同，邊長均80厘米。蓋文4行，滿行4字，篆書“大唐故左」驍衛將軍」上柱國開」國公墓誌」”。誌文楷書46行，滿行44字。蓋四殺飾纏枝花紋，四側飾忍冬紋；誌四側飾忍冬紋。1988年文物普查時發現于乾縣。現存乾陵博物館。《隋唐五代墓誌滙編》《新中國出土墓誌（陝西壹）》《全唐文補遺》《咸陽碑刻》等著録。

釋 文

大唐故左驍衛大將軍上柱國雲中縣開國公曹府君墓誌銘并序」

公諱欽，字三良，京兆好畤人也。其先黄帝之後，陸終之子安，實爲曹姓。大矣哉！豐虵感帝，敬伯贊彤雲之業；漢象凝」圖，玄德膺黄星之舉。故能聲華萬葉，道靄三分。擁神器於寰中，導時英於海内。豈止登高演賦，文清於爵臺；臨水題」篇，詞工於馬箠。英靈未泯，有足言焉。曾祖乂，周鎮東將軍、儀同三司、寧遠大將軍、使持節并汾晉忻四州諸」軍事、并州總管、華陽郡公。大父寶，随開府儀同三司。並望重薦紳，勳高授鉞。黄閣肇儀台之貴，朱驂光按部」之榮。顯考整，隨上開府儀同三司，皇朝贈使持節緣州諸軍事、緣州刺史。小年遽往，雖晦德於昏朝」；遺愛空存，更追榮於聖代。公以金方挺鋭，玉野疏禎。夙懋奇傑之姿，早弘英偉之量。身長九尺，腰帶十圍。蒙」輪扛鼎之材，翹關拔距之力。是以吐納前良，抑揚後進。加以技高猨臂，識洞龍韜。兩寶齊子罕之廉，百金輕季布之」諾。龜文馬啄，有富貴之標；鷰頷獸頸，佇風雲之會。大業十一年，緣州府君始膺朝寄，出鎮秦坰。公陪遊隴上，言隨膝」下。属漢東失道，河西肇亂。董卓姦雄，椎耕牛以享容；陳勝樂禍，援飛鴻以宅心。公雖地接嚚城，即奉龍顔之帝。武德」元年，自薛舉歸國，拜正議大夫，即於北門長上。劉武周挺訞晉水，稱亂夏庭。太宗作援三河，聊申六伐。公先驅」陽覈，首陷堅城。凶徒蹈裂兀之機，大君乗破竹之勢。搴旗斬將，勳實居多，拜儀同三司。王充逼遷宗祏，薦食伊瀍。西」距雙崤，嘯風召雨；北連三趙，舉印提戈。太宗推轂咸京，援旗洛汭。公以材官入選，勇爵先登。剋奉中軍，載光上」德。國家如熊四合，已守碧雞之津；建德封豨万群，仍浮白馬之水。太宗分兵東拒，始入成皋；建德置陣」北旋，直超巖制。公乘危迴進，躍馬先塗。既斬顔良，仍追項羽。建德所以然齊破膽，僞鄭所以肉袒牽羊，則公之勳也」。拜上儀同三司，賜物五百段。于時戎已定，四奧方清。而銅馬餘妖，覆土噍類；金人遺孽，吞噬生靈。公又鞠旅遄征，則」燕垂已泰；旋師薄伐，則豳郊式靜。以功拜將軍。既而望菀虧良，承華怙亂。已構流言之隙，方成弄兵之禍」。太宗道凝區外，識洞機前。聊陳命子之雄，用防宫甲之變，以公爲栢堂左右，恩同卧内，寄深牖下。家難尅清，預有其」力。賜物三千段、金帶一具，拜新城府别將。吐谷渾負崐河之險，爽塗山之會。太宗將誅後服，且命前軍。以公」名洽漢飛，勳高魏勇。拜崐山道總管。公傍臨懸度，斜控胥山。盡落傾巢，波澄霧廓。疇庸命賞，帝有嘉焉，拜大將軍。昔」衛青功高絶幕，始洽抽榮；霍光寄重負圖，方弘徒授。比德前哲，孤映一時。仍除明威將軍，拜香谷府折衝都尉、交河」道總管。喋血前庭，疊兵右地。湯池由其失險，火坂所以銷煙。功冠諸軍，獨標上賞。賜口卅人、絹五百段、馬廿匹，拜上」柱國。及玄夷背誕，黄鉞徂征，江夏王任總元戎，公亦擢居裨將。我則長驅獸落，直濟遼河；彼亦匹率蟻從，来嬰險瀆」。營連偃月，陳擁高雲。當時偏將先奔，中權獨進。孤軍當陷澤之險，匹馬乘旋濘之危。戰士星離，干夷霧合。公挺衝星」之劒，迴駐日之戈。一呼而潰重圍，再舉而登万級。朝鮮遂屻，王旅用康。此又公之勳也。賜物一千段、馬十匹，除長上」折衝。名超樽俎之間，功著旗常之表。廿一年，又拜靈武道總管，從英國公李勣北渡榆溪，西馳梓嶺。厥功已懋，式踐」高班。拜監門中郎將，趨職雉門，階榮鳳闕。望高丹禁，寵冠紫機。阿史那賀魯，種雜天驕，兵纏土著。入羃蘭陛，厭交戟」之勤；出牧葱河，阻引弓之衆。由是良家占募，惡少從軍。裨統佇才，僉論攸属。永徽六年，拜葱山道總管。斬樓蘭之首」，斷凶奴之臂。勣茂甘陳，勳逾辛趙。是時前軍失道，元帥無功。未屠宛馬之城，並黷叔魚之貨。公以清直緝譽，義勇馳」名。朝廷嘉焉，爰降優旨，詔使將軍王果就軍中慰勞，并賜紫袍金帶等。紫服摛文，光殊於塞草；華金毓」彩，戹麗於吴鉤。遠符朝恩，獨標榮觀。戎章機要，禁旅嚴華。旌旃之務既殷，勳賢之寄斯重。麟德二年，拜左驍衛」將軍。褫紱彤闈，翔纓玉殿。五營自肅，八校以清。及禮賁泥金，恩加會玉。既符承家之寵，載光書社之錫。封雲中縣開」國公，又奉敕於獻陵留守。衣冠已遠，空想煙霞之遊；園寢無追，更殷泉壤之痛。沉憂貶豫，精感傷年。寢疾」弥留，云亡奄及。嗚嘑哀哉！以乾封二年四月十日薨於陵次，春秋七十有四。公業尚雄舉，體識英奇。撫翼歸昌，名参」於附鳳；躡圖興運，功貽於汗馬。揚麾赤坂，懸日烏於高天；舉繳青丘，落風禽於大壑。故能功垂戈鼎，業盛山河。撫下」垂弘裕之容，接士

降公侯之貴。咨所謂全德具美，名將良臣者歟！而天不憖遺，摧梁已及」。春蹊萎絶，事隔而哀深；大樹飄零，人亡而功在。嗚嘑哀哉！粵以其年龍集丁卯十一月丁巳朔五日辛酉遷祔于先」君緣州刺史之舊塋，禮也。丘山可望，黛栢切愁雲之心；隴路難分，白楊動悲風之聽。嗚嘑哀哉！有子嘉會等，匪莪動」慮，集蓼崩心。顧苴棘之方窮，踐霜露而凝感。恐塵飄滄澥，火烈曾崐。掩金書於芸閣，沉玉字於松門。式旌蒿里，永志」桐閽。其詞曰」：

軒臺峻趾，若水浮源。遷邦命國，佐漢開藩。台華未遠，鼎業斯尊。側聞遺慶，光昭後昆。其一。華陽赳赳，儀同烈烈。緑紱充」庭，朱輪滿轍。緣州澹雅，聲塵昭晰。飾禮金章，追榮玉節。其二。爰有奇傑，沉毅光前。詞高入趙，氣重遊燕。牛星引劍，菟月」開弦。文摛友席，花照賓筵。材優八校，聲藹三邊。其三。言陪隴坻，越蹈秦坰。金雞夜失，玉弩宵驚。將依漢井，獨避嚣城。馳」魂象闕，奏款承明。其四。援旗夏甸，擁兵汾沚。陷敵河濆，摧堅洛涘。黄巾掩色，白波澄水。羌笛飛梅，胡山絶梓。其五。揚麾赤」坂，頓繳青丘。宛王送馬，夷長潛牛。朱干霞舉，丹闕雲浮。爰膺帝命，亟奉王遊。哥堂振綺，樂肆鳴球。其六。龍川遽□，鵠□」潛泊。日御未低，泉扃已閟。悲風動而寒松苦，嚴霜霏而宿草萃。惟素範之無追，空留連於墮淚。其七」。

按

誌主曹欽，正史無傳。本誌歷述曹氏軍功，頗爲詳細，如記載玄武門之變，云“聊陳命子之雄，用防宫甲之變，以公爲栢堂左右，恩同卧内，寄深牖下。家難剋清，預有其力”，豐富了這一重大歷史事件的細節。

180.667　焦壽墓誌

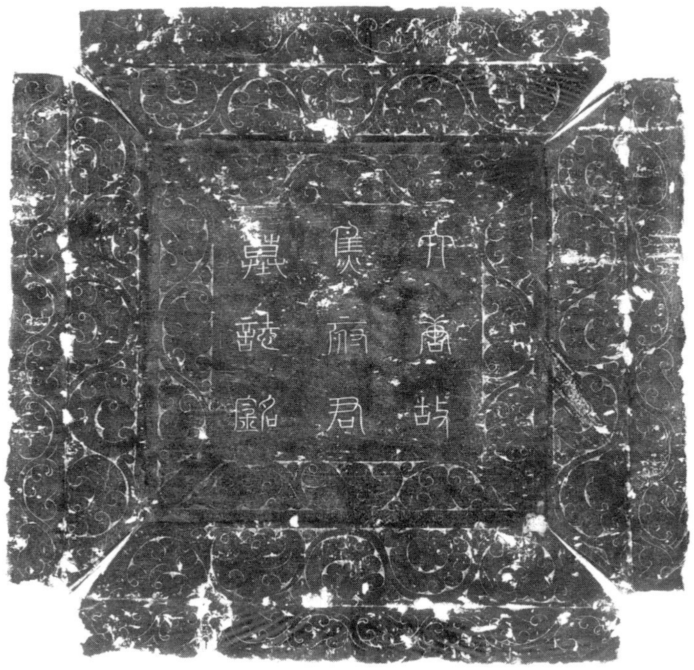
大唐故
焦府君
墓誌銘

説明

唐乾封二年（667）十一月刻。誌、蓋均正方形。蓋邊長52厘米，誌邊長46厘米。蓋文3行，滿行3字，篆書“大唐故」焦府君」墓誌銘」”。誌文楷書25行，滿行25字。蓋四殺飾纏枝花紋，四側飾忍冬紋；誌四側飾忍冬紋。出土具體時、地不詳。現存西安博物院。《隋唐五代墓誌滙編》《全唐文補遺》著録。

釋文

大唐雍州長安縣□德鄉」武騎尉故焦府君墓誌之銘并序」

君諱壽，字世通，西廣寧郡人也。後因官家於雍州之馮翊。若乃豳」宮荐祉，光懿戚以絢瑶圖；漢掖飛榮，疊曾基而疏金穴。虚舟揖彦」，儷仙胄於龍門；飾館招英，軼高名於駿肆。横五鎮而分秀，地連藏」寶之巖；濬八能以馳源，波通釣璜之溠。祖等並位班朝職，冠免（冕）殿」庭。俱風穎邁，神情秀舉。延時望以獨高，冠邪基而首出。公韶襟瑩」，月秀格雲。蕩珠鏡於文河，藻琁葩於翰菀。望其光彩，則紫電飛巖」；挹其風規，則青旻卷縠。淡神交於利銑，植靈府以貞筠。藝括横飛」，指仙堋而飲石；詞鋒立斷，淩寶匣以浮霜。然而敏綜儒珍，妙探玄」賾。覽星墳而摭奥，鑒虹璧以融幾。濫觴而迅伏九川，覆匱而削成」千仞。甫就籯金之重，旋貽賁帛之徵。遘疾於家，乃從風燭，以乾封」二年十月廿七日薨於私第，春秋六十有二。息等哀纏曾岵，泣對」寅門。感隙駟之無追，仰楹書而結慕。粤即以其年歲次景寅十一」月丁巳朔十六日壬申，与故夫人姓趙諱三娘。夫人先薨，以經九載」。尔来摧殯，在於曠外。今以吉辰令月，改故從新。遷奉葬於雍州萬」年縣産川鄉白鹿之源，禮也。薤挽淒風，松埏黯霧。玄扉遽啟，悲著」滕氏之銘；翠篆方雕，泣對任公之石。其銘曰」：

軒丘峻極，若水靈長。載干疏慶，覆翼摛祥。門聯鴻緒，代纘龍光。其一」。鼎族載隆，象賢無絶。燕開碣館，漢通金穴。紫綬分華，朱輪累轍。其二」。克播英賢，誕生純懿。明璣表質，渾金韞器。學綜緗圖，文開錦肆。其三」。濯纓璧沼，振羽環林。位光綰墨，化洽鳴琴。壺冰澡性，鏡水澄心。其四」。衹寵掖垣，曳裾梁邸。道光擁篲，恩崇置醴。芝檢將陪，蒿扃遽啟。其五」。龜謀襲兆，鳳綬開埏。塗分狄岸，地距璜川。松風曉切，隴月霄懸。圖」芳徽於翠琰，庶終古而方傳。其六」。

181.669　吴黑闥碑

説明

唐總章二年（669）五月刻。碑螭首方座。通高273厘米，寬103厘米。額文3行，滿行3字，篆書"大唐故」吴府君」之碑」"。正文楷書33行，滿行64字。碑下截斷裂，左側殘損較重。原立禮泉縣煙霞鎮西周新村吴黑闥墓前，1975年移入昭陵博物館。現存昭陵博物館。《集古録》《全唐文補遺》《昭陵碑石》等著録。

釋文

大唐故使持節八州諸軍事洪州都督上柱國濮陽郡開國公吴府君之碑并序」

粤惟巨唐建國，時英立功。神鉞方麾，翊屯雷之景業；大寶已廓，揚薰風之惠化。然而灞上將軍，多謝珪符之美；潁川太守，無聞金鼓之威。是知軍國異容，文武□」事。若乃擁旄万里，登壇之寄已隆；褰帷百城，咨嶽之容克茂。理惟兼濟、人稱具美者，其惟濮陽公乎！公諱廣，字黑闥，東郡濮陽人也。自丹羽隤祥，啟華構於昌户；素鱗薦」祉，導靈派於姬川。南國讓王，宣父仰之而不逮；西河列將，武侯矜之而已屈。崇扃已闢，自疊慶而不窮；高節所興，亦象賢而靡絶。今略而闕焉。曾祖寳，齊開封郡丞、南鄭」令。祖羅，齊洛陽縣丞。並業秀士林，聲芬物聽。振絃哥於鄭境，化高馴翟；贊銅墨於周甸，事屈涵犠。道長運促，材淪於命。父伯仁，隨濮陽郡主簿，神宇嚴邃，靈臺俊潔。雖宦」不期通，本兢情於難進；而貴非以位，自劭美於知足。公絳宫垂象，體辰緯於貞暉；丹府凝靈，藴風雲之逸氣。地義之感，指寒柯而載蔚；天淪之契，曄春棣以分華」。月滿驚弦，發忘歸而飲石；霜翻雄鍔，飛巨闕以吟枝。循至赜於龍韜，已窮王略；究潛□於□陣，□取先鳴。属周鼎鳧飛，秦原鹿逐。黑山妖祲，始貽暴於稽天；翠渚祥符，已」呈休於出震。公猛志攸鬱，雄規式啟，乃嘯徒濮上，有澄清之心。後歷翟讓、李密、王充等，城□觀其逆順，以爲未識天命，終陷凶徒。於是爰訊謳哥，更謀去就。碭巖之瑞氣」，就堯衢之靈景。遂与盧公程知節、翼公秦叔寳等同時歸國」。太武皇帝深嘉誠烈，特行禮命，乃遣彭城公劉德威迎勞於郊，優待隆異。武德元年，拜上開府。于時肇基王業，猶艱天步」。文皇帝親總元戎，方清神寓。妙擢英果，言任偏裨。尋蒙授左馬軍總管。從征劉武周，破宋金剛，抄竇建、王充等，虔扈神麾，龔循天策。僨山祇於危卵，摧壓可徵；注」海若於纖螢，沃蕩斯喻。事昭勳牒，榮高賞典。乃賜金銀、繒帛、駿馬、宫人等，蒙授泉陵縣開國子。誓河茂祉，疏壤崇章。義属興唐，事光彝册。尋以戾園構禍，密藩懷釁。公忠」勇兼弘，誠寄斯重。志陵鐵石，節貫冰霜。九年六月，与段志玄等立功於玄武門。事寧，授右勳衛中郎將，進封新鄉縣開國公，尋遷左衛中郎將。蘭錡崇班，茅封縟禮。必資」功緒，方兼寵數。貞觀二年，授持節宕州諸軍事、宕州刺史。下車敷訓，露冕求瘼。惠液通於潤境，仁風偃於属城。固已事穆惟良，功宣共化。六年，除右武衛將軍。星躔列位」，已成象於玄儀；天營分職，且飛榮於紫禁。公緝諧軍政，澄練戎昭。七萃增華，八屯逾肅。十年，加授雲麾將軍。俄以虵丘肆毒，龍駕凝威，軍麾所寄，折衝斯在。以公」道習中權，名高上將。總戎之望，選衆攸歸。十八年，授遼東道右一軍總管。抗雲梯於鶴表，金湯失固；啟月陣於兔城，戈鋋佇戢。策勳有典，茂賞斯行。永徽元年，授使持節」十一州諸軍事、茂州都督。三年，又遷使持節八州諸軍事、洪州都督。巴西奥壤，分天谷而作鎮；漢東舊域，峙洪崖而設險。□粟萬里，張侯開定霸之詞；靈木千尋，晉主攀」興王之瑞。眷言連率，實俟雄規。公威惠有聞，政□克舉。張華之典六郡，有愧嚴明；子仁之刺三河，多慙撫字。並事升朝聽、聲播萌謡矣。然以喬榆落景，有迫於遲暮；行葦」陳風，載安於止足。乃散金辭秩，解玉遺榮。有遂□□之典，無屑鳴鍾之誡。顯慶元年，抗表辭職，恩敕聽致仕，禄賜防閤，並同京官，仍朝朔望。暨展事天扃，告成日」觀，爰因大禮，更演崇封，加爵濮陽郡開國公，食邑二千户。而滔滔驚壑，□伏波而已遠；冉冉徂陰，指大樹而云夕。以總章元年十月廿九日薨于雍州萬年縣勝業里第」，春秋七十有八。悼切旒扆，□覃追往之恩；悲纏簪紱，空軫摧梁之恨。乃下詔曰：念功追遠，備禮哀榮。録舊□恩，理崇褒錫。故前洪州都督、上柱國、濮陽郡」開國公吴黑闥，志力沉雄，幹略英遠。夙逢興運，杖劍歸誠。早奉藩朝，推鋒展功。入參蘭錡，整忠肅之良規；出撫竹符，播仁明之善政。懸車退老，甫陪東岱之儀；隙遄驅，遽」戢西崦之景。緬惟勳舊，用軫於懷。宜飾寵章，以光泉路。可贈使持節都督代忻朔蔚四州諸軍事、代州刺史，賻絹布五百段，陪葬昭陵，并給東園秘器，儀仗送至墓」所往還。五品監護喪事，葬事所須，並令官給。有司考行，謚曰忠公。夫人河南陸氏，魏建安貞王之裔孫、隨處士仁同之女也。地華鍾鼎，德備幽□。琴瑟和聲，松蘿比映。始」潛輝於鸞匣，終合影於龍津。粤以總章二年歲次己巳五月庚午朔廿五日壬寅，合葬陪于昭陵醴泉縣安樂鄉青山之原，禮也。惟公英姿岳峙，聳千仞於情峰；巨」量川澄，總萬流於性海。立身寡悔，援青松而不渝；踐言成則，臨白珪而無玷。孝始愛親，弱年標其至性；忠惟徇主，晚歲全□功節。雲□屯昧，便參躍馬之榮；日月光

大唐故使持節八州諸軍事洪州都督上柱國濮陽郡開國公吳府君之碑并序

局部

華，載」漸飛龍之慶。□金吾而警衛，威震五營；闢丹帷而刺□，化高七郡。況乎兢懷宥器，貽誡台箴。褫桎梏於纓冕，肆琴樽於林□，□謂宏材達觀、功成身遂者焉。豈期□□□」迫，俄臻於万化；貞魂遂遠，同歸於九原。嗚呼哀哉！凝笳載路，傣長風而咽響；疊鼓含音，送玄雲而積氣。飛旌□□，空締□□□□；穸路泉臺，終緘□於冥漠。有子右金吾」衛將軍、上柱國、開國子師盛，姚州都督、上柱國師，蓬州刺史、上柱國琬等，踐宿庭而增慕，仰風枝而靡及。思旌先範，式□□□。□深谷之已陵，庶他日之□□。銘曰」：

昌户崇基，長沙峻趾。地靈鍾慶，家聲濟美。鼎鼐連華，珪璋疊祉。曾堂式構，高門復始。其一。資靈慶緒，載誕時□。□□□日，□□□風。貞暉介朗，敏識□□。□□□□，□□□」功。其二。國步權輿，爰參締構。□鬱餘勇，□清巨寇。楚甸侔韓，燕山擬竇。盛績斯舉，宏勳克茂。其三。入奉□禁，出撫□□。□□□□，□□行軒。旻空表勁，□□□□。□□□□，□」愛方存。其四。懸車就典，號□□□。採懿韋公，□芳疏傅。驚□不返，阻險罕駐。始悦池□，□□壟□。其五。□□□□，□□□□。□□□□，□赴泉□。荒塋□苦，□□□□。□□□」□，□□□□。其六。

按

吴廣，字黑闥，見于兩《唐書》，惟僅載其字，未言其名。此碑内容詳細，爲研究初唐歷史之重要參考。

此碑書法用筆精熟，工整遒勁，爲唐楷中之精品。

182.670　李勣墓誌

説 明

唐總章三年（670）二月刻。蓋盝形，誌正方形。蓋邊長86厘米，誌邊長83厘米。蓋文6行，滿行5字，篆書“大唐故司空」公太子太師」贈太尉揚州」大都督上柱」國英國公李」公墓誌之銘」”。誌文楷書55行，滿行54字。劉禕之撰文。蓋四殺飾寶相花紋，四側飾纏枝花紋。1971年禮泉縣煙霞鎮新村出土。現存昭陵博物館。《全唐文補遺》《陝西碑石精華》《新中國出土墓誌（陝西壹）》《昭陵碑石》等著録。

釋 文

大唐故司空太子太師贈太尉揚州大都督上柱國英國公勣墓誌銘并序

朝散郎守司文郎崇賢館直學士臣劉禕之奉敕撰」

惟天爲大，麗七衡而構象；惟地稱厚，鎮八柱以開基。欽若巨唐，體乾坤而合德；粤惟上宰，混陰陽而變化。首参練石之功，兆贊随山之業。身」負日月，勳昭區寓。致君於堯舜之先，濟俗於胥庭之上。鬱爲良輔，其在太尉英國公乎！公諱勣，字懋功，本姓徐氏，高平之著族焉。後寓濟陰」，又居東郡，今爲衛南人也。偃王以高義遺邦，導源於楚服；太尉以洪勳啟胙，得姓於皇家。曾祖鵠，後魏濮陽郡守。祖康，齊譙郡太守」，皇朝贈濟州刺史。家聲有裕，馮氏之累葉分符；門慶無疆，何族之聯芳授册。顯考蓋，皇朝散騎常侍，封濟陰郡王，固辭王爵，徙封舒國公，贈」潭州都督，謚曰節。其道可貴，鄉無亢禮之賓；其教有方，庭洽聞詩之訓。初啟長沙之胙，旋頒曲阜之封。式亮鳴謙，載光延賞。公即節公之元子」也。惟岳降靈，自天縱哲。數尋擢穎，識者知其偉材；五尺成童，通賢咨其國器。引旗爲戲，早萌戡亂之心；學劍且成，夙韞濟時之略。属炎精告否」，大浸方稽。年甫十七，情圖九万。授手爲念，擁膝長懷。志欲清於天下，聲已馳於海内。乃與同郡翟讓、單雄信等籌咨權略，董率英豪。指麾而百」郡傾心，叱咤而万夫翹首。未踰朞月，盡有彊齊之地。及李密歸于翟讓，公乃推爲盟主。随越王稱制東都，假密太尉，以公爲右武候大將軍，封」東海郡公。煬帝南征不復，虵豕之毒方流；化及北上長驅，犬羊之徒自擾。公乃縞六師而抗憤，先固黎陽；料百勝以推鋒，義高即墨。以順圖逆」，所向無前。我大唐繼天理物，撥亂反正。革夏而三風已變，宅秦而五星遽聚。李密爲王充所困，擁衆歸朝。公知天命有在，猶全事君之節。通」啟於密，俟去就之命。高祖聞而嘉之曰：“此真忠義之士。”乃授黎州總管、上柱國，封萊國公，尋改封於曹，賜姓李氏。太宗龍田韞睿，豹略窮」微。躬勞丹浦之師，親繳青丘之憝。公参陪九伐，戡翦八荒。屠建德於河陰，斮武周於汾澨。而王充跋扈，且味謳歌。苟安助桀之徒，偷據遷殷之」野。公載扈麾旆，克清瀍洛。爰洎凱旋，策勳疇帥。太宗爲上將而公膺下將焉。獻捷之辰，特賁金甲。夷夏縱觀，莫不榮之。加食邑五千户，轉」左監門衛大將軍、齊州總管。逆賊劉黑闥、徐員朗、輔公祏之平也，咸有大功焉。太宗踐祚，授并州大都督，别食封九百户。尋爲通漠道行」軍總管，破頡利牙于漠北，虜獲廿餘万。皇上之居藩邸，遥攝并州，改授公左光禄大夫、并州長史。六年初，議封建，徙封英國公，册拜蘄州」刺史。時並不就國，復以本官遥領太子左衛率，徵拜兵部尚書，參謀國政。上膺九星之耀，下居六坐之重。持議以平，獻善伊直。十七年，加特進」、太子詹事，仍同中書門下。太宗問罪東夷，以公爲遼東道大總管。属延陁入寇，乃統蕃兵擊之，遂清大漠。師旋，加領太常卿。廿三年，以公事」降授疊州都督。宫車晚駕，遺詔追復本官。皇上纂圖，以特進檢校洛州刺史，尋加開府儀同三司，仍知政事。俄遷尚書左僕射。聿階元」佐，是居端右。異伯仁三日之謡，同景倩四辭之切。永徽元年，又表固讓。帝重違雅志，以開府參國政焉。四年，册拜司空。公勳業兼懋，聲實」具舉。登太階而平五土，升揆路而高百辟。公材公望，朝野式瞻。先朝嘗圖公象於淩煙閣，至是，皇上又命寫形焉。神筆序之曰」：“朕聞珠潛漢沼，仍輝皎夜之光；玉藴荊峰，終耀連城之價。是以吴起佐魏，顯德舟中；樂毅歸燕，論功濟上。用今方古，異代同規。但公勇志潛通」，石梁飲羽。忠誠幽感，踈勒飛泉。窮玉帳之微，體金壇之要。或以臨機制變，義在忘軀。推轂受脤，情期竭命。揚旌紫塞，非勞結燧之謀；振旅朱鳶」，何假沉沙之術。殘雲斷盖，碎幾陣於龍庭；落月虧輪，摧數城於玄菟。加以入陪帷幄，出總戎麾。道駕八元，榮高三傑。朕以綺紈之歲」，先朝特以委公。故知則哲之明，所寄斯重。自平臺肇建，望苑初開。備引英奇，以光僚寀。而歲序推遷，凋亡互及。茂德舊臣，唯公而已。用旌厥美」，永飾丹青。”昔者西漢功臣，圖形於騏閣；東京列將，繢範於雲臺。語事可儔，校恩弥遠。麟德之二載也，有事岱宗，特詔公爲封禪大使。詳擇」前規，申明舊典。式光絶代之禮，載洽施尊之慶。憬彼韓獩，長惡不悛。奮箠而虐被黎烝，尋戈而毒流支庶。主上情期拯溺，念軫推溝。伐叛之」規，佇成先志；總戎之重，迺睠台庭。公尚想伏波，不辭於暮齒；載懷充國，莫踰於老臣。遂膺跪轂之儀，式隆分閫之寄。虔奉聖筭，襲

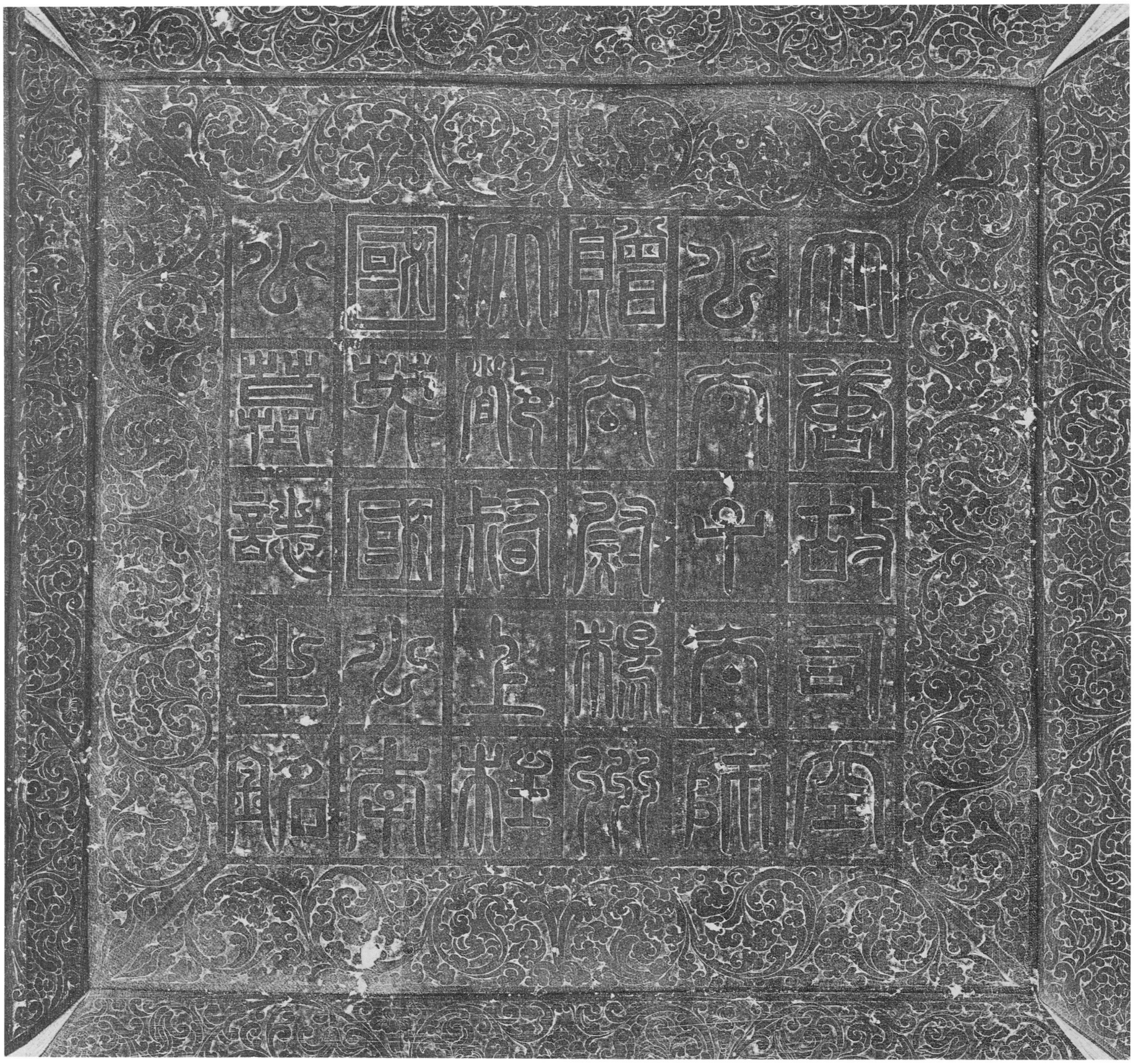

行」天討。白羽既麾，玄夷底定。蕩積稔之逋寇，攄聖皇之宿憤。偃伯韜戈，宇内胥悦。振旅之日，乘輿親郊勞之，禮焉。總章二年，加授太子太」師。臨軒策命，增别食封，通前一千一百户。公載懷止足，累辭榮寵。皇上深體二踈之誠，終俟一夔之力。爰降優旨，一月三朝。微展閑放，無」虧燮理。惟公誕膺人傑，允迪師臣。齊君五往而忘勞，晉臣一見而咸服。至如石陣沙城之變，三宫七舍之奇，匪因黄石之書，自得紫房之妙，斯」乃公之餘事焉。其有超倫絶跡，固不可得而略也。方以事上，善必推君。昭德塞違，有犯無隱。先朝昔嘗閑讌，顧謂公曰：万歲之後，屬卿以」幼孤。公雪涕致詞，因噬指流血。俄而沉醉，乃解御服覆之。又嘗目疾，親剪鬚以充藥劑。因謂侍臣曰：非我私之，爲社稷計耳。及」上之嗣位，特流渥澤。公嘗墜馬，迺降乘而撫之。鑾輿翟輅，三幸公宅。儲后英藩，咸陪天馴。此則忠於國而愛於君也。事親之」道，候色無違；就養之方，因心罔匱。及風樹不静，再從權奪。外迫敦喻，内殷創巨。茹荼嬰蓼，則朝序延悲；菓皃樂形，而家臣不識。此則孝於家而」顯於親也。姊以貞順守節，爰開石窌之封；弟以廉直効官，亟綰銅符之任。友悌之至，貫于幽明。此則睦於天倫也。惟子及孫，是稱繁衍。千金勖」垂堂之誡，萬石稟趍里之恭。珪組充庭，人莫知貴；芝蘭溢廡，時無間言。此則嚴於庭訓也。單雄信者，公之故人。委質王充，竟罹逆黨。請免官爵」，以贖其辜。國有常刑，止宥妻子。逮將就戮，對之號慟。因抽刀割股以啖之曰："生死永訣，此肉同歸於土矣。"天下聞之，莫不掩泣。是後收其孤嗣」，愛同己子。事軼指囷，恩逾分宅。此則義於交也。束髪登朝，便階七命。升簪揆務，愈慎四知。秩俸之資，咸散於婕属；恩賞之澤，必陣於廊廡。是以」寢丘之田，絶膏腴之利；文終之第，隔輪奐之美。邁公儀之拔葵，甘次卿之脱粟。此則廉於財也。再戰而傾十角，一舉而滅三韓。諒稟」神謨，寔寄英勇。是以東夷北狄，畏威懷惠。匈奴昔嘗遣使，求識於公。類彼王商，竟貽真相之目；均夫李廣，憚其飛將之名。此則威於邊也。景玆」七德，獨秀千齡。故能業濟勤王，功宣輔帝。夤奉三聖，咸穆良哉之重；式暢九功，允光則哲之化。道冠惟師，望優元老。可謂全德具美，善始」令終者歟。從幸九成，移疾沉痾。及旋京第，即居路寢。東首而卧，怗然待終。主上憂形於色，恩過于常。日昃忘飡，甚於置郵之問；夜分輟寢」，深乎窺壁之勞。以公嘗誡滿盈，子弟多述職于外。至是驛召，咸令侍疾。伏枕弥留，乘箕不駐。以總章二年十二月三日薨，春秋七十有六」。天子撫牀沫泣，去篇纏悲，哭于别次，哀聲外澈。文武在列，不勝感欷。特詔輟朝七日，撤樂亦如之。中宫悼切宗臣，事均於吴漢；副后」痛殷良傅，情深於杜夷。藩枝委奠而含悽，列辟望廬而揮涕。華夷軫恨，愚智同傷。豈止捨瑱襲縗，輟耕罷肆而已。有詔册贈太尉、使持節大」都督揚和滁宣歙常潤七州諸軍事、揚州刺史。給班劍卌人，加羽葆鼓吹。賜布帛二千五百段，米粟副焉。凶事所須，務從優厚。并賜東園秘器」，仍令司禮大常伯駙馬都尉楊思敬、司稼少卿李行詮監護。粤以三年歲次庚午二月甲辰朔六日己酉陪葬於昭陵。儀仗送至墓所往還」。有司考行，謚曰貞武公。其墳象烏德鞬山及鐵山，以旌平延陁、勾麗之功也。遺命薄葬，優詔許焉。皇上親製碑文，以光粹烈。尚以畢陌之」前，雖賁廬山之象；趙樓之下，未紀滕城之銘。爰詔史臣，載揚勳烈。其頌曰」：

虞夏膺籙，商周革命。稷契匡風，伊姜輔聖。於昭鳳曆，登三有慶。顯允龍光，咸一無競。曾芒演粹，閒氣騰英。電眸異表，雲角殊禎。滔滔遠度，凛」凛高情。雄襟寥廓，沉筭從横。斧藻天經，發揮地紀。飾羽文箭，彫彤賁梓。道藹八區，言應千里。粤人之傑，惟物之軌。運鍾毁冕，年方弱冠。逐鹿知」歸，從龍式贊。抱樂辭夏，收圖佐漢。授鉞申威，横戈静亂。功昭草昧，業峻經綸。北清柳室，東掃扶津。四瀛滌祲，六漠銷塵。總戎之律，執國之鈞。西」次徂輝，南箕託化。方憲膠序，俄捐館舍。桃徑無春，松扃有夜。鱣庭閟範，鹿轓寢駕。紫宸流悼，青宫綈悲。國愴元老，朝虚帝師。三河」詔葬，四兆貞期。盧山賁象，畢陌聯逵。哀笳嘹唳，容幰逶遲。盛德不朽，洪勳在玆」。

按

誌主李勣，兩《唐書》有傳。誌文所載李勣先祖世系，與正史所載多有不合，其歷任官職之次與正史亦有出入，此皆可相互補足。

撰者劉禕之，字希美，唐常州晉陵（今江蘇武進）人。唐高宗時爲弘文館直學士，時謂"北門學士"。

該誌不署書丹者，但其書法嫻熟，精致絶美，歐、虞之體盡顯其中，爲唐初書法之精品。

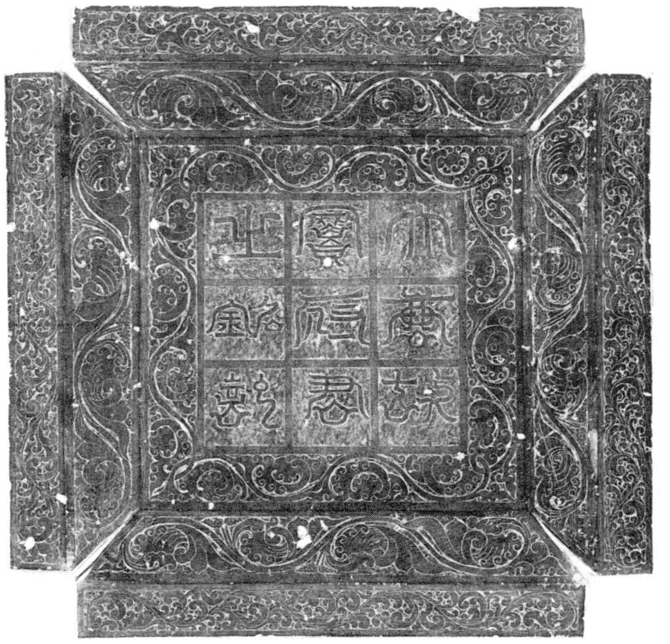

183.670　竇及墓誌

説明

唐咸亨元年（670）三月刻。誌青石質。蓋盝形，誌正方形。蓋邊長56厘米，誌邊長53厘米。蓋文3行，滿行3字，篆書“大唐故」竇府君」之銘記」”。誌文楷書34行，滿行35字。有界格。蓋四殺及四側飾忍冬紋，誌四側飾壼門内十二生肖圖案。2005年銅川市耀州區坡頭鎮華能銅川電廠基建工地出土。現存陝西省考古研究院。

釋文

唐故石州離石府右果毅都尉竇府君墓誌銘并序」

君諱及，字本初，河南洛陽人也。粤若維嵩闢鎮，峙三襲而排天；温洛疏源，洊九疇而括地。山」明滭秀，雲氣所以潛滋；孕寶懷琛，人物於焉降祉。迴瞻常嶽，融名紀赤伏之辰；遥揖觀津，嬰」望昭素靈之日。龍庭獻捷，軔長轂於柳韉；鳳野開封，拜承家於槐里。酌油緗而采絢，考綿瓞」而隮祥。鴻胄有歸，象賢無替。曾祖略，周驃騎大將軍、開府儀同三司。冰壺獨映，月宇孤騫。矯」鵬翮於南溟，踠驥蹤於東道。銜珠耀彩，聯輝上將之營；佩玉鏘音，接響中台之鉬。祖熾，周、随」二太傅，随雍州牧。贊拜不名，入朝不趨。劍履上殿，鄧國恭公；澄襟萬頃，展職兩朝。謝雪光滋」，入瓊談而薦賞；秦皋政緝，察鈎距而懲姦。寵均蕭相，伏青蒲而曳舃；禮穆周儀，援白茅而錫」社。顯考深，随開府儀同三司、蔚州刺史、綏安縣開國公。材高楚國，譽重曾丘。印寫迴龜，坐叶」游蓮之顧；帷褰市駿，信乎乘竹之童。茂績甄於頟侯，餘慶鍾於翼子。惟公鵠巖輪賁，驪穴含」珍，演四瀆而流清，標五衢而擢翠。博聞詳舉，群藝備甄。劍術先彰，阻啼猨於星匣；琴歌早韻」，警唳鶴於風臺。覽投筆之英規，書池輟潤；泝圯橋之雅訓，學海宗湉。畫鵠浮仙，汎莊舲而養」素；吟羝索隱，荷楊戟而探玄。始晦迹於鄒寰，終翹心於魏闕。雖幽居賁逸，行嬉板築之娱；而」戚里延華，載奉絲綸之涣。武德元年十一月廿三日，以太穆親起家，授左親衛校尉。薜」衣初釋，蘭錡旋遊。阮籍兵廚，異一朝而合契；馬卿武騎，隔千祀而同塵。紫宸之睠遽隆，朱」紱之班俄降。尋除游擊將軍，奉敕於河州鎮遏。境臨張掖，川帶沸脣。西拒獻赦之郊，北控」騎羊之甸。輯寧荒徼，允属雄姿。魏絳敷辭，遠慙和虜；趙充宏略，近謝恢邊。潃妖沴於受降，振」威稜於嚴戍。瓜時反役，已宣斥候之功；芝封覃恩，更荐戎昭之秩。尋除石州離石府右果毅」都尉。悠然轉旆，陟彼參蹮。馬邑兇渠，瞻解鞍而褫色；鴈門雜寇，�虚弦而鎩羽。眉壽福臻，耄」齡嗟洎。懸車覽足，抗疏祈於帝閽；挂冕摇情，遺榮浹於皇鑒。以永徽五年十月廿四日」，優詔許致仕。公庭褫職，私室棲閑。聆擊缶於頹春，弄濯纓於洋愢。故賓滿席，散疏金以翱」翔；新語盈膝，腰陸裝而宴衎。方寫熙臺之歡，奄逼陰堂之釁。總章二年七月廿九日，薨於私」第，春秋八十有七。楹巢賦鵩，隙徙馴駒。見任峰之石墜，歎陸川之波閲。惟君鳴謙自牧，雅量」韜奇。峻節湊於震霆，神交沐於霔雨。居忠以昭鯁，宅孝以全身。始聽喬鷽，迄于冠鶡。負材不」調，庇堯屋而抽簪；言命有涯，遵京兆而易簀。粤以咸亨元年三月十一日，遷窆於雍州華原」縣之西原，禮也。幽埏溘死，勝氣徒生。目極行楸，哀侵淚柏。郭門左界，跼滕驷而徘徊；關輔右」臨，泣楊禽而顧步。嗣子鴈門縣令文義，敬崇厚穸，痛殷濡露。執銜盥而長違，撫臧編而永慕」。緬尋追遠，樹列棲鸞之林；遐想飾終，塋開吊鶴之路。撰德徽而頌美，配渾儀而式固。其詞曰」：

霞明紫嶽，水潔朱宫。瓌寶含潤，英靈荐通。系分章武，族派安豐。燕銘紀憲，漢册褒融。永言丕」緒，洎我良弓。□珠孕月，掌玉生虹。桂芳八蘂，蘭滋九叢。濯龍延戚，唳鶴聞穹。粤自幽遁，高步」從戎。綺徼誠峻，青巾位隆。輪臺佇遏，璽紼推忠。弛柝關静，瞻權燧空。遽旋旌節，俄統羆熊」。葉卷旗翠，花飄綬紅。千夫政洽，五校聲充。日沉年柳，霜飛鬢蓬。疏金宴盡，陸劍歡終。夢遷舟」壑，光淪燭風。陟屺臻感，寒泉激蒙。龜眸兆揲，馬鬣封崇。昔遊堂上，今歸野中。塋開武庫之北」，隧啟文園之東。泣棲鸞於露薤，馴畫蟻於闇桐。勒琬琰兮有志，播聲實兮無窮」。

按

誌主竇及，正史不載。其祖竇熾，《周書》《隋書》有載。其父竇深，正史亦不載。則墓誌所載其家族世系、生平事蹟及其爲官任職等，均可補史載之闕。

184.670　王大禮墓誌

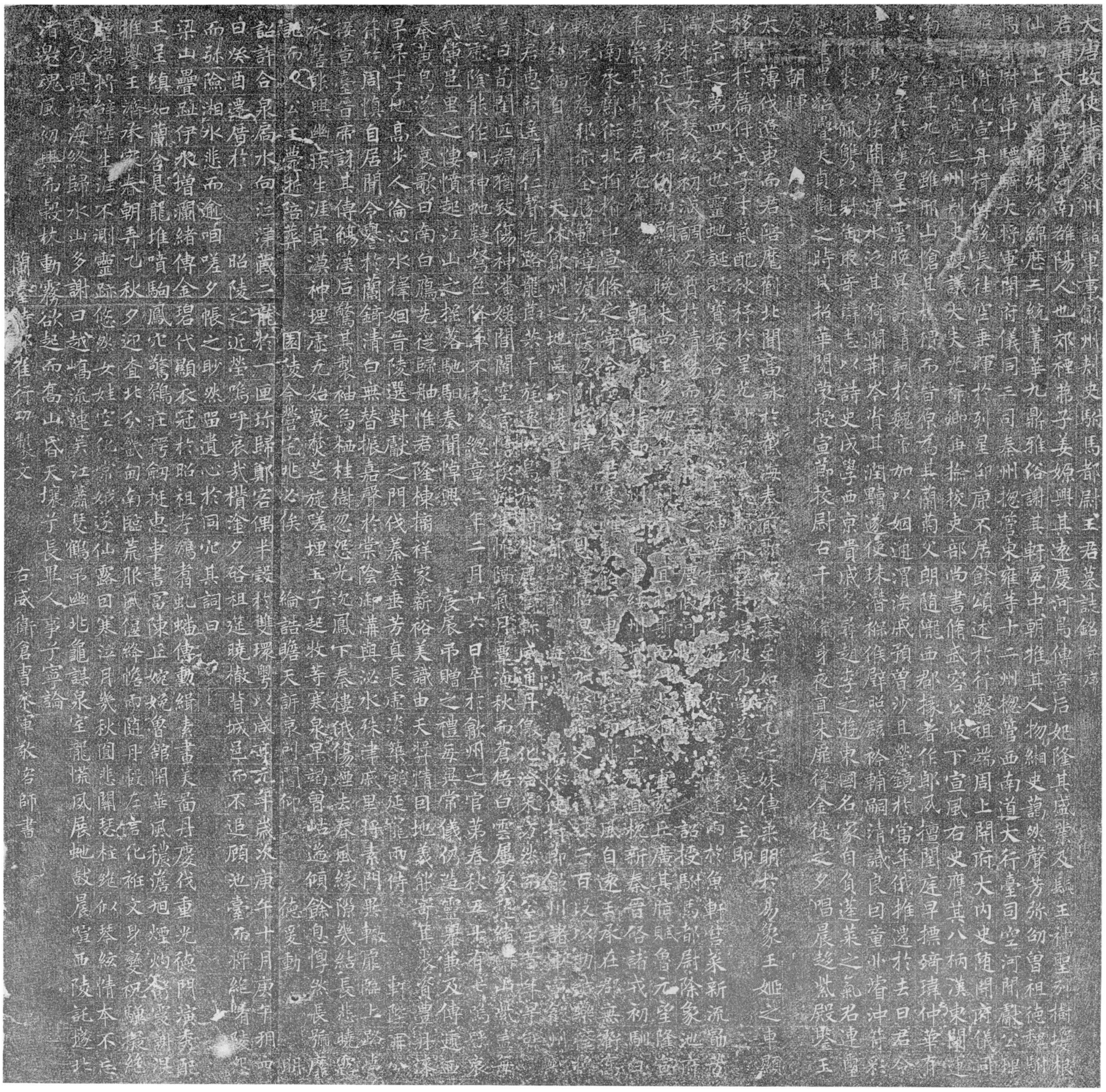

説 明

唐咸亨元年（670）十月刻。蓋盝形，誌正方形。誌、蓋尺寸相同，邊長均75厘米。蓋文4行，滿行4字，楷書“大唐故歙」州刺史駙」馬都尉王」君墓誌銘」”。誌文楷書41行，滿行41字。崔行功撰文，敬客師書丹。蓋四殺飾寶相花紋，四側飾纏枝花紋。1964年禮泉縣煙霞鎮山底村出土。現存昭陵博物館。《全唐文補遺》《陝西碑石精華》《新中國出土墓誌（陝西壹）》《昭陵碑石》等著録。

釋 文

大唐故使持節歙州諸軍事歙州刺史駙馬都尉王君墓誌銘并序」

君諱大禮，字儀，河南雒陽人也。郊禋茀子，姜嫄興其遠慶；河鳥傳音，后妃隆其盛業。及髭王神聖，別樹瓊根」。仙兩上賓，遥開殊派。綿歷三統，菁華九鼎。雅俗謝其軒冕，中朝推其人物。緗史藹然，聲芳弥劭。曾祖德，魏駙」馬都尉、侍中、驃騎大將軍、開府儀同三司、秦州總管、東雍等十二州總管、西南道大行臺司空、河間獻公。理」照台階，化宣舟檝。傳説長往，空垂暉於列星；邵康不居，餘頌述於行露。祖端，周上開府、大内史，隨開府儀同」三司、商延亳三州刺史、諫議大夫、光禄卿、兼檢校吏部尚書、脩武容公。岐下宣風，右史膺其八柄；漢東闡運」，南臺銓其九流。雖邢山愴其松檟，而晉原爲其蘭菊。父朗，隨隴西郡掾、著作郎。夙擅閨庭，早標琦瑋。仲華有」志，言始望於漢皇；士雲晚昇，託清詞於魏帝。加以姻通渭涘，戚預曾沙，且榮鏡於當年，俄推遷於去日。君令」緒□異，昌族開華。漢水泛其漪瀾，荊岑資其潤黷。遂使珠潛褓候，璧照髫衿。輔嗣清識，良因童丱。濬沖符彩」，未假裘裳。佩觽以射御取奇，辯志以詩史成學。西京貴戚，多尋趙李之遊；東國名家，自負蓬萊之氣。君連璽」憑業，豐貂疊美。貞觀之時，見招華閎，蒙授宣節校尉、右千牛備身。夜直朱扉，聳金徒之夕唱；晨趍紫殿，鑒玉」扆之朝暉」。太宗薄伐遼東，而君陪麾薊北。聞高詠於截海，奉前歌而入塞。至如帝乙之妹，傳柔明於易象；王姬之車，顯」移棣於篇什。武子才氣，配秋杍於星光；叔源風流，歸春蹊於姊袂。乃尚遂安長公主，即」太宗之第四女也。靈虵誕貺，寶婺含姿。氣婉瑶臺，神華椒掖。從施衿於鴈贄，陳逆兩於魚軒。筥菜新流，勖芳」情於季女；瑟絃初減，調反質於清陽。而君籍林慮之光塵，假河陽之清懿，詔授駙馬都尉，除象池府」果毅。近代降姻，例加顯號。晚来尚主，多總禁兵。親賢之宜，於斯而得。大姬戚重，菀丘廣其脂賦；魯元望隆，宣」平崇其井邑。君光膺朝旨，爲使持節綏州諸軍事、綏州刺史。蠃疏上郡，直枕新秦；晉啟諸戎，初馴白」狄。南承鄜衍，北指榆中。宣條之寄，令德攸俟。君褰帷馭俗，下車緝政。時雨霈然，清風自遠。王承在郡，無虧高」轍；阮咸爲邦，亦全勝範。漳濱沉疾，忽別歲時。恩澤昭迴，遠加醫□。又賜□綵二百段，以助鍼藥。痊格」神錫，福自天休。歙州之地，區分揚越。是号名都，路窮□海。詔除使持節歙州諸軍事，歙州刺」史。君惠問遥闡，仁聲先路。龍節共干旄遠臨，鳥旟將伏鹿齊軫。威通丹徼，化洽朱方。然而公主昔年早辭」昌日。苟閨匹婦，猶致傷神。潘媛閒閣，空言情换。雖寒帷隔氣，月簟淹秋；而蒼梧白雲，屢繁愁緒。衡山紫盖，每」送虚陰。熊作川神，虵疑弩色。降年不永，以總章二年二月廿六日卒於歙州之官第，春秋五十有七。嗚呼哀」哉！傳邑里之悽憤，起江山之摇落。馳馹奏聞，悼興宸扆。弔贈之禮，每異常儀。仍造靈轝，兼及傳遞。西」秦黄鳥，遂入哀歌；日南白鴈，先從歸舳。惟君隆棟擒祥，家薪裕美。識由天奬，情因地義。能寄箕裘，資豐丹漆」。早昇才地，高步人倫。沁水擇姻，晉陵選對。獻之門伐，蓁葉垂芳。真長虚淡，築館延寵。兩侍軒陛，再分」符竹。周慎自居，聞令譽於蘭錡；清白無替，振嘉聲於棠陰。御溝與泌水殊津，戚里將素門異轍。扉臨上路，甍」接章臺。晉帝訝其傳觴，漢后驚其製袖。烏栖桂樹，忽怨光沉；鳳下秦樓，俄傷煙去。春風緣隙，幾結長悲；曉露」承簷，能興幽疾。生涯冥漠，神理虚无。始歎焚芝，旋嗟埋玉。子起牧等，寒泉早竭，曾岵遄傾。餘息惸然，長號靡」託。而以公主薨逝，陪葬園陵。今營宅兆，必俟綸誥。瞻天訴哀，叫閽仰德。爰動明」詔，許合泉扃。水向江津，藏二龍於一匣；珍歸鄭客，偶半穀於雙環。粵以咸亨元年歲次庚午十月庚午朔四」日癸酉，遷厝於昭陵之近塋。嗚呼哀哉！欑塗夕啟，祖筵曉撤。背城邑而不追，顧池臺而將絶。崤陵怨」而弥險，湘水悲而逾咽。嗟夕帳之眇然，留遺心於同穴。其詞曰」：

梁山疊趾，伊水增瀾。緒傳金碧，代顯衣冠。於昭祖考，鵬翥虬蟠。傳勳緝素，畫美圖丹。慶伐重光，德門演秀。配」玉呈縝，如蘭含臭。龍堆噴駒，鳳穴驚鸐。莊鍔劍挺，惠車書富。陳丘婉娩，魯館閑華。風禮澹旭，煙灼舒霞。謝混」推譽，王濟承家。春朝弄乙，秋夕迎查。北分幾甸，南臨荒服。風偃絳幨，雨隨丹轂。左言化衽，文身變祝。驥擬絶」塵，鴻將辭陸。生涯不測，靈跡悠然。女娃空化，常娥遂仙。露因寒泣，月幾秋圓。悲關瑟柱，絶似琴絃。情本不忘」，憂乃興疾。海終歸水，山多謝

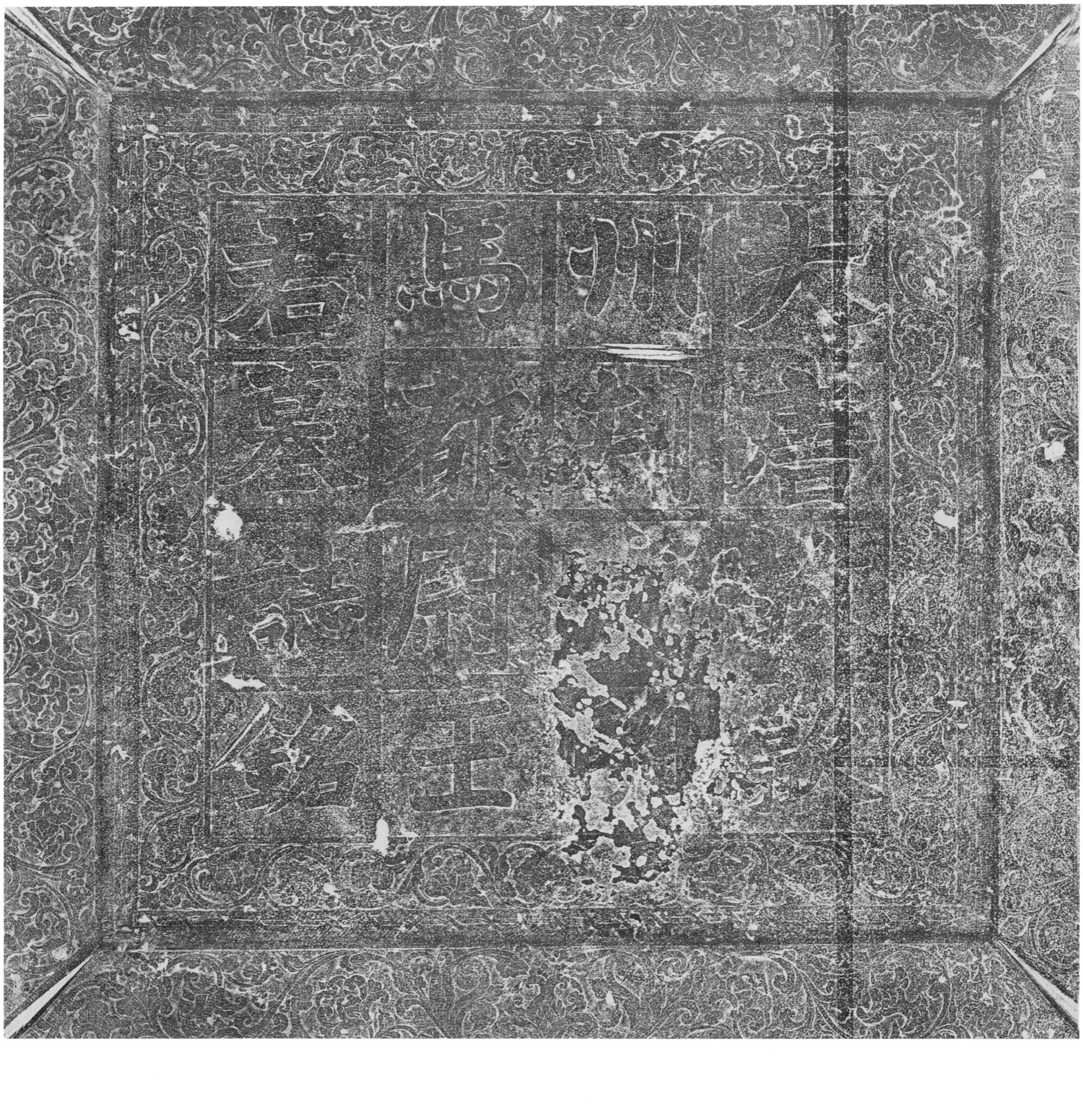

日。越嶠流漣，吴江蕭瑟。鶴弔幽兆，龜謀泉室。龍慌夙展，鼉鼓晨喧。西陵託隧，北」渚邀魂。風初興而穀林動，霧欲起而喬山昏。天壤兮長畢，人事兮寧論」。

蘭臺侍郎崔行功製文

右威衛倉曹參軍敬客師書」

按

誌主王大禮，尚唐太宗第四女遂安公主，《新唐書》有載，極爲簡略。本誌所記大禮行事及世系頗詳，可資考證。又，誌載大禮得以和遂安公主合葬，尚需皇帝下詔，此爲研究當時陪葬制度的重要材料。

撰者崔行功，唐恒州井陘（今河北井陘）人。唐高宗時累官吏部郎中、通事舍人、内供奉。後遷蘭臺侍郎。《舊唐書》卷一九〇有傳。

書者敬客師，官右威衛倉曹參軍。其楷書以二王爲宗，追魏晉之遺風。此誌書體嚴正，風骨兼備，又質樸天然，渾然天成，爲唐楷之佳品。

185.670　斛斯政則墓誌

說明

唐咸亨元年（670）十一月刻。蓋盝形，誌正方形。蓋邊長71厘米，誌邊長72厘米。蓋文3行，滿行3字，篆書“大唐故」斛斯君」墓誌銘」”。誌文楷書51行，滿行50字。蓋四殺飾寶相花紋，四側飾纏枝花紋；誌四側飾寶相石榴花及蔓草紋。1979年禮泉縣煙霞鎮上營村出土。現存昭陵博物館。《全唐文補遺》《陝西碑石精華》《新中國出土墓誌（陝西壹）》《昭陵碑石》等著録。

釋文

大唐故右監門衛大將軍上柱國贈涼州都督清河恭公斛斯府君之墓誌銘并序」

公諱政則，字公憲。其先居于代，今爲京兆鄠人也。原夫繞電摛祥，應天誅於涿鹿；貫昴資聖，括地理而乘龍。故能利建幽都，疏基廣」牧。羽儀北振，擁瀚浦而擅賢豪；翼奉南登，宅洛濱而縻黼黻。具諸圖諜，可略言焉。祖基，随儀同、將軍、上柱國。父倫，随上柱國、驃騎將」軍、鷹揚郎將。並志氣威雄，儀岸偉傑。託以心膂，自懷匪石之忠；授以戎麾，克著沉沙之略。公山岳播氣，河海資靈。汪汪焉，湛黄陂而」罕測；巖巖也，竦嵇峰而直秀。鬱然藝業，卓尔英明。文不尚於雕蟲，武且工於獲獸。慕李將軍之射法，重張太傅之兵謀。豈直烏號六」鈞，獨擅顔高之技；鴈行三令，方成孫武之威。加以鑒澈伏波，識該佰樂。盡四家之妙術，留一顧之奇能。由是美譽荐聞，榮班狎至。随」高祖深加賞睠，擢授皇太子進馬。侍龍鑣於渦水，承鶴盖於伊川。肅影銅扉，流慈玉裕。及煬帝入膺大位，齊王出鎮名藩。方擇令人」，用陪朧子。迺授長上執乘。尋而從擊高驪。甫陟猿巖，預追随於輦轂；即泛鯷壑，仍迅騖於樓船。是翼鸞驂，兼摧鶴陣。雖聆噴玉之響」，無廢摐金之節。以勳授立信尉。大業九年，從至江都，尋追北門宿衛。周廬夜警，控月羽以申威；徼道朝趍，執霜戈而作扞。俄而妖挺」伏鼈，釁起長蛇。朝多莽卓之臣，野聚吴陳之寇。化及包藏禍亂，作孽浸以稽天。居人多被脅從，構逆傾於掃地。公執心忠固，無易歲」寒；勁草貞松，有均其志。及紫宫淪覆，白刃交馳。猶冒艱虞，克全終始。陪奉蕭后，遠届黎陽。委萬死於豺狼，殉一生於犬馬。后既密」懷竄北，公實未議圖南。事起倉惶，忽阻随從。企龍城而斷路，傃龜洛以迷方。泣亂纏許伯之哀，臨岐墜阮宗之涕。方迺上覘東井，思謁」龍顔之君；而近越北邙，奄遭蜂午之寇。庶奉纂堯之化，反嬰暴楚之權。王充得公，甚見優禮。公迹雖是與，而心實背之。徒以鼓柝嚴」扃，望長安而遠日；形留神竦，蔽昏朝而坐霧。太宗長驅七萃，迴出三秦。公即驟拔危城，遠投聖德。竄影風峭之路，方款雲」旗之門。既荷蕭王之坦懷，弥叶成侯之真識。蒙拜護軍府校尉，仍知進馬供奉。昔處僞庭，空恥爛羊之號；逮參英邸，便榮市駿」之恩。于時始定鎬京，且圖河洛。克摧青犢之孽，必俟朱龍之乘。公既甄明五馭，洞該九逸。故得恭承象策，佩浹鴻私。陪百戰於」戎場，仰八陣之英略。或扶危汴渚，邁都護之循舟；或赴難戲亭，譬舞陽之持盾。既而戡翦垓下，廓清海截。疇之以玉帛，賁之以簪裾」。每事撝謙，累蒙賞歎。武德九年，除殿中省尚乘直長。貞觀元年，加授輕車都尉，尋遷員外散騎侍郎、行尚乘直長。參榮五省，分華六」尚。連雲之閣，已構美於潘材；名天之馬，復飛聲於漢櫪。以公望實，兼斯任委。尋以爪牙是重，腹心攸託。典司熊卒，總五校以騰英；作」衛龍扃，統八屯而列要。迺轉右驍衛宜□府右别將，俄遷明威將軍、守右屯衛永樂府折衝都尉。十七年，奉使吐谷渾。渾人越自湟」渚，朝宗貫渭之都。公即祗奉綸言，宣勞羅川之域。騖斯征節，光彼使星。既洽蕃情，頗怡聖慮。十八年，從幸洛陽宫。仍属鳥」夷恃嶮，狼顧不賓。即從龍麾，恭聞豹略。有敕令統百騎，以參六軍。公迺鬻勇前驅，爭鳴剿寇。既成功於拉朽，且命賞以疇庸」。即以勳授右監門中郎將，累加上柱國。廿一年，從幸靈武。廿三年，又從幸翠微宫。夙奉金鞞，恒參玉軑。委質滋永，忠諒益深。竭信武」之確誠，逢漢高之重眄。俄而宫輿晚出，鍾鼓輟音。崆峒之駕莫追，羽衛之儀如在。迺援刀截耳，流血被身。擗地崩心，殆將殞」滅。求之臣節，無以過也。皇上纂膺鳳曆，光啟鴻基。迺睠勳賢，式超名級。除雲麾將軍、行右監門中郎將，累遷左監門將軍。顯」慶二年，又轉右監門將軍，尋奉敕别檢校騰驥厩，兼知隴右左十四監等牧馬事。閶闔洞開，即綰千門之禁；驊騮騁步，仍統十閑」之重。属仙閭望幸，詔蹕言巡。朝萬國於云亭，合百神於岱屺。告成既畢，大賚有加。乾封元年，拜清河縣開國子，食邑四百户。芝渥緘」璽，俯流渙汗之班；茅井疏封，廣洽親賓之伍。至其年冬，又拜左監門大將軍。惟天列位，即顯將軍之名；惟帝分司，仍開驃騎之職。自」非望華人傑，道藹時英；何以克荷崇班，光膺厚秩。尋以公事去職。俄起爲右監門大將軍，勳、封如故。雖懷數馬之慎，且略圖龜之文」。以薄領見誣，遂濫嬰非罪；而憲司丹筆，或未盡於幽微。明主玄鑒，方迺收其理奪。暫屏私室，遽昇寵授。漢忠表譽，有悦王常之」心；霸亭言遊，無懟醉尉之語。方冀威邊靜難，莫踰老臣，而積恙侵齡，旋驚夢竪。罕遇西巖之

大唐故
康府君
墓誌銘

藥，終埋東嶺之魂。粤以咸亨元年五月」廿四日遘疾薨于九成宮之第，春秋八十有一。天子情深震悼，賵襚有加。詔賜陪葬昭陵，資給務令優厚。易名考行」，謚曰恭公。仍贈使持節、都督涼甘肅伊沙瓜番七州諸軍事、涼州刺史。飾終光盛，寵贈哀榮。其生也若浮，奄淪輝於虞谷；其死兮儻」識，庶有奉於橋山。夫人吴興郡君吴興姚氏，即周上開府儀同三司、長壽公僧垣之曾孫，随蜀王司馬最之孫，秘書學士儉之女」也。傳芳八桂，發秀三芝。襲龜組以連華，潤虹珪而成性。披圖鏡史，自稟訓於班庭；懿範貞規，且作楷於梁室。遭家不造，夙罹閔凶。飄」淪七尺之軀，固守三從之節。逮鷄鳴思德，鳳兆宜家。作儷金夫，是彰玉質。鍾有随之版蕩，處僞鄭之危亡。叶贊將軍，攀奉霸府。克」宣内助，永建高名。僖負羈之妻，未足侔其智識；栢谷長之婦，詎可埒其賢明。太宗俯降殊恩，嘗經召問。奉酬天旨，深有」嘉焉。因錫賜珍華，寔榮生里閈。庶謂和琴和瑟，共齊偕老之期；而將樂將安，翻軫棄予之歎。以貞觀廿二年七月廿七日終于玉華」宫之館舍，時年五十有五。蒙賻物優隆，仍降使弔問。惟公渾金表器，璞玉儀形。事主唯罄一心，許友無緘二諾。不祈榮以苟合，直弦」之論攸歸；不忤物以干時，虚舟之懷諒属。策名自久，經夷險而弗渝，歷職居多，挺清勤而弥固。用能上簡天聽，下允人倫。口無」擇言，自標蹊李之德；心無伐善，終留坐樹之名。既此良材，復斯高援。珮蘭珠菊，等茂均芳。而罕駐日車，同悲風燭。曩興嗟於先後，今」遂混於彭殤。兩鶴棲松，忽分枝而墜影；雙鴛集梓，終合壠而依魂。粤以咸亨元年龍集庚午十一月庚子朔十日己酉合葬于醴泉」縣安樂鄉，禮也。青鳥授兆，白馬臨墳。俵郊門而迴引，委甲第而長分。旌韜霧而慘色，笳含風而愴聞。黯矣窮泉夜，愁哉荒壟雲。齊塵」壤兮永畢，獨祁連兮表勳。嗚呼哀哉！有子嗣宗等，陟屺岵而無見，思顧復其何已。訴蒼蒼而感絶，悲去去而安心。儻陵谷之或遷，庶」家聲之可紀。敬纂徽烈，迺爲銘曰」：

玉崗西峙，金峰北連。旁臨渥澤，直望靈川。神駿是産，英髦在旃。華宗弈弈，昌緒綿綿。弼諧恒代，匡贊伊瀍。雲纓遞襲，星弁仍傳。載誕」猗人，挺然秀出。鴻飛騁志，鶴聲召質。宇量深沉，智謀洋溢。王良展妙，養由效術。想援據鞍，慕超投筆。夙招人譽，方隆天秩。摶飆未遠」，視祲遄驚。時鍾道喪，運拒流横。原追走鹿，海激奔鯨。流離寇境，契闊凶兵。迴弃昏孽，驟款皇明。一參藩邸，載荷恩榮。武帳」夕陪，文梍曉侍。分司禁闥，歷綰戎位。入總龍媒，出光鳳使。便繁左右，密勿官次。清畏知天，勤無選地。奉帝惟五，捫心靡二。復紆」良袂，作偶賢裾。方金銑鋈，比玉琳璵。藝華纂組，德茂庭宁。匡夫叶計，名立功書。金墉且拔，石窌還疏。言歡皋雉，遽隔川魚。始愴帷空」，長悲劒隻。忽辞昭景，共歸幽穸。魂自成雙，年無滿百。霧昏松隧，霜凝草陌。誰先誰後，何今何昔。獨有清徽，空留玄石」。

按

誌主斛斯政則，兩《唐書》無傳。史書中有關斛斯政則記載少且簡略，本誌可補闕。其有關唐代地理、職官等内容，亦可據以補正史闕誤。

186.671　趙王李福墓誌

説 明

唐咸亨二年（671）十二月刻。蓋盝形，誌正方形。蓋邊長112厘米，誌邊長113厘米。蓋文5行，滿行4字，篆書“大唐故贈」司空荊州」大都督上」柱國趙王」墓誌銘」”。誌文楷書41行，滿行38字。蓋四殺飾寶相石榴花紋，四側飾忍冬紋；誌四側飾十二生肖圖案。1972年禮泉縣煙霞鎮嚴峪村出土。現存昭陵博物館。《全唐文補遺》《陝西碑石精華》《新中國出土墓誌（陝西壹）》《昭陵碑石》等著録。

釋 文

大唐故贈司空荊州大都督上柱國趙王墓誌銘」

若夫日重月該，前策昭其令緒；青陽昌意，曩系降其靈長。玄丘飛乙，殷有咸宜之慶；岐下螽斯，周傳」則百之美。是故克隆九鼎，光膺三統。皇唐道兼鳳曆，業超麟趾。湯谷之向丹川，十枝分色；南」宮而承北極，五緯聯華。多藝期鵲巢之風，才子輟駿狼之駕。蒼旻不惠，哀如之何」。王諱福，字祐，隴西成紀人也。庭堅卹刑，潛祉昌其祚胤；伯陽上善，道心發其英華」。高祖以撫運龍興」，太宗以戡翦鳳翥。齊光兩曜，配德二儀。載誕明哲，遠符禋祀。王即」太宗之第十一子，楊貴妃之所生也。星津兆慶，弓韣延祥。裸質秀之於玉儀，髫情□之於金鏡。惟天」所貺，莫際神理。三歲，封趙王，食邑□萬户」。天獎幼及，傳訓夙聞。宛委之簡，負黃龍而有問；羽陵之書，侍驊騮而可讀。鼓鍾非□樂之要，俎豆殊」會禮之端。然而混元既談，辯天人之能事；賓筵有述，見王子之風流。年始十三，甫□出閤。尋除秦州」都督，作鎮藩維。玉門關外，雄規自遠；金城郡下，令績方宣。乃除右衛大將軍，近司宮禁。朝夕」帷殿，趨承恩禮。鄜州近畿，復暉綸誥。密迩京室，非親罕居。惠政傍□，弥留」天睠。又除青部，高視海隅。化入龜象，譽霑淮岱。恒山惟岳，是曰大邦；邢國名都，抑稱舊壤。衡漳東瀉」，呼河南直。共杖龍節，遄移驂駕。百□向風，六條有序。汾隰胥宇，山河云固。載泞仁明，用祛螟蜮，遷隰」州刺史。蒨旆攸拂，芃苗畢灑。延卜商之疑汝，縱干木於自驕。細侯非大雅之流，吴起異多聞之客。紫」泥云降，丹帷復徙。詔除梁州都督，近届褒中。良木雲蔚，嘉魚潛躍。漢帝因其王業，蜀將由其」作險。宗懿光臨，允諧望實。鄭武入仕，齊攸居藩。龍□魚□，□階虛鉉。鬼神無心，高明多瞰。景山遂朽」，大梁忽摧。以咸亨元年九月十三日薨於梁州之官第，春秋卅有七。嗚呼哀哉！賓旅長號，蠻陬群慟」。睢水與漢川交咽，猿巖將嶓冢俱秋。馳駬奏聞」，聖情震悼。崇共氣之感，致非常之禮」。詔曰：褒賢紀懿，禮煥國章。悼往申哀，義光彝篆。是以東平告終，晉皇表其榮贈。因心之道，列代攸遵」。故梁州都督、上柱國、趙王福，疏芳日幹，毓彩星津。器懷端確，機神敏悟。翦桐錫社，載循樂善之規；剖」竹開藩，允叶惟良之寄。體忠順而成己，韞廉讓而爲心。固以業藹維城，聲孚列屏。劒門惟險，實資鎮」蜀之功；朱邸方崇，遽輟從梁之駕。睠言永往，震悼良深。宜加恒數，用旌幽壤。可贈司空、使持節大都」督荊硤岳朗四州諸軍事、荊州刺史，餘官封如故。靈柩至京，備禮册命，陪葬」昭陵。賻絹布二千段、米粟一千石。葬日給班劒卌人，羽葆鼓吹及儀仗送至墓所往還，并賜東園秘」器。葬事所須，並宜官給，務從優厚。仍令三品一人攝同文正卿四品一人爲副。惟王德綜如仁，理兼」藝業，黼藻游夏，驅駕閔参。寵隆二極，譽華十子。幼裂豐壤，早擅名區。洧水麗都，淇川疏域。駉」馬流頌，葭豵入詩。在於桂山秋發，梧臺春早。乍煮還丹，時邀仙氣。賦華七澤，異研精於闕文；疊重千」金，寧虛心於置醴。而使上客談其高義，錫類掞其光塵。歎四牡之摧輈，傷六爻之淪鼎。崇」詔葬於徽典，期宅兆於泉穸。子建平王穆等，夙鍾荼蓼，哀纏欒棘。攀穹不追，叩地何有。即以咸亨二」年歲在辛未十二月甲子朔廿七日庚寅奉遷靈櫬，陪葬於」昭陵，謚曰□，禮也。嗚呼哀哉！闢素館於嚴曉，載朱壽於霜晨。騎吹齊咧，鸞輅無塵。辭未央而過馳道」，歷便門而指渭津。鏤笛藏玉，結縷埋銀。随巨海之三變，流遺芳於萬春。其詞曰」：

於赫巨唐，濬哲重光。勳超三代，業跨九皇。枝繁雲紀，緒盛高陽。配天有慶，錫類無疆。帝敏興」跡，禖乙遺祉。潛發靈心，允歸才子。晉分參伐，衛略淇水。闕鞏密須，彤弓旅矢。文昌上將，陝服宗衮。入」綰元

大唐故贈
司空荊州
大都督上
柱國趙王
墓誌銘

戎，出宣政本。三褫箴訟，十朋謀損。遠氣難羈，長瀾不混。脩竹防露，青蘋結風。迴館臨石，高臺作」叢。雨辭楚甸，珠来魏宮。牛以祟發，熊闞夢通。東平贈華，安平禮縟。馬鬣泉遠，龜謀兆促。蠶薄鎔金，魚」鱗雕玉。皋墓三坂，疑山九曲。祖載晨撤，龍輅初辭。宿霧埋鼓，繁霜褱旗。参耕壟怨，灤水泉悲。玄廬可」飾，白日無期」。

按

誌主李福，唐太宗之子，封爲趙王。兩《唐書》有傳。惟正史記載李福爲太宗第十三子，而本誌則云“王即太宗之第十一子，楊貴妃之所生也”，二者有異。另，正史所載李福卒年及死後追封，與本誌所記皆有不同，可考。此誌書法爲上乘之作，筆畫平直，氣勢靜穆，方筆捷勁有力，圓筆渾厚圓潤，將楷書的特點表現得淋漓盡致，體現了歐體特徵。

187.671　越國太妃燕氏墓誌

説明

唐咸亨二年（671）十二月刻。蓋盝形，誌正方形。誌、蓋尺寸相同，邊長均97厘米。蓋文4行，滿行3字，篆書“大唐越」國故太」妃燕氏」墓誌銘」”。誌文楷書50行，滿行48字。蓋四殺飾寶相石榴花紋，四側飾纏枝花紋；誌四側飾纏枝寶相花紋。1990年禮泉縣煙霞鎮東坪村出土。現存昭陵博物館。《全唐文補遺》《陝西碑石精華》《新中國出土墓誌（陝西壹）》《昭陵碑石》等著録。

釋文

大唐故越國太妃燕氏墓誌銘并序」

夫文明演繇，帝妹入飛鴻之祥；景象舒華，軒轅贊貫魚之術。是故五典攸暢，四始鬱興。首涉人倫，肇關王化。若其河魴宋鯉，澗」藻谿蘋。資蕙氣於柔明，發蘭儀之清懿。道苞良袂，德冠含章。佐二南之風流，參兩姚之琴瑟。加以聖善陳訓，懷袖盈慈。勵東平」之碩膚，勖河間之多藝。南史之策，方紬彤管之詞；西陵之澗，俄促青烏之兆。在浚之感空纏，彼蒼之哀何極」。太妃諱□□，字□□，涿郡平昌人也。姜嫄詠初，寒冰薦其禋祀；邵伯聽訟，行露重其宵征。綿颷與梓闕連高，有芑將棠陰並茂」。遂乃星箕分曜，寶符開岳。薊門北上，始建梧臺；勃尾東長，初披碣館。丹攄宿憤，舞陽共荊軻觸秦；蒼折陰謀，楊敞將陳平齊漢」。固已靈源浸遠，峻阯弥崇。曾祖侃，魏車騎大將軍、驃騎大將軍、開府儀同三司、左衛大將軍、楚州刺史、上柱國、陽平郡開國公」。辰象澄華，山川虛受。望歸上鉉，寄總元戎。七澤煽其風塵，兩河開其井邑。市朝亟遠，聲芳可尋。祖榮，周上開府儀同三司、晉州」刺史，随蒲州刺史、揚州總管、邢瀛恒定營幽平檀滄易嬀貝一十二州大總管、左武候大將軍、上柱國、洛叢郡公。天資剛簡，雅」致英明。宦涉兩朝，禮踰八命。出光連率，建侯之術且優；内縮鉤陳，文昌之官增邃。松楸不翦，蘭菊悠然。父寶壽，門籍高華，神標」夷曠。班嗣一壑，前重賜書。楊惲長歌，聊賢趙女。寄貞心於汶上，輕善宦於浮雲。太夫人即随太尉、觀王楊雄之第三女也。太妃」德門昭慶，芳閨薦祉。濯仙氣於潢津，吐圓曜於驪澳。寵豐慈膝而弱不好弄，訓關師氏而幼有成德。沉靜以幽閑縱體，峻節與」簡毅通方。纂組續其妍心，詩書文其婉袖。兄敬嗣，時因稟訓，讀上林賦於前，太妃一覽斯文，便誦數紙。大夫人善其聰令，撫而」異之。年甫十三，香名逾振。家門舅族，戚里分華。禯豔蓁妹，降嬪接軫。遂復光膺禮命，召入後庭。于時業尚賓門，績惟」霸府。内助之美，動多諧緝。及天飛五讓，位正六宫。闢蘭殿而載華，敞椒風而逾馥。貞觀云始，言興綸誥」。詔曰：軒曜垂象，閨庭列位。助宣陰教，取則上玄。爰從古昔，寔惟通典。貴人燕氏，識悟開朗，性履清暢。譽流笄翟，義彰蘋藻。擅美」公宫，移芳椒掖。情深惟舊，宜正恒序，可賢妃。既而瑶筐弄鷁，乍韞雙璜。鏤檻驚熊，方紓雜珮。十八年内，寵命逾隆」，詔曰：二南垂範，王風之所基；六宫分職，陰教之所繫。故能清脁側於九霄，弘禮樂於八表。賢妃燕氏，器懷明淑，志識韶令。地惟」軒冕之華，德備言容之美。夙陪巾櫛，早侍宫闈。幽閑之譽，播蘭芳於彤管；婉嫕之風，流玉潤於紫殿。爰以徽命，寔允茂典，可德」妃。高陽内政，映九嬪而在列；高辛寤求，參四妃以凝化。斯乃纖阿警策，遥助朱羲之光；營室騰文，環麗紫辰之色。然而昔歆帝」敏，早夢惟熊。越王貞，即太妃之所生也。麟趾應多才之福，詵羽育咸宜之慶。永徽踐祚，恩睦宗枝。念同氣於磐石，順因」心於曾屺。詔曰：德妃燕氏，操履貞正，婉順騰芳。德範椒宫，聲華桂殿。宜加徽命，以申朝獎，可越國太妃。太妃嬪訓夙彰」，母儀載闡。自臨藩閫，無遺嚴誨。哲王以金相承顔，諸孫將玉樹分莌。逮乎炯義，爰發懇詞。每以忠孝爲其區域，癈興存其名理」。不肅而成，自家形國。遂使魯衛之政，朱綅與緑竹興篇；荀陳之居，群龍共德星交映。乾封肇歲，肆覲岱宗。射牛燎鵜，千載光其」盛事；秸席芝泥，萬靈薦其繁祉。登封起白雲之瑞，降禪肅黄琮之儀。二聖展圭瓚於孝思，太妃奉褕翟於三獻。宗祀之」貴，於斯而極。至於河洛受圖，甘泉載鼎，必承恩禮，常冠列藩。商丘之阿，有客奏桑林之樂；睢水之上，賢王陳警蹕之容。越王以」明德居宗，此焉闡化；太妃以中宫在慼，燧火旋周。乃赴東都，將申哀喭。途中感疾，奄臻大禍。瑶池水上，忽悲青鳥之音」；珠絡帳前，永絶紫雲之駕。以咸亨二年七月廿七日薨於鄭州之傳舍，春秋六十有三。嗚呼哀哉！宋都鶂退，史過言魯國之憂」；洧水龍沉，子産闕臨川之祭。城邑驚兇，馳馹奏聞」。聖上中宫，覽表哀慟。舊制：諸王太妃，自率常禮。言發中旨，特於別次舉哀。凶事所須，随由官給，務從優厚。仍令工部尚」書楊昉監護，率更令張文收爲副，賜東園秘器，陪葬昭陵。贈物七百段，米粟七百石，儀仗送至墓所往還，特給鼓吹。仍」令京官四品一人攝鴻臚卿監護，五品一人爲副。馳驛晭䢘，典策隆重。東都寺觀，恩敕咸爲設齋。宋州僧尼，行道三日」，度二七良人。中宫爲造繡像二鋪，廣崇淨業，兼製銘文，詞旨絶妙。青編錦字，事超故實。三昧二乘，傍追勝

大唐越國故太妃燕氏墓誌銘

果。始」終之惠，振古莫儔。惟太妃麗則旻遥，令儀景淑。往居髫歲，早喪所天。暨乎有識，遠追哀慕。每鍾忌日，號泣方纏。至如緑芰秋繁」，含櫻春薦，臨旨不御，思形罔極。然而太夫人以高朗之資，隆顧復之念，雖鍾媛重王渾之室，荀氏嬪庾亮之閨，無以仰媲風儀」，式序名教。太妃早居天寵，憑藉義方，是以温恭彰乎夙夜，退讓表乎容色。帷軿不褰，簪珥可象。遂用歷四星而高跱，膺則百以」流貺。在昔慈氏云背，哀毀將滅。窀穸云近，羸疹慇然。絶陰陽之拘忌，申攀號於泉壤。欲報之感，前良不屬。及在藩庭，或降」中旨。時雖疴瘵，拜受無闕。子孫稟命，用爲家範。且絲竹非娱，墳籍起翫。晚年目疾，而令侍御者讀誦属聽而以永日焉。方受三」尊而介福，延百禄而集祉。奄日御以書氛，閲寒泉而告祲。臺蚍成列，廟鳥流音。天宰之賵徒施，自南之風何有。越王懿高齊代」，性踰閔參，躔素序而涉玄英，瞻國門而仰虚棟。備物如在，餘澤不追。創巨與霜露俱深，欒棘共苦苴交賁。龜筮謀吉，宅兆即幽」。粤以咸亨二年歲次辛未十二月甲子朔廿七日庚寅奉遷靈櫬，陪葬於昭陵之近塋，禮也。嗚呼哀哉！玄甲陳兮丹旐」發，辞瓊殿兮背金闕。平原遠兮畢陌寒，洞庭陰兮湘山没。橋嶺入秦，稽峰臨越。託陵墓而方永，傳光靈而不歇。其詞曰」：

業興豐芑，社應甘棠。天街南峻，地脉東長。破齊戰捷，結趙縱强。渤碣源廣，朔塞基昌。顯祖疊隆，神降時桀。因亞槐鉉，紛紜旌節」。金椎貂珥，楊讓輪轍。考栖丹霞，情眇白雪。誕靈素韫，踐慶則餘。分光下婺，孕魄流舒。仙杼臨薄，瑶臺對居。禽珍灌鳥，鯉貴河魚」。窈窕陳詩，公宫習禮。有齋秘淑，煩辱居體。如虞薦琔，喻代嬪邸。仰參軒宿，内佐雲陛。鏘裾夕月，乇錡祠天。當檻授命，御輦推賢」。綢直無爽，婉嫕不褰。禖鷊祥集，郊麟慶延。寵齊廣封，訓魯群藝。訟尊時�，衣言改弊。碣石如仙，淮南多桂。孟母居薄，敬姜名細」。夏啟光業，周誦孝思。情濃親懿，禮遂藩維。社首昭福，平臺展慈。漿銷瓊蘂，稍暴金芝。歸嗲椒庭，星言蘭坂。念葦悽曠，吁僕嗟遠」。繁霜暗零，馳景忽晚。痛瑰成淚，怨玉爲飯。流慘軒室，凝酸帝臺。珠襦表禭，黄腸送哀。恩將顯集，福以冥」来。鮒隅夜敞，夕帳秋開。天人因心，上哲攀標。痛銜如索，哀纏喻蓼。煙霧容車，關河飛旐。閴寂鸞殿，荒涼鴈沼。輤辭華屋，禮盛仙」都。營室屯校，靈鼍震區。山臨紀市，水向蒼梧。嗟一變於巨壑，悲千秋於大鑪」。

按

誌主越國太妃燕氏，爲唐太宗之妃，越王貞之母。兩《唐書》有載。本誌所載其身世尤詳，可補正史之闕。有關唐代后妃制度的内容，亦爲相當重要之材料。該誌從書體風格上看，用筆方圓兼備，歐體特徵明顯，又博采虞、褚之長，其章法布局，錯落有致，賞心悦目，充分顯現出剛健險勁、法度森嚴的歐體風貌。

188.672　牛弘满墓誌

説 明

唐咸亨三年（672）二月刻。誌、蓋均正方形。邊長均50厘米。蓋文4行，滿行4字，篆書“大唐故朝」散大夫玄」都觀主牛」法師墓誌」”。誌文楷書31行，滿行31字。杜踐言撰文。蓋四殺飾纏枝花紋，四側飾波浪紋；誌四側飾纏枝花紋。出土具體時、地不詳。現存西安博物院。《隋唐五代墓誌滙編》《全唐文補遺》《陝西碑石精華》著録。

釋 文

大唐故朝散大夫開府儀同三司玄都觀觀主牛法師墓誌銘并序」

法師諱弘滿，字無逸，隴西成紀人也，因宦長安而家焉。原夫紫氣浮空，識仙才之」始邁；白雲騰景，辯真性之良遊。駕鶴来翔，同塵播於聞野；乘牛戾止，混迹比於臨」池。言象所陳，可而略也。若迺隴坂陵虚，秀氣與煙霞同色；秦川徙望，高蹤共玉石」齊貞。河漢疏源，靈派開於七夜；斗極聯彩，華胄貫於三辰。曾祖遠，周甘州别駕。祖」伯，随蘭州録事參軍。父明，随豹騎領備身校尉。並秀人傑，俱稱家寶。邦國不空，戎」麾且略。法師幼懷雅素，早厭囂塵。年甫十三，辭家入道。伏膺妙旨，高步玄宗。括幽」鍵之樞機，漱微言之瀝液。雅好林壑，尤精攝餌。亟陟名山，多遊勝境。紫書垂露，疏」石壁於高文；丹竈凝煙，溜金泥於秘決。調神水玉，託志流沙。晦博物之生知，陋飛」錢之小術。靈溪千仞，雜地籟以俱吟；神符六甲，與天文而並印。年踰壯齒，甫喪慈」親。毁瘵過於禮經，窮哀震於心骨。五日之内，不入浮漿；三年之中，空餘飲溢。雖勞」息均於雅識，而至性逾傷；聚散在於常期，而因心尤切。神皋奥壤，是曰珍藏；帝里」高門，由多勝侶。法師卓尔孤出，拔萃不群。鋭氣陵霄，沖襟照月。每鑾輿順」動，祇謁宫闈。出入功德，周施顧答。隴西王帝族分枝，天人早秀。降貴交結，味道殷」勤。至若月上桂山，風清竹菀。每輟南皮之務，恒接西園之遊。法師委質和光，虚情」澹水。無違玉醴之賞，且洽金文之會。豈直道存八叟，申密契於劉安；跡邁九天，暢」真遊於魏植。加以貺賜交積，珍翫盈門，前後相資，不可勝數。然而薄己厚物，革侈」循恭。凡有所臻，並持充施。帝城豪傑，戚里貴遊。仰喻馬之高談，挹如龍之盛德。自」維持觀務，積有歲年。無辭伏柱之勞，且叶司關之用。情田獨茂，自託賞於真臺；心」鏡凝華，乃忘懷於負局。觀宇周給，施惠豐饒。家傾金穴之資，人委銅山之贍。門徒」道衆，飲德知歸；異侶緇俗，飡風仰止。暨乎歲椿將晚，朝菌移辰。空驚西域之香，遂」斂東山之魄。以咸亨三年二月一日化于觀，春秋七十有一。弟潤，痛天倫之永隔」，切同氣之斯分。嗟墜石於擔山，泣輿泉於逝水。弟子弘農楊安，陝東高士，關西盛」族。纂業勗四知之訓，承師去三惑之情。號慕靡追，攀援莫逮。以其月十日壬申窆」于長安杜城之原，其塋即法師生平之所預修也。道俗不期而會，俯鄰石槨，即對」秦城。方掩玉棺，遥悲楚隧。敢陳盛烈，敬託銘云」：

隴首金陸，秦庭玉京。雲低朔鴈，石踴池鯨。地多靈傑，國富人英。逸氣孤上，仙姿挺」生。其一。粤自出塵，□徙入道。怡閑習曠，味莊滋老。友洽交蘭，孝纏哀草。峻峙崖岸，從」容襟抱。其二。化凝碧落，道晦丹沙。東田水變，西谷陰賖。解形委壤，遊跡超遐。竹壇低」葉，桃源落花。其三。伊余令弟，在原斯急。惟彼門人，訴穹何及。絳河夜遠，玄霜曉泣。貞」琬或殘，高風永立。其四。

幽素承務郎京兆杜踐言撰」

按

誌主牛弘滿，道士，玄都觀觀主。兩《唐書》無載。誌所載其家族譜系、生平履歷等，對研究唐代道教有一定的史料價值。

189.673　夏侯絢夫人李淑姿墓誌

説明

唐咸亨四年（673）二月刻。蓋盝形，誌正方形。誌、蓋尺寸相同，邊長均56厘米。蓋文3行，滿行3字，篆書“大唐故」李夫人」墓誌銘」”。誌文楷書29行，滿行30字。蓋四殺及四側飾纏枝花紋。1941年蒲城縣興鎮出土。現存蒲城縣博物館。《隋唐五代墓誌滙編》《全唐文補遺》《新中國出土墓誌（陝西壹）》著録。

釋文

大唐故睦州刺史夏侯府君夫人李氏墓誌銘」

夫人諱淑姿，字容尚，隴西成紀人也。原夫如馬涵英，騰芳月軌；猶龍湛秀，韞□」星都。亦有望美神仙，横三翼而遊翠渚；譽華桃李，摧十角而乘紫漠。芝蘭之室」，鴻胄相趍；江漢之靈，象賢繼軌。曾祖彦士，魏尚書左丞、黄門侍郎、尚書、侍中、開」府儀同三司、平陽郡公。祖昪明，周使持節車騎大將軍、儀同三司，隋尚書左丞」、司農、太府卿、康始渭齊鄧兗六州諸軍事六州刺史、郰縣公。並道峻生靈，業標」宗匠。德流河潤，化穆冬卿。臧文推其不朽，鄭僑結其遺愛。父仁政，隋京兆郡長」安縣令，襲爵郰縣公。氣幹標舉，英姿沉毅；惠敷遺詠，道秀當時。寄隆天邑，聲華」籍甚。夫人巖松擢秀，畹蕙舒翹。低夢影而辭雲，曳仙光而下月。撤環崇孝，擢性」府於天真；推珠置美，控情圖於地義。桐枝寫韻，遽識瓊絃之断；柳絮飛華，遠圖」瑶霰之色。研詩顧禮，軼跡豐妻；染菀凌魚，儔蹤展妹。吹臺含曉，流聲滿鳳籥之」前，織室驚秋；洽藝溢鴛機之外。遂得聯章宋鯉，比詠齊魴。紃組蘋蘩，夙稟母儀」之訓；柔明婉嫕，懸符女史之箴。爰洎待年，歸于鼎族。公亦廣詢令淑，方事好仇」。作嬪通德之門，結其齊大之偶。榮從翟服，禮備魚軒。光貽石窌之封，寵列延鄉」之地。尋拜黄安郡君，以彰有德。夫人表謙恭而沃盥，節微步以鳴環。言必考於」元姑，動無違於禮防。故能祚延後葉，德洽于家。謝玉生庭，韋珠耀掌。断機崇訓」，忻從輕輦之遊；廣被宣慈，驟履長筵之慶。方期享兹五福，終養萬鍾。豈謂露薤」俄晞，風枝永感。高堂漏盡，空留孝子之泉；閲水年深，轉切梁山之雨。以咸亨元」年十一月十六日遘疾弥留，奄然薨逝，春秋六十有八。嗚呼哀哉！長子秦州伏」羌縣令慶道等，日窮先遠，哀纏罔極。啟滕室而招魂，列原阡而永厝。粤以」大唐咸亨四年歲次癸酉二月丁巳朔廿八日甲申合葬於同州蒲城縣先君」之舊塋，禮也。二子撫厚地以崩心，援曾穹而灑泣。蓼莪之痛，空没齒而無追；松」檟之悲，庶終天而猶結。敢旌泉户，迺作銘云」：

堯臣遠系，姬史餘苗。家傳玉鉉，代襲豐貂。芳猷靡絶，慶緒逾昭。芝田吐秀，桂菀」分條。仙婺資靈，宵娥降嫕。情冥婉順，體兼柔克。班誡内凝，張箴外則。言崇四教」，行彰三德。爰歸鼎族，肅承君子。淑慎成性，怊悵容止。内切紘綖，上徵禋祀。嬪政」攸輯，母儀載理。秦晉斯匹，潘楊代親。情均曩好，義冠前姻。偕老齊畢，同穴即□」。神物爲偶，詎俟延津。才子寔生，功劭名闈。聿遵孝思，仰崇徽典。窀穸戒期，山川」倏踐。夜臺泉馳，佳城日淺。罔報蓼莪，徒攀聖善」。

190.673　房陵大長公主墓誌

大唐房陵大長公主墓誌銘并序
咸亨四年十月廿一日

説明

唐咸亨四年（673）十月刻。蓋盝形，誌正方形。蓋邊長88厘米，誌邊長89厘米。蓋文4行，滿行3字，篆書“大唐故｣房陵大｣長公主｣墓誌銘｣”。誌文楷書30行，滿行30字。蓋四殺飾寶相花紋，四側飾纏枝花紋；誌四側飾纏枝花紋。1977年富平縣杜村鎮雙寶村出土。現存富平縣文廟。《隋唐五代墓誌滙編》《全唐文補遺》《富平碑刻》等著録。

釋文

大唐房陵大長公主墓誌銘并序｣

若夫在天成象，珠連帝子之星；在地成形，蓮聳天孫之岳。固乃垂芳素簡，韞美｣緗圖。仙鳳發其嘉猷，河鯉揚其淑問者矣。公主諱某，隴西城紀人也｣，景皇帝之孫，太武皇帝之第六女也。稟神婺之姿，挺仙娥之質。孕麗水｣之金府，播瑶池之玉英。尔其受訓金牀，承華繡褓。少女微風，時拂清河｣之樹；高樓妙曲，還臨棲鳳之桐。泛蘭吹以藻芳猷，貽蕙問而流雅範。敦詩悦禮｣，照史披圖。文場翰□之奇，體物緣情之妙。故知班姬掞藻，遠謝詞條；左嬪彤筆｣，深慙麗則。於是魯郊築館，寵兼湯沐；齊侯執組，禮冠穠華。武德四年歲次辛巳｣十一月甲申朔二日乙酉，封永嘉公主，降于竇氏。既而琴瑟調乖，如賓敬闕。永｣徽五年，改封房陵大長公主，降于賀蘭氏。靈兑仙閨，下鎮陽臺之嶺；天津玉杼｣，俯抽園客之絲。允穆中饋，寔光沼沚；踐言履行，豈曰師資。磬周折旋，必貽来範｣。甲第□□，擅戚里之貴；魚軒鳳轄，叨下嫁之榮。而舉案齊眉，移天之義無爽；捧｣匜沃盥，巾櫛之□不違。古稱賢哲，無以加也。哀纏朝哭，翻傷對影之鸞；旭日將｣昇，遽慘随軒之鴈。瑶峰落構，淚竹空傳；桂浦淪波，孤舟獨在。加以賙親之施，載｣洽宗姻；教子之方，義弘芳訓。属鑾駕龍旂，凉宫清暑，魚軒鶴盖，扈從岐｣陽。實謂永保期頤，延慈顔於膝下；豈悟高春落照，促日馭於曦庭。痛切風枝，哀｣纏陟屺。以咸亨四年閏五月三日薨於九成宫之山第，春秋五十有五。嗚呼哀｣哉！桂月徘徊，永絶金娥之影；榆星曜彩，長淪寶婺之暉。嗚呼哀哉！悼深｣旒扆，恩隆詔葬，賵贈有加，寔光恒典。即以其年十月四日陪葬於獻陵｣。卜遠戒期，神轜奄撤；容衛夜警，虞歌曉結。背城闕而疊鼓喧，指原塋而繁簫咽｣。覩落日之蒼茫，聽松風之悽切。恐陵谷之遷變，庶長存於芳烈。勒金石於泉門｣，與蘭菊而無絶。嗚呼哀哉！乃爲銘曰｣：

構天鍾慶，承乾纂系。誕此川靈，柔姿凝叡。性苞霏露，氣芳蘭蕙。婺開星柳，娥生｣月桂。榮光湯沐，禮縟王姬。築館于外，百兩言歸。宵雲毓彩，朝日凝暉。音猷允塞｣，嘉聲載飛。既稱賢淑，亦言高行。稟性幽閑，因心孝敬。敬姜博遠，班昭詞令。肅恭｣中饋，虔脩粢盛。正位騰芳，宜家播美。螽蟖在詠，芙蕖出水。龍劒忽沉，鳳桐半死｣。考行作謚，銜哀成誄。聲芳戚里，譽飛蘭室。扈從雲軒，陪遊天畢。與善無｣驗，返魂寧實。夜川閲水，驚風落日。靈駕首塗，虞歌喝路。佳城暫啟，泉扃永固。孝｣笋摧枝，馴禽棲墓。空餘懿範，傳諸縑素｣。

咸亨四年十月廿一日｣

按

誌主房陵公主，唐高祖李淵第六女，始封永嘉公主，改封房陵大長公主。《新唐書》有載。本誌與《新唐書》及《唐會要》所載内容多有不合，可互補互正。

191.675　阿史那忠墓誌

説明

唐上元二年（675）十月刻。蓋盝形，誌正方形。誌、蓋尺寸相同，邊長均77厘米。蓋文6行，滿行5字，篆書“大唐故右驍」衛大將軍贈」荊州大都督」上柱國薛國」公阿史那貞」公墓誌之銘」”。誌文楷書44行，滿行44字。崔行功撰文。蓋四殺飾寶相石榴花紋，四側飾纏枝花紋；誌四側飾寶相石榴花紋。1972年禮泉縣煙霞鎮西周村出土。現存昭陵博物館。《全唐文補遺》《陝西碑石精華》《新中國出土墓誌（陝西壹）》《昭陵碑石》等著録。

釋文

唐故右驍衛大將軍兼檢校羽林軍贈鎮軍大將軍荊州大都督上柱國薛國公阿史那貞公墓誌銘并序」

公諱忠，字義節。其先代人，今爲京兆之萬年人也。若夫玄珪拱揖，有夏之苗裔克昌；緑車見迎，盛漢之内戚恩重。帝」系緜遠，受氏靈長。鑄鼎餘業，椒房令緒。三古不忘，六籍斯著。曾祖大原，祖邕周，並本國可汗。自晉氏浮江，魏朝入洛」，溟海南絶，天街北臨。靈命有歸，代雄朔野。玉門金丘之下，咸申贄幣；榆關柳塞之陰，並從疆理。父蘇，左驍衛大將軍」、寧州都督、懷德元王。英姿天挺，偉量傑出。皇唐啟運，聖武君臨。掩頓八紘，囊括四海。王早圖去就，預」辯興亡。歸誠真主，遂荷恩渥。擬宋開國，非劉而王。公河岳韞靈，辰象流慶。克岐克嶷之性，然於所然」；事君事親之方，得於自得。瓌材體峻，絶節神凝。雙戟兩鞬之奇，占風視日之秘。穀城黄石，暗入於兵符；南林白猿，遥」傳於劒術。武德之日，元王結款」太宗，公時則綺襦，早蒙謁見。及貞觀云始，塞北乖離，公誘執頡利可汗而以歸國。蒙加寵命，授左屯衛將軍。年踰志」學，遂參禁衛。尋降穠華，婚定襄縣主。賜以甲第，賞眄特隆。又加上護軍，用奬戎秩。元王薨背，哀窮荼蓼，金革爲重。有」詔權奪，復居本職。服闋，襲封薛國公。新秦臨邊，控帶戎夏。十一年内，檢校長州都督。聖駕雷動，問罪東夷。公」銜命風馳，慰撫西域。旌懸泑澤，騎越蔥河。處月焉耆，共稽王略。公揚威電擊，諸戎瓦解。前庭寶馬，驅入陽關」；罽賓飛鸞，將充禁籞。遼東奉見，詔隆奬飾，仍授上柱國。侍輦幽燕，言過汾晉。于時延陁犯塞，羽檄紛然。公馳」驛赴救，事寧而返。蜂蟻復集，風塵大驚。詔率前軍，應時摧殄。延陁遂滅，漠北以空。遷右武衛大將軍，賜金銀」器物十事、繒綵五百匹，錢廿万。林父剋狄，方賜家臣；魏絳和戎，亦分金奏」。太宗晏駕，攀髯靡及。送往事居，情禮兼遂。蒙委心腹，屯兵禁苑。陵墓事終，解嚴復職。自今上居極」，恩遇弥重。永徽中，丁太妃艱，不堪號慕。降旨哀譬，仍令起服，爲左武衛大將軍，尋遷右驍衛大將軍。屬興師」遼碣，以公爲使持節長岑道行軍大總管。元戎長驅，天威遐暢。三山因之而波蕩，九種以之而震驚。契丹在」白狼之東，居黄龍之右。近侵卉服，外結烏夷。公迴師誅翦，應機殄滅。虜獲万計，三軍無私。蒙賞縑帛，仍於羽林軍檢」校。鈎陳之對南宫，羽林之通北落。心膂之切，惟公是先。總章元年，吐蕃入寇，拜使持節青海道行軍大總管。長策遠」振，群凶竄跡。武賢不捷，充國徒淹。西海諸蕃，經途萬里，而有弓月扇動，吐蕃侵逼。延壽莫制，會宗告窘。以公爲西域」道安撫大使兼行軍大總管。公問望著於遐迩，信義行乎夷狄。饗士丹丘之上，飲馬瑶池之濱。夸父驚其已遠，章亥」推其不逮。范文後入，情不論功；馮異却坐，事非飾讓。奉蹕東京，承顔北闕。鬼神多爽，蒼旻不惠。漢帝玉盃，餘」歡未絶。魏君丸藥，仙氣無徵。暴疾遂興，奄然捐館。以上元二年五月廿四日薨於洛陽尚善里之私第，春秋六十有」五。嗚呼哀哉！聖情震悼，朝倫驚嗟。吴漢云亡，延篤述其天寵；李廣長逝，史遷言其遺悲。自於初終，及之殯殮」，中使頻降，賵襚隆厚。詔曰：故右驍衛大將軍阿史那忠，貔貅□□，□任於專征；心膂攸資，寄深於禦侮。匪躬」之操，在暮齒而弥隆；奉上之誠，歷歲寒而逾劭。而光陰不駐，舟壑遽遷。宜被哀榮，式旌幽壤。可贈鎮軍大將軍、使持」節大都督、荊岳硤朗等四州諸軍事、荊州刺史，餘並如故。賻絹布七百段、米粟七百石，賜東園祕器。凶事葬事，並宜」官給，務從優厚。仍陪葬昭陵，儀仗送至墓所往還。惟公天然愛敬，縱情融朗。未學而學，求仁則仁。昔在幼年」，早逢多故。見幾而作，立事非常。遂得寄切蘭錡，禮華蓁葉。東征北伐，西撫南馳。經營四方，遠詠三捷。在其寬乃容衆」，信必覆言。驅策兩朝，周旋四紀。蘭池近出，便侍玉輿。長楊騎歸，常參羅薦。若其御溝通水，上路開扉。六佾分行，驷鐵」齊首。秋天露早，春日風初。每惆悵於賓筵，時留連於酒德。高朗令終之美，啟手啟足之規。垂之話言，事先儉薄。夫人」渤海李氏，随户部尚書雄之孫，齊王友珉之女。母京兆韋氏，鄖國公孝寛之孫、陳州刺史圓成之女。夫人又紀王慎」之同母姊也。椒庭藉寵，□封定襄縣主，詔以妻公焉。宋鯉齊魴，金聲玉潤。仙露俄盡，神香不然。昔以永徽四」年薨，先葬於昭陵之下。子太子僕暕等，門緒高華，風儀秀逸。天資孝友，習兼文藝。創巨潛及，穹蒼莫追。粤以」上元二年歲次乙亥十月辛未朔十五日乙酉奉遷靈櫬，合葬於昭陵之塋。謚曰貞，禮也。嗚呼哀哉！展靈驂」於關谷，託遺榮於□墓。指畢陌而超遥，辭洛城

大唐故右驍
衛大將軍贈
荊州大都督
上柱國薛國
公阿史那貞
公墓誌之銘

而顧步。氣清蟬晚，秋深鴈度。怨湘水之微瀾，悲穀林之踈樹」。尚屯騎士，方成武庫。唯□德而可傳，亦何人而不故。其詞曰」：

燭龍光遠，畢昴星懸。柳塞□地，蔥河隔天。抗衡軒日，戰勝周年。崇基偃蹇，复緒蟬聯。乃降精靈，是生奇桀。九飛毹羽」，千里浴血。因心孝慈，克己□節。衛律初死，休屠新滅。言歸鳳闕，遂叶龍顏。上肅雲扆，仰排星關。朝鮮」旆入，踈勒麾還。蹊謡廣樹，□諫雲攀。羽林營近，便門輦出。雍畤驅麃，渭橋先蹕。諷疑役鬼，心驚觸瑟。釀玉歡長，簉羅」宴密。樹接小苑，門向廚城。池含秋色，鳥變春聲。雲過鈿黛，風雜絲笙。蜉蝣可薄，蟋蟀無輕。高明必瞰，仁智同泯。秦穆」亦然，魯聲忽盡。禮緣恩縟，旐随痛軫。盧山墳高，玄甲陣引。魂歸八水，路入三湘。紫氣龍匣，白雲帝鄉」。山河悽斷，原隰芸黄。千秋兮萬恨，泉深兮水長。

秘書少監清河崔行功撰」

按

誌主阿史那忠，唐時東突厥人。《新唐書》卷一一〇有傳，《舊唐書》卷一九〇有附傳，但記載均過于簡單。此墓誌可補充正史之不足。另，墓誌對阿史那忠夫人定襄縣主之族系和阿史那忠之子暕之任官等敘述，亦可與史籍記載互補。該誌楷書結體嚴謹，姿態秀麗，爲唐楷之佳品。特别是蓋文書體爲陽文篆體，仿摹古體，整齊對稱，在唐代墓誌中少見。

撰者崔行功，據《舊唐書·崔行功傳》載，崔行功上元元年卒，但撰此誌時爲上元二年，當有一誤。

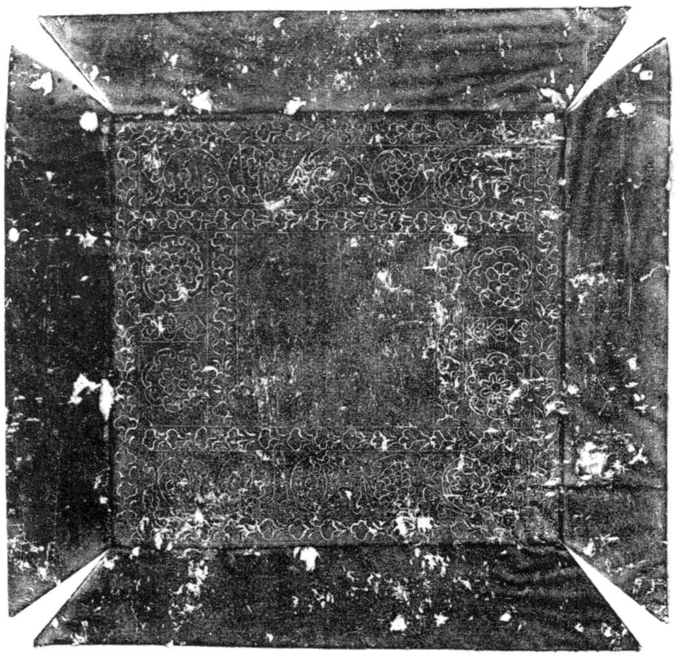

192.675　傅揩墓誌

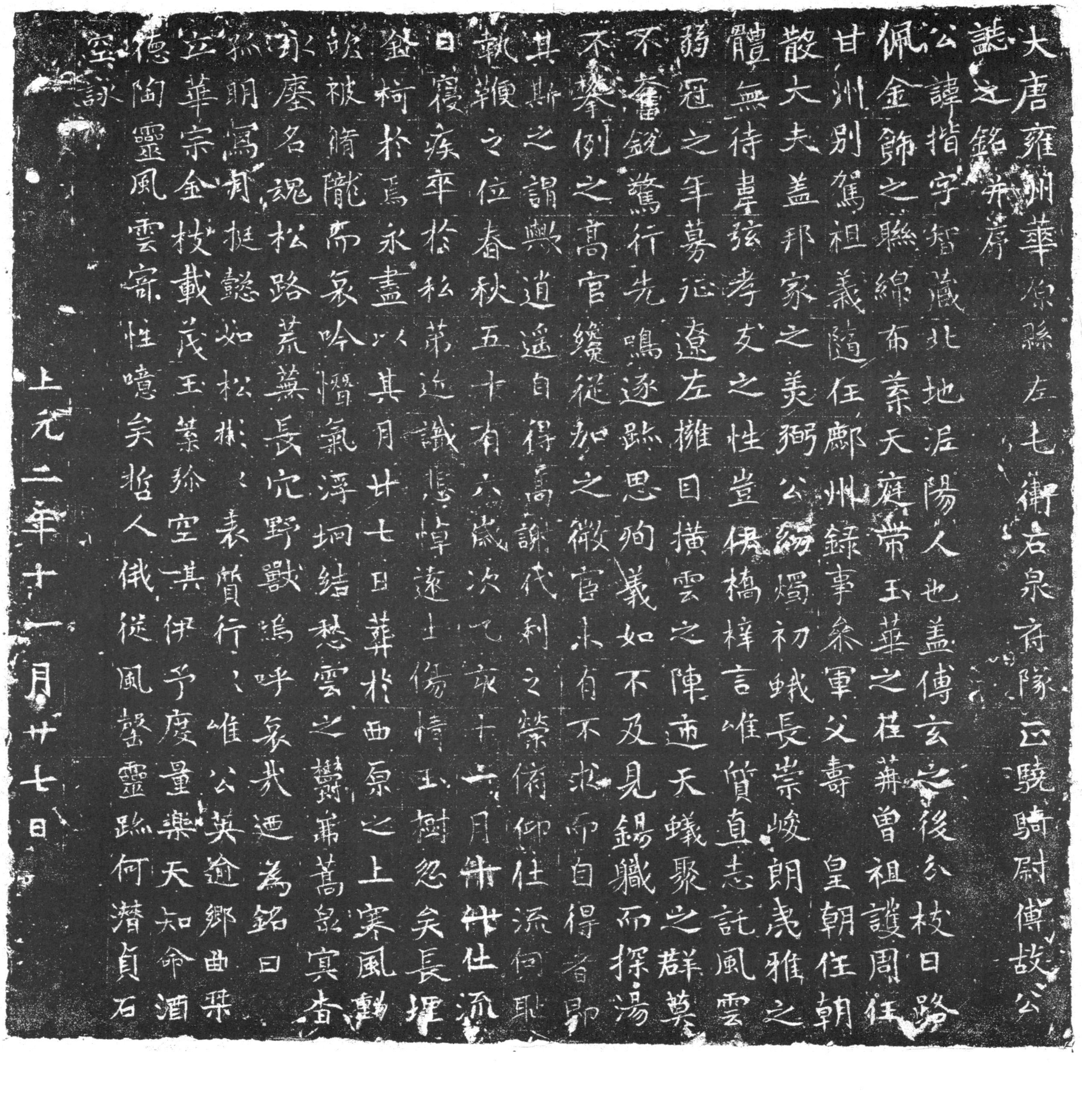
大唐雍州華原縣左七衛右泉府隊正驍騎尉傅故公
誌之銘并序
公諱指字智藏北地泥陽人也蓋傅玄之後公枝日路
佩金飾之聯綿布素天庭帶玉華之荏苒曾祖護周任
甘州別駕祖義隨任鄜州錄事參軍父壽皇朝任朝
散大夫蓋邦家之美獨公紹燭初蛾長崇峻朗亮雅之
體無待韋弦孝友之性豈伊橋梓言惟質直志託風雲
務冠之年募征遼左攡目撗雲之陣迊天蟻聚之群莫
不奮銳驚行先鳴逐跡思殉義如不及見錫職而探湯
不攀例之高官纔從加之微官未有不求而自得者郎
其斯之謂歟道遥自得高謝代利之榮脩仰仕流何恥
執鞭之位春秋五十有六歲次乙亥十一月卅廿仕流
日寢疾卒於私第近識悲悼遠士傷情玉樹忽矣長埋
金柯於焉永盡以其月廿七日葬於西原之上寒風動
於被脩隴而哀吟慘氣浮坰結愁雲之鬱霈萬象冥杳
永塵名魂松路荒蕪長穴野獸鳴呼哀哉迺為銘曰
孤明寫月挺懿如松森森表質行行唯公英逾鄉曲梁
立華宗金枝載茂玉葉孫空其伊予度量樂天知命酒
德陶靈風雲寄性噫矣哲人俄從風磬靈蹤何潛負石
空詠
上元二年十一月廿七日

説 明

唐上元二年（675）十一月刻。誌青石質。蓋盝形，誌正方形。誌、蓋尺寸相同，邊長均45厘米。誌文楷書21行，滿行21字。蓋素面，四殺飾纏枝寶相花紋。此碑係剜改前碑而成，剜改痕迹較爲明顯。2006年銅川新區陽光小區出土。現存銅川市考古研究所。

釋 文

大唐雍州華原縣左屯衛石泉府隊正驍騎尉傅故公」誌之銘并序」

公諱揩，字智藏，北地泥陽人也。盖傅玄之後。分枝日路」，佩金飾之聯綿；布葉天庭，帶玉華之荏苒。曾祖護，周任」甘州别駕。祖義，隨任鄜州録事參軍。父壽，皇朝任朝」散大夫。盖邦家之美弼。公幼燭初蛾，長崇峻朗。夷雅之」體，無待韋弦；孝友之性，豈伊橋梓。言唯質直，志託風雲」。弱冠之年，募征遼左。擁目横雲之陣，匝天蟻聚之群，莫」不奮鋭驚行，先鳴逐跡。思殉義如不及，見錫職而探湯」。不攀例之高官，纔從加之微宦。未有不求而自得者，即」其斯之謂歟！逍遥自得，高謝代利之榮；俯仰仕流，何耻」執鞭之位。春秋五十有六，歲次乙亥十一月十七仕流」日[1]，寢疾卒於私第。近識悲悼，遠士傷情。玉樹忽矣長埋」，金柯於焉永盡。以其月廿七日，葬於西原之上。寒風動」吹，被修隴而哀吟；慘氣浮坰，結愁雲之鬱茀。蒿泉冥杳」，永瘞名魂；松路荒蕪，長穴野獸。嗚呼哀哉！迺爲銘曰」：

孤明寫月，挺懿如松。彬彬表質，行行唯公。英逾鄉曲，栞」立華宗。金枝載茂，玉葉彌空。其一。伊予度量，樂天知命。酒」德陶靈，風雲寄性。噫矣哲人，俄從風磬。靈跡何潛，貞石」空詠」。

上元二年十一月廿七日」

校勘記

①十七仕流，“十七”係剜改而爲，“仕流”二字與誌文上下不符，當爲原碑文字。

193.676　程倫墓誌

説 明

唐上元三年(676)二月刻。誌正方形。邊長50厘米。誌文楷書26行，滿行27字，有界格。西安市三橋村出土，具體時間不詳。現存陝西歷史博物館。《全唐文補遺》著録。

釋 文

大唐故宣德郎皇太子侍醫程府君墓誌銘」

若夫圓員方足，法象配乎二儀；丹心玄賢，色貌均乎五位。而能洞□□」之虚實，究藥木之酸鹹，軼蒼扁以孤騫，聳岐緩而遐翥者，於程府君見」之矣。公諱倫，字達理，小名桃棒，京兆郡人也。後以慕第五伯魚之□，更」名倫焉。其先蓋春秋程伯休之裔。爾後枝分脉散，派邑遷居。遠祖徙關」中，又爲長安人矣。若乃琱戈懋緒，鼎胄膏粱，得酣醉於醇醪，擅偃波於」池墨。氤氲疊彩，舄弈重光。備諸緗簡，故略言矣。大父伯，皇朝監門直」長、甘棠公。夙掌宸闈，聿宣嚴扆。苴白茅而錫命，熹黄土以褒庸。顯」考誥，皇朝太醫監。術妙秦和，業光元化。鏡孫胳之經合，照營衛之奇」邪。公解蘊自天，棟隆堂構，象賢紹德，幹蠱攸歸。起家太醫正，又遷太醫」丞、宣德郎，轉任太子侍醫。管貳是司，總黄神之祕録；承華有奉，侍青宫」而進道。既而譽充遐徼，軒盖連陰，聽溢皇圖，輜軿接轄。於是調言九候」而揚義，體膚腠之輕痾；濟三品以宣仁，達膏肓之沉痼。方期弼我丹」掖，克播玄猷；拯彼黔愚，光兹素履。遽而夜舟俄徙，促箭水以翻波；隙影」不留，逸奔曦而掩色。以上元二年十二月遘疾終于延壽里第，春秋五」十有五。兩□興懷，四俗悲涼。人百九原之恨，物軫三泉之痛。以上元三」年二月五日歸葬於帝城西郊龍門之鄉，禮。梁氏感所天之奄翳，罕孤」藐以承宗，更切荒襟，實深恒慕。今繢輀將徙，蒨旆言征，翠櫝遥臨，白楸」行閟。慮碑沉漢瀲，泉臺無可紀之期；槨出滕郊，陵谷有賀遷之日。故乃」勒兹貞礎，置彼窮埏。嗚呼哀哉！重爲銘曰」：

一氣肇分，三材已位。方履圓戴，是生情僞。燥濕暄寒，大患成累。火帝土」后，濟其湑墜。其一。粵有先達，明陰洞易。續筋刮骨，剖腹探腸。易貌迴慮，神」妙無方。誰其繼響，伊我程良。其二。趍侍瑣階，毗揚棘署。爰祖迺考，鴻騫鶴」翥。赤墀簡帝，青宫動慮。冀享遐齡，輔仁何著。其三。眇焉主祭，煢疚胡依」。念鴛衾而沫涕，想鸞鏡以魂飛。期輕生以守義，誓畢死以同歸。勒貞瑶」於穸户，庶雅量以長暉。其四」。

按

誌主程倫，唐太子侍醫，正史未載。據墓誌所記，程倫父誥爲太醫監。本誌爲考察唐代醫官制度之重要文獻。

194.676　李法滿墓誌

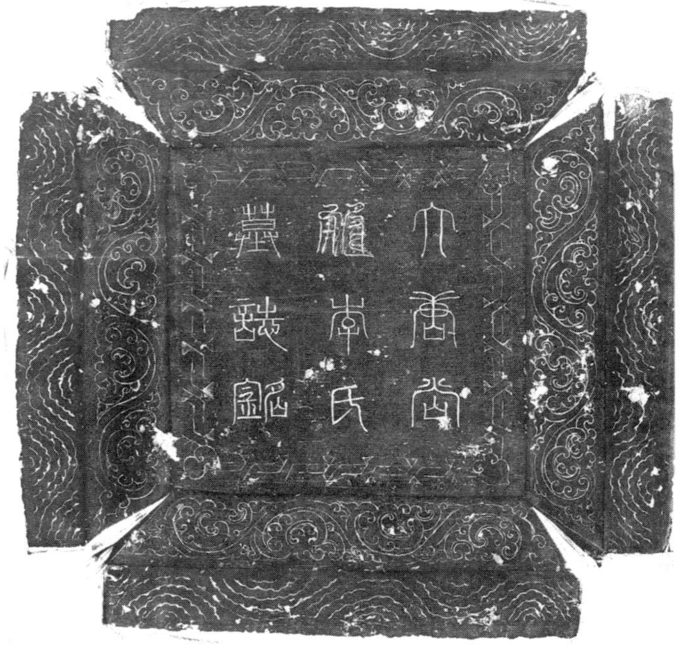

大唐故李氏墓誌銘

前尚服李法滿墓誌銘并序

尚服李法滿者，不知何許人也。貞慎為性，柔賢著義，奉宮掖之閑遊，掌山龍之法服。而光陰不駐，舟壑俄移，以上元二年四月廿七日亡，春秋七十有八。有勑喪事葬事所須，並令官給。以上元三年四月廿三日葬於萬年縣崇道鄉界，禮也。其銘曰：

紫宮夙奉，褰服是司。賢明其德，婉順其詞。恩歇不再，脆促成悲。黃壚永入，白日長辭。

説 明

唐上元三年（676）四月刻。蓋盝形，誌正方形。誌、蓋尺寸相同，邊長均58厘米。蓋文3行，滿行3字，篆書“大唐尚」服李氏」墓誌銘」”。誌文楷書12行，滿行13字。蓋四殺飾寶相花紋，四側飾波浪紋；誌四側飾寶相花紋。西安市出土，具體時、地不詳。現存西安博物院。《隋唐五代墓誌匯編》《全唐文補遺》著録。

釋 文

前尚服李法滿墓誌銘并序」

尚服李法滿者，不知何許人也。貞」慎爲性，柔賢著美。奉宫掖之閑遊」，掌山龍之法服。而光陰不駐，舟壑」俄移。以上元二年四月廿七日亡」，春秋七十有八。有」敕喪事葬事所須，並令官給。以上」元三年四月廿三日葬於萬年縣」崇道鄉界，禮也。其銘曰」：

紫宫夙奉，衮服是司。賢明」其德，敏順其詞。恩猷不再」，脆促成悲。黄墟永入，白日長辞」。

按

尚服爲唐代職官名。唐設尚服二人，官五品，掌供内服用采章之數。此誌出土地域不詳，據墓誌“葬於萬年縣崇道鄉界”，當出土于今西安市東郊郭家灘一帶。

195.676　懷德縣主墓誌

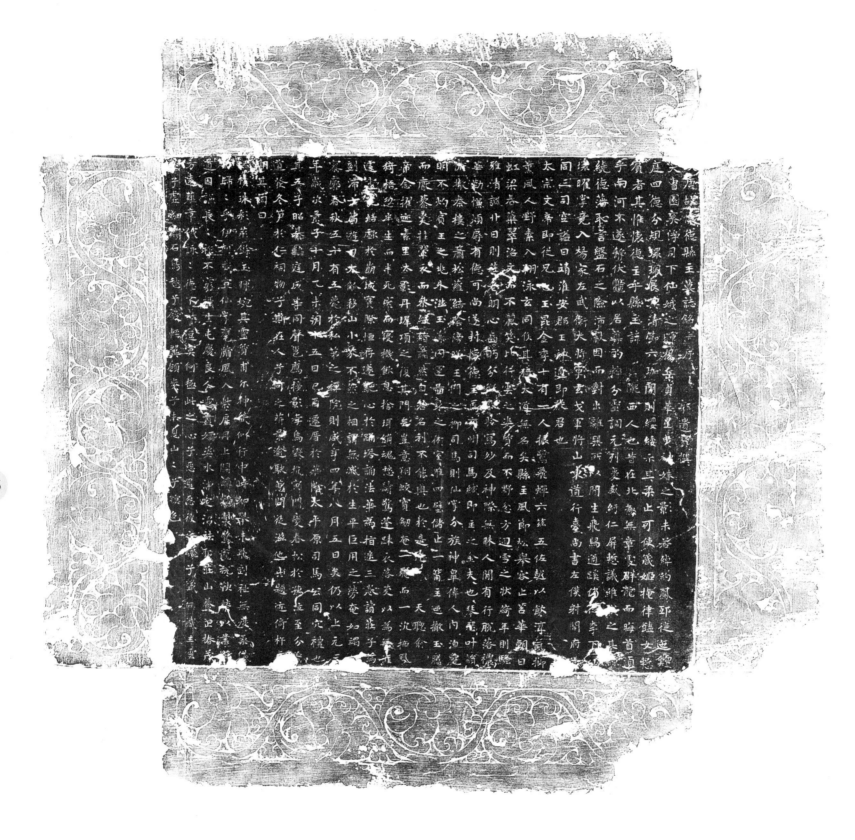

説 明

唐上元三年（676）十月刻。蓋盝形，誌正方形。誌、蓋尺寸相同，邊長均54厘米。素蓋。誌文楷書30行，滿行30字。誌四側飾寶相花紋。1968年華陰縣東垣出土。現存西安碑林博物館。《隋唐五代墓誌滙編》《全唐文補遺》《華山碑石》著録。

釋 文

大唐故懷德縣主墓誌銘并序

郭遺寶撰」

夫曹園爽淨，月下仙娥之暉；楊岳貞華，星曳神姝之影。未若綽約鳳邸，徙迤䆳」庭。四德分規，環珮展其清節；六珈開則，纓綏示其柔止。可使箴姬掩律、饁女慙」賓者，其惟懷德主乎。縣主諱□□，隴西人也。昔在北極無章，處群龍而晦首；須」乎南河不遂，靜伏鼈以居尊。酌粹分靈，調元列慶。威紆仁屏，慙議維城之基；繚」繞德藩，恥言磐石之險。沛獻因而對出，離巽所以間生。飛舄通蹊，仍從李下；□」環曜掌，竟入楊家。左武衛大將軍、玄戈軍將、山東道行臺尚書左僕射、開府儀」同三司空、謚曰靖、淮安郡王神通，即嚴君也」。太宗文帝即從兄也。玉昆金季，十有一人。振鸞飛蟬，六茲五佐。越以飲淳氣，櫛」薰風，人野素入，翔泳玄同。侯其猗大，道無名矣。縣主風節松舉，容止苕華。朝日」虹梁，春蕖翠沼。文而不麗，笑比行雲之姿；質而不野，忿方迴雪之狀。綺年則騷」雅清諷，丱日則莊老明心。齒盼分微，參聆寫妙。及神際無昧，人間有行，脱落穠」華，勤慊煩辱。有德可尚，遂封懷德主焉。雍州司馬緎，即主之金夫也。琴瑟叶韻」，俯撤秦樓之簫；松蘿結陰，傍映玉門之柳。司馬則仙掌分族，神皋偉人。内泊龜」明，不灼賓王之兆；外滋玉藻，罔運圖身之術。室唯四壁，儲止一筒。主迺撤玉膳」而厭藜羹，挂翬衣而參緼緒。蕭然自若，名利不能與也。於是達天聰，俞」帝念，擢迹素里，汰影丹墀，頃之復其門矣。豈意翔蛟寶劍，奄一飛而一沉；栖鳳」猗梧，忽半生而半死。然而寢機飲息，捨珥銷魂。愁鬢驚蓬，踈衣落髮。以爲無涯」遽盡，□結歔於崩城；實際恒存，遂馳心於踊塔。誦法華，爲指迷三卷；讀莊子，爲」剖滯七篇。游刃大觚，移山小芥。不然之相，謂無滅於生平；巨用之勞，奄如竭□」寥廓。春秋五十有五，薨於私第之禪院，則咸亨四年八月五日矣。仍以上元三」年歲次景子十月乙未朔十五日己酉，遷厝於華陰太平原司馬公同穴，禮也」。其五子：昭、綦、韜、庭、成等，同聲邕鴈，接影孝烏。毁抗寅門，變春松於孺泣；至分曾」道，發冬筍於仁祠。物兮斯在，人兮何之。萍景逾駛，蕙問徒滋。他山題迹，倚杵貞」期。其詞曰」：

魏積珠彩，荊餘玉暉。婉其靈質，甫尔神畿。似行中峙，如舉未飛。剛祉無度，柔儀」□歸。歸乎伊何，載宜仙掌。甕牖風入，柴扉月上。鬬麟韬製，驚龍税鞅。榮以業滋」，道因謙長。長祚不窮，攝生屯慶。良人露盡，孀姿水淨。定沼祛邪，莊山養正。椿茂」方遠，薤章俄詠。詠德不訾，逗冥何極。此之心兮怨還怨，彼之魂兮識無識。玉雲」墜兮虚細鱗，石鳥愁兮歛輕翼。顧步兮未息，山山兮暝色」。

按

誌主唐懷德縣主，爲淮安郡王李神通之女，唐太宗堂妹。其父李神通，兩《唐書》有傳。

196.676　韋孝忠夫人杜氏墓誌

説明

儀鳳元年（676）十一月刻。誌長70厘米，寬67厘米。誌文楷書27行，滿行27字。有界格。四側飾纏枝花紋。20世紀後期西安南郊長安區出土。現存西安市長安博物館。《長安碑刻》《長安新出墓誌》《新中國出土墓誌（陝西叁）》著録。

釋文

□唐故豐州永豐縣令韋府君夫人杜氏墓誌銘并序」

夫人諱大德，字普恩，京兆杜陵人也。遠胄遥源，代襲風烈。鴻徽盛族，光」映圖史。曾祖秀，魏黄門侍郎，周吏部侍郎、思寧縣開國公。祖懿，隨儀同」三司、禮部侍郎、太僕卿、甘棠縣開國公。父乾福」，皇朝朝散大夫、遂州司馬。弓冶餘慶，衣冠茂緒。山岳隤祉，降誕於靈英」；蘭菊有芳，載生於令淑。夫人發暉瑶質，育粹金箱。幼有恭愻之容，長叶」温柔之性。沖情内敏，理照玄默之區；雅韻外彰，詞絢芝蘭之室。肅恭孝」謹，得自天真；婉順徽彩，無假外飾。辭家作儷，百兩言歸。容止可觀，率由」婦道。先君至德從務，仁明莅俗；夫人承家主饋，導禮無違。儉於身，博於」施。居常偘偘，朝夕穆如。姻表以爲儀憲，邦族欽其訓則。既而先君厭代」，嗣子哀煢。撫育童孺，遽切徙鄰之勗；訓明詩禮，方同斷織之規。由是家」業克隆，門風整密。有禮有度，咸資訓範之方；如玉如金，俱仰閨庭之則」。庶當千秋永茂，與靈椿而比壽；豈意百年行及，奄輪桂而先沉。春秋七」十，以上元二年十月十九日終於滄州之廨舍。奥（粤）以儀鳳元年歲次景」子十一月乙丑朔十八日壬午，合葬於明堂縣畢山之原，禮也。惟夫人」雅性虚和，神姿婉麗。貞順之操，顧箴史而有聞；謙敬之儀，履冰霰而逾」絜。克諧琴瑟，允叶塤篪。盡節安貧，遠邁梁妻之美；懷經育德，遥符蔡女」之賢。洎乎痛結從天，情鍾愛子。言隨捧檄之養，方申抽笋之誠。涼澳亟」遷，温凊之禮無闕；霜露俄積，風樹之悲遽軫。子瑱，瞻堂靡訴，攀栢無依」。切終天而永奪，哀陟屺而長違。乃爲銘曰」：

蒸哉茂烈，邈矣遥源。御龍之胤，唐杜之門。代襲儒雅，家承令言。本枝則」百，宜尔升繁。其一。鎮南育德，思寧纂構。撫翼高冲，驤首載驟。祖業丕顯，門」風獨秀。降誕瑶華，聰明神授。其二。蘭芬九畹，花照五衢。柔明契質，徽範成」模。懷貞履順，耀史光圖。堅同美璧，淨若神珠。其三。辭家作麗，言歸鴻族。如」瑟之和，如塤之穆。君子應務，恭惟幹禄。女氏不愆，載齊車服。其四。昔分霄」駕，今同夜臺。泉扉既啟，旌柳徐迴。欒欒孺慕，藐藐遺哀。式刊玄石，永記」將来。其五」。

197.678　唐河上墓誌

大唐故殿
中少監上
柱國唐府
君墓誌銘

大唐故殿中少監上柱國唐府君墓誌銘并序
君諱河上字嘉會晉昌人也胤彩丹陵延華蒼歷言祏楚宴芳藻掞於蘭臺爰闢漢庸茂節
彰於節嶺引妖虹而照辯義聲強隣控彫讚以陳謨道康遐徽曾祖崑北齊晉昌王錄尚書
事祖徹齊中書舍人散騎常侍隨戎順二州刺史彩炫龜文功暉鳳篆論道暢於三事連最
奇於五方父倫公朝內史侍郎禮部尚書天策府長史遂州都督鴻臚卿戶部尚書右光祿
大夫特進上柱國莒國公分星降彩捧日流暉纘芳烈於華宗暢宏猷於
景運公松陽銑照春陰王穎材高杞梓識洞人倫學以聚之擅百家而誕譽問斯辯矣陶六
藝以彫聲澄禮之源遺德之累風行珠浪黃陂漢以獨深月上瓊峯嵇山曄而孤峻釋褐東
宮千牛陛景胄也尋應 詔射策乙第授東宮通事舍人又除尚書虞部員外郎敷史
淹融照明離而有裕甄鼓敏當光列宿以鸞華遠而燿燎金徽兵通玉塞永言司翰爰資健
筆貞觀年中拜交河道行軍鎧曹以軍功授朝散大夫行衛州別駕又遷豪州司馬竹淇舊
壤茂輯休徵之謡桐淮與區復闡士元之烈至廿三年轉殿中省尚衣奉御俄授蘭州司馬
獻陵令無雍州三原縣令寄深園寢明識貫於跡私任切裒旒雅思分於繪藻麟德元年授
奉膳大夫又改司禮大夫尋出為始州長史兼王河道行軍司馬毗風芋野將申半刺之榮
翦靏葱山又展全軍之術金邊克定公其力而拜上柱國陝州長史又遷忻州刺史分陝之
地驥足長驅際漠之疆鳥旟遐騖循風載偃朞月有成俗易次公之良
帝念高鄉之賜上元三年以公為殿中少監九重 尊極六尚清嚴自非器韞多才何
以光膺劇務宸居四食具遵涼晅之宜帝飾九衣克明沿降之序祗崇叶紀軌物增輝九萬
培風未極鵷霄之遠三千見日遽嬰螻壤之悲粵以大唐儀鳳三年正月六日薨於西都大
寧里之官舍春秋六十有五即以其年歲次攝提月旅大火二月己丑朔十四日壬寅與
夫人元氏合葬於 昭陵莒公之舊塋禮也
夫人河南人洋州使君務整之第二女門承雲緒禎啓巽維性蕙曾敷儀蘭崇秀賢圖可鏡
寧佇照於龍臺禮物成裝誼資紋於鳳綺爰降 恩紱封河南縣君礼縟延卿榮超石窌
痛襄流之閱祀豈劒先沉挹姬道以飾終鄭環斯偶嗣子尚食直長從心等延徽鼎室聞詁
台庭資溢雖存非杖所起終憂載鉅臨指棗而停滋至款寘通擢宗芛而充獻以為川陵驟
從晷襄每微縑策匪堅疇賢之迹時泯丹青易滅名臣之像或湮欲弊方與敬圖圓石其銘
曰
赫赫昌胤緜緜巨唐荊臺掞藻芳壤傳芳門雄纛戟家擅珪璜騁休四履均采八王其一爰啓
俊人聿光丕構鳳毛騫翼蘭翹警秀華素兩崇儒玄雙究照乘延佑連城斯隽其二彙茅就列
芃棫登朝甫參文吏兼訓戎昭丹墀輟組紫塞聞鑣迫鍔馮樹更翊循條其三翔野風雲參壇
亭障慄焉企德欽哉是亮崇眈賀刀開螢卷轂暴詎遷貪漁反讓其四宏教帝綽允屬邦基
百同違德六尚攸司 天階方曉日谷銜悲人亡隱枯士喪謌咨其五今隧遵周蹤墳法
夏施分寒隰挽窮深野祝返青烏賓迴白馬唯餘風月長過松檟其六

説明

唐儀鳳三年（678）二月刻。蓋盝形，誌正方形。誌、蓋尺寸相同，邊長均73厘米。蓋文4行，滿行4字，篆書“大唐故殿」中少監上」柱國唐府」君墓誌銘」”。誌文楷書33行，滿行35字。蓋四殺及四側飾忍冬紋，誌四側飾忍冬紋。1978年禮泉縣煙霞鎮西頁溝村出土。現存昭陵博物館。《全唐文補遺》《陝西碑石精華》《新中國出土墓誌（陝西壹）》《昭陵碑石》等著録。

釋文

大唐故殿中少監上柱國唐府君墓誌銘并序」

君諱河上，字嘉會，晉昌人也。胤彩丹陵，延華蒼歷。言祇楚宴，芳藻掞於蘭臺；爰闢漢庸，茂節」彰於筇嶺。引妖虹而照辯，義讐强鄰；控彤贇以陳謨，道康遐徼。曾祖邕，北齊晉昌王、録尚書」事。祖徹，齊中書舍人、散騎常侍，隨戎、順二州刺史。彩炫龜文，功暉鳳篆。論道暢於三事，連最」夸於五方。父儉，今朝内史侍郎、禮部尚書、天策府長史、遂州都督、鴻臚卿、户部尚書、右光禄」大夫、特進、上柱國、莒國公。分星降彩，捧日流暉。纘芳烈於華宗，暢宏猷於」景運。公杻陽銑照，春陰玉穎。材高杞梓，識洞人倫。學以聚之，擅百家而誕譽；問斯辯矣，陶六」藝以彫聲。澄禮之源，遣德之累。風行珠浪，黄陂涣以獨深；月上瓊峰，嵇山曄而孤峻。釋褐東」宫千牛，陞景胄也。尋應詔射策乙第，授東宫通事舍人，又除尚書虞部員外郎。敷夬」淹融，照明離而有裕；甄裁敏當，光列宿以騫華。遽而熢燎金微，兵通玉塞。永言司翰，爰資健」筆。貞觀年中，拜交河道行軍鎧曹，以軍功授朝散大夫、行衛州別駕，又遷豪州司馬。竹淇舊」壤，茂輯休徵之謡；桐淮奥區，復闡士元之烈。至廿三年，轉殿中省尚衣奉御，俄授蘭州司馬」、獻陵令兼雍州三原縣令。寄深園寢，明識貫於踈松；任切衮旒，雅思分於繪藻。麟德元年，授」奉膳大夫，又改司禋大夫，尋出爲始州長史，兼玉河道行軍司馬。毗風芊野，將申半刺之榮」；翦靄葱山，又展全軍之術。金邊克定，公其力，而拜上柱國、陝州長史，又遷忻州刺史。分陝之」地，驥足長驅。際漠之疆，鳥旟遐騖。循風載偃，朞月有成。俗易次公之良」，帝念喬卿之賜。上元三年，以公爲殿中少監。九重尊極，六尚清嚴，自非器韞多才，何」以光膺劇務。宸居四食，具遵涼晅之宜；帝飾九衣，克明沿降之序。衹崇叶紀，軌物增輝。九萬」培風，未極鵬霄之遠；三千見日，遽嬰螻壤之悲。粤以大唐儀鳳三年正月六日薨於西都大」寧里之官舍，春秋六十有五。即以其年歲次攝提月旅大火二月己丑朔十四日壬寅，與」夫人元氏合葬於昭陵莒公之舊塋，禮也」。夫人河南人，洋州使君務整之第二女。門承震緒，禎啟巽維。性蕙曾敷，儀蘭崇秀。賢圖可鏡」，寧佇照於龍臺；禮物成裝，詎資紋於鳳綺。爰降恩紱，封河南縣君。礼縟延卿，榮超石窌」。痛襄流之閟祀，豊劍先沉；挹姬道以飾終，鄭環斯偶。嗣子尚食直長從心等，延徽鼎室，聞詰」台庭。資溢雖存，非杖所起。終憂載鉅，臨晢棗而停滋；至款冥通，擢宗笋而充獻。以爲川陵驟」徙，晷窀厥微。縑策匪堅，疇賢之迹時泯；丹青易滅，名臣之像或湮。欲弊方輿，敬圖圓石，其銘」曰」：

赫赫昌胤，繇繇巨唐。荊臺掞藻，芊壤傳芳。門雄綮戟，家擅珪璜。騈休四履，均采八王。其一。爰啟俊人，聿光丕構。鳳毛騫翼，蘭翹警秀。華素兩崇，儒玄雙究。照乘延估，連城斯售。其二。彙茅就列」，芃棫登朝。甫參文史，兼訓戎昭。丹墀輟組，紫塞聞鐎。迨辭馮樹，更翊循條。其三。朔野風雲，參墟」亭障。憬焉企德，欽哉是亮。崇畎貿刀，開釁卷韔。暴謔遷善，貪漁反讓。其四。宏敷帝綍，允属邦基」。百司違德，六尚攸司。天階方睠，日谷銜悲。人亡隱栝，士喪譸咨。其五。合隧遵周，疏墳法」夏。旐分寒隰，挽窮深野。祝返青烏，賓迴白馬，唯餘風月，長過松檟。其六」。

按

誌主唐河上，字嘉會，兩《唐書》無傳。《唐會要》卷二十一陪陵名位中載“殿中監唐嘉會”，與誌中載“殿中少監”不同。

198.678　韋弘表暨夫人尹氏合葬墓誌

唐故曹王府兵軍韋府君并夫人方山縣君河閒尹氏墓誌銘并序
公諱弘表字光遠京兆杜陵人也昔虞賓石紐笈蹤帝系之基夏授金符
載佇匡王之業元臣諷漢王鉉紛而未朽遠祖還彭瓊柯鬱而逾劭五代
祖璨尚書左僕射扶風公禮盛苞苴道昭徽管槐庭宴翼季友之兆攸歸
蘭室待賢荀令之門可想曾祖延後魏扶風太守彭城侯化洽鳧岐功開
集穎荀龍二求人知望月之榮亢蚌千尋地蘊連星之氣自光開萬葉年
逾千祀立德立言代功代祿祖馳名棘署父聽訟棠陰並歌詠猶存耳目
相接惟公琁臺發菲金社疏輝渟然万頃直上千仞深沉大志不學雕龍
之文磊落神襟獨擅青萍之技解褐左勳衛屬隨宮變亦君子道消碭山
鬱雲大人貞觀公乃受書黃石來獻珠韜思隆鄧禹之恩願效王常之略
武皇大悅親勞問焉即令檢校上城總管授上儀同數年復除游擊將軍
紀王府典軍從班例也公身居物後行立言先非寵辱所驚豈雷霆可懾
雖文園滯馬武戟疲楊但坐樹而無言每投冠而不顧尋授曹王府典軍
鳳苑初基鴻生允屬元王置醴預冠蓋以忘疲方士論經奉金丹而不倦
公常悲屈驥載欲停驂思太傅之投沙頗扶陽之致組恩詔聽以本
官預朝罷歸璽書慰勞仍賜物百段遂卜宇三秦開田二頃將仲長之山
水即君平之肆寘早悟生滅誰重隨逝室有同衣門無後來方欲長驅岩
士自然天地之間高蹈彭公不棄陶鈞之內而西縣易往東洛難留方見
髡車俄戍就木嗚呼哀哉以儀鳳二年九月終于胄貴里第夫人河閒尹
氏調均龍慶望氣澄源丹鳳乎飛鳴鸞在御百年誰後空悲丞嶺之雲千
載何先共返襄城之水粤以三年歲在戊寅七月乙卯朔永同窆於此原
禮也恐燕城無沒萬里蓬萬地變鄭僑之塋久下田文之泣式鐫沉石用
光代祀其銘曰
肅肅我祖顯顯天裏惟蘭之馥惟桂之叢家稱長孺門傳少翁千斯既治万
化齊終爰有猗人作嬪君子石窌騰慶金鉤薦祉望月來儀瞻星戾止同
要暮歸共終餘齒憫憫留珠悽悽吊玉大夜方永小年何促一息不追百
身無贖天長地久秋黃夏綠鳴笳遂戶肅蓋泉門空陳幽薦永謝塵緣
沖已往棟宇猶存伊何楊頌公之順孫

説明

唐儀鳳三年（678）七月刻。誌正方形。邊長60厘米。誌文楷書28行，滿行28字。2005年西安市長安區出土。現存西安市長安博物館。《長安碑刻》著録。

釋文

唐故曹王府典軍韋府君并夫人方山縣君河間尹氏墓誌銘并序」

公諱弘表，字光遠，京兆杜陵人也。昔虞賓石紐，爰疏帝系之基；夏授金符」，載佇匡王之業。元臣諷漢，玉鉉紛而未朽；迺祖遷彭，瓊柯鬱而逾劭。五代」祖璆，尚書左僕射、扶風公。禮盛苞苴，道昭微管。槐庭宴翼，季友之兆攸歸」；蘭室待賢，荀令之門可想。曾祖延，後魏扶風太守、彭城侯。化洽鳴岐，功開」集潁。河龍二乘，人知望月之榮；穴蚌千尋，地藴連星之氣。自光開萬葉，年」逾千祀，立德立言，代功代禄。祖馳名棘署，父聽訟棠陰。並歌詠猶存，耳目」相接。惟公琁臺發菲，金社疏輝。渟然万頃，直上千仞。深沉大志，不學雕龍」之文；磊落神襟，獨擅青萍之拔。解褐左勳衛。屬隨宫變沴，君子道消，碭山」鬱雲，大人貞觀。公乃受書黄石，來獻珠韜。思隆鄧禹之恩，願效王常之略」。武皇大悦，親勞問焉。即令檢校上城總管，授上儀同。數年，復除游擊將軍」、紀王府典軍，從班例也。公身居物後，行立言先。非寵辱所驚，豈雷霆可襲」。雖文園滯馬，武戟疲揚，恒坐樹而無言，每投冠而不顧。尋授曹王府典軍」。鴈苑初基，鴻生允属。元王置醴，預冠盖以忘疲；方士論經，奉金丹而不倦」。公常悲屈驥，載欲停驂。思太傅之投沙，願扶陽之致組。恩詔聽以本」官預朝。罷歸，璽書慰勞，仍賜物百段。遂卜宇三秦，開田二頃。符仲長之山」水，即君平之寂寞。早悟生滅，雅重隨迎。室有同衣，門無後乘。方欲長驅若」士，自然天地之間；高蹈彭公，不弃陶鈞之内。而西驂易往，東洛難留。方見」懸車，俄成就木。嗚呼哀哉！以儀鳳二年九月終于冑貴里第。夫人河間尹」氏，調均襲慶，望氣澄源。丹鳳于飛，鳴篪在御。百年誰後，空悲巫嶺之雲；千」載何先，共逐襄城之水。粤以三年歲在戊寅七月乙卯朔，永同窆於此原」，禮也。恐蕪城蕪没，蒿里蓬蒿。地變鄭僑之塋，人下田文之泣。式鐫沉石，用」光代鼎。其銘曰」：

肅肅我祖，顯顯天衷。惟蘭之馥，惟桂之叢。家稱長孺，門傳少翁。千斯既洽，万」化齊終。爰有猗人，作嬪君子。石竇騰慶，金鈎薦祉。望月來儀，瞻星戾止。同」要暮髪，共終餘齒。憫憫留珠，悽悽吊玉。大夜方永，小年何促。一息不追，百」身無贖。天長地久，秋黄夏緑。鳴笳隧户，肅盖泉門。空陳兩奠，永祔雙魂。形」神已往，楝宇猶存。伊何揚頌，公之順孫」。

199.679　趙義墓誌

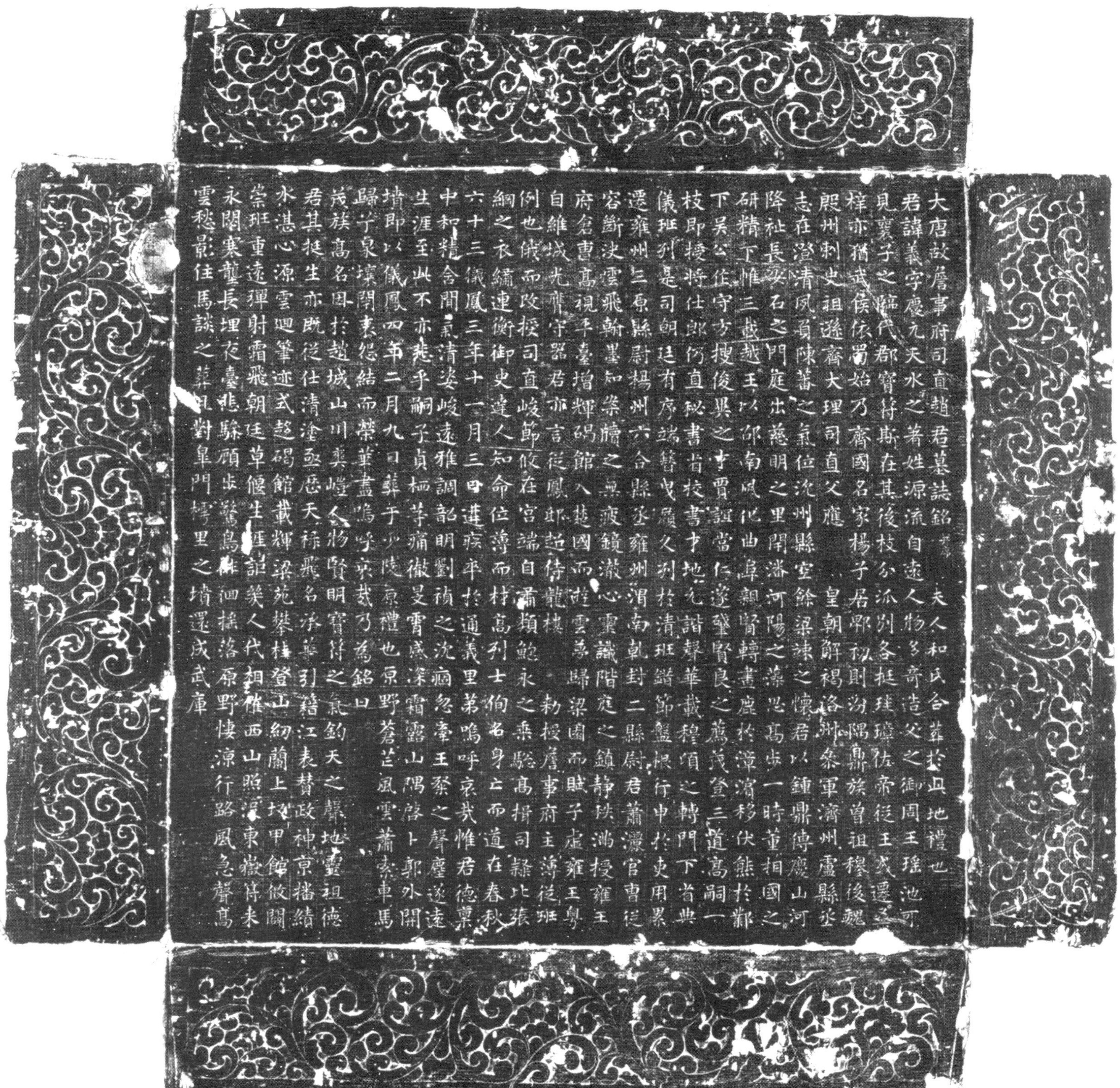

大唐故詹事府司直趙君墓誌銘[illegible]　夫人和氏合葬於此地禮也
君諱義字慶元天水之著姓源流自遠人物多奇造父之御周王瑤池可
見襄子之臨代郡寶符斯在其後枝分派別各挺瑰瑋佐帝從王或遷丞
梓亦猶武侯依蜀始乃齊國名家楊子居郫初則汾陽鼎族曾祖穆後魏
殷州刺史祖遜齊大理司直父應　皇朝解褐洛州參軍濟州盧縣丞
志在澄清夙著陳蕃之氣位沈州縣空餘梁竦之懷君以鍾鼎傳慶山河
降祉長安石之門庭出蕙明之里閈潘河陽之藻思高步一時董相國之
研精下帷三載越王以邵南風化曲阜親賢轉畫鹿於漳濱移伏熊於鄴
下吳公任守方搜俊異之才賈誼當仁遂擊賢良之薦茂登三道高嗣一
枝郎授將仕郎仍直秘書省校書才地允諧聲華載穆頃之轉門下省典
儀班列是司朝廷有序端簪曳履久列於清班錯節盤根行申於吏用累
遷雍州三原縣尉揚州六合縣丞雍州渭南乾封二縣尉君蕭灑官曹從
容斷決雲飛翰墨知條牘之無疲鏡澈心靈識階庭之鎮靜挾淵授雍王
府倉曹高視平臺增輝碣館入楚國而遊雲夢歸梁園而賦子虛雍王學
自維城光齊守器君亦言從鳳邸超侍龍樓　勅授詹事府主簿從班
例也俄而改授司直峻節攸在宮端自肅頻鮑永之乘驄高揖司隸比張
綱之衣繡連衛御史達人知命位薄而材高烈士徇名身亡而道在春秋
六十三儀鳳三年十一月三日遘疾卒於通義里第嗚呼哀哉惟君德稟
中和精含間氣清姿峻遠雅調韶明劉禎之沈痾忽牽王粲之聲塵遂遠
生涯至此不亦悲乎嗣子貞柩等痛徹旻霄感深霜露山隅啓卜郭外開
墳即以儀鳳四年二月九日葬于少陵原禮也原野蒼茫風雲蕭索車馬
歸乎泉壤閟裏總結而榮華盡嗚呼哀哉乃為銘曰
茂族高名因於趙城山川奕嶒人物賢明寶符之氣鈞天之聲地靈祖德
君其挺生亦既從仕清塗盛歷天祿飛名承華引籍江表贊政神京播績
水湛心源雲迴筆迹式超碣館載輝梁苑攀桂登山紉蘭上地甲館攸闢
榮班重遠彈射霜飛朝廷草偃生涯詎幾人代相催西山照[illegible]東嶽符來
永閟寒壟長埋夜臺悲驂顧步驚鳥徘徊摽落原野悽涼行路風急聲高
雲愁影住馬誄之葬且對皋門標里之墳還成武庫

説明

唐儀鳳四年（679）二月刻。誌正方形，邊長47厘米。誌文楷書28行，滿行28字。四側飾忍冬紋。出土具體時、地不詳。現存西安交通大學博物館。《西安交通大學博物館藏品集錦——碑石書法卷》著録。

釋文

大唐故詹事府司直趙君墓誌銘并序

夫人和氏合葬於此地，禮也」。

君諱義，字慶元，天水之著姓。源流自遠，人物多奇。造父之御周王，瑶池可」見；襄子之臨代郡，寶符斯在。其後枝分派别，各挺珪璋。佐帝從王，或遷桑」梓。亦猶武侯依蜀，始乃齊國名家；楊子居郫，初則汾隅鼎族。曾祖穆，後魏」殷州刺史。祖遜，齊大理司直。父應，皇朝解褐洛州參軍、濟州盧縣丞」。志在澄清，夙負陳蕃之氣；位沉州縣，空餘梁竦之懷。君以鍾鼎傳慶，山河」降祉。長安石之門庭，出慈明之里閈。潘河陽之藻思，高步一時；董相國之」研精，下帷三載。越王以邵南風化，曲阜親賢，轉畫鹿於漳濱，移伏熊於鄴」下。吴公作守，方搜俊異之才；賈誼當仁，遂肇賢良之薦。茂登三道，高嗣一」枝。即授將仕郎，仍直秘書省校書。才地允諧，聲華載穆。頃之轉門下省典」儀。班例是司，朝廷有序。端簪曳履，久列於清班；錯節盤根，行申於吏用。累」遷雍州三原縣尉，揚州六合縣丞，雍州渭南、乾封二縣尉。君蕭灑官曹，從」容斷决。雲飛翰墨，知案牘之無疲；鏡澈心靈，識階庭之鎮静。秩滿，授雍王」府倉曹。高視平臺，增輝碣館。入楚國而遊雲夢，歸梁園而賦子虚。雍王粤」自維城，光膺守器。君亦言從鳳邸，超侍龍樓。敕授詹事府主簿，從班」例也。俄而改授司直。峻節攸在，宫端自肅。類鮑永之乘驄，高揖司隸；比張」綱之衣繡，連衡御史。達人知命，位薄而材高；列士徇名，身亡而道在。春秋」六十三，儀鳳三年十一月三日，遘疾卒於通義里第。嗚呼哀哉！惟君德稟」中和，精舍間氣。清姿峻遠，雅調韶明。劉禎之沉痾忽牽，王粲之聲塵遂遠」。生涯至此，不亦悲乎！嗣子貞栖等，痛徹旻霄，感深霜露。山隅啟卜，郭外開」墳。即以儀鳳四年二月九日葬于少陵原，禮也。原野蒼茫，風雲蕭索。車馬」歸兮泉壤閉，哀怨結而榮華盡。嗚呼哀哉！乃爲銘曰」：

茂族高名，因於趙城。山川爽塏，人物賢明。寶符之氣，鈞天之聲。地靈祖德」，君其挺生。亦既從仕，清塗亟歷。天禄飛名，承華引籍。江表贊政，神京播績」。水湛心源，雲迴筆迹。式趍碣館，載輝梁苑。攀桂登山，紉蘭上坂。甲館攸闢」，崇班重遠。彈射霜飛，朝廷草偃。生涯詎幾，人代相催。西山照没，東嶽符来」。永閟寒壟，長埋夜臺。悲驂顧步，驚鳥徘徊。摇落原野，悽涼行路。風急聲高」，雲愁影住。馬談之葬，且對皋門。樗里之墳，還成武庫」。

按

誌主趙義，史籍無載。誌所載其族世譜系、生平事蹟、任職爲官等，均可補史載之闕。此誌出土地不詳，據墓誌“葬于少陵原”，當出土于今西安市長安區杜陵原上。

200.680　崔儉墓誌

説明

唐永隆元年(680)十月刻。蓋盝形，誌方形。蓋邊長62厘米；誌長58厘米，寬59厘米。蓋文5行，滿行5字，篆書“大唐故朝散」大夫汾州司」馬安陽縣開」國男崔府君」墓誌之銘記」”。誌文楷書29行，滿行29字。蓋四殺飾纏枝花紋，四側飾寶相花紋；誌四側飾纏枝花紋。21世紀初咸陽國際機場工地出土。現存咸陽市文物考古研究所。

釋文

大唐故朝散大夫鹽州長史豫汾二州司馬安陽縣男崔府君墓誌銘并序」

夫四履之英，三齊之靈。基崇峻岳，族茂安平。固以函駟發譽，陋寔馳聲。家傳」幹蠱，公標利貞。並具美前修，可略而言矣」。君諱儉，本博陵安平人，後因遊宦徙于京兆，今爲雍州涇陽人也。尔其曾構」雲鬱，長源雷駭。坐盤溪而匡周后，出商山而翼漢儲。茂祉嘉猷，追十紀而揚」藹；通階峻秩，超七葉而飛美。曾祖士謙，周太保、尚書左僕射、大將軍、大都督」、荊安江陵等卅二州大總管諸軍事、瀛直信利四州刺史、武康郡公，謚曰莊」。大父彭，隋上開府儀同三司、左領軍大將軍、驃騎將軍、右備身將軍、慈州刺」史、安陽縣開國公，謚肅。父寶德，皇朝通事舍人、起部主爵郎中，鄷王」府長史、太子左内率。並質茂松筠，材苞杞梓。行標士則，業映詞林。峻節貞規」，固難詳縷。猗歟載德，是生韶令。岐嶷表於文褓，秀質發於華庭。竹馬初乘，雲」間表稱。羊車始軔，日下馳名。加以敬愛欽人，流謙自牧。風尚道潤，幹實兼舉」。起家荊王府兵曹、陝州司士、荊州都督府倉曹，隨班例也。騰文蘭坂，望重猿」巖。昡價棠郊，譽光牛塞。雖荊門襟帶，尚局器能。夏首要衝，仍紆利用。亨鮮百」里，必佇循良；製錦一同，允歸髦彦。是用拜君涇州安定、魏州南宫二縣令。中」牟馴雉，未議扶輪。重泉降鶯，詎堪清道。始奏来蘇之詠，俄飛去思之謡。尋加朝散大夫，行鹽州長史。雖鄣迩榆關，畿連柳塞。終淹化鶴之術，須申展驥之」材。轉拜豫州、汾州司馬。汝南佳邑，西河奥壤。周瑜之聲華尚在，卜商之學行」猶存。品彙殷繁，人物衆夥。君下車未幾，化遂風行。器埒函牛，政同牧馬。村無」夜吠之犬，市絶晨飲之羊。懷霜栢以凝貞，指冰泉而表潔。槐庭未踐，蒿里□」遊。嗚呼哀哉！調露元年遘疾，七月廿四日終于館舍，春秋六十有二。粤以永隆元年歲次庚辰十月朔辛酉，子厝于雍州咸陽縣之北原奉賢鄉，礼也」。□子□□等痛過庭之絶訓，悲陟岵之空瞻。以爲藏舟易遷，逝川難駐。式刊貞」琰，用紀徽猷。媲蘭菊而恒芳，同江河而永注。其詞曰」：

轡丘增構，姜派長源。蒽蒽槐棘，硌硌瑶琨。地稱腴奥，胄曰高門。重規沓矩，翼」子謀孫。其一。顯祖列考，羽儀交映。象賢載德，誕生韶令。蘭菊齊芳，松筠比盛。英」華入紀，遒文在詠。其二。騰芳柘館，昡價棠郊。頻紆製錦，累贊班條。倏登秋實，遽」翦春翹。悲纏友歎，惠結甿謡。其三。寒山蕭索，霜野阡眠。原楸結霧，隴栢含煙。清」笳嗚咽，丹旐聯翩。庶揚蕤於万古，終紀絢於千年。其四」。

按

誌主崔儉、其父崔寶德，兩《唐書》皆未載，本誌可補史闕。

201.681　方府君夫人張氏墓誌

大唐故
夫人張
氏墓誌

大唐故上騎都尉方府君夫人張氏墓誌并序
夫人諱慶華宗降靈淳精秉明稟質美淑呈姿
玉氣標英金華挺秀洎而三星合彩首兩載眙
行飛翹楚之芳條展施松之禮年甫十四出嬪
方氏虔恭內則敬脩中饋加以夙祛萬有早昧
三乘得解脫於心王了真詮於道諦百齡有盡
俄歸息用之塗三界無安遽掩旋真之宅以永
隆元年十二月三日奄于長安弘化里春秋九
十有一以二年歲次辛巳二月辛丑朔九日己
酉窆于終南山陰之禮也仍就方墳載圖圓塔
其銘曰
陽臺紀地陰娥麗天瑤峰彩綷珠水光圓誕生
柔懿式著明賢三從脩穆四德遐宣其一外彰
飾內汲玄津長挹三有高標六塵即心遺妄遇
色恒真旋驚往業忽謝今因其二藏山遽遷負舟
行感恨起俄變悲纏永訣薤露朝凝松風夜切
白日淒愴黃泉幽咽其三依墳搆塔即隧標臺金
鈴細動寶綱輕迴蘆秋鳳合花曙蜂來唯應劫
壞方始成灰其四

説 明

唐永隆二年（681）二月刻。蓋盝形，誌正方形。誌、蓋尺寸相同，邊長均50厘米。蓋文3行，滿行3字，篆書“大唐故」夫人張」氏墓誌」”。誌文楷書19行，滿行18字。蓋四殺、四側及誌四側均飾纏枝花紋。西安市出土。現存西安博物院。《隋唐五代墓誌滙編》《全唐文補遺》著録。

釋 文

大唐故上騎都尉方府君夫人張氏墓誌并序」

夫人襲慶華宗，降靈淳綽。柔明稟質，美淑呈姿」。玉氣標英，金華挺秀。洎而三星合彩，百兩載脂」。行飛翹楚之芳，倏展施松之禮。年甫十四，出嬪」方氏。虔恭内則，敬脩中饋。加以夙袪萬有，早昧」三乘。得解脱於心王，了真詮於道諦。百齡有盡」，俄歸息用之塗；三界無安，遽掩旋真之宅。以永」隆元年十二月三日奄于長安弘化里，春秋九」十有一。以二年歲次辛巳二月辛丑朔九日己」酉，窆于終南山陰之禮也。仍就方墳，載圖圓塔」。其銘曰」：

陽臺紀地，陰娥麗天。瑶峰彩縟，珠水光圓。誕生」柔懿，式著明賢。三從俯穆，四德遐宣。其一。外彰紺」飾，内汲玄津。長挹三有，高標六塵。即心遣妄，遇」色恒真。旋驚往業，忽謝今因。其二。藏山遽遷，負舟」行滅。恨起俄變，悲纏永訣。薤露朝凝，松風夜切」。白日悽愴，黄泉幽咽。其三。依墳構塔，即隧標臺。金」鈴細動，寶網輕迴。蘆秋鴈合，花曙蜂来。唯應劫」壞，方始成灰。其四」。

按

誌主張氏生前篤信佛教，“夙袪萬有，早昧三乘”，死後仍按佛教教俗“仍就方墳，載圖圓塔”，對于研究唐代佛教信仰有一定的資料價值。

202.681　竇洪端造像

説明

唐永隆二年(681)二月刻。碑高145厘米,寬50厘米。正文楷書22行,滿行18字。三面刻。正面上部龕内一佛二弟子,中部刊發願文,下部刻供養人題名;右側上部龕内一佛二弟子,中部供養人綫刻像,下部供養人題名;左側上部龕内一佛二弟子,中部綫刻纏枝花紋及供養人題名,下部飾纏枝花紋。左、右側面文字泐蝕嚴重。2007年富平縣莊里鎮立誠中學出土。現存富平縣文廟。

釋文

若夫八卦成像,示之以吉凶;百藥爲醫,導之以」利害。斯誠事周於代用,不救於含生,不論過去」之因緣,豈辯未来之果報。唯如来應現,哀愍爲」先。□□弱之津梁,爲幽闇之燈燭。自神潛雙樹」,響輟一音,智慧雖徂,像法猶在。今安義村邑子」主竇洪端一十七人等,□至誠冲粹,勿我爲心」。恐泡沫之難留,念隙駒之易往。遂歸依於常住」,乃迴向於菩提。各捨家中之財,共寔未因之業」。上伏爲天皇天后,下及一切含生。敬造阿弥」陁像三區,式鐫貞石。於是求尋巧匠,不以規摹」妙盡□工,□妙化出。以大唐永隆二年二月十」五日□得建立,尊容相好。怖鴿投而獲安,自在」威神;狂象□而應讋,是知人物。易位唯金石難」□。不刊邑子之名,詎知先覺之敬。其詞曰:

氤」氳肇判,三才始分。或□□□,□□今身。詎□報」應,□説来因。□□仍准,苦□猶循。其一。□□法王」,託生應現。開啟慈悲,惠燈遐扇。方銷慾火,能除」毒箭。真□□□,金言燦爛。其二。閲流不息,石火難」停。□□念想,纏盖危城。側金匪惜,憘俗齊營。同」舟彼岸,普□□□。其三。威容相好,八千□□。怖鴿」投軀,狂象便馳。□宫再顯,奈菀重開。既勒銘於」先覺,□□□於□□。其四。

書生趙□撰文□□」

弟子魏緒録事、武騎尉魏小雅、比丘僧善則、弟子竇洪端、弟子魏屯清、鄉頭沈静良」

騎都尉齊義懲、上騎都尉仇行静、弟子沈師感、弟子仇行端、雲騎尉仇小胡、騎都尉魏滿」

按

該造像碑發願文達三百餘字,是唐代造像記中文字較多的造像碑,反映了唐代宗教信仰的基本情況,是研究唐代宗教信仰特别是佛教信仰的珍貴資料。

203.681　劉應道墓誌

説明

唐開耀元年（681）十一月刻。蓋盝形，誌正方形。誌、蓋尺寸相同，邊長均72厘米。蓋文4行，滿行3字，篆書“大唐故」祕書少」監劉府」君墓誌」”。誌文楷書49行，滿行49字。劉禕之撰文。蓋四殺飾寶相花紋，四側飾纏枝花紋。1988年西安市長安區大兆鄉東曹村與其妻李婉順墓誌（166.661）同時出土。現存西安市長安博物館。《隋唐五代墓誌滙編》《全唐文補遺》《長安碑刻》著録。

釋文

大唐故祕書少監劉府君墓誌銘并序」

府君諱應道，字玄壽，廣平易陽人，漢景帝之後。十代祖遐，仕東晉爲北中郎將、徐州刺史、泉陵公。予孫弈葉，侯服于江左。洎宋元」嘉之後，王室多故，遐六葉孫藻，自宋来歸魏氏，乃家于頓丘。仕魏至散騎常侍，封易陽子、鴻臚卿、岐秦二州刺史。子矜，魏太尉司」馬、青徐光兗四州刺史、城陽公。矜生會，即府君之大父，爲高齊濮陽郡太守。强仕之歲，而周人滅齊，乃挂冠還鄉里，有終焉之志」。周武帝甄訪亡齊人物，以公爲徵辟之首，特降綸璽，至于再三。公以爲食人之禄，而不能死人之難，豈復靦容革面，仕二姓之」朝。固以疾辞，杜門不交人事。其年以憂憤卒，周朝贈濮陽太守、上儀同大將軍。異代加榮，以示旌賢之舉。考樂平府君諱林甫，仕」随累佐大郡。大業中，詔天下舉廉貞尤異之士，内外所推薦者七人，而公爲其冠。後主好龍而抗印，無任賢之實，竟自汝南郡司」户書佐，授扶風郡汧陽縣長。高祖創業，徵爲起居舍人，遷中書舍人，拜中書侍郎。在樞密十餘年，智効聞於海内。貞觀初，封樂」平縣男，除吏部侍郎。有知人拔士之譽，銓衡序用，輒爲選曹軌躅。太宗方欲大委任，降年不永，薨於官。伏惟府君降德挺生」，聰明睿哲，衣冠偉麗，詞占詳雅。有夔龍管晏之材，包曾閔顔原之行。年未弱冠而孤，居喪盡禮，供養崔太夫人，極温清之義。事」兄如事父，以孝友聞於四方。童幼好學，遍涉百家子史。一經目，終身不忘。於鄉黨恂恂然善誘人。其行己也恭，其事上也敬，其使」人也惠。體仁足以長人，利物足以和義，貞固足以幹事。年廿一，自弘文館學生選爲太穆皇后挽郎，再爲太子通事舍人，出補」梓州玄武縣令。務以禮教移風俗，不爲激察之化。所受官俸，悉繕寫經書。三蜀多珍産，竟不以豪釐潤屋。罷官東歸，得書六七千」卷而已，其餘則不加於故。今上在東朝監國，下令搜敭，府君膺其選，對册高第。貞觀廿二年，擢授尚書户部員外郎。其年」丁太夫人憂，去任。哀毁骨立，殆不勝喪，親友咸垂涕慰勉。永徽初，授雍州華原縣令。時府君第二兄爲吏部侍郎。舊制，兄弟」不得同省，故此授非倫。移年，徙爲武功縣令。所在以仁愛聞。顯慶二年，復入爲司勳員外郎，俄遷吏部員外郎。又属第二兄拜刑」部尚書，出爲洛州陽城縣令。以公事除名，而非府君之罪，竟不以一言自雪。端居静室，不出户庭者殆十年，終始無憂愠之色」。總章初，選司甄拔淪滯，乃用府君爲雍州司功參軍事。州寮多少年晚進，府君年將六十，齒義非儔，士君子咸以爲屈德。府君」俯僵於其間，曾不以先輩自處。頃之，除尚書户部員外郎。自始入尚書省逮此，廿二年不進一階，還居舊座。簪紱故人，盡相爲邑」邑，府君欣然不介懷。從容談論之間，未嘗涉身名否泰。時在朝執政，皆平生親友。府君恒㪅毆畏避，非公事不交言。咸亨二」年，遷司勳大夫，改爲司勳郎中。按比推綜，極於明審。在尚書中七遷，諳練朝儀國典，精於剖斷，凡所釐正，皆爲後来准的。明年，遷」吏部郎中。廉直公方，無所阿撓。雖權貴請託，一切不行。嘗誡獻臣曰：昔有遺第五倫千里馬者，彼雖不納而德其人，吾不以此爲」是也。府君好周急而不願受人之施，或尊属有所賜，而不果辭讓者，則愧憤形於容色。由是苞苴問遺之礼，雖近親懿友，亦未」嘗以此接於門庭。居選部多年，介然有至清之操，頗不爲流俗所悦。或謂宜有以適時順物者，府君執志弥堅。上元三年，遷祕」書少監，又奉敕兼知國史事。府君兄之子給事中景先，姊之子左史李仁實，俱荷朝恩，與府君同預修史。儀鳳調露之」際，筆削於史官，專其事者，府君及甥姪三人而已。古今未有此比，文學者用爲美談。尋又奉敕掌御集。朝廷以府君文」章高絶，儀鳳中降敕與中書薛令君及當時文匠數人，製郊廟樂章。府君所製祀黄帝青哥，並編樂官，奏於郊祀。俄又奉」敕於門下省檢校四部群書，廣召四方碩學之士，刊定訛舛而進御焉。府君性勤慤，公家之事無大小，莫不專精竭思，或忘寢」與食。每朝謁，常以夜過半便飭裝整服，坐待曉漏。居家不問家人背業，子孫有干禄從宦者，但勖以義方。至於考課名級之際，未」曾降意經卹。晚年愈率素，衣食務充虚蔽體。獻臣凶釁深積，先妣聞喜縣主早見弃背，時以所居正室置几筵。府君即於此」室東窗外架爲小齋，廣袤八九尺許，施一牀、一小榻，寝處其中，歷廿餘年，不復遷徙。至於器物服玩、妾媵婢使之属，子姪承意候」色，終莫敢有所營薦。府君年少時，遍交天下英秀，而皆夙德老成之士。又嘗留意丹青及絲竹，並略盡其能。圍棊居第二品已」上，草隸亦爲時人所貴。以爲藝成而下，常隱晦其迹。後歸心釋氏，乃都絶人間賞好。於經國濟時之務而非府君所留意者，蓋」在於行師用兵而已，其餘則盡

天下之能事。惟君知臣，亟蒙中旨褒勉。暮年逾見優重，遍委以文場書府之任。凡所祈奏，必」有粹天容，無往而不納。聖主方虚襟仄席，選賢任能，識者謂府君將申舟檝之用。而昊天不惠，宏圖莫展。以儀鳳三年從」幸東都，舍於敬業坊私第。調露二年夏末，遇疾大漸。獻臣精誠微劣，莫能感到，凶咎所招，致此殃酷。以七月四日奄垂孤放，春秋」六十八。號天扣地，攀訴無及。煩冤腷臆，肝心殞憒。所司聞奏，主上傷惜者久之。聖容驚惋，若有所失。迺顧侍臣，問遘疾之狀」。非夫宸心留睠，孰與於此。爰降璽書吊祭，兼賵贈絹布米粟。官造靈轝，家口給傳遞手力還京。數極加隆，恩被孤藐。無階」報効，永誓肌骨。粵以開耀元年歲次辛巳十一月景申朔七日壬寅安厝於雍州明堂縣之少陵原，合葬於聞喜縣主舊域。子」獻臣、廣業、友賢、令植等，緬惟今昔，重殃累釁。万鍾爲養，有志不申。顧復垂恩，終天長絶。怨哀咎悔，万緒千條。永慕窮號，抽心貫髓」。獻臣貪及殘喘，粗陳實録。志意荒僻，言無詮次。遺烈餘風，百不書一。相王府司馬、弘文館學士臨淮劉禕之，學府文宗，聲高朝右」。於孤子有累葉宗盟之好，敦死喪孔懷之情，敢祈鴻□，勒銘終古。其詞曰」：

二連純嘏，三姜友悌。馬鄭洪儒，楊班敏藝。貞猷浸遠，令範斯繼。倍万鄰幾，半千叶契。其一。天挺材俊，地洩英靈。岐嶷先兆，珪璋載形」。逸蹤追雷，寶氣沖星。習禮陳室，聞詩孔庭。其二。奇操聿修，異能咸盡。學府幽邃，詞河控引。鸞矯銀書，鶴儀璿軫。怊悵觀德，留連坐隱」。其三。分形錫瑞，積慶承家。甘蔬共旨，比棣聯華。長仁穆義，處正閑邪。宅泰期損，祇榮誡奢。其四。碩彦投交，懦夫革志。一諾稱重，三語爲」貴。黼藻人綱，弥綸士緯。固時之傑，惟國之器。其五。鶚賦推張，龍衢架祢。肅帶天闕，影纓雲陛。再入宣猷，七登建禮。朝譽伊洽，政途」攸啟。其六。蓬閣煙深，蘭圖山積。是專厥事，多所弘益。纂綜宸詞，緝熙帝籍。崧允衆論，嶠慙投跡。其七。名唯副實，位匪適材。累紆」沖睠，式佇時来。隆棟將舉，修梁遽摧。睿襟增悼，庶辟延哀。其八。公業不亡，景伯有子。富平之第，高陽之里。禮備窀穸，皃沉苴菓。滕」日戒期，潘風勒美。其九。荒涼書閣，闃寂僊樓。朱杠夕引，素幰朝浮。霜岵無色，寒泉息流。空悲隴樹，摇落千秋。其十」。

按

誌主劉應道，兩《唐書》有載。其十代祖遐、高祖藻，亦見于正史。本誌所載其世系，與《新唐書·宰相世系表》相較，人名、職官均更詳細，可補史之闕文。

204.682　韋元整夫人王婉墓誌

説明

唐永淳元年(682)七月刻。誌正方形，邊長57厘米。誌文楷書36行，滿行35字。紀王李慎撰文。四側飾纏枝牡丹紋。左上角殘缺，損十餘字。出土具體時、地不詳。現存西安市長安博物館。《隋唐五代墓誌滙編》《全唐文補遺》《長安碑刻》著録。

釋文

大唐故曹州刺史韋府君夫人晉原郡君王氏墓誌銘并序」

皇弟左衛大將軍荊州大都督上柱國紀王纂」

若夫維蛇在夢，流詠騰於□□；牝馬利貞，設卦明乎妻道。故知崇蘭擢蒨，滋九畹而疏芳；圓」璧稱珍，冠十城而待價。宋鯉標其洪胄，潤等膏腴；漢龍應其嘉偶，調諧琴瑟。具全望實，其惟」在晉原君者乎。夫人諱婉，字令則，太原祁人也。鳳笙流祉，鳧舄延休。忠孝無虧，既分徽於蜀」路；神奇有稱，還繼美於秦京。桐栢與洪源競深，華霍將隆基比峻。英靈接武，赫奕傳芳。曾祖」肱，周儀同三司、車騎大將軍、靈州刺史、懷德郡開國公。大父慶，随右衛大將軍、開府儀同三」司、延丹隰汾等四州諸軍事、延州總管、平昌郡開國公，謚曰莊。並道叶天經，神清月旦。爵通」五等，位列三司。將軍佩金印之榮，太守綰銅符之貴。儀形沓耀，衮紱駢暉。考韶，随内史舍人」、趙州刺史。娶唐贈太師、上柱國、齊國公長孫晟女，即文德聖皇太后之親姊焉。公孕」影懸黎，翻華結緑。嵇松千丈，郄桂一枝。司鳳沼而預綢繆，察烏讼而宣政令。固以玉人分譽」，金穴聯姻。望軼朝賢，聲冠宗黨。夫人資神璧月，稟化珠星。染秀氣於塗山，授奇精於汾水。言」容素婉，習誡闈於公宫；儀象應圖，含弘彰於娣袂。曹大家之女訓，率由道合；張司空之史箴」，自然性與。裂齊紈而錯思，攬秦鏡以施粧。年甫初笄，式嬪君子。五物攸備，百兩言歸。允迪好」逑，成兹美對。必紆情於箕箒，常屈己於饘飳。伉叶蘿松，敬隆蘋藻。陶匏古器，克循中饋之風」；羅綺新文，還脩内則之藝。名因德遠，封逐夫崇。拜晉原郡君，随班例也。既而福褰偕老，義絶」同衾。分紫氣之雙龍，别青田之兩鶴。衛太子之早逝，恭姜守義而賦詩；魯大夫之云亡，敬姜」處喪而識禮。雖代殊今古，而人無優劣。始曰良妻，終稱賢母。三從式敘，六行弥光。或投杼以」弘慈，乍斷機而演誨。所以魚軒翟服，克保安貞；翼子謀孫，乃傳餘慶。於是時昇鮑輦，乍動潘」輿。施大被而招賢，列長筵而命賞。既盡美矣，而又終焉。方期千月易登，五福無爽，豈謂燒金」舛候，曾不驗於長春；連石移陰，溘先歸於大夜。奄以開耀元年十二月六日終於明堂之静」安里第，春秋七十有九。永淳元年七月十八日歸祔于府君之舊塋，禮也。惟夫人德茂芝蘭」，行符謙順，柔以事上，剛以御卑。享薦之羞，必親於手目；莊敬之禮，弗虧於造次。動成楷則，言」合典墳。可謂在彼中流，光斯上智。有一女六子。女適太子詹事楊崇敬。長子緘，潞州上黨縣」令、坊州司馬。未縻高秩，先已就木温凊。次子纘，恒州司户參軍、商州上津縣令。次子綝，邛州」安仁、隆州蒼溪縣令。次子綜，高尚不仕。次子繹，交州交阯、潭州衡山縣令。幼子績，益州新都」、同州馮翊縣令，妻則皇姪女江陵縣主也。往皆蒸蒸色養，今並哀哀茹荼。捧奩鏡以」摧心，望杯圈而斷骨。嗟乎！楸衣儵閟，椒奠方陳。白日空臨，黄泉詎曉。是用追思外族，緬懷曩」好。既伊余之舅母，仁貸寔深；亦吾女之慈姑，恩華曲備。遂流襟而敘德，詮盛烈以難窮。聊託」琬而揚徽，庶柔規之不朽。迺爲銘曰」：

維山契道，葉縣儀僊。長瀾紀地，曾嶠干天。門承爵禄，位襲貂蟬。葳蕤緑簡，晉燭青編。其一。代□□美，育兹邦令。玉胄開祥，金鈎演慶。循箴顧典，鳴環撫鏡。旭鴈騰歌，河魴入詠。其二。華若桃李」，□□潘楊。虔脩舉案，載叶承筐。才超頌菊，業盛調桑。禮崇沃盥，譽表含章。其三。自伯之殂，孀容」□□。□鳳輟響，孤鸞戢翼。耳不留聲，目不藏色。魯室歸祀，鄒門斷織。其四。一操罔違，芝松疊□」。□□□□，銅墨交焕。耀玉正忻，遷舟起歎。寂寞簾宇，荒涼池館。其五。竟託玄隧，重掩黄壚。賓迎」□□，□□□□。愁烟夕綴，思月晨孤。空垂素範，永播緗圖。其六」。

按

誌主王琬，韋元整之妻。祖慶，《周書》有傳。誌所載王氏家族之世系封爵等，均可補史載之闕。據誌主三子韋綝墓誌記載“考元整，皇朝西府東閤祭酒、天策上將府鎧曹參軍事、通曹二州刺史、上柱國”，則其夫爲韋元整，係杜陵韋氏逍遥公韋敻之曾孫，亦世代豪門。又此誌出土地不詳，據墓誌“歸祔于府君之舊塋”，而其子韋綝墓誌稱“葬於明堂縣鳳栖原”，則此誌亦當出土于今西安市南郊鳳栖原上。其子韋綝墓誌見本書208.689條。

撰者紀王李慎，唐太宗第十子，韋貴妃所生。太宗貞觀十年封爲紀王，十七年遷襄州刺史。高宗永徽元年拜左衛大將軍，二年授荊州都督。後封爲太子太保。

205.684　安元壽墓誌

説 明

唐光宅元年（684）十月刻。誌正方形。邊長87厘米。誌文楷書39行，滿行39字。郭正一撰文。誌四側飾牡丹及石榴花紋。1972年禮泉縣煙霞鎮馬村出土。現存昭陵博物館。《全唐文補遺》《陝西碑石精華》《新中國出土墓誌（陝西壹）》《昭陵碑石》等著録。

釋 文

大唐故右威衛將軍上柱國安府君墓誌銘并序

國子監祭酒郭正一撰」

盖天分景宿，文昌垂列將之名；地括群流，師貞建丈人之號。故隆周啟統，掌兵屬於司武；炎劉御歷，制」衆在于將軍。然則簡材以任爪牙，選士而爲心膂。稽之舊典，代有其人。君諱元壽，字茂齡，涼州姑臧人」也。川横玉塞，人多剛悍之風；

地枕金方，俗負堅貞之氣。關西騎士，武賢之代習兵符；隴右良家，充國之」門傳劒術。曾祖弼，周朝服侯。幼挺人英，夙標時望。丹山綷羽，響振朝陽。紫闕騰鱗，光流下稷。祖羅，周開」府儀同三司，隋石州刺史、貴鄉縣開國公。質表珪璋，器惟瑚璉。衣冠佐夏，道叶調梅。鍾鼎遷周，化□分」竹。父興貴，皇朝右驍衛將軍、左武衛將軍、冠軍將軍、上柱國、涼公，別食綿、歸二州，實封六百户。克施在」封，六百户[①]，克施在操，匪躬成節。以功詔爵，爰頒錫壤之榮；以德命官，載啟銜珠之秩。公慶門貽祉，華宗」誕秀。踐忠信以立身，執恭謙而待物。博通才術，備閑道藝。星飛楚劒，見水裔之浮蛟；月上燕弧，覩雲衢」之落鴈。聚壤爲陣，少懷軍伍之心；裂帛成旗，早習兵戈之用。年始弱冠，時屬經綸。効款河西，同竇融之」歸國；韜光隴右，等葛亮之須期。武德五年，奉秦王教，追入幕府，即授右庫真。託身鳳邸，澤厚命車；飛名」菟園，恩均置醴。于時皇基肇建，二凶構逆。公特蒙驅使，委以腹心，奉敕被甲於嘉猷門」宿衛。既而内難克除，太宗踐極。爵禄攸設，先酬擐甲之勞；賞命所加，用答披荊之勣。特拜公右」千牛備身。貞觀元年，突厥頡利可汗擁徒卅万衆来寇便橋，太宗親率精兵出討。頡利遣使乞」降，請屏左右，太宗獨將公一人於帳中自衛。其所親信，多此類也。至三年，涼公以河右初賓，家」業殷重，表請公歸貫檢校，有詔聽許。公優遊鄉曲十有餘年，後奉恩敕，遣公充使西域，册拜東」羅可汗。皇華遠邁，聲浹於殊荒；天節高麾，威加於絶域。使還，詔授左領軍衛嬀泉府左果毅都尉」。任参五校，允属於典戎；職總千夫，寔資於禦侮。尋丁涼公憂去職。茹荼泣血，殆將滅性。服闋，轉授左屯」衛蘄川府果毅。公以太夫人年老，請解職歸侍，恩敕以公藩府舊寮，特令帶官就養。復丁内憂」解任。灰琯未周，墨縗旋及，奪情蒙授益州武威府果毅。至永徽年中，賀魯叛常，驚擾沙塞。貳師振旅，將」盪氈裘之孽；五道分麾，實藉偏裨之伍。別敕差公充蔥河道檢校軍馬使。賊平軍迴，加授右武衛」義仁府折沖都尉。押玉同貞，壺冰比潔。明以察政，黠吏無以匿其情；直以當官，邪人不能撓其法。肅戈」紫掖，惟才是寄。司戟玉階，任人尤切。龍朔三年，遷授右驍衛郎將。麟德元年，又加授左監門衛中郎將」。二年，告禪云郊，升中岱岳，公親於壇上供奉。恩詔加授忠武將軍。咸亨元年，又加雲麾將軍。董」兵欄錡，先佇於幹能；掌衛宸軒，必資於忠勇。三年，加拜右驍衛將軍。上元元年，又遷授右威衛將軍。竭」誠莅政，勤著於六戎；勵節當官，功宣於八校。然以逝川不駐，藏壑易遷；方延刻玉之期，奄遘盈瑰之釁」。以永淳二年八月四日遇疾薨於東都河南里之私第，春秋七十有七。天不與善，歎軫簪裾。人之云亡」，悲感行路。恩詔以公藩朝左右，備立勳庸，特令陪葬昭陵，以申惟舊。葬事所須，並宜官」給。晉臣疏隧，自居芒阜之前；漢將開墳，終依茂陵之側。胤子右武威良社府果毅神感等，充窮剡思，孺」慕嬰心。擗地無追，號天罔極。龍璋筮宅，俾安厝於千古；鳳篆圖銘，庶騰芳於萬葉。銘曰」：

嬀水導源，涼土開國。星垂獸象，地分龍勒。家挺異人，門傳令德。曠野崇訓，儀台闡則。其一。運鍾標季，時逢」會昌。天臨萬宇，雲羅八荒。顯考投袂，爰歸聖皇。惟君奮節，亦奉興王。其二。帝圖肇創，國步猶阻。十角」外侵，二兇内侮。任參戈戟，寄同心膂。玉帳斯衛，金門載禦。其三。繼明登歷，儀乾纘構。逐菟論功，攀鱗録舊」。賞繇恩洽，榮因寵授。白羽肅兵，青旗盪寇。其四。武賁務總，鷹揚望華。力能禁暴，威足閑邪。電發銅首，星飛」鏌鎯。宏謀聚石，妙筭□沙。其五。紫綬升班，金章列位。長衢曜戟，高門納駟。愛士分車，傾賓輟饋。弃玉成寶」，遺財立義。其六。虞谷馳輝，魯川閲水。道颷易滅，夜河難恃。大樹云摧，哲人其殄。悼深捐織，悲逾罷市。其七。聽」鞞興感，撫屢傷情。澤均詔葬，恩侔賜塋。祁山構象，夏屋成形。道被存没，禮極哀榮。其八。生也有涯，死而不」作。繢車宵警，銅池曉躍。橋陽是寓，狄陰攸託。路轉悲驂，庭騫吊鶴。其九。誕生厥胤，至性純深。循陔茹泣，望」岵崩心。規墳月岫，架隴雲岑。敬勒銘於金石，庶永播於徽音。其十。

光宅元年歲次甲申十月己卯朔廿四日壬寅奄葬」

校勘記

①克施在封六百户，此七字疑似誤刻增入，與原文語句不諧。

按

誌主安元壽，兩《唐書》無傳。誌文所載其先祖世系，可補《新唐書·宰相世系表》之闕。誌文所見嬀泉府、蘄川府等軍府，《新唐書·地理志》失載，可據補。又，誌文所載武德九年唐太宗初即位後渭橋退兵内幕，爲研究唐代政治提供了重要的史料。

撰者郭正一，唐定州鼓城（今河北正定）人。兩《唐書》有傳。

206.685　薛元超墓誌

説明

武周垂拱元年（685）四月刻。蓋盝形，誌正方形。蓋邊長91厘米，誌邊長86厘米。蓋文5行，滿行4字，篆書“大唐故中」書令贈光」禄大夫秦」州都督薛」公墓誌銘」”。誌文楷書57行，滿行57字。崔融撰文，曜駱續書序，毅俊書銘。蓋四殺、四側及誌四側均飾牡丹、石榴花紋。1971年乾縣乾陵薛元超墓出土。現存乾陵博物館。《隋唐五代墓誌滙編》《全唐文補遺》《新中國出土墓誌（陝西壹）》等著録。

釋文

大唐故中書令兼檢校太子左庶子户部尚書汾陰男贈光禄大夫使持節都督秦成武渭四州諸軍事秦州刺史薛公墓誌銘并序」

天之經者日月，其道可以燭大紘；地之紀者河海，其才可以營中國。然則和上下，燮陰陽，三階平，四方晏，非賢臣孰能爲此哉！公諱震，字元超，河東汾」陰人也。高祖聰，魏給事黄門侍郎、御史中尉、散騎常侍、直閣輔國二將軍、都督齊州諸軍事、齊州刺史、贈車騎將軍、儀同三司，謚曰簡懿。曾祖孝通，中」書、黄門二侍郎、銀青光禄大夫、散騎常侍、關西道大行臺右丞、常山太守、汾陰侯、贈車騎將軍、儀同三司，青鄭二州刺史。祖道衡，齊中書、黄門二侍郎」，隨吏部内史二侍郎、上開府儀同三司、都督陵邛番襄四州諸軍事、四州刺史、襄州總管、司隸大夫、皇朝贈上開府臨河公。父收，上開府兼陝東」道大行臺、金部郎中、天策上將府記室、文學館學士、上柱國、汾陰男，贈定州刺史、太常卿，謚曰獻。勳高事夏，道盛匡殷。魯國来朝，滕侯共薛侯爭長；魏」君請見，薛公與毛公並遊。能傳其業，謀孫而翼子。不隕其名，象賢而種德。尊官厚禄，熏灼寓内。盛族高門，榮耀天下。公藉祖宗之休烈，稟嶽瀆之勝靈」。含淳光，吸元氣。鄒人之里，夫子幼孤；漢相之家，少翁初襲。六歲，襲汾陰男，受左傳於同郡韓文汪，便質大義，聞“天王狩于河陽”，乃歎曰：周朝豈無良相」，何得以臣召君。文汪異焉。宰輔之器基於此矣。八歲，善属文。時房玄齡、虞南試公詠竹，援豪立就，卒章云“别有鄰人笛，偏傷懷舊情”。玄齡等即公之父」黨，深所感歎。名流竦動，始揖王公之孫；明主殷勤，俄稱耀卿之子。九歲，以莫府子弟，太宗召見與語。十一，弘文館讀書，一覽不遺，萬言咸諷」。通人謂之顔冉，識者知其管樂。十六，補神堯皇帝挽郎。十九，尚和静縣主。衣冠之秀，公子爲郎；車服之儀，王姬作配。廿一，除太子通事舍人，仍」爲學士，修晉史。太宗嘗夜宴王公於玄武内殿，詔公詠燭，賞彩卅段。他日，賦公泛鷁金塘詩成，謂高宗曰：元超父事我，雅杖名節；我」令元超事汝，汝宜重之。廿二，遷太子舍人。永徽纂歷，加朝散大夫，遷給事中，時年廿六。尋遷中書舍人、弘文館學士兼修國史，仍與上官儀同入閤供」奉。從容詔制，肅穆圖書，清晨入龍鳳之池，薄暮下麒麟之閣。東京辭賦，孟堅共武仲齊名；西國文儒，劉向與王褒並進。中書内省舊有磐石，相傳云」：内史府君常踞以草詔，公每遊於斯，未嘗不潸然下泣。時高宗初違諒闇，庶政惟新。公抗疏言社稷安危，君臣得失。帝登召賜坐，曰：得」卿疏，若處闇室覩三光，覽明鏡見萬象，能長如此，台鉉而誰。公之姑河東夫人，神堯之婕妤也，博學知禮，常侍帝翰墨。帝每謂」曰：不見婕妤姪一日，即疑社稷不安。卅二，丁太夫人憂，哭輒歐血。有敕慰諭，起爲黄門侍郎，累表後拜。帝見公過禮，泣而言曰：朕殆不識」卿，遂至毁滅，曾是爲孝。鄰居輟事，愴吴隱之哀號；天子相憂，歎何曾之毁瘠。修東殿新書成，進爵爲侯，賜物七百段，敕與許敬宗潤色玄奘法師所」譯經、論、疏。薦高智周、任希古、王義方、顧胤、郭正一、孟利貞等有才幹。河東夫人謂所親曰：元超爲黄門雖早，方高祖適晚二年，以居表羸疾，多不視事」。卅四，出爲饒州刺史。在職以仁恩簡惠稱，有芝草生鄱陽縣。卌，帝夢公，追授右成務。卌一，復爲東臺侍郎，獻封禪書、平東夷策，以事復出爲簡」州刺史。歲餘，上官儀伏法，以公嘗詞翰往復，放于越巂之邛都。耽味易象，以詩酒爲事，有醉後集三卷行於時。五十三，上元赦，還詣洛陽，帝」召見，拜正諫大夫。孝敬崩，詔公爲哀策。時聞讜議，初求貢禹之言；朝有大文，即命王珣之筆。五十四，拜守中書侍郎，尋同中書門下三品，此」後獨知國政者五年，詔敕日占數百。帝曰：得卿一人足矣！賜良田甲第，恩禮甚隆。駕幸汝，觀射猛獸，公上疏以爲不宜親臨，手敕答曰」：忠誠顯著，深納至言。加中大夫、守中書侍郎、兼檢校太子左庶子。緑綈蒼佩，下西掖而生光；烏仗黄麾，入東朝而動色。詔公河北道安撫大使，公狀」薦才宜文武者二千餘人。帝嘗機務餘，語及人間盛衰事，不覺淒然，顧謂公曰：憶昔我在春宫，髭猶未出，卿初事我，鬚亦未長，倏忽光陰卅餘」載。疇日良臣名將，並成灰土，唯我與卿白首相見。卿歷觀書記，君臣偕老者幾人？我看卿事我大忠赤，我託卿亦甚厚。公感咽稽首謝曰：先臣攀附」，文帝委之心膂；微臣多幸，天皇任以股肱。父子承恩，榮被幽顯。誓期煞身奉國，致一人於堯舜。竊觀天儀貶損，良以旰食宵衣，惟」願遵黄老之術，養生衛壽，則天下幸甚。賜黄金二百溢。明年，詔公知内外百官考。駕幸九成宫，嘗急召太子赴行所在，帝於箭括嶺帳殿」候之。及至，置酒張樂，會王公等，有詔酣謔盡歡，即目各言一事。時太子英王今上侍，公曰：天皇正合易象。臣聞乾將三男震坎亘，今」日是也！帝大悦，群臣稱萬歲，聲溢巖谷間，傳聞數十里。賜物百段及銀鏤鍾一枚。時吐蕃作梗河源，詔英王爲元率，公賦出征詩一首」，帝覽而嘉之，親紆聖筆，代王爲和。天文爛爛，月合而星連；睿思飄飄，雲飛而風起。君臣之際，朝野稱榮。大理嘗奏疑獄，理官請論以死，公對」御詰之，吏不能應。帝凛然改容曰：向不得元超在，幾令我殺無辜！百僚震肅。時北胡未静，公亟請塞垣備兵。俄而伏念南侵，適會王師北首，不」日戡殄。朝廷緊賴之，疏薦鄭祖玄、賀敳、沈伯儀、鄧玄挺、顔强學、楊炯、崔融等十人爲崇文學士，帝可其奏。五十九，加正議大夫守中書令，餘」如故。駕幸洛陽，詔公兼户部尚書，留侍太子。居守清警，後丹鳳門外；傾都拜辭，特詔公驂乘，謂公曰：朕留卿若去一目、斷一臂，關西之事，悉以」委卿。賜物一百段。公數上疏諫太子，手敕褒諭，賜絹百匹。時方有事中嶽，詔公草封禪碑。歲餘，忽風疾不言，中使相望於道，賜絹百匹，太子令」醫藥就第，賜絹百匹。帝崩，公如喪考妣，輿疾赴神都，尋加汾陰男，食邑二百户。痾恙久，公意若曰辭位，縣主抗表，至于再三，優詔加金紫光」禄大夫，致仕。天之將喪，禱河嶽而無徵；人之云亡，託星辰而忽遠。以光宅元年十一月二日薨于洛陽之豐財里，春秋六十有二。嗚呼哀哉！秦亡蹇叔」，鄭殞國僑，知與不知，莫不流涕。有敕賜斂衣一襲，詔贈光禄大夫、使持

大唐故中
書令贈光
祿大夫秦
州都督薛
公墓誌銘

節都督秦成武渭四州諸軍事、秦州刺史，賜物四百段，米粟四百石，賜東」園祕器，凶事、葬事所須，並宜官給，儀仗送至墓所往還，京官四品一人攝司賓卿監護，並賚璽書弔祭。還京之日，爲造靈轝，給傳遞發遣。以垂拱元年」歲次乙酉四月景子朔廿二日丁酉詔陪葬于乾陵，禮也。惟公享陰德，承大名，漸之者甘露醴泉，訓之者輜車乘馬。杜稱武庫，積慶高於五葉」；崔号文宗，宏才掩於三代。天下之人謂公爲地矣。惟公秀眉目，偉鬚髯，長七尺四寸，神明如也。定容止，齊顏色，龍章鳳姿，瑶林瓊樹。皎若開雲而望月」，廓若披霧而覩山，天下之人謂公爲貌矣。惟公神韻蕭灑，天才磊落，陳琳許其大巫，阮籍稱其王佐。立辭比事，潤色太平之業；述禮正樂，歌詠先王之」道。擅一時之羽儀，光百代之宗匠，天下之人謂公爲文矣。惟公下帷帳，列綈緗，覃思研精，該通博極。三皇五帝之墳典，指於掌内；四海九州之圖籍，吞」若胸中。獻替王公之言，謀猷廟堂之議，天下之人謂公爲學矣。惟公鳥有鳳，魚有鯤，陂澄萬頃，壁立千仞，窮達不易其心，喜愠不形其色。山納海受，物」疏道親，天下之人謂公爲量矣。惟公善詞令，美聲姿，莫見旗鼓，自聞琴瑟。苟非利社稷，安國家，感神明，動天地，則未嘗論人物，辯是非，天下之人謂公」爲言矣。惟公備九德，兼百行，立天之道曰陰與陽，立地之道曰柔與剛，立人之道曰仁與義。始於事親，捧檄而干禄。中於事君，懸車而謝病。終於立身」，既没而不朽，天下之人謂公爲賢矣。惟公居守太子，有相國之任；會計群吏，有冢宰之託。澄清天下，有使臣之譽；弼諧君上，有諫臣之名；平獄稱」允，有于公之斷；舉才得宜，有山公之啟；天規地典，有力牧之用；君歌臣誠，有咎繇之德。運動兵略，其當周之太公乎；考覈政事，其當軒之天老乎；夢公」形象，其當殷之傅説乎；得卿一足，其當堯之后夔乎。天下之人謂公爲相矣。長子曜，中子毅，少子俊，朝暮假息，柴毁不容。至性無改於三年，淳心有加」於一等。以高宗敕書一軸，孝子忠臣傳兩卷，周易一部，明鏡一匣送終焉。十里開塋，三河聚卒。蒼蒼松竹，居然孝子之墳；鬱鬱樵蘇，還作名臣」之隴。銘曰」：

於鑠我祖，系自中古。作相于殷，来朝于魯。既開其國，亦胙其土。涉河而東，家汾之浦。我家存存，道義之門。地望人傑，名高德尊。言滿當代，慶流後昆。丞」相有子，伯侯有孫。天資卓犖，随珠卞璞。日月精靈，上仁先覺。道合經緯，文成禮樂。泉海富才，丘山積學。佩玉鏘鏘，將翱將翔。青襟鹵胄，素幘爲郎。地列」金榜，宫開畫堂。上天有命，前輝後光。聖皇繼作，賢臣縱壑。鸞渚四遊，鳳池三躍。二典州郡，再昇臺閣。時和物阜，政調人樂。光照六合，宦」成兩宫。已陟元宰，言登上公。葛龔少氣，滿奮疑風。乘星忽遠，夢日俄窮。山河一望，冢塋相向。皇軒既終，國僑且喪。生也同德，没而陪葬。千載遊魂」，一陵之上」。

崔融纂

曜駱縯書序

毅俊書銘

萬三奴鐫

萬元抗鐫」

按

誌主薛元超，唐名臣，兩《唐書》有傳。本誌篇幅甚巨，内容豐富，凡所記薛氏世系、各人官職，均可補史闕。又，此誌所載薛元超與皇帝對答之語，“賦出征詩”等諸事，史籍無徵。此誌崔融撰文，曜駱縯書序，毅俊書銘，萬三奴、萬元抗分鐫銘與序，可謂文辭、書法及刻工堪稱“三絶”。

撰者崔融，字安成，唐齊州全節（今山東章丘）人。累官崇文館學士、太子侍讀、鳳閣舍人，兼修國史。崔融爲文華美，頗得時譽。

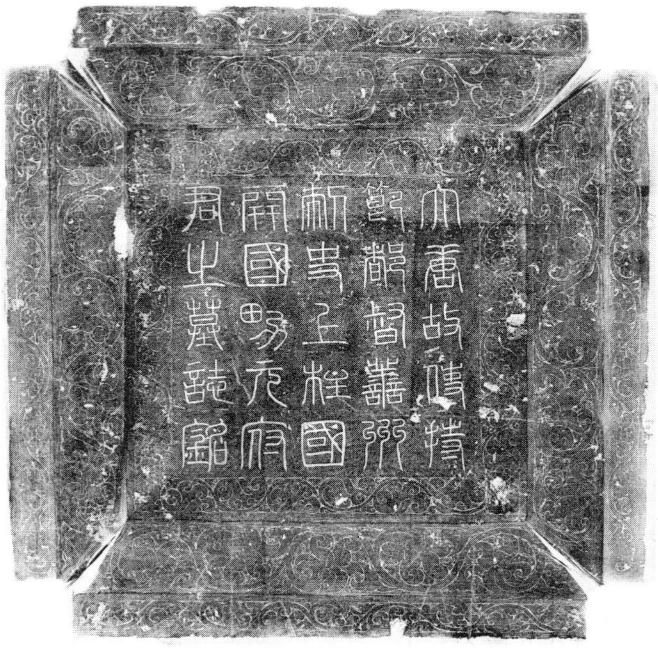

207.687　元師獎墓誌

説 明

武周垂拱三年（687）十月刻。誌石灰巖質。蓋盝形，誌正方形。誌、蓋尺寸相同，邊長均72厘米。蓋文5行，滿行5字，篆書“大唐故使持」節都督鄯州」刺史上柱國」開國男元府」君之墓誌銘」”。誌文楷書37行，滿行38字。蓋四殺及四側、誌四側均飾纏枝花紋。1993年岐山縣棗林鄉鄭家村出土。現存岐山縣博物館。《全唐文補遺》《新中國出土墓誌（陝西叁）》著録。

釋 文

大唐故通議大夫使持節都督鄯河蘭廓緣淳麗津超罕永定等一十二州諸軍事守鄯州刺史上」柱國新蔡縣開國男河源道經略副使元府君之墓誌銘并序」

若夫高門盛族，因積善而騰訓；良弓茂緒，憑保家而弘業。然則行該名節，言合風範，獨步於簪紱之」前，飛芳於蘭菊之際，其惟鄯州都督元府君之謂也。君諱師獎，字玄成，河南人也。粵若洪源」演派，浹溟波而迅激；保姓開宗，冠土流而垂裕。偉哉拔地，獨光門緒，備在縑緗，可略而闕。曾祖熾，魏」侍中、司空公。平土分司，曜蟬揆務。言行光朝野，風儀映人物。祖祥，魏直閤將軍、宗正少卿、秘書監、金」紫光禄大夫、太子右率，随使持節上大將軍、洮州諸軍事、洮州刺史、呼酋縣開國公，食邑一千户。望」包九棘，位總六條。莅蓬山，趍蘭錡，應茅土之殊寵，處鵷禁之清列。父慶，絳州稷山縣令。地臨全晉，境」接封唐。卓茂公才，未踐中台之位；王喬仙化，俄遺下邑之榮。公地積膏腴，言成准的。奮飛□」陸，人倫服義於衆中；游詠龍津，士子吞聲於塵末。起家授右衛翊衛，昭胄望也。逮乎貞觀之際，占募」輸誠，肅鹽澤而靜葱山，截三韓而澄九種。頻邀必勝，累構殊勳。當授上柱國，仍加昭武校尉。俄遷本」衛旅帥，尋授游擊將軍，守左司禦衛、統安府左果毅都尉。又紆綸涣，授公游騎將軍。續絳」綸言，除本府折衝都尉，仍令長上檢校燭〔龍〕州刺史。不捨戎昭之寄，兼處訓人之曹。寮宷更傾心，親朋」逾拭目。又紆朝命，授公中大夫、使持節甘州諸軍事、甘州刺史，又授使持節庭州諸軍事、守」庭州刺史。後又授使持節肅州諸軍事、守肅州刺史。遂使烏谷黎萌，雪泉士庶。来暮去思之詠，事切」於歌謡；還珠借寇之聲，義光於遠近。頻遊刃於錯節，亟撥煩於□繩。又降恩旨，授公使持節」都督茂塗向維姜冉莋恕卓葛蓬魯一十一州諸軍事、守茂州刺史。仁風逾扇，膏雨自流。百城於是」欽能，六條由其增價。既而虵川縱毒，鼇海挻灾。乃降偏裨，克清邊徼。西平之地，實資令德。又紆」綸汗，授公使持節都督鄯河蘭廓緣淳麗津超罕永定等一十二州諸軍事、守鄯州刺史，勳官如故」。續授太中大夫，餘官如故。又充河源道經略副使，又加授通議大夫，又授新蔡縣開國男，食邑三百」户。河源密迩青海，鄯府控帶湟川，夷夏雜居，棟宇斯接。委循良之善政，任文武之異材。公粵自下車」，聲猷斯大，政包千里，功奪五申。露冕於蕃服之區，令行禁止；分麾於沙漠之際，迩安遠肅。挺出張韓」之前，奮飛黄賈之上。不謂青要忽逝，紫電行遷，九轉未飛，兩楹先夢。悲夫！以垂拱二年正月九日遘」疾卒於鄯州之官舍，春秋六十有六。惟公抱奇材而應務，恢雅量以光身。虚左欽賢，鳴謙自牧。惟忠」惟孝，映簡牘以垂名；至清至公，超搢紳而高視。蓄將相之具，造次無斁；守節義之塗，始終罔替。斯乃」不羈名士，獨行高人，播美流譽，超今掞昔者矣。夫人萬壽縣君魏郡栢氏，魏府騎曹文惠之女也。家」傳節義，門盛衣冠。四德並優，六行兼穆。結松羅之茂影，九族成驩；諧琴瑟之清音，千齡逾暢。豈止辭」光蔡室，固亦敏洽班庭。福善則虚，以垂拱元年四月十九日卒於鄯州之官舍，春秋五十有五。嗟乎」！雲隨鬟斂，露含珠泣。菱鏡沉而氛埃積，蘭閨寂而帷幔空。粤以大唐垂拱三年歲次丁亥十」月壬辰朔十八日己酉，同窆於岐州岐陽縣含原鄉三時原，禮也。嗣子左衛勳一府副隊正大亮，性」與仁孝，心惟貞白。哀纏骨髓，淚染松栢。恨存歿之長違，痛幽明之永隔。勒石標美，以昭過隙。其詞曰」：

森森洪源，昭昭茂族。赫奕前代，蟬聯嗣福。祖祢膺榮，胤緒干禄。箕裘不墜，公侯必復。其一。猗人降生，質」生質性。廉平濟濟，肅肅人英。名高鋈銑，調合琴笙。當年俊傑，莫之与京。其二。亟總六條，頻膺三令。詳其」寳實，率由公正。德宇風清，心田霜淨。材兼文武，徽猷斯盛。其三。錫壽無徵，奄從物化。人事何速，生涯不」借。百齡茂範，一朝長謝。比之和璧，空餘重價。其四。爰崇安措，岐嶺之阿。青烏示吉，白馬来過。盖引悲吹」，車随逝波。頻驚鄰笛，幾聽蒿歌。其五。蒼蒼孤隴，落落踈松。松寒霜積，隴晦雲重。掌珍失怙，心友奚從。乃」鐫貞石，永播高蹤。其六」。

按

誌主元師獎，兩《唐書》無載。誌所載其家族世系、生平事蹟、任官封賜等，均可補史載之闕。特別對于補正唐代職官、地理等，均具一定的參考價值。

208.689　韋綝墓誌

唐故益州
大都督府
成都縣令
韋府墓誌

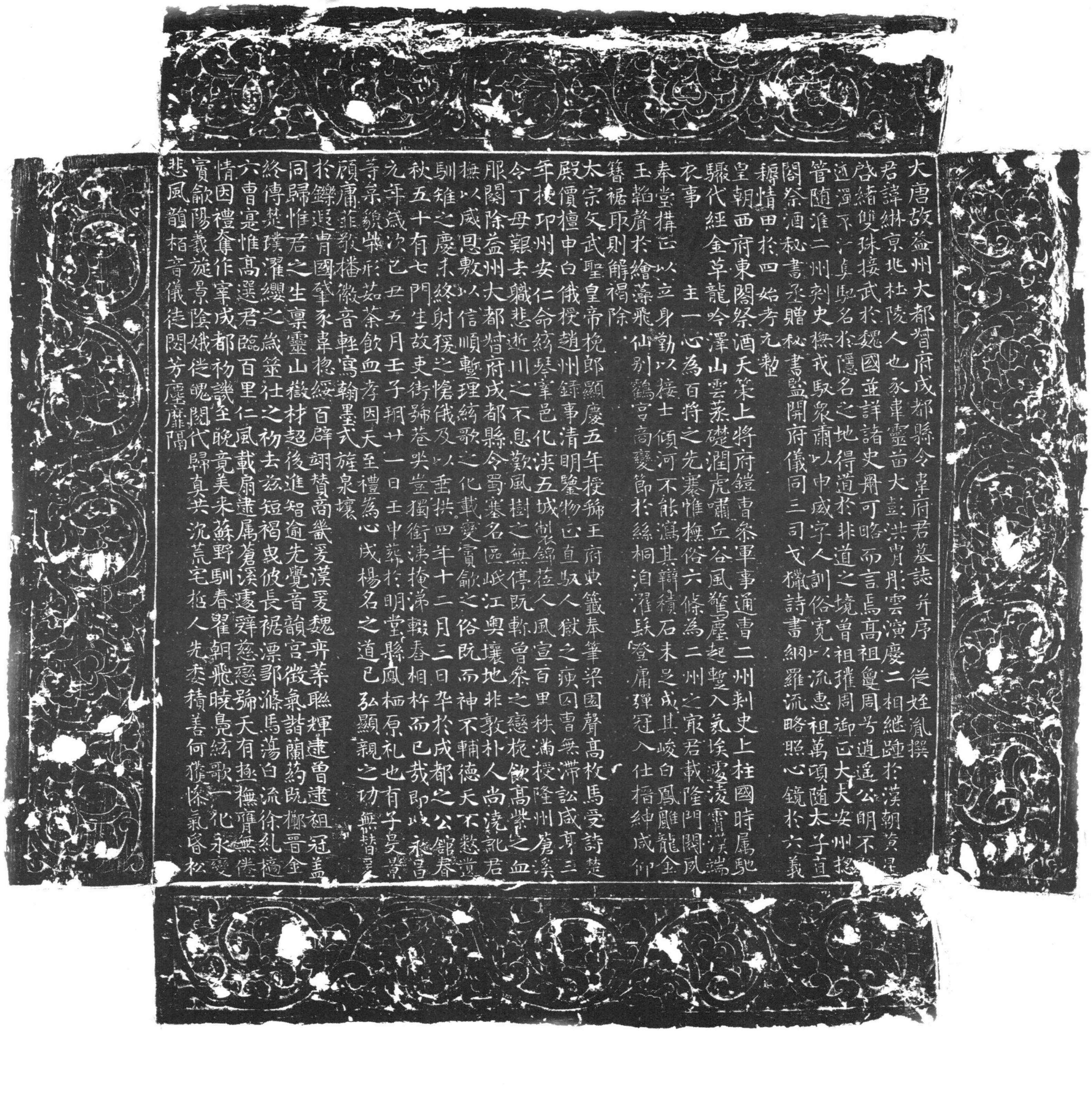
大唐故益州大都督府成都縣令韋府君墓誌并序

説 明

武周永昌元年(689)五月刻。誌、蓋均方形。誌、蓋尺寸相同,均長51厘米,寬50厘米。蓋文4行,滿行4字,篆書"唐故益州」大都督府」成都縣令」韋府墓誌」"。誌文楷書31行,滿行30字。韋胤撰文。蓋四殺、四側及誌四側均飾纏枝忍冬紋。1986年西安市長安區韋曲鎮東韋村出土。現存陝西省考古研究院。《隋唐五代墓誌滙編》《全唐文補遺》《陝西碑石精華》著録。

釋 文

大唐故益州大都督府成都縣令韋府君墓誌并序

從姪胤撰」

君諱綝,京兆杜陵人也。豕韋靈苗,大彭洪胄。彤雲演慶,二相繼踵於漢朝;黄星」啟緒,雙珠接武於魏國。並詳諸史册,可略而言焉。高祖敻,周号逍遥公。明不顯」迹,濁不汙真。馳名於隱名之地,得道於非道之境。曾祖瓘,周御正大夫、安州總」管、随淮二州刺史。撫戎馭衆,肅以申威;字人訓俗,寬以流惠。祖萬頃,随太子直」閤祭酒、秘書丞,贈秘書監、開府儀同三司。弋獵詩書,網羅流略。照心鏡於六義」,耨情田於四始。考元整」,皇朝西府東閤祭酒、天策上將府鎧曹參軍事、通曹二州刺史、上柱國。時属馳」驟,代經金革。龍吟澤山,雲蒸礎潤;虎嘯丘谷,風驚塵起。暫入氛埃,遽淩霄漢。端」衣事主,一心爲百將之先;褰帷撫俗,六條爲二州之最。君載隆門閥,夙」奉堂構。正以立身,勤以接士。傾河不能瀉其辯,積石未足成其峻。白鳳雕龍,金」玉韜聲於繪藻;飛仙別鶴,宫商變節於絲桐。洎濯髪登庸,彈冠入仕。搢紳咸仰」,簪裾取則。解褐除」太宗文武聖皇帝挽郎。顯慶五年,授虢王府典籤。奉筆梁園,聲高枚馬;受詩楚」殿,價擅申白。俄授趙州録事。清明鑒物,正直馭人。獄之(乏?)瘐囚,曹無滯訟。咸亨三」年,授邛州安仁命(令?)。絃琴宰邑,化浹五城;製錦莅人,風宣百里。秩滿,授隆州蒼溪」令。丁母艱,去職。悲逝川之不息,歎風樹之無停。既軫曾參之戀,旋飲高紫(柴?)之血」。服闋,除益州大都督府成都縣令。蜀塞名區,岷江奥壤,地非敦朴,人尚澆訛。君」撫以威恩,敷以信順。暫理絃歌之化,載變賨歙之俗。既而神不輔德,天不憖遺」。馴雉之慶未終,射猨之愴俄及。以垂拱四年十二月三日卒於成都之公館,春」秋五十有七。門生故吏,衔號巷哭,豈獨銜洟掩涕、輟舂相杵而已哉!即以永昌」元年歲次己丑五月壬子朔廿一日壬申葬於明堂縣鳳栖原,礼也。有子旻景」等,梟貌柴形,茹荼飲血。孝因天至,禮爲心成。揚名之道已弘,顯親之功無替。爰」顧庸菲,敬播徽音。輕寫翰墨,式旌泉壤」:

於鑠遐胄,國肇豕韋。緫綏百辟,翊贊商畿。爰漢爰魏,奕葉聯輝。逮曾逮祖,冠盖」同歸。惟君之生,稟靈山嶽。材超後進,智逾先覺。音韻宫徵,氣諧蘭菂。既擲晉金」,終傳楚璞。濯纓之歲,筮仕之初。去玆短褐,曳彼長裾。漂鄴滌馬,蕩白流徐。糾擿」六曹,寔惟高選。君臨百里,仁風載扇。逮属蒼溪,遽辭慈戀。號天有極,撫膺無倦」。情因禮奪,作宰成都。初譏至晚,竟美来蘇。野馴春翟,朝飛曉鳧。絃歌一化,永變」賨歙。陽羲旋景,陰娥徙魄。閲代歸真,共沉荒宅。哲人先委,積善何獲。慘氣昏松」,悲風韻栢。音儀徒閟,芳塵靡隔」。

按

誌主韋綝,兩《唐書》無傳。本誌所載韋氏世系,可與204.682《韋元整夫人王琬墓誌》參看,並可補《新唐書·宰相世系表》之闕。

209.690　韋仁約墓誌

説明

武周載初元年（690）一月刻。蓋邊長74厘米，誌邊長72厘米。蓋文4行，滿行4字，篆書“唐故納言」博昌縣開」國男韋府」君墓誌銘」”。誌文楷書47行，滿行47字。韋承慶撰序，范履冰製銘。蓋四殺及四側飾纏枝牡丹花紋，誌四側亦飾纏枝牡丹紋。西安市出土，具體時、地不詳。現存西安博物院。《隋唐五代墓誌滙編》《全唐文補遺》著録。

釋文

大唐故納言上輕車都尉博昌縣開國男韋府君墓誌銘

嗣子前朝議大夫行春官員外郎承慶撰序」

春官尚書弘文館學士兼修國史南陽縣開國子范履冰製銘」

府君諱仁約，字思謙，京兆杜陵人也。軒轅顓頊氏緬導靈源，大彭豕韋國茂開洪緒。楚太傅孟誕敷門德，漢丞相賢長發家」慶。本枝百代，衣冠四海。昭昭然備諸載籍，洋洋乎滿於聞聽。非俟小子一二言也。曾祖量，梁中書黄門侍郎、司農卿、汝南」縣開國子。祖瑗，随光州定城、盧州慎縣、絳州高梁、滎陽郡陽武四縣令。考德倫，皇朝瀛州任丘縣令。並有盛德重名」，清猷素範。搢紳仰其標准，雅俗宗其器望。府君辰象降德，川岳效靈。神氣英朗，風儀端肅。卓然秀立，不雜塵滓。爰在髫丱」，有異常童。進退俯仰，合於法度。年八歲，丁太夫人憂，孺慕哀號，至性冥極。不嘗甘旨，以終喪制。奉事任丘府君，竭人子」之禮，服勤夙夜，備盡劬勞。動靜小有不安，必通夕不寐，衣不解帶，以至疾瘳。属随運崩離，生資窘乏。躬勤稼穡，取備甘鮮。常」夜讀書，無有燈燭。拾薪爲燎，披閲終宵。研思典墳，遂成器業。及聖唐纂曆，天下文明，府君年甫弱冠，舉國子進士，射」策甲科，補幽州昌平縣尉。于時燕王以磐石懿親，作牧幽薊。長史杜楚客，當代偉才。一見府君，便以國士相許。常謂州縣」官寮曰：韋尉有廊廟材，必當坐致台輔。但恐我輩諸人不及見其富貴耳。尋有制，舉邑宰。辟書始下，杜公乃以府君」首擢，授安州應城縣令。爲政清簡，風化大行。秩滿，入選。吏部尚書高季輔有知人之鑒，夙聞府君名器，便雅相欽待，謂人」曰：自居銓藻，今始得此一人。乃奏授監察御史。正色當朝，無所迴避。永徽之始，先帝初嗣寶圖。朝政邦機，責成宰輔，中」書令褚遂良尤執樞要。或有告其贓賄者，便以正法劾之。有制左授遂良同州刺史。自是朝廷震悚，咸懼府君之剛直」焉。其後遂良重入爲吏部尚書。乃出補秦州清水縣令，遭繼母憂，去職。服闋，授蒲州司法參軍，入爲沛王府倉曹，尋遷殿中」御史，又除侍御史。每受制推按，或事涉危疑，必堅守平直，未常顧望。時談物論，莫不以此稱焉。遷右史，右史紀言緝事，直」筆正詞。加朝散大夫，改授殿中丞，尋轉尚書右司郎中。未幾，擢拜尚書左丞。先帝坐朝，百寮在列。有敕謂府君曰：卿」正直人，性無邪僻。久從驅策，每効忠勤。尚書左丞，天下管轄。故授卿此職，宜勉副朕心。在職數年，多所釐正。綱紀衆務，章程」具舉。積年疑滯，一覽必申。會府肅然，姦吏無所措其手足矣。又常奉别敕於朝堂理寃屈，天下士庶爲府君所決遣者」，曲直咸得其理，人皆愜伏，退無後言。遷御史大夫。朝野嚴肅，風俗澄清。權門屏氣，貴戚斂手。神皇臨馭區寓，轉授宗正卿」。右臺初建，復授右肅政御史大夫同鳳閣鸞臺三品、兼知左臺事。遷納言，封博昌縣開國男，食邑三百户。重處三獨，旋登八」舍。翊參惟扆，寅亮機衡。啟沃宸心，嘉言罔伏。獻替皇揆，知無不爲。國之忠賢，時望攸属。允所謂朝端正士、天子大臣」者歟。既而年疾兩侵，禄位兼重。滿盈爲誡，止足在懷。累抗章表，頻乞骸骨。聖上惜耆艾之德，重社稷之臣，深加獎諭，不遂」誠請。逡巡數月，復有陳奏。詞請切至，方獲矜允。制加太中大夫，聽致仕。禄賜同京官，仍朝朔望。府君自少及長，每以貞正」自居。非法不言，非禮勿動。造次顛沛，容止不虧，懔懔然有不可犯之色。其有賓筵宴聚、公府會同，劇談戲論，鋒飛穎豎。府」君或在其所，則衆議寂然，莫不斂袂端襟，莊敬終日。其爲人所嚴憚如此。加以匪躬奉上，推心與物。見善者必欲朝暮達」之，見惡者不能晷刻容之。至於面折庭爭，論列臧否，雖雷霆奮發，而詞色不撓。學綜經史，不涉異端。文取典則，不爲浮艷。爰」自解巾，迄乎挂冕，策名從政五十餘年。美秩榮班，備經遊歷。所存唯在公務，所念不及私門。夙夜匪懈，待漏而趍天闕；退」食自公，侵星而歸里巷。行往之路，必由於一途；進止之儀，不失於常所。親朋莫能枉其駕，賓客不敢詣其門。耳不聽絃管，手」不執珠玉。寢處無帷屏之飾，左右無僕妾之侍。自懸車告老，高謝時人。端居一室，寄想千載。子孫趍侍，以暢晨昏。四海名流」，一時通識，欽望塵軌，以爲疎廣張良之匹焉。方冀永綏多福，克延眉壽。豈謂徂光倏盡，危化奄遷。以永昌元年九月廿八日」遘疾弥留，薨於神都承義里第，春秋七十有九。有司以狀聞徹，聖上深垂哀憫，特降中使臨問凶筵。恩敕贈物二百」段、米粟二百石。喪事所需，並令官給。還京日，爲造靈轝。傳有言昊天不弔，詩所謂人之云亡。知與不知，□爲流涕。孤子承

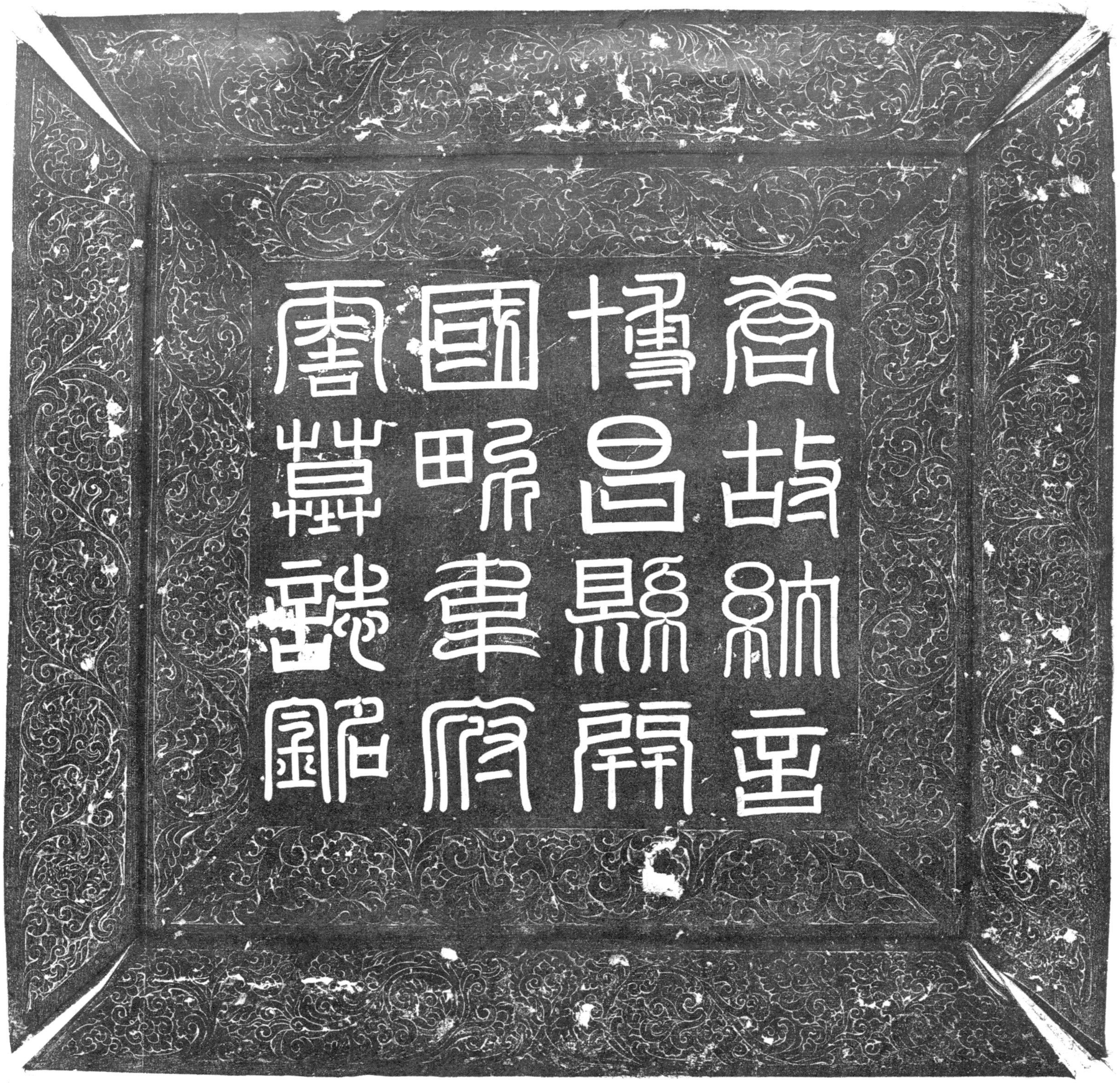

慶」、嗣立、淑等，行逆神祇，孝養誠感。遂使禍流天地，釁結幽明。親奉返席之辰，奄切承衾之慕。慈嚴永奪，顧復長違。號訴彼蒼」，肝髓屠裂。式遵慎終之典，微効罔極之心。卜宅有期，稱家爲禮。粤以載初元年歲次庚寅一月七日，遷窆于雍州萬年縣銅」人原舊塋之後。承慶緬惟平昔，親稟義方。鄙流俗之浮誕，敦古人之慤實。至若廣崇文飾，虛演聲芬。有一於斯，特乖先」志。今欲勒兹貞礎，誌彼幽埏。題序德音，期於指實。不敢外煩洪筆，輒以俯竭愚心。荒喘窮迷，萬不存一。春官尚書，弘文館學」士南陽范公，材冠士林，文高翰苑。通家宿好，累代周旋。敬託宏詞，奉詮遺烈。庶盡言而無愧，俾傳芳於不朽。其銘曰」：

國自豕韋，家曜龍旂。金籙茂業，鉉路昌暉。琳琅疊照，冠蓋連飛。德門斯敞，景族攸歸。顯祖烈考，時宗人望。峻節霜嚴，貞規月」亮。道紆出宰，材優入相。邦秀俄凋，國香逾暢。盛德必大，通賢傑出。資孝基忠，懷文抱質。正詞直道，神高氣逸。踐行無二，執心」惟壹。褫巾伊始，賁帛斯隆。詞清振玉，位列綰銅。簪裾望景，臺閣傾風。飛芳蒲邑，擢秀梧宮。累司栢署，頻居柱史。剛正馳聲，良」直標美。中府毗贊，南宫綜理。来著方嚴，去留風軌。正卿毓德，副相馳名。括河延潤，飛霜効明。□族敦敘，周行肅清。七車佇秀」，八舍登榮。地切鸞渚，任光龍作。珥彼豐貂，變兹緣鶴。獻可替否，彰善癉惡。誠竭訏謨，言思謇諤。懸輿有典，挂冕無因。紫霄」逾睠，丹懇莫申。逡巡斯切，章奏弥陳。爰矜暮齒，載假餘辰。邈矣高風，賢哉雅躅。謝兹僶俛，安斯止足。賞叶揮金，恩深杖玉」。丹芝行採，赤松將續。脩齡溘盡，大夢攸鍾。奄隨遷壑，遽落高舂。哀纏萬古，悼結九重。銜酸繼路，迸淚相從。蘭胤摧心，芝庭」泣血。煢息慮盡，窮號殆絶。敬奉容軒，式遵歸轍。行路殞涕，賓徒茹咽。陽城日下，京兆天邊。近辭洛汭，迥赴秦川。縞驂容與，□」旐聯翩。荒塋思月，宰樹凝烟。紀遺芬於貞礎，誌芳烈於幽埏」。

按

誌主韋仁約，《舊唐書》有傳。本誌所載頗詳，可與正史互相補足。《舊唐書》載“其先自京兆南徙，家于襄陽”，本誌云“京兆杜陵人”，雖記載有異，皆不誤。又，據墓誌所載卒年及年歲，可推知其生年，亦可補史闕。

此誌楷體柔媚清秀，疏朗有致，是唐初歐體楷書之佳作。同時，此誌書體出現了武周造字，如“君、天、年、日、月、星、正”等，是這一時期墓誌的一大特徵。

撰者韋承慶，誌主之子。字延休，第進士，累遷至鳳閣舍人，同平章事，兼修國史。

製銘者范履冰，唐懷州河内（今河南沁陽）人。歷官春官尚書，同鳳閣鸞臺平章事，兼修國史。

210.691　淮南大長公主墓誌

説明

武周天授二年（691）正月刻。蓋盝形，誌正方形。蓋邊長95厘米，誌邊長116厘米。蓋文4行，滿行3字，篆書“大唐故」淮南大」長公主」墓誌銘」”。其中“唐”字之上復刻“周”字。誌文楷書48行，滿行48字。封言道撰文。蓋四殺飾寶相花紋，四側飾纏枝花紋；誌四側飾蔓草紋。1978年富平縣上官鄉焦家堡出土。現存富平縣文物局。《陝西碑石精華》《富平碑刻》著録。

釋文

大唐故淮南大長公主墓誌銘并序

駙馬都尉封言道撰」

竊聞内昭嬪則，外訓母儀，緗素紀於名行，丹青圖其容止。若乃稟氣紫宸，連跗琁極。地軼魯元之寵，戚盛平陽之貴。至如柔」順之道，合之於自然；肅雍之德，受之於天性，其惟公主者矣。公主諱澄霞，高祖神堯皇帝之第十二女也。曾祖，太祖」景皇帝。祖，世祖元皇帝。大哉神堯皇帝！赤龍表觀河之感，白氣通望月之應；域中王者之大，樂推人主之尊。明一侔」於三皇，察道超於五帝。備乎實録，盛哉良史。公主分枝瓊葉，引派天潢。凝象降於胎教，徽號崇於繦褓。武德六年，年始三歲，册」拜淮南郡公主，食邑三千户。帝子、帝妹、帝姑、帝孫，書契以来，崇高斯極。然而言合禮儀，動中規矩。怡聲嚴父之敬」，撫念特隆；養色慈母之歡，恩深膝下。是知紫微衆位，應列宿以生知；青郊克祀，託帝胤而岐嶷。女則女儀，雅合班文之誡」；惟絺惟綌，匪資師氏之言。貞觀二年，加長公主，封户如舊。公主即太宗文武聖皇帝之妹也。親睦之情，寔重於同氣；愛育」之義，尤切于孔懷。貴顯既隆，恩遇弥甚。公主春松日茂，秋菊歲榮。行露始滋，迨冰初泮。小星三五之候，王姬二八之年。夙成」教於公宫，方下嫁於私室。六禮虔備，百兩言歸。組綬光於懿親，軒盖飛於戚里。既而承顔温順，無忘沃盥之儀；中饋聿修，每勖」奉姑之敬。於是家道既正，識女位之利貞；之子于歸，諒桃夭之宜室。然則參朝宫闕，遨遊甲第，車乘流水，馬控如龍。慎行脩」身，無忘於造次；守禮制節，匪離於斯須。永徽元年，加大長公主，舊别食實封三百户，又加五十户，公主即高宗天皇大帝」之姑也。帝族既尊，湯沐增厚。家人降禮，親敬日崇。公主以上元二年爰發廣府赴洛，三年春季，正属躬桑，遂蒙恩敕，特預」終獻需行大禮，榮觀當時。皇帝居藩，將遵冠禮。復令公主梳髻，并著衣服。太平公主，帝女鍾愛，出降有日，敕追公」主。仍賜敕書云：小女出降，故使報知。又具禮閒，須有莊母。以姑懿戚，庶屈暫来。若以淮路爲遥，即莫勞動。公主既承恩旨」，當即馳赴。太平公主嫁日，得充莊母。公主竭誠侍奉，實鑒聖心；臨赫孔明，特荷天睠。其於訓子之道，教以義方。乘肥衣輕」，每誡綺紈之性；言詩立禮，必誨箕裘之業。如有習學不悦，既譬停機之辭；友非勝己，便陳徙宅之諭。及乎喪姑居服，縗麻俯禮」。備哀戚之送終，盡卜兆之安措。内外來則，親姻具瞻。弘道元年，又加食實封五十户。属鼎湖外駕，顧命母臨。品物咸」亨，坤儀弘大。既增寵錫，是極光榮。益□□□，常懼滿溢。故能富貴長守，驕奢不至。逮明堂之肇建，万國来朝。暨温洛之出圖，三」光叶曜。公主欣陪時令，慶睹嘉祥。竦踊壯觀之情，懷荷曲私之澤。言道随例改授淄州刺史，既從公主述職淄川。而孟夏届」州，陪遊未幾，季冬違豫，寢膳乖宜。天恩遽遣名醫，并賫良藥。仍降手敕慰問，特賜甘子，恭承嘉惠。庶漸日瘳，伏枕有」加，餌藥無損。豈謂東川易流，西香難至。痛汗杖之□折，嗟符使之罕逢。奄以載初元年一月十八日薨于淄州之城刺史宅館」，春秋六十九。州縣士女，行□悲泣。聖上發哀，百官陪慟，贈物有加。爲造靈轝，并量給傳乘。差京官一人檢校葬事。公主靈」輿至神都，恩敕令品官并降中使至宅慰問。令□司設祭。又奉敕，公主葬須近陵。即以天授二年正月十二日陪葬」于獻陵，禮也。公主性特聰敏，精彩尤異。年三四歲，見彈琵琶，即於扇上撥成小曲。至年五歲，指小仍未及柱，乃令人捻絃」，遂彈得達摩支、無愁等曲。神堯皇帝聞知，大加驚異。纔至七歲，漸能彈曲。乃令王長通教鉢樂，背當二日便了。神堯」皇帝對妃嬪等看彈，一無錯□，□□□歎，特蒙愛賞，賫雜綵及物數百段，長通亦得賜焉。又七月十四日，宫内欲迎佛盆，十」三日，敕令長通入内，教公主龜茲佛曲。十四日迎佛盆處，公主即彈，大蒙賞異，特賜紫檀槽金鐶琵琶一，并錦綵等。此後每」受琵琶并五絃，三兩遍合便得，不須續上。其於插彈知音，實爲絶妙。又常云：音聲一解，聞即自知。蔡琰夜别斷弦，何足書之史」籍。及兒子幼學，多自教授。尚書、周易、毛詩、論語，試讀之次，略欲誦得。每稱婦德、婦禮，豈在讀書。然耻於不知，聊尋閲解悶。至於」經史，無不遊涉。須有篇什，援筆既成。嘗□□□，公主等侍宴奉上壽。仍令催酒唱歌，公主随即作歌唱云：今宵送故，明旦迎」新。漏移善積，年来慶臻。院梅開花襲蕊，檐竹挺翠含筠。二聖歡娱百福，九族獻壽千春。又於洛城門陪宴，御製洛城」新製，群官並和，亦令公主等同作。公主應時奉和云：承恩侍奉樂嘉筵。凡諸敏速皆此類也。加以志惟清慎，

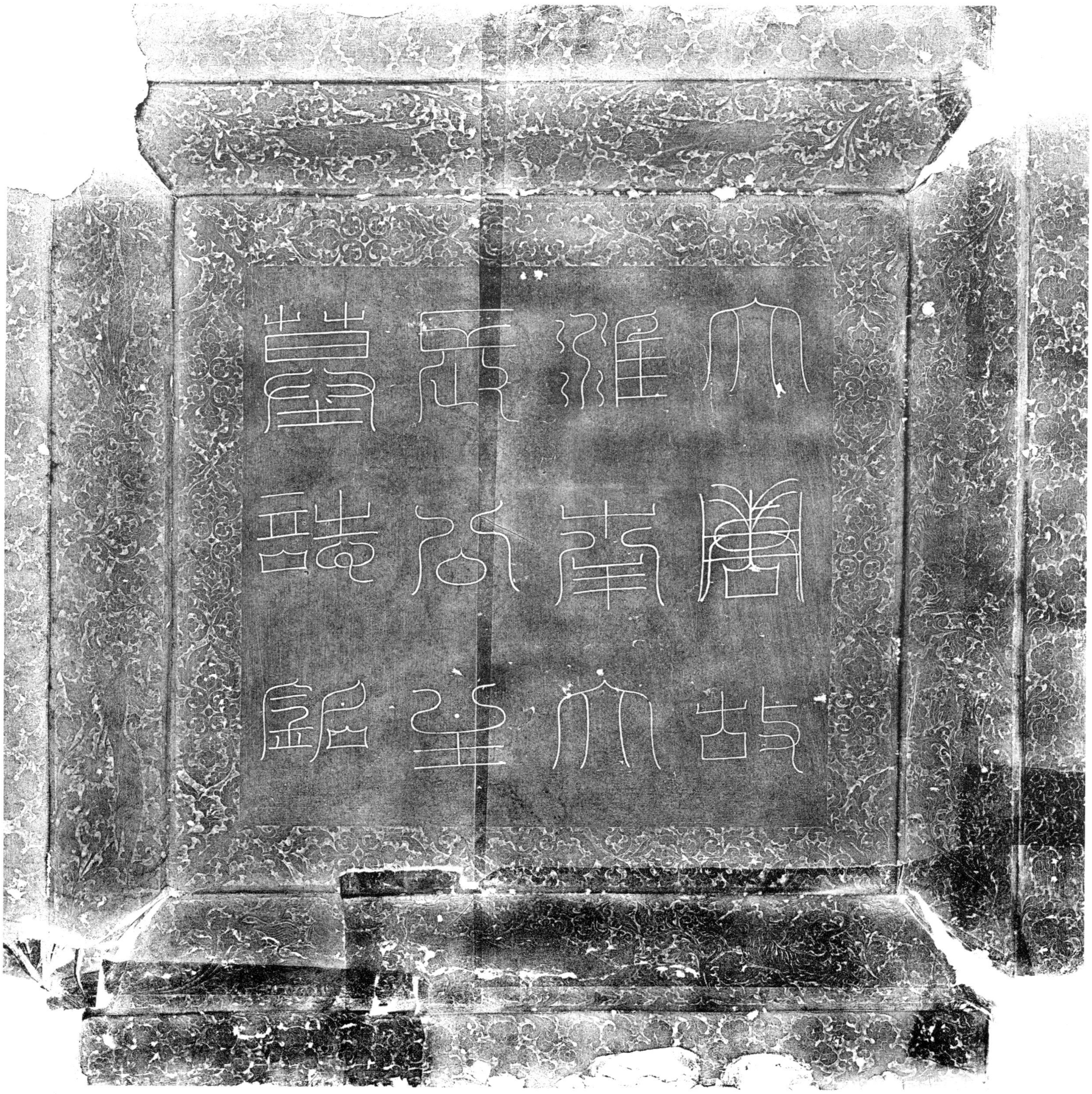
大唐故
淮南大
長公主
墓誌銘

不尚奢侈。衣多」澣濯，食不重味。自至廣府，每稱古人云：登大庾清濁之氣分，歃石門續質之素變。酌水之詠，不貪之寶。二人同心，誓銘此意。自」居嶺外，凡經十年，替還之日，無絲豪膏腴之潤者，盖承公主之助誡焉。性崇信佛法，通悟經典。恒誦金剛般若，并自受持。其於」家人嗃嗃，有嚴君焉；閨門睦睦，有婦道焉。嘗見江斆讓婚表，咲云：前代公主一何驕縱，令此表文繁穢晉宋兩史，足是異事。斯」可謂淑慎其身、儀表將来者矣。言道二十有三，親迎尚主。一等車降，慶喈鳴於灌木；三月廟見，欣授色於来婦。緬惟幼失嚴訓」，有切終身之憂；夙背慈顔，無復一朝之樂。況乎紀年過七，歲制逾五，以玆暮齒，遂此殲良。杖以居哀，既增苴削之感；拜而稽顙」，還傷罔極之情。嗚呼！調絃玉指，音律之聲永絶；含姿金咲，桃李之色長埋。追自昔之承顔，歡娱宛目；痛今時之罔覿，存亡切心」。雖歎不偕老，終期同穴。嗟乎！今之力拙，爲此誌者，紀公主之名行，述公主之生平。感敘室家，豈憑他作。編録舊事，酸楚寄言。不」無哀苦之辭，唯以悲傷爲主。既涕泣而書，實匪潤色以成文。哀哉！將耄鰥夫，喪好逑而疾首；戚容哀子，失所恃以崩心。伊撫對」以煩寃，顧攀號而摧絶。將恐音徽休歇，陵谷推遷。庶石字之可刊，等蘭菊之終古。憑玆不朽。乃作銘云」：

玄扈錫符，緑錯呈祕。基闡王業，慶隆神器。積德累仁，乘時守位。有命斯集，無詳不至。赫赫神堯，昭昭聖德。迺錫勇智，惟」天是則。龍飛御辯，鳳翔建國。功蓊訌嬰，恩覃動植。何彼穠矣，誕靈帝胄。婺精毓彩，天姿挺茂。婉懿岐嶷，仁明童幼。師告月」能，公宫日就。禮成椒掖，德備彤闈。一等下嫁，百兩言歸。魚軒曜彩，翟服凝暉。既彰婦道，還遵濯衣。甲第光榮，高門鼎盛。叶和琴」瑟，肅雍賓敬。含章有貞，柔順無競。懿德垂範，家道斯正。積善餘慶，無害遐年。輔仁遽爽，俄悲逝川。眉凋翠柳，瞼碎紅蓮。永矣言」咲，徒瞻几筵。轉駕庭除，指塗窀穸。風悲日慘，雲愁霧積。墳塋漸蕆，光陰空擲。無復生平，唯餘哀慼。天長宅措，地久泉幽；冬寒風」□，春蔽田疇。茂松方偃，榮菊徙秋。一揚名行，万古芳猷」。

按

誌主淮南公主，名澄霞，唐高祖李淵第十二女。《新唐書》有傳，傳云“淮南公主，下嫁封道言”，本誌云“駙馬都尉封言道”，參以封言道墓誌及兩《唐書》封言道傳，可知本誌不誤。又，本誌記載公主生平及册封時間甚詳，又列舉數件公主生平逸事，可補正史之闕。此誌及武周時期的墓誌大多夾雜有武周造字，如“日、月、載、聖、天、星”等，是研究武周造字的珍貴資料。

211.693　成節墓誌

説明

武周長壽二年（693）八月刻。蓋盝形，誌正方形。誌、蓋尺寸相同，邊長均48厘米。蓋文3行，滿行3字，篆書“大周故｣成府君｣墓誌銘｣”。誌文楷書20行，滿行20字。蓋四殺及誌四側均飾纏枝花紋。西安市出土。現存西安博物院。《隋唐五代墓誌滙編》《全唐文補遺》著録。

釋文

大周故朝散大夫趙州癭陶縣令成府君墓誌并序｣

君諱節，字立德，京兆長安人也。曾祖暕，隨婺州刺史｣。祖岳，隨鄯州長史。父威，大唐散騎侍郎、檢校東｣宫家令。並山河挺秀，象緯垂禎。茂令冠於寰區，雅譽｣光於史册。君丹山綷翩羽，赤野奇珍。超万里以曾騫｣，浮九江而焕彩。故得推工吏道，效勣明時。釋褐授曹｣州司兵，從班例也。麟德元年，選授定州司功，轉任曹｣州冤勾縣令。天授元年加階，蒙授朝散大夫、行趙州｣癭陶縣令。政成朞月，道著甿謡。瑞鶠翔鸞，感仁明而｣拂惠；夜漁朝雉，馴美政而還和。方冀永保遐齡，補仲｣山之衮職；豈謂奄辭昭代，激蒙吏之藏舟。嗚呼哀哉｣！以天授三年三月十六日終於癭陶縣之公第也，春｣秋七十有三。即以長壽二年八月十五日，遷窆於雍｣州長安縣龍首原，禮也。於是疏攢幽隧，列奠荒塋。咽｣青笳而無響，嘶乘馬而流聲。慘浮雲於迥岫，黯寒日｣於佳城。敢鐫芳而署烈，庶玉潤而金貞。迺爲銘曰｣：

上則飛英，高門演祚。貞諒成性，行儀叶度。攸稱明月｣，寔爲武庫。宇宙欽風，寰區景慕。其一｣。惟幾暢美，吏道標｣工。化該甿庶，教闡仁風。方榮衮職，遽即泉宫。刊徽貞｣琬，永播無窮。其二｣。

按

該誌有武周造字“年、日、月、天、授”等。

212.694　田仁汪夫人竇琰墓誌

説明

武周長壽三年（694）一月刻。誌邊長70厘米。誌文楷書34行，滿行33字。末二行因布局問題，滿行達48字。四側飾纏枝牡丹紋。約20世紀後期西安市長安區出土。現存西安市長安博物館。《隋唐五代墓誌滙編》《全唐文補遺》《陝西碑石精華》《長安碑刻》等著録。

釋文

唐故司衛正卿田府君夫人扶風竇氏墓誌銘并序」

夫素月涵精，授明璣而動色；白虹凝豔，感温瑾而生光。是以仙榜起於東南，神臺出於」朝暮。鳳兆延其休緒，鵲巢揚其懿德。若迺式主中饋，爰馳内範。映金社而貽福，超石窌」以疏榮。具美攸歸，見于茲矣。夫人諱琰，字令璋，扶風平淩人也。西京后族，大丞相之英」威；東漢功臣，大將軍之旌節。封侯尚主，列鼎鳴鍾。曾祖榮定，随開府儀同三司、左衛大」將軍、秦渭成武五州諸軍事、秦州刺史、右衛大羽軍、洛鄭懷汴廣和熊八州諸軍事、洛」州刺史、上柱國、駙馬都尉、陳國公，贈冀趙滄瀛四州諸軍事、冀州刺史，謚懿公。辰緯降」靈，爪牙分職。建隼旟於神甸，譽動甿謡；諧鳳管於仙樓，榮標帝戚。爵疏茅社，禮縟松扃」。大父抗，随千牛備身、吏部員外郎、開府儀同三司、幽易燕檀四州諸軍事、幽州刺史，唐」朝右光禄大夫、納言、將作大匠、左右武候大將軍、上柱國、陳國公，贈司空公。材高六藝」，官達兩朝。冠映豐貂，門施行馬。闤還珠之化，人吏懷恩；著執金之威，權豪斂迹。顯考，唐」朝請大夫、秦府左親衛别將、左驍衛中郎將、東宫左内率、銀青光禄大夫、右光禄大夫」、平陵縣開國公。丞萬石之業，總伯玉之行。昇班鳳邸，列侍龍樓。七萃掌其韜鈐，四履光」其帶礪。夫人含芳蕙圃，擢彩芝田。神授都閑，天資婉順。年在童幼，志感神明。祖妣豆盧」氏，夜中讀經，遽而燈滅。有取火者，久而不至。夫人在侍，因往催之。將出户庭，空裏有燭」影，随夫人所召，直指經處，讀之乃畢。列于唐臨冥寶記焉。昔汲彼江流，涌清泉於舍側」；今命茲宵燭，發丹焰於空中。較以徵祥，固非連類。洎乃藝該私室，訓洽公宫，曹誡持情」，張箴勗己。雕文似雪，爰裁柳絮之歌；綵札如雲，幾勒椒花之頌。玉梭動春機之韻，金燧」通晨幌之暉。言合典謨，行成表式。既而禮膺羔鴈，義叶松蘿。載偶鳴篪，爰申舉案。陋瑶」碧而輕珠翠，潔蘋藻而事紘綖。金夫以職總八屯，望高九列。式從令典，爰開邑號。顯慶」五年七月，册授安豐縣君。麟德元年四月，又遷扶風郡君。遽以偕老褰期，哭朝延痛。結」汎舟之誓，流徙宅之規。光庭稟其慈旨，耀掌洽其仁訓。所冀貽禎享福，蘭陔就養於永」年；豈期降禍延災，蒿里凝悲於大夜。粤以垂拱二年九月十日遘疾薨于洛州嘉善里」第，春秋六十有七。嗚呼哀哉！惟夫人率性温柔，執心廉退。奉上以勤敬，撫下以寬仁。標」聽車之識，弘窺牖之鑒。雖寡慈大被，取樂長筵，而迅景不留，徽風遂戢。嗣子上柱國、始」州陰平縣丞臣節，次子文昌庫部郎中臣福，次子梓州司功參軍臣元等，玉昆金友，光」國榮家。望隆題鳳，既預握蘭之寵；哀延弔鶴，載銜吹棘之悲。式遵先遠之期，言備送終」之典。粤以大周長壽三年歲次壹月乙酉朔廿五日己酉，合葬于西京南杜陵」之原，禮也。背鐵鳳之嚴城，分玉龜之極浦。日黯黯而山晦，雲蒼蒼而樹古。閟鸞匣於泉」臺，掩翬車於地户。勒玄石兮無沫，庶清猷之可覩。其銘曰：

觀津茂緒，安豐盛族。襲祉」簪裾，降靈州瀆。管吟飛鳳，轓馳畫鹿。紫衛爪牙，丹庭啟沃。其一。克誕貞質，載表柔儀。花飛」詞苑，波偃書池。揚茲蕙問，穆彼蘭規。瓊梭曙警，銀燭宵移。其二。委鴈循禮，乘龍叶慶。琴瑟」以和，室家以正。爰總四德，聿光六行。既擁魚軒，奄分鸞鏡。其三。訓照孟里，賞洽潘筵。俄晞晨露，遽泣寒泉。雙虬」劒水，兩鶴松阡。式」符故實，載闢荒埏。其四。嗚咽凝笳，飄颻飛幰。宰樹風急，空山日晚。大夜方深，幽魂詎返。唯有徽烈，長存翠琬。其五」。

按

誌主竇琰，田仁汪之妻。曾祖竇榮定，《周書》《隋書》《北史》皆有傳。祖竇抗，正史亦爲立傳。本誌所載竇抗歷任職官甚詳，與正史所載相合。誌文未載其父名字，僅記其官職，可考。該誌書法以樸拙見長，亦有武周造字之“天、日、月、年、臣、授”等。

213.694　馮師訓碑

説明

武周長壽三年（694）五月刻。碑螭首方趺。通高289厘米，寬97厘米。額文4行，滿行4字，篆書“唐故左武」威衛將軍」張掖郡公」馮府君碑」”。正文楷書39行，滿行80字。馮敦直撰文。碑側飾以纏枝寶相花紋。1984年高陵縣梁村原出土。現存西安市高陵區文化館。《全唐文補遺》《高陵碑石》著録。

釋文

唐故左武威衛將軍上柱國張掖郡公馮府君碑并序

族弟前恭陵丞直麟臺觀正院供奉敦直撰」

若夫清濁分儀，覆載以圓天方地；陰陽陶鑄，造化以衆象群形。故兆庶顒然，資聖皇以亭毒；一人端拱，佇良彦而財成。遂有旦奭之流，匡周建隆平之業；張陳之輩，佐漢興莫大之功。豈若天啟巨唐，英靈」秀挺。宏才堪幹國，景策可安邊。誰其人哉，我君侯當之矣。君諱師訓，字邦基，其先長樂郡人也。周文王之苗，畢公高之裔。食邑馮城，因而命氏。清源森漫，析潤於銀河；鼎族森梢，分芳於玉樹。洎乎」東西兩漢，卿相鷺振而盈朝；南北二燕，帝業龍翔而繼王。既而國祚斯改，宗社倏遷。燕王仕魏雍州刺史，子孫隨宦，因爲郡人。居于此鄉，已九代矣。曾祖和，隨任嘉州峨嵋縣令，恩流彩翟，馳美譽於碧」雞。祖榮，隨任魏郡贊持。德禮調人，扇清風於河朔。考行，唐贈陝州司馬。特隆天涣，峻徽班於邵南。公川岳降靈，星辰效祉。聰明神授，勇智天資。貞觀十三年，起家應材官之選，釋褐拜左屯」營飛騎隊正，累遷飛騎校尉。頃以扶餘之國，地僻辰韓。據鯨海而不賓，恃鼇山而闕貢。顯慶四年，雞林道大總管蘇定方受制專征，聊申薄伐。知公英略冠衆，奏請同征。挫敵摧兇，果無与匹。册勳」命賞，功最居多。五年，除游擊將軍，守左武候輔賢府左果毅都尉，尋加勳官上柱國，封休寧縣開國公，食邑一千户。關内道司隸大使、吏部尚書劉祥道奉制明敭，搜訪英俊。見公機神跌宕，器宇」昂藏，顧問言談，深相礼遇，以爲衛霍以上將，良平之流人。特以名聞，旋蒙追入。麟德二年，擢拜右驍衛郎將，令北門侍奉，押左營飛騎。又，高麗小醜，豕我大猷，蜂飛玄兔之鄉，蝟聚白狼之側。欲申弔伐，朝選爲難」。公以譽表良家，名高宿將。乾封元年，制爲積利道總管，統彼舟軍。既而蕩沴標功，乘波展効。克彰懿績，進級增茅。總章元年，遷封張掖郡開國公，食邑二千户。公肅戈中禁，譽重司階。奉職外兵，勤」彰統旅。二年，加宣威將軍，守右監門衛中郎將。敕於渾衙鎮壓，并於蘭、涼、鄯、廓、甘、瓜等州經略叛渾，討擊山賊。公喻之以恩惠，申之以威嚴，數歲之間，晏然清怗。尋以弘農太君尊年總□」，久從征戍，闕奉多時。咸亨三年，抗疏求侍。上以邊隅寄重，不然其請。遥轉右武衛中郎將，旌勤王也。儀鳳二年，太君即代，凶問遽往，馳傳赴哀。公至孝醇深，居喪過礼，絶粒增慟，殆將毀滅」。還奉纔畢，尋被奪情。三年，除太子左監門副率，敕於京皇城留守。四年，進守右清道率。忽屬狼山猾虜，侵軼邊陲，烽燧屢驚，飛表請救。公奉制馳往，潛運機謀。乘其不虞，扼喉撫背。賊徒奔」潰，霧廓雲銷。尅捷既多，計勞增秩。永淳元年，加壯武將軍，守右領軍衛將軍，使於昭陵宿衛，并賜其嫡子嘉勣勳官上柱國。即轉守右監門衛將軍。文明元年，加忠武將軍，守舊職。垂拱元年，正除右監門」將軍，依舊於昭陵宿衛，給親事帳内七十人，朱門列戟。又賜其仲息延祚勳官上柱國。公以一違帝城，八遷寒暑。高宗晏駕，拜洩靡申；聖母臨人，朝覲久闕。馳戀之甚，倍百恒情。至四年春」，表請宿衛，天恩允許，追赴神都。又爲吐蕃未平，西偏尚警。以公耆舊名將，諳委軍容。制爲赤水軍大總管，涼州鎮守，統河源、積石、洮河等三軍偏帥，瓜、沙、甘、肅等四州兵馬並受節度。公以」入侍日淺，出鎮年深，願奉玉階，辭以獲免。即屬虺貞敗德，結釁維城。地接荊河，蔡叔流言之所；境鄰桐栢，淮夷數叛之郊。既迩王畿，稍警聖慮。皇赫斯怒，爰命討除。公以任切爪牙，職參心吕」，制爲櫟亭軍總管，以左玉鈐衛郎將趙克忠爲副。於是承茲廟筭，整彼神兵，電舉上都，□馳下國。聘羆熊之鋭略，闡龍豹之權謀。詎得展其威棱，倏冰銷而瓦解。凱旋，蒙徙右武衛將軍，又封其季胤延」景信都縣開國子，食邑四百户。永昌元年，轉左武威衛將軍，並勳封如故。惟公懷橘之歲，風彩異倫；衣綺之年，英雄拔俗。至如矯箭烏號之妙，鄙有窮而未工；操翰鸞驚之奇，哂張君之爲拙。六韜七略，吐」納於胸襟；鶴翼魚麗，抑揚於懷抱。故能清氛掃祲，樹德標功。開國承家，光親顯祖。爰從下位，迄至高班，奉事三朝，咸申一德。始驗松筠之操，沐歲寒而益貞；金石之懷，歷長久而弥固。詩云：赳赳武夫，公侯」干城。君之謂矣。頃以年登暮齒，景落崦峰。屢犯風霜，積勞

局部

成疾。气分鍾漏，息彼夜遊。累表陳情，方迴聖鑒。奉載初元年壹月九日敕曰：左武威衛將軍、上柱國、張掖郡開國公馮師訓，早經」驅策，夙廁戎麾。期寄特隆，誠績斯顯。宦成名遂，方從紫艾之遊；知止誠盈，願追赤松之契。固陳衰老，深請退歸。詢舊礼於懸車，躡清塵於挂冕。眷言雅志，難以重違，宜聽致仕。召入宴別，賜以雜繒。曲澤殊恩」，寵遇如此。於是解印北闕，飭駕西旋。放曠丘園，耀德星於左右；優遊亭沼，披朗月於襟懷。用遣徂年，聊以永日。既而隙駒易往，羲馭難停。奄彰夢奠之徵，俄屬感蘭之疾，享壽七十有五，以大周如」意元年四月廿五日薨於里第。夫人藍氏，北平著姓，魏鴻臚寺卿霞之孫，隨絳郡東曹掾韶之女。家傳礼義，代襲芝蘭。幼挺天聰，譽表聞絃之歲；少標貞淑，芳流對雪之年。魴鯉稱珍，秦晉素匹。鳴」鳳入兆，薰琴遂調。始自紅顏，終於白首。閨門雍穆，相敬如賓。大將軍位望既隆，閤內亦隨而轉貴。蒙以所出之望，封北平郡夫人。惟夫人體貌謙恭，志懷寬裕，深明奥理，妙達玄宗，敬誦大」乘，朝夕無倦。爲婦能孝，爲母能慈。閭閈仰其清規，宗族欽其雅範。曹子轂之堂上，僅可連蹤；希負羈之閨中，寧云比德。所冀祐仁不爽，保延壽於椿齡；詎言福善無徵，倏遷魂於蒿里。春秋与府君齊年，亦」以其歲五月十七日薨。嫡子游擊將軍嘉勣等伯仲叔季，並孝悌温恭，從弱齡而早見；仁義愛敬，及成長而弥殷。屢屬屯凶，痛深荼蓼。恨風枝之不靜，忽喪慈顔；思顧復之難酬，昊天罔極。粤以長壽三年五月十」九日，遷窆於麓苑之西原，遵孝章也。其地盤礴宏敞，周遊達觀。前臨八水，縈紆亘地之流；却枕九嵏，峻竦侵天之險。西瞻隴剗，思白馬之初来；東望函關，想青牛之已去。大漢一十二帝之墳闕，磊硌相望；皇秦卅」六所之離宮，依希在矚。語夫自古聖哲，歷代忠良，或鱗次齊塋，或差遲接域。諒遊神之勝境，誠宅兆之名區。陵阜之中，此焉爲最。又天恩允洽，礼贈載光。版築所資，咸是官給。飾終之典，有裕於當時；送往」之儀，實優於前古。嗚呼哀哉！更無遠日，啟殯此晨。卜人戒程，司儀導礼。陳祖奠於犧象，容衛儼然；遷神柩於龍帨，薤歌酸咽。逶逶遲遲，素盖徐移；猶猶豫豫，駭駒難去。恍忽兮辭蘭室，冥漠兮入佳城。親族」顛趴而雷慟，賓戚迸淚而失聲。歎重泉之欻閟，竟地長昏；嗟厚穸之俄扃，終天靡旦。白楊四面，悲風蕭颾而中人；翠栢千行，愁雲黤黮而傷慮。乃有國司丞令，公府官僚，相与咨謀，白於余曰：大將軍志業」孤峻，聲績靡儔，一旦薨亡，九流酸感。雖雲臺之上，已飾像於丹青；而神闕之前，豈不彰乎讚頌。儻年深代久，宿草茂而長松凋；地是人非，田畯輕而牧豎慢。惟公詞光綺絢，思逸江河。願少啟悲襟，振」烟霞之縟藻；暫飛柔翰，揚帶礪之洪勳。表跡塋門，傳芳後裔，俾有遵仰，不亦宜乎。余答曰：敦直猥以眇身，幸承恩友，忽乖覆蔭，悽戀增深。所恨性乏文才，學無經史。將軍足道德深祕，難以形容。恐言不逮」心，豈敢辭也。於是採珍碧於蘭岫，購奇巧於郢中。爰琢爰琱，爲龍爲鳳。敬宣實録，迺作銘云」：

森森盛緒，奕奕高門。文王之胤，畢公之孫。因菜命氏，以德居尊。圖史久播，徽猷備存。自兹厥後，常享禄秩。卿相連蹤，王侯繼出。數君佐漢，流暉漢日。兩帝承燕，騰芳燕室。惟祖惟父，允文允武。並踐」清資，俱昇望府。言諧軌則，動應規矩。爽朗機神，深沉器宇。川岳降靈，君侯誕生。幼彰聰穎，長振英聲。方玉之潔，如冰之清。雄襟獨峻，壯節孤貞。天挺忠規，神資孝性。趺宕機警，抑揚詞令。績逾衛霍，功侔晉鄭。允執」一心，奉康三聖。夷汙未清，胡塵尚驚。君侯受脤，建節横行。先摧馬邑，却掃龍庭。別有祆虺，聞風喪精。既茂庸勳，還承嘉慶。爵隆五等，班齊九命。花綬逶迤，星冠掩映。譽流臺閣，聲傳歌詠。烏穆」夫人，少標淑慎。来儀公族，椒蘭益振。慮合龜蓍，言符印信。鵲巢表德，螽斯繁胤。歲弦斯急，波箭□催。烏兔飛走，暄涼遞来。俄凋大樹，倏掩瓊瓌。循環兩月，重疊雙哀。煢煢嗣子，悠悠靡訴。撫櫬攢憂，倚廬增」慕。痛深骨髓，悲纏霜露。爰啟松塋，聿遵安措。祖筵奠桂，靈馭移轜。騑驂偃蹇，旌旆逡巡。簫鼓鼎沸，號慟雷震。吁嗟□穸，藏兹哲人。蓊鬱佳城，嚴凝隧路。高墳隱日，長松宿霧。猛獸奮威，介夫含怒。勿剪勿伐」，將軍□□。雖千秋与萬歲，地久天長；亦何聖而不滅，何人不亡。高陵徙兮爲谷，巨海變兮生桑。敬圖徽於貞琰，庶永永而垂芳」。

按

馮師訓，兩《唐書》無傳。據碑文，師訓爲唐高宗、武則天時將軍，頗受器重。此碑所記馮氏經歷甚詳，可補史載之闕。有武周造字之“日、月、授、天、地、年”等。

214.694　吕志本墓誌

説 明

武周長壽三年(694)五月刻。誌正方形，邊長62厘米。誌文楷書31行，滿行32字。誌周邊文字稍有泐蝕。1991年蒲城縣城西南出土。現存蒲城縣博物館。

釋 文

大周故吕將軍墓誌銘并序」

公諱志本，字小胡，青州北海人也。周文寶曆，以夢嘉遷□□；龍鳳之池，茲乎令望令」問。秦朝歷宦，則吕氏高班；漢祖后辰，即七年爲政。曾祖和，周任奉車都尉、寧紹二州」刺史。祖□宗，隋任觀軍府鷹揚郎將。望紫氣以應天，接神□而遐路。時逢晉川」龍躍，京兆鳳翔。盡忠節於神麾，騁明雄於大陣。唐朝任右領軍衛大將軍、上柱國。三」川未定，鄭梗王充。公以秘略沉謀，東蕃守隘。仍檢校槊州刺史。奉制以新安鎮壓」，親統紫氣之關。據函谷而攬地機，開一封而向明主。蒙授上開府儀同三司、蒲城」縣開國公。父孝嗣，唐朝任左千牛。翹心紫握，敬仰宸儀。授明光、豐降二府果毅」都尉、左率府郎將。殄定三韓，乘天威而慶快。遷東宫左衛率。鶴禁振遠，質履貞操」。蒙授上柱國、臨黄縣開國伯。對曰：都督公審變知權，仁歌慕德。汪汪珍席，則五字稱」奇。絳帳石渠，談碧鷄而辯金馬。年十九，唐任左衛勳一府勳衛。負戟紫庭，嚴更」禁闈。加以才新夢鳥，簡入天官。又任蔣王府法曹參軍。然而器挺逸群，良佐蕃務。將」門應舉，昭著勳庸。制授永樂府右果毅都尉。至上元元年，授上柱國，復制授游」擊將軍、涼泉府左果毅都尉。至儀鳳三年，授高陵府左果毅都尉。轉任天齊府折衝」都尉。折衝之稱，應乎萬里之聲。親綰禁戎，執符龜而輔主。至永淳元年，授左金吾衛」郎將、左羽林衛上下。至二年，檢校蔚州刺史。飛狐重寄，接狼望而參連。總攬戎機，六」奇金鼓。抑强扶弱，李重未足爲能。人稱五袴之謡，感玄風而去境。至三年，檢校汾州」刺史。應乎方岳，管神仙鑄鼎之鄉。至光宅元年，檢校嫠州刺史。邑有兩岐之号，弃金」愼惡四之聲。至垂拱元年，授原州都督。永昌元年，授右監門衛中郎將、赤水軍副使」。其年八月，檢校涼州都督。天授元年，檢校左金吾衛將軍。魁桀雄雌，時標大樹。金吾」之執，與驄繡而連威；將軍之精，應玄宿而參列。天授二年，檢校松州都督、同昌軍大」使。斯乃二星開耀，旋知發使之期；五緯昏沉，方岳有傾之感。公春秋六十有六，長壽」二年七月廿五日薨於官舍。粤以大周長壽三年歲次甲午五月甲申朔十九日壬」寅，與夫人扶風竇氏合葬於同州蒲城縣西南顯保之北原也。夫人稟川靈之静操」，降月魄之清規。竟崇同穴之情，不誣異室之義。尚窆青烏之域，還封白鶴之塋。長子」休璟，任游擊將軍、左玉鈐衛長上。恐陵谷之有變，懼桑波之大遷。託縑竹而異消，勒」玄石之難朽。鬱三千之白日，凱興悲於陟岵。儻逢宰之江岸，永流芳於萬古。銘曰」：

錫土封壇，裔芳秦漢。在職清慎，人歌慕歎。飛蝗遠境，除凶静難。神將七德，幽冥共□」。公之國寶，忠孝並申。文懷七步，武略三軍。受威推轂，大樹不群。褰帷行部，市散悲」分。龍劒沉津，風雲慘慘。慈父傾逝，人神悽感。運筴無窮，細微俱攬。龜散無徵，珠沉□浦。隴昏寂漠，風驚松鼓。擬文銅梆，紀銘泉户」。

按

誌主吕志本，兩《唐書》無傳。志所載其家族世系及其任官履職較詳，可補史載之闕。

有武周造字之"天、地、日、月、年、授"等。

215.694　衛規墓誌

大周故
衛府君
墓誌銘

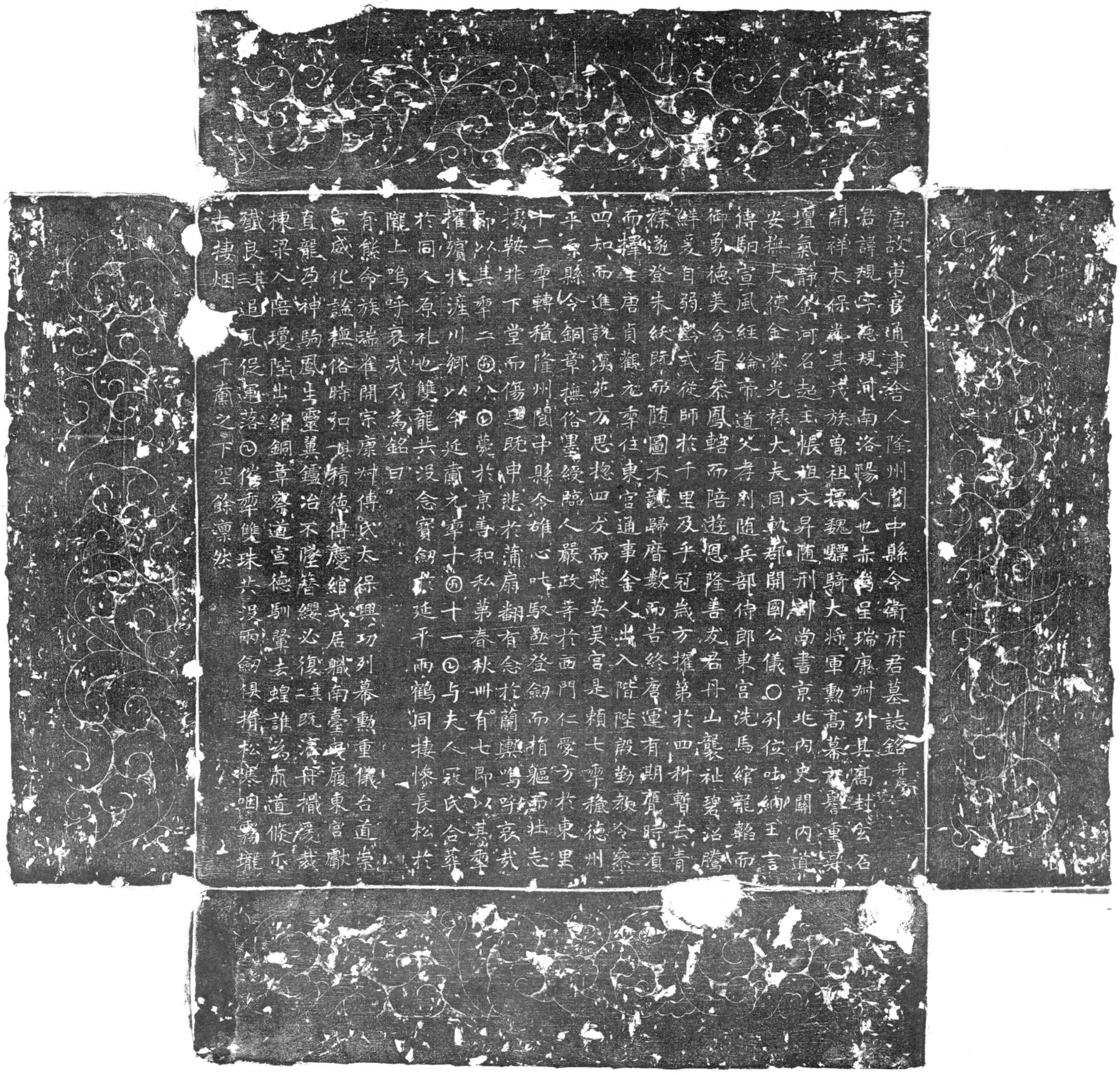
唐故東宮通事舍人隆州閬中縣令衛府君墓誌銘并序
君諱規字德規河南洛陽人也赤為星瑞康叔列其高封玄石
開祥太保義其茂族曾祖標魏驃騎大將軍勳高幕府譽重英
壇氣靜金河名起王帳祖文昇隨刑部尚書京兆內史關內道
安撫大使金紫光祿大夫同執都開國公儀〇列位吐納王言
傳馹宣風經綸帝道父孝則隨兵部侍郎東宮洗馬綰龍韜而
御勇德美含香參鳳轄而陪遊恩隆善友君丹山襲祉碧沼騰
鮮爰自弱齡式從師於千里及乎冠歲方擢第於四科暫去青
襟遂登朱紱既而隨圖不讖歸曆數而告終膺運有期應時須
而擇主唐貞觀元年任東宮通事舍人出入階陛殷勤獻令參
四知而進說漢苑方思捴四友而飛英吳宮是賴七年授德州
平原縣令銅章撫俗墨綬臨人嚴政等於西門仁愛方於東里
十二年轉積隆州閬中縣令雄心叱馭亟登劍而捐軀而壯志
掇鞍非下堂而傷足既申悲於蒲扇翻有念於蘭輿嗚呼哀哉
即以其年二月六日薨於京善和私第春秋卅有七即以其年
權殯於滻川鄉以年延載元年十月十一日与夫人寇氏合葬
於同人原禮也雙龍共沒念寶劍而延平兩鶴同棲慘長松於
隴上嗚呼哀哉乃為銘曰
有熊命族瑞雀開宗康叔傳氏太保興功列幕勳重儀台道崇
宣威化謐撫俗時和其一積德傳慶紹戎居職南臺興履東宮獻
直龍為神駒鳳生靈翼鑪治不墜簪纓必復其二既濟舟楫浸哉
棟梁入陪瓊陛出綰銅章齊道宣德馴翬去蝗誰謂亦道倏尔
殲良其三追風促運落日僭年雙珠共沒兩劍俱捐松□咽霧壠
古捿烟千載之下空餘凜然

説明

武周延載元年（694）十月刻。蓋盝形，誌正方形。誌、蓋尺寸相同，邊長均47厘米。蓋文3行，滿行3字，篆書“大周故」衛府君」墓誌銘」”。誌文楷書24行，滿行24字。蓋四殺及誌四側均飾卷雲紋。西安市出土，具體時、地不詳。現存西安博物院。《隋唐五代墓誌滙編》《全唐文補遺》著録。

釋文

唐故東宫通事舍人隆州閬中縣令衛府君墓誌銘并序」

君諱規，字德規，河南洛陽人也。赤烏呈瑞，康叔列其高封；玄石」開祥，太保光其茂族。曾祖標，魏驃騎大將軍。勳高幕府，譽重昇」壇。氣靜金河，名超玉帳。祖文昇，随刑部尚書、京兆内史、關内道」安撫大使、金紫光禄大夫、同軌郡開國公。儀星列位，吐納王言」。傳駟宣風，經綸帝道。父孝則，随兵部侍郎、東宫洗馬。縮龍韜而」御勇，德美含香；參鳳轄而陪遊，恩隆善友。君丹山襲祉，碧沼騰」鮮。爰自弱齡，式從師於千里；及乎冠歲，方擢第於四科。暫去青襟，遂登朱紱。既而随圖不競，歸曆數而告終；唐運有期，膺時須」而擇主。唐貞觀元年，任東宫通事舍人，出入階陛，殷勤教令。參」四知而進説，漢苑方思；總四友而飛英，吴宫是賴。七年，授德州」平原縣令。銅章撫俗，墨綬臨人。嚴政等於西門，仁愛方於東里」。十二年，轉授隆州閬中縣令。雄心叱馭，亟登劒而捐軀；而壯志」據鞍，非下堂而傷足。既申悲於蒲扇，翻有念於蘭輿。嗚呼哀哉」！即以其年二月八日薨於京善和私第，春秋卌有七。即以其年」權殯於滻川鄉。以今延載元年十月十一日与夫人寇氏合葬」於同人原，礼也。双龍共没，念寳劒於延平；兩鶴同棲，惨長松於」隴上。嗚呼哀哉！乃爲銘曰」：

有熊命族，瑞雀開宗。康叔傳氏，太保興功。列幕勳重，儀台道崇」。宣威化謐，撫俗時弘。其一。積德傳慶，縮戎居職。南臺曳履，東宫獻」直。龍孕神駒，鳳生靈翼。鑪冶不墜，簪纓必復。其二。既濟舟檝，爰裁棟梁。入陪瓊陛，出綰銅章。察道宣德，馴翬去蝗。誰爲天道，倏尔」殲良。其三。追風促運，落日催年。雙珠共没，兩劒俱捐。松寒咽霧，壠」古棲烟。千載之下，空餘凜然」。

按

該誌有武周造字之“日、月、年、授”等。

216.696　温思暕墓誌

大周故
温府君
墓誌銘

説 明

武周萬歲登封元年（696）二月刻。蓋盝形，誌正方形。誌、蓋尺寸相同，邊長均75厘米。蓋文3行，滿行3字，篆書“大周故」温府君」墓誌銘」”。誌文楷書35行，滿行34字。蓋四殺、四側及誌四側均飾纏枝花紋。西安市出土。現存西安博物院。

釋 文

周故太中大夫司農少卿上柱國太原温府君墓誌銘并序」

君諱思暕，字藥王，太原祁人也。厥初生人，姜嫄履其大跡；克篤前烈，公劉徙三成都。丹烏」至而猶事殷，白魚登而方滅紂。暨乎有文在手，賜桐葉而俾侯；有命自天，与攢茅而啟邑」。次房以銜鬚效死，奮玉節而損生；子真以杖鉞勤王，復金行之圮運。曾祖明，後魏荊州刺」史、武陽郡公。資忠履孝，藴德懷仁。執五等之桓圭，露三公之冕服。荊衡作鎮，流九派於尋」陽；江漢朝宗，序三邦之底貢。羊鉅平之餘風未絶，杜當陽之盛德猶存。大父圓，隨并州別」駕、武賁郎將、遼東行軍總管，襲封武陽郡公。海沂之功，王祥所以馳譽；散騎之省，潘岳於」焉寓直。公題輿表德，戴鶡申威。弓治必襲於箕裘，幹棟不虧於堂構。父綽，唐任左衛」宣化府統軍。勇冠千夫，榮参五校。君珪璋特達，蘭菊芬芳。少懷貞確之心，早挺忠勤之志」。屬何孫海孽作梗遼陽，日烏風禽挺妖耐嶺。天子按劒，馳羽檄而徵兵；將軍擁旄，登」廟堂而受脤。公年甫十八，即預戎旃。從俠少而先鳴，應材官而賈勇。俄以策功行賞，方加」蔡賜之勳；論德疇庸，即踐仇香之位。其年，蒙授上柱國、同州韓城縣主簿。一命非上士之」榮，百里豈大賢之路。几案慎積，剖斷如流。簿領頻繁，風神不撓。在職以清白顯著，改授家」令寺主簿。恩敕令知无上孝明高皇后府事。至上元年，授朝散大夫，行僕寺烏」城監。未之任間改授都水使者，兼檢校長春宫使。屢登清貫，荐歷榮班。肅奉紫泥之」書，伏奏青蒲之席。儀鳳年，檢校營繕監。九府仰其規模，百工遵其剞劂。陳球於是畢力，任」隗所以即真。其年，兼知司農少卿事。秦稱治粟，漢曰太農。青綬銀章，李周以忠貞拜職；儀」台括海，鄭玄以儒術登車。垂拱年，又授太中大夫。適越詞人，方膺此授；洛陽才子，始陟斯」班。故得赫弈市朝，光榮里閈。雖復季子六印，更入成周；相如駟馬，還歸蜀郡。未足云也，何」以尚茲。加以寂志招提，棲心妙域，久踐僧伽之水，早遊堅固之林。知四大之風祆，識三灾」之火烇。於是弘宣方等，博綜圓阤。竭誠敬於藤皮，殫貨財於貝葉。先日，奉爲无上孝」明皇后寫一切經，擬送順陵。其經今見在西明寺菩提院。可謂盡孝於家，盡忠於」國。嗟乎！曦舒易往，趙孟所以惕；陰壑潛移，莊叟言其怛化。即以證聖元年臘月廿一日薨」於西京之萬年縣平康里第，春秋年七十二。惟公禮義廉耻，宣慈惠和。德潤於身，行成於」己。自策名委質，官歷九卿；趍馳軒禁，年將二紀。用一心而事主，去三惑以周身。所冀積善」有徵，輔仁無爽。悲夫！京兆數万里，徒欲怨天；滕室三千年，何時見日。即以」大周萬歲登封元年歲次景申二月甲辰朔三日丙午，葬於長安之東白鹿原，禮也。嗣子」承議郎、行益州大都督府録事參軍事、上騎都尉恊等，攀號擗摽，徒竭思於充窮；生榮死」哀，冀申悲於宅兆。蒼蒼暮景，黯黯寒原。水滔滔於玄灞，路隱隱於青門。精靈杳杳兮何託」，神理綿綿兮若存。賓友慘而無色，虞歌唱而不喧。知古來兮共盡，問天道兮何言。寄託詞」於彫篆，庶無絶於蘭蓀。其詞曰」：

顯允君子，猗歟若人。少小奇節，平生異倫。心懷琬琰，質固松筠。卑以自牧，屈以求申。其一。刷」羽周行，濯纓陳力。言刈其楚，思飛其翼。劉寵當官，牟融莅職。位登六府，榮参九棘。其二。茂陵」消渴，漳水沉綿。胡香英驗，虚草空傳。魂飛岱嶺，日落虞泉。平陵桐栢，京兆原阡。其三。人世浮」休，生涯倏忽。年將四改，壽非千日。郭門夙駕，高堂朝發。嗚呼哀哉，傷心膚骨」。

按

誌主温思暕，史載不詳。該誌記載其家族譜系、生平、歷官等，均可補史載之闕。另誌文“大周萬歲登封元年歲次景申二月甲辰朔三日丙午”，“景申”即丙申，因避唐高祖李淵之父李昺之諱而改。但其後日期“丙午”之“丙”則不改，可見唐初避諱並不嚴格。有武周造字之“年、日、月、天”等。

217.696　蕭寡尤夫人盧婉墓誌

説 明

武周萬歲通天元年（696）二月刻。誌正方形。邊長43厘米。誌文楷書27行，滿行27字。蕭寡尤撰文。1994年户縣大王鎮北倫村出土。現存西安市鄠邑區文物管理委員會。《全唐文補遺》《户縣碑刻》《新中國出土墓誌（陝西叁）》著録。

釋 文

大周前益州什邡蕭主簿夫人盧氏墓誌銘并序

夫寡尤」

夫人諱婉，字妹妹，范陽人也。先王建号，帝列山之子孫；有齊」是宅，太公望之苗裔。洎乎敖君得姓，長驅日月之光；中郎挺生，高步雲」霄之氣。自茲已降，冠盖相傾。爲海内之名家，盛寰中之大族。高祖愷，後」魏民部尚書。曾祖玄成，隨宋州别駕。祖元懿，唐雍州渭南縣尉。公侯誕」發，語默幽棲。永懷莊老之篇，嘉遁鸞皇之選。父謙，唐蘇州司倉參軍、梁」州南鄭縣丞。臧孫達之忠規，慶餘綿史；曾子輿之孝友，行在天經。政貴」有恒，人能弘道。其於洞曉時務，品藻人倫。譬月旦之仰輿龍，猶日新之」欽夢鳥。郗公遠賞，相期坦腹之材；戴侯深鑒，有眷閑居之拙。士感知己」，中心藏之。夫人即公之長女也。神縱幼識，擬飛雪於鹽空；天假生知，體」清商於律妙。若乃祗肅祖配，順奉蓁羞。礼備箕帚之容，詩漸關雎之義」。式佇儀形女則，比質母師。豈圖積善無徵，遽遘伯姬之禍；遊仙所誤，奄」弃常娥之魂。粤以萬歲登封元年臘月廿四日殁於長安光德里之私」第，春秋卅有二。嗚呼哀哉！悲夫！閲水乘流，藏舟所歎。九原迴駕，七哀多」感。今也則亡，未聞貞淑者矣。即以其年二月廿四日還窆於京兆之灌」鍾崗原，禮也。夫人生自貴宗，冥會歸我。先摽梅而展敬，甫夭桃而結芳」。于以采蘋，取法教成之順；亦既覯止，庶降還寧之安。寬厚彰於宴私，恭」讓稟於玄晤。何期天不與壽，析比目於中川；人之云亡，别同心於朽壤」。嗚呼哀哉！哀子惟岳等，行年幼小，弱植嬰孩。想顏色而攀號，奉帷屏而」踊擗。伊余釁苦，情之所鍾。弔影休魂，朝不慮夕。將以慕德，聊申我則。將」以敘哀，既竭吾才。敢述蔡邕之文，用紀曹娥之石。乃爲銘曰」：

皇王翼子，龍豹謀孫。由来望族，所謂高門。九垓仙御，三礼良裘。人物間」出，儒雅風流。乃祖乃父，克剛克柔。詞場效足，學海虚舟。誕降夫人，生而」有神。機晤藏往，慧鑒知新。芝蘭像德，言容自珍。仲子歸我，不因媒親。星」沉婺色，月掩娥仙。芳姿忽謝，塵鏡空懸。追想永日，號慟傷年。孤魂赴壠」，野奠凝煙。懷抱幼稚，肝心斷絶。匪莪伊蒿，毁甚將滅。我心不轉，尔契同」穴。惟白珪之可磨，庶斯言之有結」。

按

誌載盧婉“窆於京兆之灌鍾崗原”，按宋宋敏求《長安志》：“鐘官城，又名灌鐘城，在縣東北二十五里，秦始皇收天下兵器銷爲鐘鐻處。”此誌出土于今西安市鄠邑區大王鎮北倫村，則此處當即秦始皇當年銷毁兵器之地，亦即古人所謂灌鐘原也。

誌中有武周造字之“日、月、年、天”等。

218.697　韋仁約夫人王婉墓誌

説明

武周萬歲通天二年（697）一月刻。蓋盝形，誌正方形。邊長均102厘米。蓋文5行，滿行5字，篆書“大周故納言」博昌縣開國」男韋府君夫」人琅耶郡君」王氏墓誌銘」”。誌文楷書43行，滿行43字。韋承慶撰序，李嶠製銘。蓋四殺及誌四側均飾寶相纏枝花紋，蓋四側飾纏枝花紋。西安市出土，具體時、地不詳。現存西安博物院。《隋唐五代墓誌滙編》《陝西碑石精華》著録。

釋文

大周故納言博昌縣開國男韋府君夫人琅耶郡太君王氏墓誌銘」

孤子前鳳閣舍人承慶撰序

鳳閣舍人趙郡李嶠製銘」

夫人諱婉，字貞徽，琅耶臨沂人。魏尚書令宣簡公肅之玄孫女也。自郊岐兆迹，神構敞於雲霄；伊洛騰仙，靈源派」於江海。秦之離翦，有茂勳鴻伐；漢之吉駿，有盛烈高名。太保休徵之孝德，丞相茂弘之忠範。長發純嘏，莫之與京」。衣冠禮樂，盡出于其門矣。郭景純有言：淮水絶，王氏滅。本枝蕃衍，抑有冥徵者歟。曾祖緝，南齊著作郎、北齊徐州」大中正、太常卿、冀州刺史、琅耶郡開國公。祖令思，隨梁郡圉城縣令、吕亳二州別駕。父元慎，唐復州司户參軍、博」州堂邑縣令。並道擅人宗，器標時望。惠業光懿，休聲暢穆。夫人含象巽离，稟靈娥婺。孝友之性，幼而冥極；柔裕」之懷，夙有成量。年在髫丱，特爲伯父越州長史元楷、叔父吏部郎中元壽所愛重。常謂親戚曰：此女年雖幼稚，質」性頗殊，光吾族者必此女也。洎乎六珈登序，百兩戒期。繼延于先府君博昌公，盖潘陽之嘉偶也。於是聿修」婦道，載理閨儀。奉事先舅任丘府君、先姑隴西李夫人，躬勤紡績，以申孝養。紉鍼佩管，每候晨而夙興；整袂」端襟，常分宵而假寐。炎曦夏灼，不以隆暑懈其容；飛霰冬嚴，不以祁寒怠其事。先府君榮班未陟，禄秩尚微」。廩俸所資，纔充饋養；妻孥所給，不贍寒温。夫人疎菲自甘，浣濯爲服。執爨卑役，不推僕御；捧箕末任，必也躬」親。朝夕艱勤，曾無愠色。尊情鑒察，賞歎特深。嚴始敬終廿餘載。及先府君晚登隆貴，鬱爲宰輔。夫人克」享尊榮，光受封命。初拜琅耶縣君，尋加授郡君，雖褕翟增暉，而荊蓍在念。裀簟之具，去其重複；衾幬之飾，絶於新」麗。或經數稔而不製一衣，但補緝陳舊，取蔽風霜而已。至若皇恩降錫，宸貺俯霑，鴛錦霞開，鶴綾雲委。莫」不隨時施遺，浹洽親姻。筐篚旦盈，緘縢暮竭。囊褚之内，分寸不留。資性方嚴，甚有威望。動静進退，容止肅然。體柔」順而濟之剛烈，執堅貞而適於通變。常讀禮至内則篇，必再三返覆。閨庭政令，率而行之。由是四海諸姬，九族群」媛，瞻望儀範，用成楷模。若衆川之長大溟，猶列宿之宗朗月。前夫人子承慶，八歲偏罰，十歲便爲夫人所養」。撫存訓獎，慈愛兼隆，學宦婚娶，並夫人所成立。常謂所生子嗣立、淑等曰：時俗婦人，罕有明識，前妻之子，多被」憎嫌，孝已伯奇，即其人也。此吾之所深誡，亦尔輩所明知。昆季友于，骨肉深至。既稱同氣，何限異生。宜識我心，倍」加敦睦。幼事長以敬，長撫幼以仁。使外無閒言，則吾無憂矣。諸子恭承訓誡，奉以周旋，共被同蔬，怡怡如也。先」府君薨背之後，夫人年德愈高。曹大家之法度，守而無失；魯敬姜之禮節，遵而不渝。承慶任鳳閣舍人，夫人」蒙拜琅耶郡太君，從子之命也。所冀高堂展養，百福無疆，長筵保驩，萬壽增永。豈謂樹風難静，隙晷遽馳。未極遐」年，奄還徂化。以萬歲通天元年八月十二日遘疾終於神都崇政里第，春秋七十有一。臨將屬纊，呼三子者而謂」之曰：汝等宜善爲兄弟，深相友愛。吾今困慑，餘何所言。因涕泣久之，絶於長婦之手。厥明將斂，特降中使臨弔，仍」贈絹布七十段。又有敕贈絹布卅段，米粟五十石。還日，所司爲造靈轝。葬日，量借手力幔幕，家口並給傳乘」，以致哀榮之禮。先妣崔夫人早年弃背，逮乎還祔之日，占考或有不安，随事之宜，遂不合葬。乃與先府君並墳」接壙而安厝焉。夫人平昔之時，言及窀穸之事，親戚有希望顔色請申合葬之禮者。夫人憮然而應之曰：生」者必死，人之大端。葬之言藏，禮有恒制。魂而有識，何往不通？如或無知，合之何益？況合葬非古前聖格言。先嬪」已創別墳，吾復安可同穴。若餘生就畢，啟手歸全，但於舊塋，因地之便，別開幽室，以瘞殘骸，親属子孫，勿違吾意。」孤子前鳳閣舍人承慶、前来庭縣令嗣立、前左羽林衛兵曹參軍淑等，險戾不天，誠孝無感。奄丁酷罰，永隔慈」顔。號訴蒼旻，肝心隕絶。敢遵遺命，虔奉尊靈。即以萬歲通天二年歲次丁酉一月戊戌朔廿四日辛酉歸附」于雍州萬年縣銅人原之舊塋，但域内先有二墳，左右更無餘地。乃窆於先考博昌公大墳下之傍穴。雖桐閣」近隔，頗分尋丈之間；而蒿隧潛通，自合幽冥之路。承慶孝慙鮑永，人謝伏恭。均養之慈，終天莫報；日嚴之養，畢壤」無追。將恐深谷爲陵，高山若礪。母儀彤管，或墜芳編。神道玄扉，冀存貞礎。内言在閫，外聽罕

大周故納言
博昌縣開國
男韋府君夫
人瑯耶郡君
王氏墓誌銘

周。是用抽竭荒襟，詮」序徽烈。餘喘尫頓，觸感窮迷。攬牘哀號，甄録無次。鳳閣舍人趙郡李嶠，時秀朝英，文宗學府。膠庠朋故，樞近官聯」。敬託爲銘，庶揚柔德。其詞曰：

軒丘積慶，姬水開祥。世濟其美，休有烈光。資忠履孝，衮服」台裳。葳蕤丹篆，氤藹青箱。其一。邁種不忘，誕茲淑令。蘭蕙凝馥，松筠挺性。肇允幽閑，率由莊敬。峻範伊穆，貞規可詠」。其二。高門有閌，之子于歸。乘龍比德，占鳳齊飛。肅雍無怠，琴瑟靡違。怡聲潔饋，申諷裁機。其三。蟬冕登朝，翬褕命室。湯」沐開賦，鄉亭視秩。浣濯防奢，杯盤誡逸。去浮敦本，捐文佝質。其四。煢闈在疚，孀館纏悲。永推柔則，方稱母師。七子均」養，三至奚疑。曾堂錫羡，廣被隆慈。其五。價軼雙珠，名優兩驥。鍾釜榮禄，珪珩寵位。靜樹俄往，寒泉奄洎。孺慕號天，充」窮扣地。其六。合葬非古，迺創姬篇。猗歟明達，高風凜然。爰矯同窆，更闢幽埏。潛交滕室，迴接原阡。其七。戒期先遠，良歲」云暮。背清洛而超忽，歷隑洲而徑度。瞻弔鶴之徘徊，視驚驂之顧步。垂芬懿於蘭菊，懷罔極於霜露。其八」。

按

誌主王婉之夫韋仁約墓誌及撰者韋承慶簡介均見本書209.689條。其中有武周造字之“年、日、月、授、初、天、地”等。

大唐故朝散大夫行洛州陸渾縣令韋府君墓誌銘

219.698　韋愔墓誌

説 明

武周聖曆元年（698）三月刻。蓋盝形，誌正方形。誌、蓋尺寸相同，邊長均58厘米。蓋文5行，滿行4字，篆書“大周故朝」散大夫行」洛州陸渾」縣令韋府」君墓誌銘」”。誌文楷書34行，滿行35字。韋承慶撰文。蓋四殺及誌四側均飾蔓草紋。西安市長安區出土，具體時、地不詳。現存西安市長安博物館。《全唐文補遺》《長安碑刻》著録。

釋 文

大周故朝散大夫行洛州陸渾縣令韋府君墓誌銘并序

從□□□舍人承慶撰」

君諱愔，字志廉，京兆杜陵人也。軒轅顓頊氏導其深源，大彭豕韋氏播其遐緒。太傅道尊於」南國，丞相業大於西京。自兹厥後，克昌其胤。人物蟬聯，羽儀萬葉。衣冠舄弈，光燭四海。曾祖」孝寬，後魏開府儀同三司、侍中、驃騎大將軍、雍州刺史、尚書右僕射，宇文朝小司徒、玉壁總」管、大司空、柱國、鄖國公，随太傅、尚書令，贈太尉、雍州牧，謚曰襄。大材楨國，盛德光時，爲將爲」相，乃侯乃牧。比諸管樂，智略經天地；如彼蕭張，勳庸濟區寓。祖津，随内史侍郎、户部尚書、武」陽郡開國公，唐諫議大夫、黄門侍郎、太僕卿、陵州刺史、壽光縣開國男。俊朗宏達，英峙傑秀」。歷汙隆而踐高位，播遐迩而飛令名。父全璧，唐任潞、易二州别駕。清襟月迥，勝氣雲高。託風」情於古人，爲憲則於多士。君純粹誕靈，仁和植性。弱不好弄，幼有成德。如金之貞，如玉之潤」，如山之峙，如海之渟。九畹含芬，早濯芳於春露；七年養器，且晞幹於朝陽。有唐乾封二年，起」家授沛王府行參軍。咸亨二年，授雍王府兵曹參軍。帝之愛子，肇開藩館；王門之士，妙選」時英。以君地望優隆，器識弘遠，故得託乘蘭坂，曳裾竹園。接景申穆之賢，比迹鄒枚之彦。丁」母憂去職。執喪踰禮，幾至毁滅。槐柘遄改，苴菓告除。属明兩登曜，元良樹本。爰以藩邸舊僚」，入爲儲宫官属，授太子通事舍人，兼知典膳局事。鳴鳳之音，常聞於鶴禁；亨鮀之味，靡薦於」龍闈。既而沴掩前星，流堙少海。青皐六翮，並去凋枝；玄沚十朋，俱辭涸浦。乃出授光州樂安」縣令。紆驥足而臨下邑，屈牛刀而割小鮮。化偃俗移，令行禁止。累遷蘇州吴縣令、蜀州武隆」縣令。東吴奥壤，氣接斗牛；西蜀名區，星分井絡。剽悍成俗，訛弊在人。三江之遊旅萬曹，九坂」之行商億計。君材惟不器，政實多方。德以綏之，刑以馭之，莊以莅之，信以行之。以季札禮讓」之風，息夫貪競；以文翁儒學之教，遷其鄙僻。故能使和澤浹洽，美化周流。老者遂其生，少者」安其業，富者節其用，貧者致其財，姦豪者斂手而畏威，孤弱者息肩而荷惠。雖王稚子之臨」温縣，謝堯卿之化壽張，魯仲康之撫中牟，鍾離意之居堂邑，引而爲類，彼固多慙。神功元年」，制授洛州陸渾縣令。未之任遘疾，以聖曆元年壹月拾日終於神都崇業里，春秋七十。惟君」明允恭懿，宣慈惠和。口無擇言，可以應千里；身無擇行，可以周万物。孝乎惟孝，執要道而樹」身基；仁謂之仁，資博施而爲己任。被忠信之甲胄，持禮義之干櫓。冰玉以瑩其心，皎如泉澈」；塵滓不嬰其慮，廓若雲披。所謂中和之淑人、大雅之君子者也。方當祗享百禄，顯登三事，鼓」大翼而負蒼天，縱巨鱗而横碧海。豈謂神期不信，萬化無假於仁明；鬼伯相催，三泉竟斂於」魂魄。即以其年歲次戊戌三月辛酉朔廿五日乙酉歸祔于雍州明堂縣洪固鄉之畢原，禮」也。有子顒、穎、顥、�等，銜痛茹酷，剡骨崩心。卜地有歸，已寧神於夜室；終天永奪，空瀝思於寒」泉。將恐大海成田，高岸爲谷，式刊貞礎，用紀幽埏。庶徽猷之不昧，與日月而長懸。乃爲銘曰」：

殷氏二伯，漢朝兩相。積慶無疆，高門有閌。軒冕雲合，英髦海量。繼踵芳猷，比肩徽望。其一。猗歟」景族，生此哲人。器光文梓，價重浮筍。居貞履實，服義依仁。道爲之貌，德潤其身。其二。理笏從政」，濯纓登仕。託乘淮山，侍遊伊水。五湖之曲，二江之涘。乳翟南馴，舞鸞西起。其三。奥區從邑，神畿」宰縣。高躅未臨，清風已扇。方曳珩組，佇驤雲電。林螘忽驚，寢熊俄見。其四。小年窮盡，大夜深長」。空鄰笛思，虚室琴亡。松風自苦，隴日無光。春蘭秋菊，終古餘芳。其五」。

按

誌主韋愔，正史無載。曾祖韋孝寬，北魏、北周名將，《周書》《北史》有傳。《新唐書·宰相世系表》載有韋氏一族世系，韋愔失載，本誌可補史闕。本書225.706《雍王李賢墓誌》載李賢于咸亨三年改封爲雍王，《舊唐書·高宗本紀》亦載咸亨三年夏四月“沛王賢徙封雍王”，則此誌所記韋愔于“咸亨二年，授雍王府兵曹參軍”，不知何據，待考。有武周造字之“人、年、日、月、天、地、授”等。

220.699　于遂古墓誌

説明

武周聖曆二年（699）四月刻。蓋盝形，誌正方形。蓋邊長68厘米，誌邊長69厘米。蓋文3行，滿行3字，篆書“大周故」于府君」墓誌銘」”。誌文楷書34行，滿行34字。蓋四殺及誌四側均飾蔓草紋。三原縣出土，具體時、地不詳。現存三原縣博物館。《隋唐五代墓誌滙編》《全唐文補遺》《陝西碑石精華》《咸陽碑刻》等著録。

釋文

大周故隰州刺史建平公于公墓誌銘并序」

公諱遂古，字前經，其先東海郯人也。自豳詩頌美，胙土廓其宏基；漢史標榮，高門肇其□」慶。公侯必復，鍾鼎攸傳。曾義，邵州刺史、上大將軍、潼州總管、上柱國、建平公，贈豫亳申息」永會六州諸軍事，豫州刺史，謚曰剛。祖宣道，周大將軍，随内史舍人、車騎將軍、左衛率，唐」甘肅瓜涼沙五州諸軍事、涼州刺史、獻公。普績著旂裳，勳書彝鼎。職隆九命，榮冠三朝。父」永寧，随冀州司馬，唐許王友、雍郇二府司馬、使持節商州諸軍事、商州刺史、建平公。作貳」維城，芳流蘭光。剖符商洛，化浹芝巖。惟公孕彩驪泉，光分耀乘。承暉方浙，氣藴連虹。將階」漸陸之資，即振聞天之響。貞觀十年，起家太宗皇帝千牛。永徽初，天皇大帝」昇極，有敕令三司於舊千牛内簡景行昭著明閑供奉者，留一兩人。緬惟」紫極天居，環星資其列侍；青規帝座，捧日光於近臣。名實兩兼，推擇斯允。永徽五」年，考滿，優旨褒賞，特加四階，除左武衛龍首府右果毅都尉，又轉榆林府右果毅。總戎昭」之重，効此干城；秉銅虎之符，運兹韜略。龍朔元年，奉敕領兵於勝州防遏。麟德元」年，九姓初賓，奉敕將兵於瀚海都護府鎮押。乾封元年，奉敕領兵於丸都」道征平壤，□東爰至漢城，皆籍經略。公謀猷允著，才幹剋宣，陟岵衍以銘功，上丸都而勒」頌。剽姚校尉，羞刊瀚海之勞；渡遼將軍，虚紀滄波之難。以功授上柱國、游擊將軍，轉右金」吾衛、永平府左果毅都尉。調露初歲，駕幸神都，奉敕於京留守。永淳元年」，天皇幸洛，又奉敕留京，兼知禁禦。帝城百雉，聖宅千門。森沉指青」□之闈，繚繞經紫泉之苑。鑾輿順動，鳳輦宣遊。留鎮之職，誠爲重寄。再紆」□旨，寔表忠勤。垂拱元年，授建平縣開國公，食邑三百户。垂拱三年，除左玉鈐衛永平府」折衝都尉。大君有命，開國承家，豹變之略既申，隼旗之効斯展。垂拱四年十二月」廿一日，遷使持節隰州諸軍事、隰州刺史。境接汾睢，地稱蒲隰。建旗作牧，寬猛攸資。公杖」劒戎麾，久申誠績。褰帷刺舉，更盡廉能。迴介胄之雄威，播循良之美政。量高朱博，化埒黄□」。萬歲通天元年八月，表請致仕，暫促朱幡，言尋丹餌。仙官進藥，莫返交阯之魂；鶴板徵」□，遽從京兆之録。春秋七十有五，聖曆元年五月廿九日，終于明堂縣進昌里之私第。嗚」呼哀哉！惟公器局凝簡，詞韻淹和。固然諾於生平，敦言行於造次。良辰美景，必命琴樽。脩」竹茂林，不孤風月。獸馴於轂，未叶三台之祥；鳥巢於門，俄終万化之限。夫人竇氏，即洛州」長史、行臺左僕射鄭黄公軌之孫，左衛將軍、涼州都督、駙馬都尉、奉節房陵長公主之長」女。以垂拱二年七月三日奄捐昭代。粤以聖曆二年四月一日，合葬于鼎州三原縣萬壽」之鄉原，旁祔先塋，禮也。子彦忠等，悲深手澤，痛結楹書，敬譔德音，用鐫貞礎。銘曰」：

宗周之□，武王之穆。剪桐疏社，分茅啟族。駟馬軒盖，高門代禄。績箸旂裳，勳芳簡牘。其一。剖」符涼境，望重前□。褰帷商洛，載闡家聲。化洽千里，威加百城。熊車表貴，隼旆飛榮。其二。顯允」君侯，丕膺門慶。松竹均質，瑶琨比映。玉階從仕，朱藩莅政。卧轍興謡，捐駒入詠。其三。調高桂」冕，寵逸懸車。其敦止足，俱忘毁譽。安排處順，志養神虚。未占羆兆，先開鶴書。其四。逝川難駐」，藏舟易失。辰巳臨年，人琴喪質。去去丹旐，遲遲白日。万化不追，九原長畢。其五」。

按

誌主于遂古，見《新唐書·宰相世系表》。本誌所記遂古及其祖、父官職較《新唐書·宰相世系表》詳細，可補史闕。另，誌文所述乾封元年征平壤及漢城，與《舊唐書》相合，可證史。又據誌稱，子彦忠“悲深手澤，痛結楹書，敬譔德音，用鐫貞礎”，則此誌疑爲其子所撰書，而誌中“日、月、天、年、聖、初、授、國、人、君”等均書爲武周造字，可見當時武周造字已廣爲應用。

221.699　司空儉墓誌

説明

武周聖曆二年（699）八月刻。蓋盝形，誌正方形。誌、蓋尺寸相同，邊長均58厘米。蓋文3行，滿行3字，篆書“大周故」司空府」君墓誌」”。誌文楷書32行，滿行31字。蓋四殺及誌四側均飾纏枝蔓草紋。出土具體時、地不詳。現存西安博物院。《隋唐五代墓誌滙編》《全唐文補遺》著録。

釋文

大唐故雍州新豐縣令朝議郎上柱國司空府君墓誌銘并序」

君諱儉，字朗，廣平人也。原夫以德命官，肇自羲軒之代；因官爲氏，始於堯舜之年」。九棘創宗正之名，三槐列司空之號。公之懿族，即日因官。翼聖帝以佐時，輔明君」而化俗。金柯迭茂，玉葉傳芳。冠冕相承，簪纓不絶。備諸史籍，可略述焉。曾祖議，随」任許州刺史。伊瀍舉扇，帝里風生；宛洛行車，皇都潤及。属君亡二柄，國弛四維。不」仕亂邦，遜辭濁代。得二疏之雅趣，縱十日之良遊。退守丘園，自貽高尚。祖瑜，唐任」左臺侍御史。跨驄駒而指佞，朝野斂容；服獬豸以觸邪，群寮側足。父穆，唐任長安」縣丞。贊緹油於赤縣，利器標工；□墨綬於黄圖，操刀展譽。播芳聲於陸海，騰妙響」於九皋。志存名教之中，性遠風塵之外。公紹隆貽厥，不墜嘉謀。登璧沼之乙科，践」金門之甲第。解褐任德州宫高縣丞。考滿，任普州安居縣丞。鴛波勝邑，寔賴深人」；犀浦名鄉，咸蒙盛德。秩滿，任雍州同官縣丞，又任蒲州河東縣丞。驥坂一同，聽片」言而不滯；鶉郊百里，察雙璧而無疑。秩滿，任左武威衛倉曹。秩滿，任隴州汧源縣」令。秩滿，任左衛長史。輟司豹騎，委職牛刀。擢以外官，抽榮内任。復以兩畿大邑，佇」以鴻材。尋遷雍州新豐縣令。大漢應圖，名目徙沛；隆周演瑞，號曰慶山。總三」輔之要衝，管二京之劇路。敷揚帝造，必藉賢能。宣暢皇猷，寔資良宰。德被翔」鸞之化，桴鼓稀鳴；道光馴翟之風，探丸自息。人懷其惠，吏畏其威。其教不肅而成」，其政不嚴而理，公之善最也。傳芳猷於四表，垂令範於千齡，公之美譽也。牢籠萬」卷，囊括百家。文石之藻增深，綵筆之才逾廣，公之學海也。嗚呼！但以玉棺釁起，梁」木先摧。瓊淚妖興，哲人斯逝。上元二年，終於其任，春秋六十有三。一縣寮寀，痛若」嚴君；百里黎甿，哀如慈母。公當官清潔，在職廉平。對塵甑而無傷，坐脂膏而不潤」。妻孥靡託，家室罕殷。瞻望故鄉，邈焉難遂。乃權殯於其縣。往來必拜，敬之若生；伏」臘禋祠，尊之如在。以聖曆二年歲次己亥八月廿一日壬寅，遷窆於雍州萬年縣」長樂鄉，礼也。繪轜屆路，卧轍難前。素盖遵途，攀轅拒進。公之遺愛，尚有宿恩。生懷」直道之風，歿感斜溪之賂。夫人渤海封氏，大唐駙馬都尉之長妹也。早睽齊體，對」月簟而逾酸；永訣同心，守孀帷而軫痛。有子二人，前秦府參軍惲、前懷州參軍懌」。並絶漿叩地，想風樹增悲；泣血號天，睇霜條而結欷。象圓清而起構，類方濁而魂」開。塋恐碧海之有變，題翠石以爲旌。其詞曰」：

悠哉族茂，邈矣宗榮。肸蠁遺烈，間氣餘英。随班天嶮，望在廣平。慶傳先嗣，福流後」生。其一。傳芳蕙畹，漸潤芝田。雲間美，日下稱妍。十哲齊德，四科象賢。龍文振地，鳳凰」藻掞天。其二。山河再誕，辰象降靈。仁該地義，孝感天經。乘凫玉絜，度驥冰清。内懷德」操，外户不扃。其三。方司九棘，翻夢兩楹。玄龜啟兆，白鶴開塋。松風忽往，薤路俄征。寔」嗟良吏，永閟佳城。其四」。

按

誌中有武周造字之“人、年、月、日、天、地”等。

222.700　任操墓誌

任公
墓誌

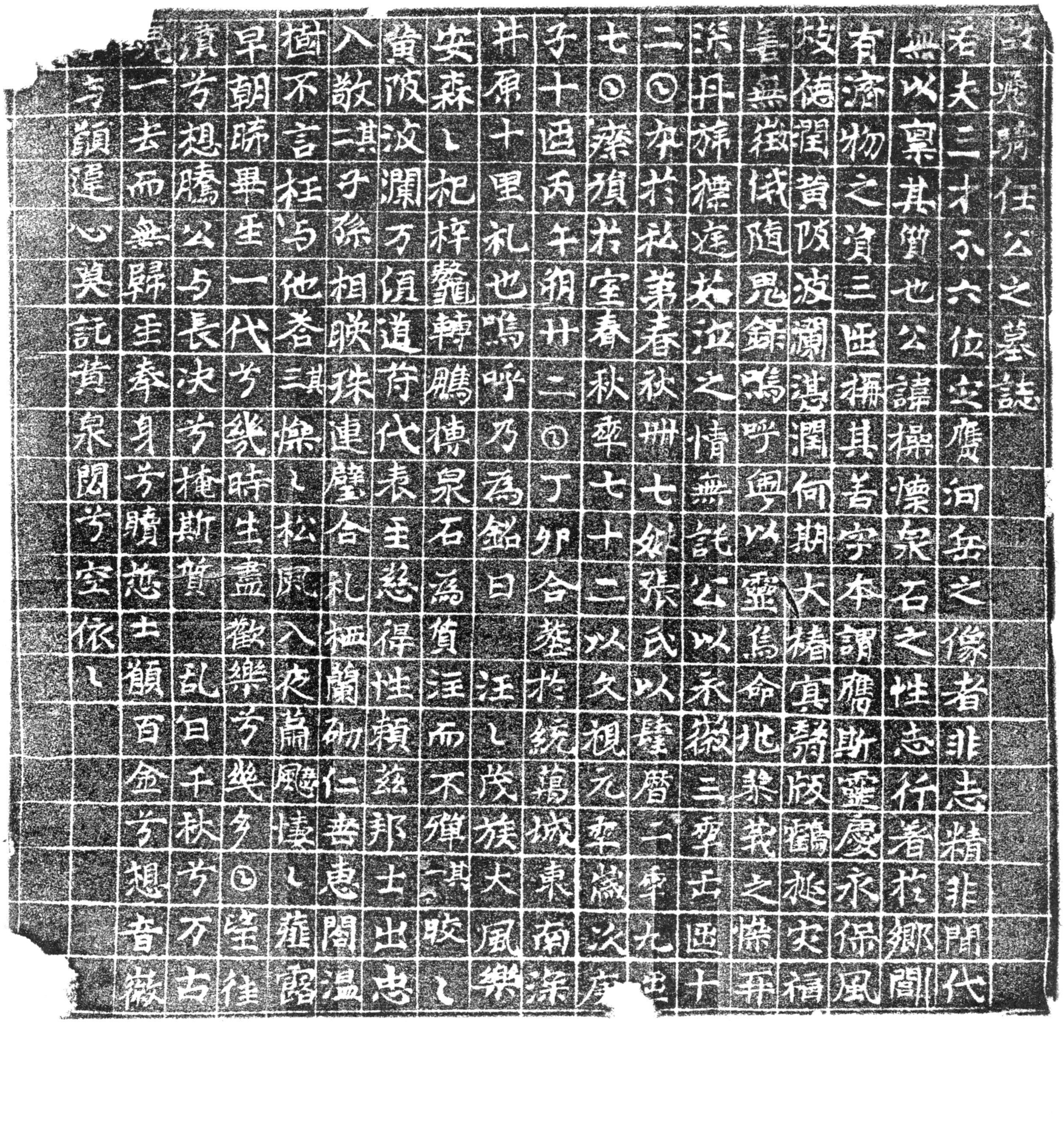

故處士任公之墓誌
吾夫三才示六位定廣河岳之像者非志精非開代
無以稟其質也公諱操懷泉石之性志行着於鄉閭
有濟物之資三匝挪其善字本謂膺斯靈慶永保風
彼德潤黃陂波瀾湛潤何期大椿冥驚彼鶴延夭福
善無徵俄隨鬼錄嗚呼粤以靈烏命北來我之憐弃
浜丹旐標逵若泣之情無託公以永徵三秊五匝十
二日卒於私第春秋卌七娶張氏以隆曆二秊九[illegible]
七日卒於室春秋秊七十二以文視元秊歲次庚
子十匝丙午朔廿二日丁卯合葬於統萬城東南深
井原十里禮也嗚呼乃為銘曰汪汪茂族大風樂
安森森杞梓龜轉鵬摶泉石為質注而不彈其一皎皎
黃陂波瀾万頃道符代表主慈得性賴茲邦士出忠
入敬其二子孫相映珠連璧合禮樞蘭砌仁善惠閭溫
樹不言枉與他者其三慘慘松風入夜蕭颯悽悽薤露
早朝晞畢生一代兮幾時生盡歡樂兮幾多日望往
濆兮想騰公與長決兮權斯質　亂曰千秋兮万古
一去而無歸主奉身兮贖憩士顏百金兮想音徽
兮巔還心冥託黃泉閟兮空依依

説明

武周久視元年（700）十月刻。誌、蓋均爲砂石質。蓋盝形，誌正方形。誌、蓋尺寸相同，邊長均42厘米。蓋文2行，滿行2字，楷書“任公」墓誌」”。誌文楷書19行，滿行20字。有界格。蓋四殺飾水波紋，四周飾牡丹花紋。20世紀90年代後靖邊縣紅墩界鄉圪坨河大隊華家洼林場爾德井村出土。現存榆林市文物保護研究所。《榆林碑石》《新中國出土墓誌（陝西叁）》著録。

釋文

故飛騎任公之墓誌」

若夫三才分，六位定，膺河岳之像者，非志精，非間代」，無以稟其質也。公諱操，懷泉石之性，志行著於鄉間」；有濟物之資，三月稱其善字。本謂膺斯靈慶，永保風」枝，德潤黄陂，波瀾湛潤。何期大椿冥翳，版鶴挺灾，福」善無徵，俄隨鬼録。嗚呼！粤以靈烏命兆，蓼莪之慘再」深；丹旐標庭，茹泣之情無託。公以永徽三年正月十」二日卒於私第，春秋卌七。妣張氏，以聖曆二年九月」七日瘵殞於室，春秋年七十二。以久視元年歲次庚」子十月丙午朔廿二日丁卯，合葬於統萬城東南深」井原十里，礼也。嗚呼！乃爲銘曰：

汪汪茂族，大風樂」安。森森杞梓，鼀轉鵬摶。泉石爲質，注而不殫。其一。皎皎」黄陂，波瀾万頃。道符代表，人慈得性。賴玆邦士，出忠」入敬。其二。子孫相映，珠連璧合。礼栖蘭砌，仁垂惠閤。温」樹不言，枉与他答。其三。慘慘松風，入夜蕭颼。悽悽薤露」，早朝晞畢。人一代兮幾時生，盡歡樂兮幾多日。望佳」墳兮想騰公，与長决兮掩斯質。

乱曰：千秋兮万古」，魂一去而無歸。人奉身兮贖悊士，願百金兮想音徽」。□与願違心莫託，黄泉閟兮空依依」。

按

誌中有武周造字之“日、月、年、人”等。

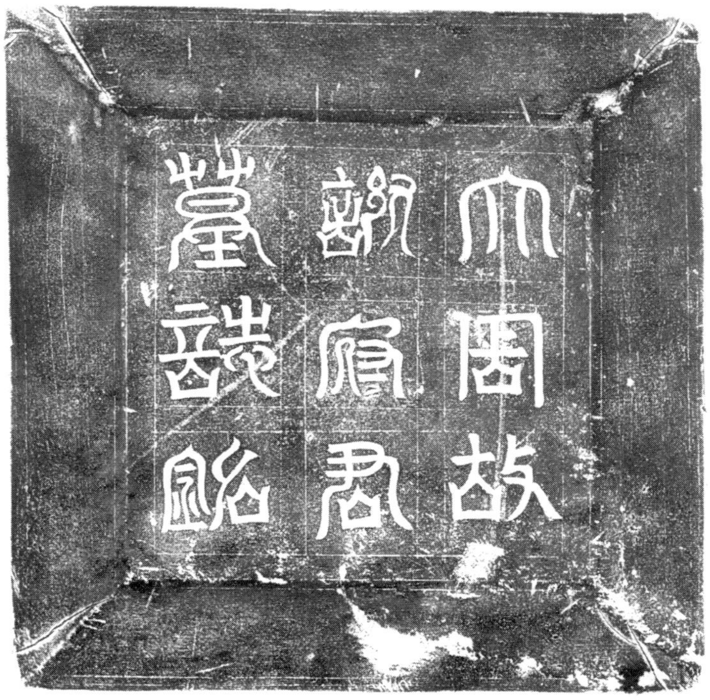
大周故
謝府君
墓誌銘

223.703　謝文智墓誌

説明

武周長安三年（703）十月刻。蓋盝形，誌正方形。誌、蓋尺寸相同，邊長均37厘米。蓋文3行，滿行3字。篆書“大周故」謝府君」墓誌銘」”。誌文楷書17行，滿行17字。渭南市出土，具體時、地不詳。現存陝西歷史博物館。《全唐文補遺》著録。

釋文

大周故昭武校尉并州上封戍主謝公墓誌銘并序」

公諱文智，字明略，咸林鄭縣人也。紫庭流譽」，青史克傳。白羽撝空，洪勳載紹。祖輔，隨上柱」國、瀘州總管属。父洛，唐秦府左右。公器宇宏」壯，識鑒深遠。良爲材高智略，所以職處邊隅」。未息浪於交河，遽纏悲於閲水。儀鳳三年七」月九日，終於任所，春秋五十有三。夫人張氏」，獨守貞專。蘋藻無虧，閨庭有禮。夙光婦德，訓」漸七章。奄喪母儀，長乖三從。長安二年十月」三日，終于私第，春秋七十有三。長安三年十」月廿七日，合葬於少靈鄉之原，禮也。嗣子弘」毅、次子弘節，並痛深創巨，思切寒泉。臬貌欒」形，殆乎滅性。塋開八將，路指九。恐陵谷之有」遷，庶彫鐫之不朽。其詞曰：

天地迴薄，日月」環周。物隨化往，人將逝遊。形神永謝，名行空」留。悲深邃谷，思越高秋，風悽舊戀，雲足新愁」。官旌丹旐，禮備玄丘。聊刊翠琰，式播洪猷」。

按

誌中有武周造字之“人、天、地、年、月、日”等。

224.706　永泰公主李仙蕙墓誌

大唐故
永泰公
主誌銘

説 明

唐神龍二年（706）五月刻。蓋盝形，誌正方形。蓋邊長120厘米，誌邊長118厘米。蓋文3行，滿行3字，篆書“大唐故」永泰公」主誌銘」”。誌文楷書32行，滿行32字。徐彦伯撰文。蓋四周及四側飾寶相花紋，四殺及誌四側飾十二生肖及忍冬紋。誌文四周均有不同程度泐蝕，個别字有損。1960年乾縣乾陵南陪葬墓出土。現存乾陵博物館。《隋唐五代墓誌滙編》《全唐文補遺》《陝西碑石精華》等著録。

釋 文

大唐永泰公主誌石文

太常少卿兼修國史臣徐彦伯奉敕撰」

臣聞絳河南澳，天女懸於景緯；湘巖北渚，帝子結於芳雲。是以彼我者唐，贊肅雍之」禮；坎其擊鼓，殷作配之儀。則王姬之寵靈光赫，其所由来者尚矣。公主諱仙蕙，字穠」輝」，高祖神堯皇帝之玄孫」，太宗文武聖皇帝之曾孫」，高宗天皇大帝之孫」，皇上之第七女也。倬矣帝唐，麗哉神聖。故以轎轢於王表，葳蕤於□」國，尚矣。公主發瑶臺之光，含珠樹之芳。蓄兑靈以纂懿，融須編而啟祥。神授四德，生」知百行；郁穆韶潤，清明爽烈。瓊蕤泛綵，拂穠李之花；翠羽凝鮮，綴香茗之葉。是以奉」言彤史，承訓紫閨。敏學雲□，雕詞錦縟。歌庶姜之絶風，吟師氏之明誥。動必」由禮，備保傅之容；言斯可則，興后皇之歎。慧志罔渝，韶音允塞。天光」誕集，楙册譴開。寵盛簪珥，邑延湯沐。大啟平陽之園，俄聞單伯之送。以久視元年九月六日，有制封永泰郡主，食邑一千户。嗣魏王武延基，濯龍英戚，嘉魚碩望」。□樂攢於厥躬，琳琅奪於群寶。闕父之子，獨預王姻；齊侯之家，仍爲主第。結縭星門」，□粹河洲。寶弓藏櫝，紛泌泉之上；神瑫藴笴，鑠炎庫之庭。紫閼盈軿，黄珪委綬。澤□結鎖，香奩凝鏡。蔚金翠於西城，降歌鍾於北闕。自蛟喪雄鍔，鸞愁孤影。槐火未移，栢」舟空泛。珠胎毁月，怨十里之無香；瓊萼凋春，忿雙童之祕藥。女娥篪曲，乘碧煙而忽」去；弄玉簫聲，入綵雲而不返。嗚呼哀哉！以大足元年九月四日薨，春秋十有七」。皇帝在昔監國，情鍾築館。悲蒼旻之不仁，歎皇罃之無禄。寶圖伊始，天命惟」新。顧復興念，追崇峻典。銅巖北麓，劒水東湍。賦列千乘，家開萬井。疏彤壤之贍腴，錫」黄泉之首命。讀平原之誄，已徹神明；循穀也之篇，竟聞同穴。以神龍元年追封爲永」泰公主。粤二年歲次景午五月癸卯朔十八日庚申，有制令所司備禮，與故」駙馬都尉合窆于奉天之北原，陪葬」乾陵，禮也。縞駕紛紛，赬旌掃雲。香袿霧滅，哀挽風分。紅癬濃兮碑字古，蒼松合兮山」道曛。珠襦玉匣竟何向，石馬陵邊皇女墳。其銘曰」：

寶系重光，葳蕤焜煌。於穆不已，明明天子。克誕王姬，顔如桃李。桃李伊穠，王」姬肅雍。柔嘉奕德，婉嫕其容。其□允淑，既温而肅。銑鏡含葩，瓊蕤可掬。委委虵虵，如」山如河。鳳棲樓柱，龍盤織梭。百行無闕，降嬪登月。雙帶結禕，六珈環髮。神劒難駐。仙」雲易歇。仙雲歇兮慟睿情，玉管飄颻無留聲。蠨蛸飛兮錦笴滅，蝘蜓去兮銀墀」傾。哀縞挽兮露□解，徂靈輴兮日少晶。奉天山兮茫茫，青松黛栝森作行。泉閨夜臺」相窅窱，千秋萬歲何時曉」。

按

誌主永泰公主，名仙蕙，字穠輝，唐中宗李顯第七女，封爲永泰公主。《新唐書》有傳，惟嫌簡略。本誌所載公主生平，可補史闕。另，誌文中有關公主死因的描述，與史籍記載相異，可供參考。

撰者徐彦伯，名洪，字彦伯，以字行，兖州瑕丘（今屬山東）人。以能文對策高第，歷官永壽尉、蒲州司兵參軍、給事中、宗正卿、修文館學士、工部侍郎、太子賓客。兩《唐書》有傳。

225.706　雍王李賢墓誌

説明

唐神龍二年（706）七月刻。蓋盝形，誌正方形。誌、蓋尺寸相同，邊長均90厘米。蓋文3行，滿行3字，篆書"大唐故」雍王墓」誌之銘」"。誌文楷書40行，滿行41字。蓋四殺飾十二生肖及忍冬紋，蓋四側及誌四側均飾纏枝花紋。1971年乾縣章懷太子墓出土。現存乾陵博物館。《隋唐五代墓誌滙編》《全唐文補遺》等著録。

釋文

大唐故雍王墓誌銘并序」

王諱賢，字□□，隴西狄道人也」。太宗文武聖皇帝之孫」，高宗天皇大帝之第二子」，今上之兄。述夫神源長發，聖構遐遠。白雲垂祉，虞臣所以邁德；紫氣凝禎，周史由其敷道。至哉衛尉，播雄烈」於隴西；赫矣武昭，定霸功於河右。自兹以降，厥緒尤繁。克茂本枝，逾徵後大。故得神祇叶贊，天地會昌；彈壓」八荒，牢籠萬古。梯山航海，局疆寓於羲軒；茅社桐珪，陋車服於梁楚。王稟靈宸極，有縱自天。直置而高」，自然斯遠。早標岐嶷，夙挺珪璋。孝友基身，非得之於外獎；温恭植性，固不待於傍勗。重以沖情峻舉，雅量宏」通。落落千尋，汪汪萬頃。枝格上竦，波瀾長邁。邈與瓊岷等列，鬱將瑶碣齊高。梁棟乾坤，舟輿宇宙。公卿籍甚」，遐迩謳歌。既而傍該流略，博綜墳典。詩析齊韓，洞嚴扃於楚囿；易分殷夏，啟秘鍵於沛埸。曹國有託論之聲」，丁廙致假詞之潤。分鑣並騖，重在兹辰。故以冠冕庶邦，羽儀列辟，爲五宗之領袖，當百代之規模」。高宗御玉牀，握金鏡，分司列職，右戚左賢，式固邦家，用隆藩屏。頒昭敘穆，峻以寵章。礪岳紳河，延其代載。發」天涣，叶良辰。迺命秩宗，搜古今之令典；爰徵掌固，草封拜之嘉儀。於是勾龍率職，分色土於宗社；司空畫界」，裂奥壤於方輿。當宁昌言，徐申利建之義；揚庭在位，敬承永錫之休。迺宅附庸，奄荒晉甸。粤以永徽六年封」潞王，食邑一萬户。紅蘭被坂，朱荷冒池。東閤西園，枚鄒列客。一吟一詠，金石叶諧。聲高宗國，譽表侯甸。若乃」八水朝市，五方交合。實稱天府，是曰國樞。都鄙混并，衣冠雜襲。辛家黑白之里，甲第王之居。輕軒動而川流」，長袂舉而帷合。寔資良懿，雅望鎮之。明慶元年，拜岐州刺史，其年加授雍州牧。振綱理目，寬猛相權。曾不浹」旬，政平頌舉。龍朔元年，改封沛王，加授使持節都督揚和滁潤常宣歙七州諸軍事、揚州刺史，兼左武候大」將軍，雍州牧如故。外連甸服，内兼周衛。遠近悦豫，朝野肅寧。麟德二年，加右衛大將軍。其年，從駕東封」，攝兖州都督。遞參心膂，兼總股肱。翊欄錡以星陳，建旌麾而岳列。暨乎登封降禪，刊玉泥金；大禮聿脩，能事」斯畢。巡警克著，統攝攸宜。咸亨三年八月，改封雍王，食邑萬户。出入雲霄，負揭日月。君王邈矣，度越前脩。遐」哉敻乎，固無得而稱也。夫前星著象，式標元子之尊。重震凝規，載列長男之位。儲副斯在，冢嫡攸歸。上元二」年，册拜皇太子。光膺守器，克嗣丕基。而二疏不追，四友孤絶。箴規有闕，調護匪宜。監撫虧良，宗祧弛盛。摇山」落構，望菀摧基。一墜卯精，永託宸尾。文明元年二月廿日，薨於巴州之別館，春秋卅有一。至垂拱元年三月」廿九日，恩制追贈雍王，謚曰悼。葬於巴州化城縣境。主上端旒黄屋，正位紫宸。負扆長懷」，陟岡永歎。痛飛鴒之遽絶，切斷鴈之逾孤。迺命司存，緬追休烈。神龍二年，又加制命，册贈雍王。禮盛」漢蒼，恩逾晉獻。乃敕金紫光禄大夫、行衛尉卿、上柱國、西河郡開國公楊元琰，正議大夫、行太子率」更令、騎都尉、韓國公賀蘭琬監護喪事，册贈司徒，仍令陪葬乾陵，以神龍二年七月一日遷窆，禮也」。惟王調函律吕，質藴珪璋。荊山之下，瑜瑾挺其温潤；軒丘之上，鸞鳳炤其輝光。包柱石於胸襟，動風飈於懷」袖。孤挺天爵，高擅人龍。排閶闔而上征，淩扶摇而獨運。光前絶後，莫之與京。倚伏糾紛，屈申舛互。藏山易負」，去日難維。九原不追，百身奚贖。雖天長而地久，諒海變而舟移。敬緝遺塵，紀盛烈於黄絹；庶垂來代，勒不朽」於玄房。其詞曰」：

兩儀交合，五運遞遷。緣圖沿渚，赤字浮川。握符括地，受命承天。本枝繁衍，茂緒蟬聯。天地降祥，山川納祉。乃」資人傑，實縱英峙。瓊萼璿跗，皇孫帝子。曾嶠迥立，崇峰崛起。赫矣飈舉，悠哉海運。蘭桂異芬，琳琅奇韻。暉映」萬古，磊落千刃。鳳穴驪川，含輝吐潤。康叔君衛，公旦封魯。於穆我王，重規沓矩。茂實綿宙，英聲溢

大唐故
鄭王墓
誌之銘

寓。服義佩」仁，迺文迺武。秦邦楚甸，繼稱藩國。惟王戾止，人倫之則。寬猛靡乖，弛張不忒。帝室楨榦」，天朝羽翼。儲副攸繫，冢嫡斯俟。師表列辟，津梁多士。鳴玉鏘金，旌旆猗旎。令問令望，優哉美矣。匡弼」玄猷，翼宣王度。慶弔紛糾，吉凶舛互。遽迫夜舟，奄零朝露。撤樂興感，罷市纏慕。乃筮圖史，言占塋壙。丹旐逶」迤，素帷飄颻。悲笳夜咽，薤歌曉唱。去我桂巖，来兹松帳。長天運節，短日摧年。冥冥萬古，杳杳三泉。墓攢衰木」，塋聚寒煙。生靈共此，無聖無賢」。

按

誌主李賢，即章懷太子，高宗第二子，兩《唐書》均有傳。此誌爲李賢由巴州遷葬乾陵時鐫刻，唐中宗册贈其爲雍王。本誌與240.711《章懷太子及妃房氏合葬墓誌》所記基本一致，但與正史記載存在多處差異，亦有事見于誌文而史籍未載者。李賢曾集合衆臣爲《後漢書》作注，是文獻學史上的重要人物。李賢的兩方墓誌，是研究其生平之重要材料。另此誌書法工整險絶，豐瘦得當，筆力渾厚，氣度不凡，堪稱唐楷之佳品。

226.706　李長雄墓誌

説 明

唐神龍二年（706）十一月刻。蓋盝形，誌正方形。誌、蓋尺寸相同，邊長均62厘米。蓋文3行，滿行3字，篆書“大唐故」李府君」墓誌銘」”。誌文楷書33行，滿行33字。蓋四殺及誌四側均飾纏枝花紋，蓋四周飾牡丹花紋。20世紀90年代周至縣出土。現存周至縣文物管理委員會。《隋唐五代墓誌滙編》《全唐文補遺》著録。

釋 文

大唐故左監門率上柱國李府君墓誌銘并序」

夫有大靈司帝，博施宰人，則乾坤不竭其景福，公侯相因其禄位。象賢鐘鼎，猶八氣之」乘時；君子衣冠，若五雲之代序。是知弥綸萬物，揮發九功。況伯陽而論道，復庭堅而邁」德。不然，豈能使神造委蜕，必復其初者乎？君諱□，字長雄，隴西狄道人也。本性（姓）徒何氏」，源夫地雄北土，聲冠隴西，蔚爲台輔之門，代襲山河之貴。斯則士林之稱首，無待一二」詳焉。曾祖和，魏驃騎大將軍。降星辰之精，縱風雲之氣。天姿秀峙，壯志孤摽。行爲師範」，則天下挹其清徽；言爲准的，則海内稱其博識。祖肇，周使持節撫軍將軍、左金紫光禄」大夫、鄴縣開國侯，贈恒州諸軍事、恒州刺史。銅符受鎮，玉戚巡天。漢社書勳，周壇拜爵」。機神不測，忠孝有鄰。富貴應而蛟龍起，君臣通而鳳凰集。父慶，隋車騎大將軍、濮陽縣」開國伯。宇宙奇姿，琳瑯秀異。精論達於今古，惠化窮於鬼神。文學清高，自有秋天之擬」；遊談藉甚，非無月旦之名。大夫稱三獨之雄，餘芳可記；尚書爲八座之首，遺愛尚存。寔」朝庭之羽儀，爲縉紳之領袖。公大名之後，積慶之餘。豫章七年，早知成器；鳳雛五色，卓」尔出群。策第既高，解褐朝散大夫，行雍州終南縣令。馭仙鳧於渭渚，且見馴翬；騁驥足」於長途，四聞食駿。姦吏聞風而遁跡，吉士仰德而来儀。神明爲肅物之資，清白作當官」之務。改任書臺府驃騎。俄除真化府統軍。又遷東宫左衛率府勳府中郎將。志厲風霜」，誠貫金石。畜横戈之意氣，有案劍之英聲。又轉左監門率，授上柱國，封狄道縣開國男」。龍樓夕閉，鶴閤朝開。春闈之事業已高，露冕而嘉聲自遠。實有即文鼎角，蘭室桂樹之」尤徵者焉。尔乃贏金雖滿，唯開六藝之圖；拱璧不先，獨步九流之派。窺太學而非奥，覽」群言而既賾。悲夫！仲卿禄盡，康成命極。栢樑空在，蒿里無歸。白駒既没，青烏遂兆。春秋」九十有四，以總章二年正月十一日薨於五柞里之私第。嗚呼哀哉！宸扆吁嗟，朝纓沮」喪。況門八故吏，百身何贖者乎！公妙返沖和，精通語點。悟遺文之糟泊，因時則行；知庶」幾之户牖，脩方莫變。故能出忠入孝，開物履祥。任道而安時，功成而退跡。上同謹始，下」濟慎終。國士惟親其久益，家人不聞其喜慍。適可寓詞陳軌，豈存標榜之端呼。已矣哉」！五福倍終，九齡潛往。惜天涯之不造，撫人事而何言。嫡孫肅州諸軍事、肅州刺史釋子」，血灑高堂，心摧臣室。攀風樹而無及，叩泉扉而殆盡。已稽先遠之期，爰卜歸真之宅。即」以中興神龍二年歲次景午十一月辛丑朔六日景午，遷窆於雍州盩厔縣唐村之原」，禮也。周簫楚挽，嘹唳出於通莊；畫柳朱轓，逶迤經於廣陌。即長楊之舊里，鄰終南之故」宅。風颯颯而吟松，霜淒淒而泫栢。德有秀兮聲有芳，翰爲屺兮墨爲章。其詞曰：五十七①」。

其一曰：晧晧白雲，高陽始兮。□紫氣，靈谿禮兮。祖德能事，天人倚兮。孫謀大業，公侯」侈兮。其二曰：開山掘海，雄武巍兮。奠璋拜玉，聲景飛兮。高門厚地，冠冕圍兮。宣慈通理」，瓌寶稀兮。其三曰：百乘無爲，國胥悦兮。九卿有位，庭對越兮。痛矣龍門，摧具闕兮。惜哉」高漢，頽明月兮。其四曰：滕室開兮楚挽吟，幽關閉兮蒿里陰。鳳樓悲兮□寂寂，魚釭滅」兮隧沉沉。黄泉去兮何時返，白日歸兮此夜深。古人題石不生金，山蕪樹拱獨傷心」。

校勘記

①五十七，此三字與上下文不相關聯，待考。

按

誌主名諱墓誌不載，字長雄，史載不詳。誌所載其本姓徒何氏，以及李長雄之家族世系、任職爲官及其生平等，均可補史載之闕。

227.706　王文叡墓誌

大唐故
王府君
墓誌銘

説 明

唐神龍二年(706)十二月刻。蓋盝形，誌正方形。誌、蓋尺寸相同，邊長均60厘米。蓋文3行，滿行3字，篆書“大唐故」王府君」墓誌銘」”。誌文楷書26行，滿行27字。蓋四殺飾纏枝花紋，四周飾蔓草紋；誌四側亦飾纏枝花紋。西安市出土，具體時、地不詳。現存西安博物院。《隋唐五代墓誌彙編》《全唐文補遺》著録。

釋 文

大唐故銀青光禄大夫行内侍上柱國贈左監門將軍太原王府君墓誌銘并序」

昔鳳鳴神岳，文王開積德之基；鶴翥緱山，太子肇昌宗之緒。嬴秦啟霸」，拜三將而連衡；炎漢乘時，封五侯而列國。貂蟬在魏，侍中承顧問之榮」；龍馬浮江，尚書藉納言之寵。由是衣冠不替，昭彰於汾晉之間；人物挺」生，籍甚寰瀛之内。豈止家風祖德，見重當今；瓊樹瑶林，傳芳舊史。公諱」文叡，字景沖，太原人也。曾祖寶，梁竟陵王祭酒。夢苑陪遊，楚宋耀鵾鷄」之辯；睢園首席，梁枚擅詞賦之賢。祖洪，随長沙令；訓俗化人之政，烹鮮」製錦之謡。獄訟知歸，循良是賴。父老脱屣軒冕，嘯傲池亭。嵇中散之平」生，無爲爲貴。公早懷移孝之誠，雅杖事君之節。纔逾弱冠，入奉儲闈」。乾封之年，錫符行事。禪云亭而檢玉，禮日觀以摐金。徙蹕迴鑾，策勳頒」爵，授武騎尉。随恩例也。補文林郎，直内坊，累遷至朝請郎，行内坊典」直。秩滿，授内侍省宫闈丞，屢遷朝議郎、上輕車都尉，俄授太子典内」。出入春宫，年移三紀；趍馳丹陛，時更十載。由是寵延宸扆，榮冠等」夷。神龍元年二月，遂拜内侍。公志守沖撝，操逾鐵石。辭封讓爵，帝用」嘉之。又授銀青光禄大夫、上柱國。將欲盡心左右，畢力階墀。未承几杖」之恩，遽見棲鵩之酷。奄以神龍二年四月十三日薨於洛州河南旌善」里之私第，春秋六十有五。嗚呼哀哉！聖皇憫悼，恩禮又加，追贈前勳」，方隆後命。制贈左監門將軍。特爲度二七人，并給靈轝。即以其年歲」在景午十二月辛未朔三日癸酉窆於滻川原，禮也。嗣子守脊等，属惟」命繼，道實天經。追懷莫大之慈，爰篤慎終之義。生盡其養，没盡其哀。栽」松樹檟，任暑往而寒来；刊石勒銘，庶天長而地久。其詞曰」：

肅肅我祖，國自文王。白狼貽貺，丹鳳呈祥。梁山峻極，淮水延長。積德餘」慶，箕裘克昌。其一。魚庭習禮，鶴衛司兵。再典戎律，翼奉神京。郎官入踐，紫」闥飛聲。階墀有譽，枹鼓希鳴。其二。釁鍾辰巳，德喪人琴。青烏爰啟，白鶴遥」臨。良交灑涕，孝子崩心。野田埋玉，碑石生金。其三。白日西暮，黄埃四昏。野」穴棲鼠，重泉斂魂。孤楊對闕，飛蓬塞門。人生到此，天道寧論。其四」。

按

誌主王文叡，兩《唐書》無載。誌所載其家族世系、生平事蹟、任官封賜等，均可補史載之闕。特別對研究唐代内侍制度具有一定的史料價值。

228.706　吴本立墓誌

說 明

唐神龍二年(706)十二月刻。蓋盝形,誌正方形。誌、蓋尺寸相同,邊長均60厘米。蓋文3行,滿行3字,篆書“唐故奉」御吴府」君墓誌」”。誌文楷書27行,滿行27字。蓋四殺飾纏枝牡丹石榴花紋,誌四側飾纏枝花紋。西安市出土,具體時、地不詳。現存西安博物院。《隋唐五代墓誌滙編》《全唐文補遺》著録。

釋 文

大唐故尚藥奉御上柱國吴君墓誌銘并序」

君諱本立,字元惲,濮陽人也。原夫門宗赫弈,纓冕蟬聯。纂玄胄於高辛」,導靈源於季札。四方未定,漢申征伐之威;三國同時,質擅文章之美。葳」蕤史籍,可得言焉。曾祖敏,陳夏王府諮議。雍容兔苑,肅穆龍樓。高辯既」對於雄風,雅思早聞於賦雪。祖季,随朝散大夫、行貝州臨清縣令。幹局」弘濟,思用淹通。命也將行,初臨密縣。天乎不与,遂殞太丘。父嗣」,皇朝朝議郎行太醫令。公望公才,人綱人紀。芳流後葉,名峻當年。君含」祖宗之烈光,受岳瀆之休氣。誠慎乎忠肅恭懿,恐懼乎宣慈惠和。孝通」神明,黄香扇枕。友于兄弟,鍾毓同車。介象仙才,先知藥性;葛洪達士,早」擅醫方。永徽元年,醫舉及第,尋授太醫監,俄轉令。又任太子藥藏監」。則天大聖皇后仰祇靈睠,俯順甿歌。燔柴告天,埋玉報地」。鴻恩廣被,榮班載加。萬歲通天元年,授朝散大夫。君名重勝流,德參前」輩。海魚之祥既應,火龍之服頻彰。又加朝議大夫。神龍二年」,制授殿中尚藥奉御。天官師属,漢秩分曹。既擅譽於一時,遂踐榮於六」尚。非夫德侔扁子,名擬桐君,則何以允副宸懷,祇膺重寄。時属」聖皇順動,御八駿而指咸京;群從扈行,駕六虬而辭洛邑。方冀享年眉」壽,翊化台庭,豈圖壞木興歌,萎蘭下泣。以神龍二年十一月五日終於」閺鄉縣。宸襟軫悼,朝列銜悲。即以其年十二月廿日葬於滻川」東原,礼也。地若九京,衢如五甫。青烏勘兆,先埋任叟之魂;白馬臨墳,遂」瘞張公之魄。嗣子履貞等泣血三年,加人一等。松楸蕭瑟,孤墳之域已」開;日月居諸,豐碣之文須紀。其銘曰:

弈弈繁祉,悠悠遠慶。以德」命官,資封表姓。軒冕相燭,銀黄交映。東漢奇功,南陽美政。其一。公侯必復」,薪堂克傳。稟靈於嶽,受爵於天。智窮炙輠,辯析離堅。閨門星集,襟懷月」圓。其二。桐君比名,葛洪校實。屢踐榮位,載膺崇秩。聲已聞天,才優捧日」。朗朗儀峻,堂堂氣逸。其三。輔仁無驗,与善虚傳。奄歌梁木,俄悲逝川。五百年」樗里之墳,城池改作;三千歲滕公之墓,儀衛不前。恐芳聲之有泯,勒貞」石於幽埏。其四」。

按

誌主吴本立,襲其父爲太醫監、尚藥奉御,歷事三朝,寵榮有加。此誌對研究唐代宫廷醫官有一定的史料價值。

229.706　韋承慶墓誌

説明

唐神龍二年（706）十二月刻。蓋盝形，誌正方形。誌、蓋尺寸相同，邊長均95厘米。蓋文5行，滿行5字，篆書“大唐故銀青」光禄大夫行」黄門侍郎贈」禮部尚書韋」府君墓誌銘」”。誌文楷書48行，滿行47字。岑羲撰文，鄭愔製銘。蓋四殺飾十二生肖祥雲紋，四側飾卷葉牡丹紋；誌四側飾牡丹纏枝花紋。西安市出土，具體時、地不詳。現存西安博物院。《隋唐五代墓誌滙編》《全唐文補遺》《陝西碑石精華》等著録。

釋文

大唐故黄門侍郎兼修國史贈禮部尚書上柱國扶陽縣開國子韋府君墓誌銘并序」

秘書少監兼修國史兼判刑部侍郎上柱國朝陽縣開國子岑羲撰

中書舍人鄭愔製銘」

夫天降賢才，必偶昭明之后；俗登仁壽，式資恭懿之臣。觀稷契之升朝，則知惟堯之德；鑒閎散之膺輔，允叶隆周之祚。其有」德冠前烈，道光終古。發揮誥誥，潤色於皇猷；模楷彝倫，範圍於士則。則我韋府君見之矣。公諱承慶，字延休，京兆杜」陵人也。自高陽啟胄，宏才冠於一時；大彭開緒，茂績光於九伯。雖時更質文，代有升降。黼衣朱紱，随五運而克昌；累相通侯」，襲千齡而不墜。曾祖瑗，周冬官司金上士，隨陽武郡令。才實兼人，位不充量。祖德倫，皇朝瀛州任丘縣令。高尚卌餘年，道」在禮義，貴非軒冕。父約，皇朝尚書左丞、御史大夫、右御史大夫、同鳳閣鸞臺三品納言、博昌縣開國男，贈使持節幽州」都督。忠謨命代，風範冠時。至公存乎廟堂，懿業昭於簡册。公承家崇軌，稟天淑靈。生而含章，自兼於黼藻；弱而通理，潛曜於」珪璜。天經地義之方，道貫心極；體二鄰幾之粹，冥符性道。弘量足以軌物，雅範可以敦風。動合名教，言成訓典。柔嘉外宣而」不爲浮榮之飾，輝光内映而不運皦察之明。行必先人，事則後物。是以德不標峻，仰之者山高；道不求通，挹之而海富。加以」以採摭墳史，網羅詞藝。研精義窟，与荀孟而連衡；高步翰林，共楊班而方駕。年甫廿有三，太學進士，對策高第。鄧林一枝，方」膺大廈之構；崐山片玉，鬱爲連城之寶。自是價重天下，聲高海内。廿四，随牒授雍王府參軍，累遷王府功曹參軍。睢園之遊」，莫匪於鄒馬；燕館之侶，爭先於枚穆。公縱横辯議，雍容文雅。載光曳裾之選，久陪飛盖之遊。属朱邸升儲，黄離應象。妙求端」士，高步春闈。拜太子通事舍人，累遷太子文學司議郎。公道在忠義，言必古昔。懷奉上之誠，有犯無隱；勵爲臣之節，盡規補」過。進諭善箴副后，嘉尚厚賚繒帛。尋而戾園釁起，新城禍作。雖松竹之操，無改於歲寒；而瑾瑜之質，自混於炎燎。凡在舊僚」，咸從貶黜。乃随例授湖州烏程縣令。政革浮僄，化歸淳簡。導之以德，則俗不忍欺；齊之以刑，則人弗敢犯。猶是勾吴變克讓」之節，震澤被知恥之風。雖公然之莅太原，深恩利物；子康之臨單父，至愛留人。曷足云也。未幾，巡察使以茂政尤異上聞」，敕除魏州頓丘縣令。公操履端潔，心存博愛。貞亮以固其中，仁明以臨其下。雖冀方楚塞，土有中外之殊；而張風設法，政無」優劣之異。尋加朝散大夫，遷太府寺丞，轉禮部員外郎。居卿丞之地，列推賢；升禮闈之曹，一臺稱妙。丁納言府君憂而去職」。魯高柴之淳至，泣血三年；孟獻子之居喪，加人一等。於是躬運墳土，手植松栢。廬側枯柱，枝葉再生。非孝通神明，誠感天地」，不然卉木曷以臻茲。服闋，除鳳閣舍人、内供奉，兼掌天官選事。自體國分官，以爲人極；開物成務，式代天工。庶政攸歸，絲綸」之寄爲重；九流是總，衡石之地尤先。公入掌王言，語晉与長輿比德；出參銓管，在魏与平叔齊聲。非夫重望，孰諧僉属。公履」正逾貞，持平不撓。雖惟允樞揆，而有誤權豪。尋出爲沂州刺史。則天皇帝提衡宅海，旰食經邦。懸日月以昭臨，式明」非罪；張寰區而作乂，必在惟賢。特降恩敕追還，正除中書舍人。尋丁繼親憂去職。公生盡其養，孝德攸聞；没致其哀」，孺慕過禮。恩旨權奪，復居舊任。公冠冕詞宗，弥綸學府。雖便繁百奏，吐洪河而不竭；密勿繁機，洞靈臺而畢綜。由是」上簡宸聽，驟迴星紀。尋以疾罷，改授太子左諭德，遷使持節豫州諸軍事，又遷虢州刺史。公正以持身，德以被物。仁」聲与和風共遠，惠化比時雨俱潤。遺愛所及，荊河結於去思；茂政必聞，虞虢歌其来晚。奏課連最，績用居多。尋遷太僕少卿」、天官侍郎，又授鳳閣侍郎兼知政事。公望乃時宗，才稱王佐。拔奇取異，跨躡於山廬；獻可替否，儀形於旦奭。自再司流品，三」入承明。嘗與季弟互登其職，一時歸美，四海榮之。而行高於人，遂貽誣毀，忽以非罪殛于循州。天鑒孔明，載從昭雪」。制除辰州刺史。未拜，轉秘書少監兼修國史，并判禮部侍郎事。修則天聖后實録，成，有制賜爵扶陽縣」開國子，食邑四百户，賜物五百段，兼降璽書。又特奉敕撰則天聖后紀聖文，成，授銀青光禄大」夫兼賜紫服。公窮通一指，寵辱不驚。處泰弥守於清貞，居屯不渝於志節。黄金可鑠，暫鎩垂天之羽；白珪無玷，復騰籋雲之」迹。是以升延

閣以步禮闈，朝稱善賞；苴白茅而拖紫紱，時謂得賢。非夫詞贍班馬，器周管晏，孰能被服恩榮、周旋禁」闥若斯之盛者矣。尋除黄門侍郎。方當補衮揆路，陪告成之禮；鏘玉宸樞，翼和平之化。而輔仁愆報，摧梁云及。邦人殞涕，若」子産之云亡；名輩興嗟，均叔寶之長逝。粤以神龍二年十一月十九日寢疾薨於京師萬年縣大寧里第，春秋六十有七」。中宮德侔厚載，仁深敦敘。言念宗子，有懷傷悼。特降令旨，遣中使臨柩慰問，賜絹百疋，錫黼衣一襲，錦衾一張」。皇上緬懷近臣，載加追遠。特降恩制，贈禮部尚書，賻米粟布帛，喪事所須，並令官給，咸率禮而加隆焉。粤以其年十」二月廿四遷葬於雍州萬年縣義豐鄉銅人原，禮也。公行歸忠厚，志尚沖和。含禮讓以爲心，踐仁恕而成德。若乃事親竭」力，親戚稱其孝也；憂國忘身，搢紳稱其忠也；敦睦兄弟，閨庭稱其義也；敬愛朋執，鄉黨稱其仁也。詩云：思皇多士，生此王國」。王國克生，惟周之禎。公可謂當之矣。嗣子晉等，夙延庭誥，克嗣家聲。踐霜露以增絶，攀風枝而永慕。思述鴻徽，用旌不朽。竊」循固陋，累沐清猷。官聯叨國士之知，親好忝恩腴之末。無愧之色，雖均於有道；勒銘之麗，多謝於中郎。中書舍人鄭愔，□簧」學圃，藻績詞場。古之曹劉，當代遷固。式圖懿業，庶光泉壤。其銘曰」：

昭昭祖德，豕韋是國。赫赫家邦，龍旂迺飾。鴻勳既昌，迭彼翼商。儒術之冠，於休相漢。濟美寔繁，斯文亦焕。偉才間出，明德幽」贊。大父之業，克光累葉。中台之精，載發家聲。副宰司憲，納言掌衡。典謨垂烈，忠義作程。降生君子，允膺厥祉。德宗四科，言應」千里。周旋禮樂，醖藉圖史。温良晦朔，揖讓終始。儲坊禮闈，備職兩宮。天紓人鏡，推賢百工。舟利川巨，門榮棟隆。班遷志鬱，張」左詞雄。石室芸扃，瑑闈蘭緒。暫属鴛鏘，方看鵬舉。式慰士倫，允瞻朝序。歲聿云徂，時不我与。曆數休祀，衣冠哲人。亨衢始步」，窮壤先淪。逝日臨子，悲年在辰。虛堂有夜，幽壟無春。顧接疇曩，叨延賞激。余擢糾繩，公居衡石。公拜東省，余參西掖。前後恩」遇，暄寒心跡。義叶通家，哀深過隙。撫遺孤之在疚，刊徽範而無斁」。

按

誌主韋承慶，韋仁約之子，兩《唐書》有傳。韋承慶善文辭，曾奉命修《則天聖后實録》，又奉命撰《則天聖后紀聖文》。本誌所記韋承慶生平甚詳，可補史載之闕。

撰者岑羲，字伯華，南陽棘陽（今河南新野）人。進士出身，歷官太常博士、郴州司法參軍、中書舍人、秘書少監、吏部侍郎、同中書門下三品。兩《唐書》有載。